MF
S/14724

DISCOURS

SUR

LE GOUVERNEMENT,

Par Algernon-Sidney,

Fils de Robert Comte de Leicefter,

ET

AMBASSADEUR

DE

LA RÉPUBLIQUE D'ANGLETERRE

PRÉS DE

CHARLES GUSTAVE

Roi de Suéde.

Publiez fur l'Original Manufcrit de l'Auteur.

TRADUITS DE L'ANGLOIS,
Par P. A. SAMSON.

TOME TROISIEME.

A LA HAYE,

Chez Louïs & Henri van Dole, Marchands Libraires, dans le Pooten.

M. DCCII.

Avec Privilége des Etats de Hollande & de Weftfrife.

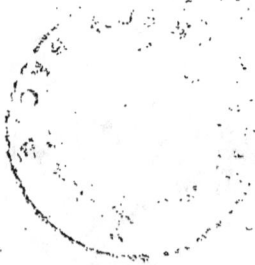

TABLE
DES
SECTIONS
DU TOME III.

* 2　　　　SEC-

SEC-

ter-

terre, *en vertu d'un auffi bon droit qu'aucun de fes prédéceffeurs ou de fes succeffeurs.*

SEC-

SEC.

Fin de la Table du Tome Troisiême.

DISCOURS

SUR

LE GOUVERNEMENT.

SUITE DU

CHAPITRE III.

SECTION XIV.

Les Loix n'ont pas été faites par les Rois, non pas parce que ces Souverains font occupez à des affaires plus importantes, qu'à administrer la Justice; mais elles ont été établies parce que les Peuples n'ont pas voulu être gouvernez despotiquement; mais avec raison & équité.

Filmer s'avançant de plus en plus dans un Labirinte d'erreurs où il semble s'être si bien embarraſſé qu'il n'y a point d'aparence qu'il en puiſſe jamais sortir, dit, *que lorſque les Rois étoient occupez dans*

Tom. *III.*   A   *les*

les guerres, ou au réglement des affaires les plus
importantes de l'Etat, en sorte que les particu-
liers ne pouvoient avoir accès auprès de leurs
personnes, pour être instruits de leur bon-plaisir
& volonté, alors il falut de toute nécessité fai-
re des Loix, afin que chaque particulier pût
être informé de la volonté du Prince. J'ai souvent entendu dire que les Gouvernemens
ont été établis dans la vûë d'obtenir la Justice; & si cela est véritable, il est dificile
de s'imaginer quelle plus importante affaire un Souverain Magistrat peut avoir que
celle d'accomplir la principale chose pour
laquelle on l'a fait ce qu'il est. On dit aussi
ordinairement que d'administrer la Justice
à tout un Peuple, est un emploi qui surpasse les forces d'un homme quelques talens extraordinaires qu'il puisse avoir. Nous
avons tout lieu de croire que Jéthro étoit
un homme sage & prudent, & il y a aparence qu'il ne croïoit pas Moïse moins sage que lui; mais il trouva que la charge de
juger tout le Peuple étoit un fardeau trop
pesant pour lui, il lui conseilla donc de
laisser le jugement des procès à d'autres
Magistrats qu'on choisiroit pour cèt effet;
Moïse suivit ce Conseil & Dieu l'aprouva.
Le Gouvernement du Peuple ne lui paroîs-
soit pas un emploi moins dificile que celui
de lui administrer la Justice. Il souhaita de
mourir plûtôt que d'être obligé de porter un
si grand fardeau; & Dieu sans l'accuser de
paresse ou d'impatience lui donna soixante
& dix personnes pour le soulager.   Mais si
nous en croïons notre Auteur, le pouvoir
                                    Juridi-

Exod. 18.

Juridique & le Législatif, celui de juger &
celui de gouverner n'est pas un fardeau trop
pesant pour un homme, pour une femme
ou pour un enfant, quelques foibles qu'ils
puissent être : & ces Souverains n'ont point
besoin des Loix de Dieu pour régler leur
conduite, ni du conseil des hommes, à
moins que ce ne soit lors qu'ils sont occupez
à d'autres affaires; & la volonté seule du Souverain sufit pour tout. Mais quoi si le Souverain n'est pas occupé à des affaires de plus
grande importance ou embarrassé à régler les
intérêts du public ; est-ce que tous les Princes du Monde sont capables de cèt emploi?
Quand même Moïse n'auroit pas trouvé ce
fardeau trop pesant pour lui, & qu'on ac-
corderoit qu'un homme doüé de rares Talens, orné de sagesse, de savoir, d'expérience, d'adresse & d'intégrité pouroit dignement s'aquiter d'un emploi si important,
quel avantage Filmer en retireroit-il, puis
qu'on ne peut pas s'assûrer que tous ceux
qui naissent dans la Famille régnante pos-
séderont les mêmes qualitez? Si Moïse
avoit toûjours devant ses ïeux la Loi de
Dieu à qui il avoit recours pour savoir de
quelle maniére il falloit s'en servir, & comment on devoit l'expliquer ; tous les Princes la prennent-ils pour la régle de leur
conduite à l'éxemple de ce Saint Prophète?
Si tous les Rois qui sont dans un âge mûr
sont aussi parfaits, sommes nous assûrez
qu'aucun d'eux ne moura avant que son
héritier arrive à la même perfection? Ou
aura-t-il la même solidité de jugement dans

A 2 son

fon enfance? La Couronne donne-t-elle à un enfant fi-tôt qu'on la lui met fur la tête, les qualitez & les vertus les plus admirables? Avons-nous quelque Révélation Celefte qui nous affûre que les femmes auront les mêmes prérogatives dans les Païs où elles héritent du Trône? ou cette Loi qui les rend capables de fuccéder, les défend-elle non feulement contre la fragilité de leur nature, mais leur confére-t-elle encore les vertus les plus fublimes? Qui ne fait pas au contraire que les plus Illûftres Familles font fouvent celles d'où l'on voit fortir les plus méchantes & les plus lâches Perfonnes du Monde? & ce qui eft encore pis, leur Grandeur leur tend continuellement des piéges; enforte que ceux-là mêmes qui, dans une fortune médiocre auroient pû conferver quelque intégrité, ou au moins cacher leurs defauts aux ïeux du public, lors qu'ils fe font vûs élevez au plus grands emplois, ont fouvent parû être, ou font devenus effectivement pires que les bêtes les plus ftupides & les plus cruelles; on peut dire auffi que ceux qui les avoient élevez, étoient tout-à-fait femblables à eux: Car fi le Pouvoir réfide dans le Corps de la multitude, comme Filmer eft contraint de l'avoüer, autrement les Athèniens & les Romains n'auroient pas pû conférer tout ce pouvoir, comme il le dit, ou une partie d'icelui comme je le foutiens, à Draco, à Solon & aux Décemvirs, fi, dis-je, ce pouvoir réfide dans tous ceux qui compofent le Corps de la Nation, on ne peut pas s'em-

s'empêcher de dire qu'ils ont été véritablement pires que des Bêtes, s'il est vrai qu'ils
se soient entiérement dépoüillez de leurs
droits & de leur libertez, pour dépendre
absolument de la volonté d'un homme,
dans l'éspérance qu'il leur administrera la
Justice, lui qui peut-être ne la connoîtra
pas, ou qui n'y aura aucun égard; & dans
la vûë d'être protégez d'une personne qui
peut-être ne sera pas capable de se défendre
soi-même, pouroient-ils sans renoncer à la
raison, s'imaginer que la vertu, la sagesse
& l'intégrité demeureront perpétuellement,
comme un héritage, dans la Famille qu'ils
ont élevée sur le Trône, puisque c'est une
chose que l'on n'a jamais vûë dans aucune
Famille du Monde? Si on n'a pas conféré
l'Autorité Souveraine à ces Princes, ils ne
l'ont pas ; & s'ils ne l'ont pas, ce n'est point
parce qu'ils n'ont pas eu le loisir d'administrer la Justice qu'on a fait des Loix; & ces
Loix n'ont pas été établies pour nous aprendre la volonté du Prince, mais il doit leur
obéïr lui-même aussi bien que le moindre
d'entre ses sujèts. Voilà ce que Bracton
apelle *être sous la Loi, esse sub Lege*, il ajoûte
dans la suite *que le Roi a pour Supérieurs dans
son Roiaume Dieu & la Loi, Rex in regno
superiores habet Deum & Legem.* Fortescue
dit que les Rois d'Angleterre ne peuvent
point changer les Loix : & effectivement ils
sont si éloignez d'avoir ce pouvoir, que les
Juges sont obligez de jurer qu'ils n'auront
aucun égard aux Lettres ou aux commandemens du Roi, mais que s'ils en reçoi-

De Laude Leg. Angl. c 9.

A 3   vent,

vent , cela ne les empêchera pas de juger
conformément aux Loix , non plus que s'ils
n'en avoient pas reçû. Et s'ils violent ce
ferment , ils font non feulement perdus de
réputation , mais ils s'expofent encore par-
là à un châtiment Capital , comme plufieurs
d'entre eux l'ont éprouvé. Ce n'eft donc
pas le Roi qui fait les Loix , mais les Loix
qui font le Roi. Ce font elles qui réglent
l'ordre de la Succeffion , faifant que les
Roïaumes font quelquefois héréditaires &
quelquefois électifs , & encore plus fouvent,
qu'ils font héréditaires fous de certaines
conditions. En de certains Païs il n'y a que
les Mâles qui puiffent hériter , en d'autres
les Femelles font auffi admifes à la Succeffion. Dans les lieux où la Monarchie eft
réguliére , comme en Allemagne , en Angleterre & ailleurs , les Rois n'y peuvent
faire de Loix ni les changer : ils font fous
la Loi & la Loi n'eft pas fous eux ; on ne
doit avoir aucun égard à leurs Lettres , ou
à leurs Ordres : lors qu'il eft queftion d'adminiftrer la Juftice , il ne s'agit pas de favoir quelle eft leur volonté ; mais de connoître ce que la Loi nous déclare être jufte & équitable ; cette Loi doit avoir fon
cours , foit que le Roi foit occupé à d'autres affaires ou qu'il foit de loifir , que ce
foit de fon confentement ou contre fon gré.
Le Roi qui ne meurt jamais eft toûjours
préfent dans les Cours Souveraines , & ne
connoît , ni n'a aucun égard au bon-plaifir
de celui qui porte la Couronne. Mais de
peur que par fes richeffes & par fa puiffance,

ce, il n'ait quelque influence fur les procédures juridiques, la Grande Chartre, qui eft un fommaire & une récapitulation de toutes nos libertez & priviléges, l'oblige de jurer qu'il ne vendra, ne diférera, ni ne refufera la Juftice à qui que ce foit, mais qu'il la rendra à tous conformément aux Loix du Païs: ce qui feroit tout-à-fait ridicule, fi ces Loix n'avoient été établies que pour nous faire connoître la volonté du Prince, ou que l'obfervation de ces Loix eût dépendu entiérement de fon bon plaifir. Cette Chartre aïant été confirmée par plus de trente Parlemens, tous les Rois qui veulent monter fur le Trône font obligez de prêter le même ferment, où il faut qu'ils renoncent à tout ce que les Loix leur ont accordé; s'ils prennent ce dernier parti, on verra qu'ils n'ont rien qui les éléve au deffus de nous, mais que nous fommes alors tous égaux.

Notre Auteur, fuivant fa coûtume, après avoir avancé une propofition abfolument fauffe, tâche de la prouver par de faux éxemples, comme ceux qu'il allégue de Draco, de Solon, des Décemvirs & de Moïfe, dont aucun n'a jamais eu le pouvoir qu'il lui atribuë, & dont il ne pouroit tirer aucun avantage quand même il feroit vrai qu'on leur auroit conféré cette Autorité exceffive. Les Athéniens & les Romains, comme on l'a déja dit, étoient fi éloignez de donner à quelqu'un un pouvoir abfolu fans Appel à eux, qu'au contraire les Actes & les Ordonnances de leurs Magif-

trats

trats n'avoient aucune force avant qu'elles
euffent été aprouvées & paſſées par tout le
Peuple. Et la Puiſſance qu'on donnoit aux
Décemvirs , *ſine provocatione* , étoit ſeulement en de certains cas particuliers , n'y
aïant alors aucun Magiſtrat Supérieur à qui
on en pût appeller. Ces Décemvirs étoient
revêtus du même pouvoir qu'avoient les
Rois & les Dictateurs , du jugement deſ-
quels on ne pouvoit appeller ſinon au Peu-
plë ; ce qui s'eſt toûjours pratiqué , comme
cela paroît par ce que nous liſons d'Hora-
ce du tems de Tullius Hoſtilius , de Mar-
cus Fabius ſous la Dictature de Papirius
Curſor , & du Tribun Nénius ſous celle
de Q. Fabius Maximus , éxemples que j'ai
déja alléguez & auſquels je renvoïe le Lecteur. Le Peuple ſe réſervoit donc toûjours
quelque partie de la puiſſance Souveraine ,
quoiqu'il établit quelquefois des Magiſtrats
qui jugeoient en dernier reſſort ; & comme
on ne l'inquiétoit point dans l'éxercice de
cette Autorité lors qu'il s'en ſervoit pour
donner la Couronne à des Etrangers ou à
qui bon lui ſembloit , pour limiter la puiſſance des Dictateurs à l'eſpace de ſix mois
& celle des Décemvirs à deux ans ; auſſi
lors que ce Peuple s'aperçut que ces derniers Magiſtrats vouloient ſe ſervir de la
force pour retenir leur emploi au delà du
tems preſcrit par les Loix , il crut la devoir
emploïer pour abolir cèt emploi & pour
détruire ceux qui en étoient revêtus.

Cela paroît encore plus clairement par
l'éxemple de Moïſe : c'étoit l'homme du
Mon-

Monde qui avoit le plus d'humilité & de douceur : il n'éleva jamais son cœur au desfus de ses Fréres, & il commande aux Rois de vivre dans la même modestie : il n'a jamais souhaité que le Peuple dépendît de sa volonté : en donnant des Loix aux Israëlites, il accomplit la volonté de Dieu, & non pas la sienne : & ces Loix n'étoient pas l'explication de sa propre volonté, mais de la volonté de Dieu. Ces Ordonnances étoient émanées de la sagesse & de la bonté de Dieu, elles n'étoient point une invention de l'esprit humain ; elles avoient été données pour purifier le Peuple, & non pas pour accroître la gloire & la vanité de leur Chef. Moïse n'étoit ni orgueilleux ni insolent, & il ne prenoit point plaisir à cette ostentation de Magnificence & d'éclat à qui les fous ont donné le nom de Majesté ; & quiconque donne un pouvoir si excessif à un Prince ; met non seulement sur lui un fardeau que ni Moïse ni aucun autre n'a jamais pû porter, & dont un homme sage ne voudra jamais se charger ; mais encore possédé d'une fureur impie, il fait tous ses efforts pour établir un Gouvernement contraire aux Loix de Dieu, & est assez téméraire pour accuser Dieu d'avoir manqué de sagesse ou de bonté envers son Peuple, & pour vouloir entreprendre de corriger ses fautes ; entreprise digne de Filmer & de ses semblables.

Delà, se croïant, apuïé sur un fondement solide, il continuë son discours, & se servant des paroles du Roi Jaques, il

A 5 con-

conclut que les Rois font au deſſus des Loix, parce que ce Prince nous l'enſeigne ainſi. Mais Filmer auroit dû ſe ſouvenir, qu'aïant ſoutenu que le Peuple ne pouvoit pas être juge des différens qui pouroient arriver entre lui & ſes Rois, par ce qu'il ne faut pas qu'il ſoit jugé en ſa propre cauſe, c'eſt une choſe tout-à-fait ridicule à lui de prétendre qu'un Roi ſoit juge dans une affaire qui le touche de ſi près, puis que ſelon toutes les apparences en voulant la décider, ſes paſſions & ſon propre intérêt pouroient bien l'entraîner dans l'erreur. Que ſi l'on dit que l'inconvénient ne ſeroit pas moindre ſi l'on faiſoit ce que j'ai avancé, c'eſt-à-dire qu'on laiſſât au Peuple le jugement de ces ſortes de différens, je répons que la choſe eſt tout-à-fait différente tant dans ſa nature que dans ſes conſéquences. Le Roi ne juge que pour lui-même; & ſi ſon jugement devoit-être reçû, toutes les paſſions & tous les vices qui ont le plus d'influence ſur l'eſprit des hommes concoureroient enſemble pour le corrompre. Celui qui eſt établi pour l'avancement du bien public ne peut pas entrer en conteſtation avec tout un Peuple dont il doit procurer le bien, à moins qu'il ne s'écarte de la fin de ſon inſtitution, & ne ſe propoſe un intérêt particulier contraire à celui de la Nation. C'eſt-là de toutes les fautes la plus grande; & ſi un Prince de ce caractére peut être juge de ſes propres Crimes, non ſeulement il eſt ſûr d'en éviter la punition, mais encore d'obtenir tout ce qu'il s'eſt proposé

proposé d'aquerir par leur moïen; & tant
plus méchant il eſt, avec d'autant plus
d'ardeur ſouhaitera-t-il de s'emparer de toute la puiſſance, afin d'être plus en état de
ſatisfaire à ſes paſſions, & de venir à bout
de ſes pernicieux deſſeins. D'un autre côté, dans une aſſemblée Populaire, perſonne ne juge pour ſoi-même, ſi non entant que
l'intérêt particulier d'un chacun eſt compris avec celui du public; rien n'eſt préjudiciable à un particulier que ce qui eſt de-
favantageux à toute la Société : & dans ces
Occaſions on n'a égard aux injures particuliéres que les autres peuvent avoir reçûës,
qu'autant qu'elles pouroient avoir quelque
influence ſur le public; ſi ces injures particuliéres ſont en petit nombre, & qu'elles
ne ſoient pas fort conſidérables, les autres
ne ſont pas d'humeur à vouloir troubler
leur repos pour une cauſe auſſi légére; ſi
elles ſont en grand nombre & exceſſives,
elles ſervent à faire connoître que la Tirannie de ceux qui les ont commiſes eſt ſi
cruelle, qu'il n'eſt pas poſſible que la Nation puiſſe ſubſiſter, à moins qu'on n'y apor-
te du reméde. Dans les jugemens la corruption procède des paſſions particuliéres
qui n'ont point lieu en ces Aſſemblées Populaires : & quoiqu'il puiſſe bien arriver
qu'on ait quelquefois un zèle inconſidéré
pour le public, cependant juſques à ce que
cela ſoit, il n'eſt pas capable de faire commettre aucun excès. Tarquin le Superbe
& ſon impudique fils maſſacrérent les plus
honnêtes gens de la Ville de Rome & vio-
lérent

lérent Lucréce pour affouvir leur fureur &
leur débauche. Appius Claudius fut poffé-
dé de la même rage. Caligula & Néron
étoient fi bien en poffeffion de commettre
les plus horribles Crimes, & leur puiffance
étoit fi bien établie, que nous ne lifons point
que jamais aucun homme ait ofé fe défendre, ou qu'il y ait jamais eu de femme qui
ait ofé leur refufer ce qu'ils vouloient avoir.
S'ils avoient été juges en leur propre caufe, il ne faut pas douter que les Crimes les
plus noirs & les plus infames n'euffent été
juftifiez & autorifez par la Loi: mais puifque le Peuple devoit être juge de ces fortes
de chofes, il étoit impoffible qu'une paffion
particuliére & corrompuë prît la place de la
Juftice & de la raifon. Lucius Brutus, Valérius, Horatius & Virginius, non plus que
le Peuple qui fuivoit leur parti ne prétendirent pas en chaffant les Rois & en fupri-
mant les Décemvirs, s'atribuer le pouvoir
de tuer & de violer, ni d'autres avantages
que ceux dont leurs égaux jugérent à propos de les récompenfer en confidération de
leur vertu, & des fervices qu'ils avoient
rendu à l'Etat; & s'ils avoient en quelque
façon plus de crédit que les autres, c'étoit
uniquement parce qu'ils témoignoient plus
de zèle & d'empreffement à procurer le bien
public, & qu'à caufe de leur conduite & de
leur valeur ils étoient plus capables de le
faire que les autres.

    Tout ce qui arriva dans la fuite après le
renverfement de leurs libertez n'a aucun
rapport à mon fujèt, car alors le Peuple n'a-
voit

voit plus aucune part aux jugemens. Un
Tiran détruisoit l'autre ; les mêmes paffions & les mêmes vices régnoient ordinairement dans les uns & dans les autres : le
dernier étoit fouvent auffi méchant que fon
Prédéceffeur à qui il avoit ôté la Couronne ; & le Peuple fe rangeoit fouvent du parti d'un de ces Tirans, fans autre raifon que
parce qu'il ne croïoit pas qu'il pût jamais
être pire que celui qui étoit actuellement
en poffeffion du Trône. Mais fi un éxemple peut être de quelque force entre un nombre infini d'accidens différens, les paroles
de Valérius Afiaticus qui, en fouhaitant
d'avoir été celui qui avoit tué Caligula,
appaifa en un moment la fureur des Soldats qui cherchoient ceux qui l'avoient mis
à mort, ces paroles, dis-je, qui pro-
duifirent un effet fi peu attendu font bien
voir que tant que les hommes confer-
vent quelques étincelles de cette raifon,
qui eft proprement leur Nature, ils ne
manquent jamais de juger fainement de
la vertu & du vice ; au lieu que des Princes violens & méchans ont toûjours fait
tout le contraire, & même les meilleurs
s'écartent fouvent du fentier de la Juftice, comme cela paroît non feulement
par les éxemples d'Edoüard I. & d'E-
doüard III. qui ne pouvoient s'empêcher
de reconnoître cette vérité, mais mêmes
par ceux de David & de Salomon.

De plus, pour faire voir que le jugement
de ces fortes de différens ne peuvent apar-

tenir

tenir à aucun Roi , mais bien au Peuple,
nous n'avons qu'à confidérer, que comme
les Rois auffi bien que tous les autres Magiftrats , foit Souverains, foit fubalternes,
ne font établis que pour procurer le bien
du Peuple, il n'y a auffi que le Peuple feul
qui puiffe juger s'il s'aquite bien de ce devoir qui eft la fin de fon établiffement. Un
Médecin n'éxerce pas la Médecine pour
lui-même mais pour fes patiens ; & lorfque
je fuis malade , ou que je crain de le devenir , j'envoïe querir celui dont j'ai la
meilleure opinion , afin qu'il puiffe m'aider à me rétablir en fanté ou à prévenir la
maladie que je crains ; mais je ne me fers
plus de lui , fi je vois qu'il eft négligent,
ignorant ou infidéle ; & ce feroit une chofe
ridicule à ce Médecin de dire que je veux
être juge en ma propre caufe , car il n'y a
que moi feul , ou ceux que je confulterai
qui foïons capables d'en juger. Il peut être
traître & fe laiffer corrompre, ou par malice, il pouroit faire fes efforts pour m'em-
poifonner , ou bien il peut avoir d'autres
defauts qui empêchent qu'on ne puiffe prendre de confiance en lui ; mais il n'y a pas
d'aparence que par corruption ni par paffion je me porte à lui faire injuftice , & fi je
me trompe, mon erreur n'eft préjudiciable
qu'à moi feul. On peut dire la même chofe des Avocats, des Maîtres d'Hotel, des
Pilotes & généralement de tous ceux qui
n'agiffent pas pour eux-mêmes, mais pour
ceux qui les emploïent. Et fi une Compagnie de perfonnes s'étant embarquées
                                        pour

pour aller aux Indes, s'apercevoient que
leur Pilote eſt enragé, ivrogne ou traître,
il n'y a que ceux qui y font intéreſſezpour
leurs biens & pour leurs vies, à qui il apartienne de juger, s'il eſt à propos de lui confier le Gouvernail du Vaiſſeau ou non,
puis qu'il n'eſt pas poſſible qu'il ſoit en
droit de faire périr ceux dont on lui a confié la conduite ; & on ne peut pas croire
que le jugement qu'ils font de ce Pilote
ſoit un effet de leur malice, car rien ne
les engage à cela, ſinon l'opinion où ils
font qu'ils ne ſe trompent point, d'autant
plus qu'ils ne peuvent ſe tromper ſans que
leur erreur leur ſoit préjudiciable. Ainſi,
non ſeulement Solon & Draco, mais encore Romulus, Numa, Hoſtilius, les Conſuls, les Dictateurs & les Décemvirs ne furent pas diſtinguez du reſte des Citoïens
pour leur avantage particulier & afin qu'il
leur fût bien, mais afin qu'ils procuraſſent
le bien & le bonheur du Peuple ; ce qui   *Sed ut bo-*
étant toûjours l'unique but qu'on ſe propo-   *num felix,*
ſe, il ſeroit ridicule, lors qu'on veut ſa-   *fauſtum*
voir ſi l'on procure ce bonheur, de s'en ra-   *que fit Po-*
porter au jugement de celui qu'on ſoup-   *pulo Roma-*
çonne avoir deſſein de faire tout le contrai-   *no.*
re, & dont les paſſions, l'intérêt particulier & les vices, s'il en a, ne manquent jamais de lui donner ce mauvais penchant.
Si le Roi Jaques a dit quelque choſe qui
ſoit opoſé à ceci, on peut * ſe ſervir de ſes   *Dans une*
propres paroles pour lui répondre, *j'ai ju-*   *Harangue*
ré, dit-il, *de maintenir les Loix du Païs*, &   *qu'il fit*
                                                  dans la
                                            par   *Chambre*
                                    Etoilée   *l'An. 1616.*

par conféquent j'aurois été parjure fi je les avois violées. On a auffi lieu de croire que ce Prince n'avoit pas oublié ce que fon Maître Buchanan lui avoit enfeigné dans les livres qu'il compofa principalement pour fon inftruction, que la violation des Loix d'Ecoffe n'auroit pas été fi fatale à la plûpart de fes prédéceffeurs qui avoient gouverné cèt Etat, ni à fa propre Mére, fi les Rois entant que Rois avoient été au deffus des Loix.

SECTION XV.

Une fimple préfomption que le Roi gouvernera felon l'équité, ne fufit pas pour mettre le Peuple en fureté.

IL eft vrai que notre Auteur dit, *que les Souverains nonobftant ce pouvoir abfolu, ne laifferont pas de gouverner leurs fujèts conformément aux Loix ; & qu'un Roi qui régne dans un Roïaume bien policé, ceffe d'être Roi & devient Tiran, auffi-tôt qu'il ceffe de gouverner felon les Loix : que cependant lors qu'il trouve qu'elles font douteufes ou trop rigoureufes en de certains cas, il peut les adoucir ou les interpréter comme il le juge à propos.* C'eft donc un effet de la bonté de ces Souverains ; ils font au deffus des Loix, mais ils font fi bons qu'ils ne veulent gouverner que conformement aux Loix ; nous n'avons

pas

pas lieu d'en douter, puifque Filmer a bien
voulu prendre la peine de nous en aſſûrer.
Mais cependant je ne ſai comment les Peuples peuvent s'aſſûrer que leurs Princes ſeront toûjours ſi bons : La bonté accom-
pagne toûjours la ſageſſe, & je ne trouve
pas que ces admirables qualitez ſoient généralement & néceſſairement attachées à la
Perſonne des Souverains Magiſtrats. Ils ne
ſe reſſemblent pas tous, & juſques ici nous
n'avons pas lieu de croire qu'ils ſoient tous
animez du même eſprit, & imbus du même principe. Je ne trouve aucune reſſemblance entre Moïſe & Caligula, entre Joſüé & Claudius, Gédéon & Néron, Sam-
ſom & Vitellius, entre Samüel & Othon,
& entre David & Domitien ; les enfans mêmes des meilleurs de tous les Princes dont
je vien de parler n'ont aucunement reſſem-
blée à leurs Péres. Si les Fils de Moïſe &
de Joſüé avoient eu autant de ſageſſe, de
valeur & d'intégrité que ces grands ſerviteurs de Dieu, il y a aparence qu'on les
auroit choiſis pour leur ſuccèder. Je ne
croi pas que perſonne ait jamais dit d'Abi-
mélec qu'il eût autant de modération que
ſon Pére Gédéon; que Hophni & Phinées fuſſent auſſi pieux que Héli ; qu'on a vû re-
luire autant de pureté & d'intégrité dans
les mœurs de Joël & d'Abiah que dans celles de Samüel, ni tant de ſageſſe dans la
conduite de Roboam que dans celle de Salomon. Et s'il y a eu une ſi grande différence entre ceux-ci & leurs enfans que ces
éxcellens hommes avoient ſans doute inſtruits

truits autant par leurs préceptes que par leur exemple dans la pratique de la fageffe & de la Juftice, ne faudroit-il pas être fou pour s'imaginer que ceux qui n'ont ni précepte ni exemple pour leur fervir de guide, mais qui au contraire font élevez dans une entiére ignorance, & même dans la haine de la vertu, feront toûjours bons & juftes? Ne faudroit-il pas être fou pour mettre toute l'Autorité entre les mains de tout homme, femme ou enfant qui naîtra dans la Famille Roïale, fur une fupofition qu'une chofe qui n'eft jamais arrivée, arrivera, ou que le plus foible & le plus méchant homme du Monde fera tout ce qu'on pouroit atendre des meilleurs & des plus fages, qui le font même fort rarement; ce ne feroit pas expofer les Nations à une rüine certaine & inévitable fi cette fupofition fe trouve fauffe, comme on ne peut pas douter qu'elle ne le foit. Or fi c'eft fans contredit la plus grande de toutes les folies, on a tout lieu de croire que ce n'a jamais été le deffein des Peuples, & on peut en toute affûrance demeurer dans cette penfée jufques à ce que notre Auteur ait demontré que tous les Peuples du Monde ont été fous dès le commencement & qu'ils le feront fans aucune interruption jufques à la fin. Pour fe tirer de ce mauvais pas, il dit que *ces Rois dégénérent en Tirans*, & s'il le penfoit comme il le dit, cela fufiroit pour décider notre difpute. Car un Roi légitime ne peut devenir un Tiran en s'écartant d'une Loi qui n'eft qu'une production

de

de fa volonté. Mais s'il devient Tiran, il faut que ce foit en s'écartant de ce qui ne dépend point de fon vouloir, & qui eft une régle qu'une Puiffance fupérieure à la fienne lui a prefcrite. C'eft-là véritablement la doctrine de Bracton, qui après avoir dit que le Pouvoir du Roi eft le Pouvoir de la Loi, parce que la Loi le fait Roi, ajoute, * *que s'il fait des injuftices il ceffe d'être Roi, dégénére en Tiran, & devient le Lieutenant du Diable.* Mais je croi qu'on ne doit pas prendre ces paroles tout-à-fait à la rigueur, & que par ce mot *d'injuftice*, on doit entendre des injuftices criantes & infuportables, & avoir un peu d'égard à la fragilité humaine; autrement cette doctrine donneroit une terrible fecouffe à toutes les Couronnes du Monde.

* Quia fi facit injuriam definit effe Rex, & degenerat in Tyrannum, & fit Vicarius Diaboli. Bract.

Notre Auteur craignant aparemment qu'on ne croïe qu'il a agi fincérement, & qu'il a dit la vérité une fois en fa vie, découvre lui-même fa mauvaife foi dans les lignes fuivantes, en donnant au Prince *le pouvoir d'interpréter les Loix ou d'en modérer la rigueur, lors qu'elles lui paroiffent douteufes ou trop févéres.* Mais comme un Roi légitime ne peut dégénérer en Tiran pour s'écarter d'une Loi qui feroit émanée de fa propre volonté, auffi ne peut-il pas interpréter ou modérer celle qui procéde d'une puiffance fupérieure à la fienne, à moins que cette puiffance ne lui ait conféré le pouvoir d'interpréter cette Loi, ou d'en modérer la rigueur. Car comme tout ce qu'il y a de gens fages au monde reconnoifnoiſſent, *qu'il n'y a que ceux qui établiſſent qui puiſſent abroger, & que toute interprétation ou adouciſſement qui diſére du véritable ſens, eſt un changement, ce changement eſt une abrogation; †car tout ce qui eſt changé eſt diſſous, & par conſéquent le pouvoir d'adoucir la Loi eſt inſéparable de celui de l'établir. C'eſt ce que l'on voit manifeſtement dans la réponce de Henri VIII. à la Harangue que l'Orateur de la Chambre des Communes lui fit l'an 1545., dans la quelle ce Prince, quoi qu'un des plus violens qui aïent jamais porté la Couronne; avouë que les Parlemens ſont ceux qui font les Loix, & que tout Roi qu'il ﹍, il ſe reconnoiſſoit indiſpenſablement ﹍gé de ne point abuſer de l'Autorité qu'on lui avoit confiée. Le droit de changer quelque choſe aux Loix étant donc inſéparable de celui de les faire, l'un apartenant au Parlement, il faut néceſſairement que l'autre lui apartienne auſſi. Forteſcue dit ouvertement que le Roi ne peut changer aucune Loi: La *Grande Chartre* renvoïe la déciſion de toutes les affaires ‡ aux Loix du Païs & aux coûtumes d'Angleterre: mais de dire que la volonté du Roi ſufiſe pour faire paſſer en Loi, ou pour une Coûtume ancienne, ce qui n'eſt ni l'un ni l'autre, eſt la choſe du Monde la plus ridicule. Il faut donc qu'il prenne les Loix & les coûtumes telles qu'il les trouve, & il ne peut y diminuer ni y ajouter la moindre choſe.

Comme

‡ *Leges Terra & Conſuetudines Anglia.*

* *Cujus eſt inſtituere, ejus eſt abrogare.*
† *Quicquid mutatur diſſolvitur, interit ergo.*

Comme la fin eſt preſcrite, les moïens pour
y parvenir ſont auſſi preſcrits. Ce ſont les
Pairs qui rendent la Juſtice. Les Juges qui *Per Pares.*
aſſiſtent avec eux à ces jugemens jurent
de procèder conformément aux Loix &
de n'avoir aucun égard aux Lettres ou
aux commandemens qu'ils pouroient recevoir du Roi. Les cas douteux ſont réſervez
& renvoïez au Parlement, mais jamais au
Roi, comme on le peut voir dans le Statut
du 35. d'Edw. III. où il eſt parlé des Crimes d'Etat. L'intention de la Loi étant que
ces Parlemens ſoient annuels, & laiſſant au
Roi la liberté de les convoquer plus ſouvent, s'il en eſt beſoin, ôte tout prétexte
de dire qu'il eſt néceſſaire qu'il y ait quelque autre Puiſſance pour interpréter ou
pour adoucir ces Loix. Car on ne peut pas
concevoir qu'il y ait un mal ſi pernicieux
dans une ancienne Loi, coûtume, ou Acte
de Parlement plus récent, qui venant à ſe
découvrir tout d'un coup, ne puiſſe fort
bien ſans préjudice, y reſter quarante jours
juſques à ce qu'on ait aſſemblé le Parlement; au lieu que la force & l'eſſence de
toutes les Loix ſeroit entiérement renverſée,
ſi ſous prétexte d'adoucir ou d'interpréter
ces Loix, il étoit permis aux Rois d'y changer ce qu'ils jugeroient à propos, puis que
ſouvent ils ne ſeroient pas d'humeur à le
faire comme il ſeroit à ſouhaiter, & que
ſouvent même ils n'en ſont pas capables.
La ſûreté de tout un Peuple ne doit donc
pas dépendre du jugement ou de la volonté
variable des Princes. Quelquefois le Souverain

verain eſt un enfant qui manque de capacité & d'expérience, & quelquefois il eſt
accablé ſous le poids des années. Il y en a
a qui ſont foibles, négligens, pareſſeux,
fous ou vicieux; il y en a d'autres qui peuvent avoir de la droiture, & qui naturellement ne ſont pas incapables de bien faire,
mais ils ſe laiſſent entraîner hors du véritable chemin par la ſubtilité de ceux qui ont
aquis du crédit auprès d'eux. Une régle qui
dépend de la fantaiſie d'un tel homme, eſt
toûjours incertaine & ſujette à aller de tra-
vers. Il eſt dans une agitation perpétuelle,
& chaque paſſion qui s'éleve dans ſon cœur,
ou qui lui eſt inſpirée par d'autres ne manque jamais de le mettre en deſordre. Le
bonheur des Peuples doit être apuïé ſur un
fondement plus ſolide. C'eſt pour cette
raiſon que l'on a établi la Loi, qu'aucune
paſſion ne peut troubler. Elle eſt éxemte de
deſirs, de craintes, d'apétits & de Colére.
C'eſt un Eſprit ſans paſſions, *mens ſine af-
fectu*, c'eſt la raiſon écrite, qui rétient quelque meſure de la perfection Divine. Elle
n'enjoint pas ce qui pouroit plaire à un homme foible, & fragile, mais ſans aucun égard
à qui que ce ſoit, elle commande ce qui eſt
bon, & punit le mal en toutes ſortes de perſonnes ſoit riches, ſoit pauvres, ſoit qu'elles ſoient élévées aux dignitez, ou d'une
condition rampante. Elle eſt ſourde inéxo-
rable & infléxible.

Par ce moïen un chacun connoît s'il eſt
en ſûreté ou en danger, par ce qu'il ſait s'il
a fait bien ou mal. Mais ſi tout dépendoit
de

de la volonté d'un homme, les plus Scélérats seroient souvent ceux qui auroient le
moins à craindre, & on verroit les plus honnêtes gens exposez aux plus grands dangers;
on verroit souvent de lâches Esclaves élevez aux honneurs, pendant que les personnes de probité & de courage seroient mé-
prisées & mises en oubli. Les Nations les
plus généreuses ont sur tout tâché de prévenir ce mal; & pour connoître la vertu,
la sagesse & la générosité d'un chacun de
ces Peuples on n'a qu'à considérer, avec
combien de soin ils ont établi les règles
qu'un chacun doit suivre, & combien de
précautions ils ont pris pour mettre leurs
Magistrats en état de faire observer éxactement ces réglemens. Les Peuples qui ont
atteint à ce dégré de perfection ont toûjours
été vertueux & heureux: Ils ont plûtôt été
gouvernez par Dieu que par des hommes,
comme le dit Aristote, au lieu que ceux
qui ont été assez lâches pour se soumettre à
la volonté d'un homme, ont été gouvernez
par une bête.

Cela étant ainsi, ce que dit notre Auteur dans la suite est tout-à-fait impertinent,
voici les propres termes dont il s'exprime,
quoiqu'un Roi se conforme aux Loix dans tou-
tes ses actions, il n'y est pourtant pas obligé,
il le fait volontairement & pour donner bon
éxemple aux autres, n'y étant obligé qu'au-
tant que la Loi établie pour la sûreté de l'Etat
l'y oblige naturellement. Car si le Roi qui ne
gouverne pas conformément aux Loix, dégénére par cela même en Tiran, il est obli-

gé

gé de conformer ſes actions à la Loi, ou
de ceſſer d'être Roi; car un Tiran n'eſt pas
Roi; ce prémier étant autant oppoſé au dernier, que le plus Scélérat eſt oppoſé au
meilleur homme du Monde. Mais ſi on
diſpenſoit les Souverains de ce devoir, nous
pouvons aiſément connoître quelle aſſûran-
ce nous devons prendre ſur la parole de
Filmer, qui nous promet que, volontairement & pour donner bon éxemple aux autres, le Roi ne manquera jamais de conformer ſes actions à la Loi; au lieu que
l'éxpérience ne nous a que trop apris, qu'ils
ont ſouvent négligé ce devoir nonobſtant
les Loix les plus ſévéres, & les meilleures
conſtitutions, dont les plus habiles gens du
monde ont crû ſe devoir ſervir pour réprimer les appétits deſordonnez de ceux qui
ſont élevez en Autorité, & malgré les éxemples terribles de la vengeance qu'on a éxercée ſur ceux qui ne vouloient pas ſe corriger. Nous ne ſavons que trop que la plûpart des plus puiſſans Princes ne ſe ſont dif-
tinguez du reſte des hommes, que par l'é-
normité de leurs vices; & par le penchant
qu'ils ont fait paroître à porter les autres au
crime par leur mauvais éxemple.

SEC.

SECTION XVI.

Il est ridicule d'attendre que des Tirans, qui se croïent au dessus de toutes les Loix, observeront celles de la Nature; & celui qui n'assujétit les Souverains à d'autres Loix qu'à celles qui leur sont communes avec les Tirans, exposent ces Souverains à une ruïne évidente.

LA derniére proposition de notre Auteur qui reconnoît que les Rois sont obligez par une Loi générale de pourvoir à la sûreté de la Nation sufiroit, pour mon sujèt, si elle étoit sincére; car les Loix Municipales ne servent qu'à faire voir quels moïens il faut emploïer pour y bien réüssir; & si le Roi légitime, par cela même qu'il s'écarte de cette règle, dégénére en Tiran, comme Filmer le dit lui-même, on n'aura pas de peine à déterminer ce que le Peuple doit faire en pareil cas. Mais tout le Corps de son Ouvrage n'étant qu'un tissu de contradictions & de fourberies, nous ne pouvons faire fond sur aucune chose qu'il nous dit: & les paroles qu'il ajoûte dans la suite, qui sous la même Loi comprennent les Rois & les Tirans, montrent qu'il n'a pas dessein d'assujétir les Rois à rien qui ne leur soit commun avec les Tirans, c'est à dire qu'il ne croit pas qu'ils soient obligez à rien. *Par ce moïen*, dit-il, *tous les Rois, sans en*

Tome III   B   *excepter*

excepter même les *Tirans* & les *Conquerans*,
font obligez de conferver les Terres, les biens, les
Libertèz & la vie de tous leurs fujèts, non
pas tant par aucune Loi municipale du Pais,
que par la Loi naturelle qui preſcrit le devoir
d'un *Père*, qui les oblige de ratifier les *Actes*
de leurs Ancêtres & *Prédéceſſeurs*, dans les
choſes qui font néceſſaires au bien commun de
leurs fujèts. Si Filmer a raiſon, il s'enfuit
que les Tirans & les Conquerans font Rois
& Pères. Ces mots fignifient la même choſe, quoique l'on ait toûjours crû qu'il n'y
avoit rien au Monde de plus opoſé. Celui
de *Père* formant dans l'eſprit l'idée d'une
affection très-tendre, & d'un ſoin extraordinaire, qu'on témoigne à ſes enfans par
toutes fortes de bienfaits qui les engagent à
en avoir une très-fenſible reconnoiſſance ;
au lieu que celui de *Tiran* ou de *Conquerant* n'imprime qu'une idée de l'injuſtice
la plus criante qu'on puiſſe faire à un Peuple: fi ce qu'il dit eſt véritable, il n'y a
point de différence entre un Magiſtrat établi par la Loi, & un ennemi public, qui
par la violence ou par la fraude s'éléve contre toutes fortes de Loix: & ce qu'il a dit
auparavant que les Rois dégénérent en Tirans, ne fignifie rien, car les Tirans font
auffi Rois.

Ce qu'il dit dans la fuite n'eſt pas plus facile à comprendre; car ni le Roi ni le Tiran ne peut être obligé de conferver les
Terres, les biens & les libertez de ſes fujèts
s'ils n'en ont pas. Or comme la liberté
conſiſte uniquement en ce que on ne dépend

pend de la volonté de perfonne, & que par
le mot d'efclave on entend un homme qui
dépend abfolument de la volonté d'un autre ; s'il n'y a point d'autre Loi dans un
Roïaume que la volonté du Prince, il n'y
a point de liberté. La Propriété eft auffi
une dépendance de la liberté ; & il eft auffi
impoffible qu'un homme ait aucun droit à
des Terres ou à des biens, lors qu'il n'eft
pas libre, & qu'il ne poffède fa vie que fous
le bon-plaifir d'un autre, qu'il eft impoffible qu'il poffède fa liberté ou fa vie lors
qu'il eft privé de l'un & de l'autre. Celui
donc qui dit que les Rois & les Tirans font
obligez de conferver les Terres, les libertez, les biens & la vie de leurs fujèts, &
qui en même tems pofe pour un principe
fondamental, que les Loix ne font que
l'explication de leur volonté, cherche à tromper le monde par des paroles qui ne fignifient rien.

On connoîtra encore mieux la vanité de
ces Chimères, pour peu que l'on veuille confidérer que comme les Rois ne font Rois
que par la Loi, & que les Tirans ne font
Tirans que parce qu'ils renverfent les Loix,
il n'y a rien de plus ridicule au monde que
de les mettre dans le même rang ; & il n'eft
pas plus ridicule de placer au deffus des
Loix celui qui eft uniquement redevable
aux Loix de ce qu'il eft, que d'attendre la
confervation des Terres, des libertez, des
biens & de la vie du Peuple, de celui qui
s'empare de tout par violence ou par fraude, afin de fe tirer de deffous la Puiffance

de

de la Loi, & qui eſt redevable de ce qu'il
eſt au renverſement de cette Loi.

De plus, ſi la ſûreté du Peuple eſt la Loi
Souveraine, & que cette ſûreté s'étende &
conſiſte dans la conſervation des libertez,
des biens, des Terres & de la vie des ſujèts,
il faut néceſſairement que cette Loi ſoit la
racine & le commencement auſſi bien que
la fin & les bornes de l'Autorité de tous les
Magiſtrats, & que toutes les autres Loix
lui ſoient ſubordonnées & concourent toutes avec elle. Cela étant, il ne ſera pas
queſtion de ce qui plaît au Roi, mais de ce
qui eſt avantageux au Peuple; il ne s'agira
pas de ſavoir ce qui peut contribuer au profit ou à la gloire du Monarque, mais ce qui
contribuë le plus à l'affermiſſement des priviléges qu'il eſt obligé de maintenir; il n'eſt
pas le Maître de l'Etat, mais le ſerviteur;
& ſa Prérogative ne s'étend qu'à être plus
en état de faire du bien qu'aucun particulier. Si c'eſt-là ſon devoir & l'ouvrage à
quoi il doit s'apliquer, il eſt aiſé de voir ſi
on doit s'en raporter à ſon jugement lors
qu'on veut ſavoir s'il s'aquite bien de ce
devoir, ou s'il faut s'en remettre à la déciſion de ceux par qui & pour qui il régne;
& ſi en cette occaſion c'eſt à lui à donner
la Loi, ou à la recevoir. On dit ordinairement en France, *il faut que chacun ſoit
ſervi à ſa mode*; & ſi cela eſt vrai par raport
aux particuliers à plus forte raiſon lors qu'il
s'agit des affaires de tout un Peuple. Pluſieurs ïeux voient mieux qu'un: La ſageſſe
d'une Nation toute entiére ſurpaſſe de beaucoup

coup celle d'un feul homme quelque capacité qu'il puiffe avoir; car quand il chercheroit avec toute l'éxactitude imaginable
ce qui eft le plus utile à un Peuple, il n'y
a pas d'aparence qu'il le pût trouver auffi
facilement que tout le Corps de la Nation,
ou les principaux d'icelle qui feroient choifis pour répréfenter toute cette Nation. On
peut dire cela avec juftice des meilleurs &
des plus fages Princes qui aïent jamais été;
mais on doit tenir un autre langage lorfque
l'on parle de ceux qui leur peuvent fuccéder, & qui bien fouvent par leurs défauts
perfonnels, par celui de leur âge ou de leur
Séxe, ne font pas capables d'être juges de leurs
propres affaires, & encore moins de celles
des autres; tant s'en faut qu'ils aïent la capacité requife pour remplir les principaux
emplois qui ont rapport au maintien de la
fûreté des Nations, que bien fouvent on auroit tort de s'en raporter à eux pour la décifion des affaires les plus triviales.

Il y a peu de perfonnes, excepté ceux qui
à l'éxemple de Filmer, défiant les Loix Divines & Humaines, femblent déclarer la
guerre aux unes & aux autres, à qui je ne
vouluffe très librement m'en raporter pour
favoir fi un Peuple qui n'eft jamais en bas
âge, & qui n'eft point fujèt aux infirmitez
de la vieilleffe, mais qui a toûjours des perfonnes fages & vertueufes, n'eft pas plus
capable de juger en perfonne, ou par fes
répréfentans, de ce qui peut contribuer à
fon propre avantage, qu'un homme qui
naît par hazard dans une certaine famille,

& qui outre ses infirmitez, ses vices, ses
passions & son intérêt particulier qui l'aveu-
glent toûjours, est encore perpétuellement
environné de gens qui font tous leurs efforts
pour le détourner des sentiers de la vérité
& de la Justice. Or s'il ne se trouve aucun
homme raisonnable qui ose préférer le jugement de ce dernier à celui du premier,
il faut que nous nous en tenions aux Loix
établies par nos Prédécesseurs & interpré-
tées par la Nation, sans nous soumettre
aveuglément à la volonté d'un seul.

On ne gagneroit rien à dire que les mauvaises intentions ou les fautes d'un Prince
jeune, fou, ou mal intentionné peuvent
être corrigées par la sage direction d'un
bon Conseil. Car Filmer nie qu'un Roi
quel qu'il puisse être, sans aucune exception, car il leur atribuë à tous une profonde sagesse, soit obligé de suivre l'avis de
son Conseil; & je ne croi pas même que
cèt Auteur eût eu assez d'impudence pour
dire qu'un bon Conseil donné à un Prince
fou ou méchant puisse lui être d'aucune
utilité, à moins qu'il ne soit obligé de le
suivre. Il faut que ce soit lui qui choisisse
ce Conseil, ou qu'on l'oblige de le recevoir, si on l'oblige de le recevoir, il faut
que ce soit une Puissance Supérieure à la
sienne, ce que Filmer dit être une chose
impossible. Ce Conseil ne peut jamais être
bien composé si c'est au Prince qu'apartient
le droit de choisir ceux qui y doivent entrer, parce que étant lui-même fou, lâche
ou méchant, il n'est pas capable de faire
un

un bon choix; en effet pour favoir difcer-
ner un petit nombre de bonnes & de fages
perfonnes & les choifir entre une multitude
prodigieufe de fous & de Scélérats, on a
befoin d'une vertu & d'une fageffe qu'il ne
poffède pas. Et il arrive ordinairement que
le Prince choifit pour fes Confeillers ceux
qu'il croit entiérement devoüez à fa Perfonne, & dans fes intérêts, préférablement
à ceux qui ont les qualitez requifes & néceffaires pour s'aquiter dignement des fonctions d'un fi grand emploi. Mais les affaires n'en iroient pas beaucoup mieux, quand
même il arriveroit par hazard ou contre
fon intention, que des hommes fages & intégres entreroient dans le Confeil, car ils
ne manqueront jamais d'être d'un fentiment opofé à celui de fes mauvais Confeillers. Et quand même ce Prince auroit
de bonnes intentions, ce qui eft toûjours
fort incertain; il lui eft prefque impoffible
d'éviter tous les piéges qu'on lui tend pour
le féduire. Je tourne cette affaire du meilleur côté que je puis; car j'éxamine plûtôt
ce qui eft probable que ce qui eft poffible,
les Princes fous ou méchans ne prendront
jamais pour leurs Confeillers des perfonnes
bonnes & fages; mais enclins à favorifer
ceux qui leur reffemblent le mieux, ils pré-
féreront toûjours les Scélérats qui fomen-
tent leurs vices, qui applaudiffent à tout
ce qu'ils font, & qui embraffent leur intérêts avec chaleur. Des Confeillers qui
fuivent ces pernicieufes maximes, bien loin
de remédier aux Maux qui afligent la Nation,

tion, ne manqueront pas d'en augmenter
le nombre. C'eſt ce que l'on voit par l'é-
xemple de Roboam, on lui donna un bon
Conſeil, mais il ne voulut pas le ſuivre,
il préféra l'avis des jeunes gens parce qu'il
s'accommodoit mieux avec ſon inclination.
Nous ne connoiſſons que trop de Princes
qui lui reſſemblent à cèt égard; & quand
même il ne ſeroit pas tout-à-fait impoſſible,
comme Machiavel le dit, qu'un Prince foible, pût tirer quelque avantage du ſecours
de bons & ſages Miniſtres, cela ne nous
empêcheroit pas de conclure, qu'un Peuple ne peut rien ſe promettre de bon d'un
Conſeil choiſi par un Roi foible ou vicieux.

Si on donne ce Conſeil au Prince & qu'il
ſoit obligé d'en ſuivre les avis, il faut que
ce ſoit une Puiſſance Supérieure à la ſienne
qui le lui donne; ſa volonté n'eſt donc pas
une Loi, puis qu'on lui impoſe des Loix:
La Monarchie n'eſt pas au deſſus des Loix;
cependant ſi nous en croïons notre Auteur,
ce n'eſt point une Monarchie lors que ce
Monarque ne diſpoſe pas de tout à ſa volonté, & peut-être a-t-il raiſon. Car ſi le
Gouvernement n'eſt pas Ariſtocratique,
lors que ce n'eſt pas les meilleurs ou au
moins ceux qui ſont eſtimez tels, qui gouvernent, on peut dire aſſûrément que le
Gouvernement eſt Mixte lors que tout ne
dépend pas de la volonté d'un ſeul, & qu'il
y a au contraire une Puiſſance Supérieure
à la ſienne. Or ſi les Princes ne ſont pas
ſoumis aux Loix, tout ce qui eſt fondé ſur

                                                    cette

cette supposition tombe en ruïne : ces Souverains suivront toûjours leur propre inclination ou les conseils de ceux qui leur ressemblent. Tibére ne consultoit que les
Caldéens ou les Ministres de ses débauches
& de ses cruautez : Claudius se laissoit gouverner par ses Esclaves & par ses infames
P... qui partageoient son Trône & son Lit.
Il y avoit plusieurs personnes de probité &
de sagesse dans le Sénat, sous l'Empire de
Caligula, de Néron & de Domitien; mais
au lieu de suivre leurs conseils, ces Princes faisoient tous leurs efforts pour les détruire, de peur qu'ils ne fissent révolter le
Peuple contre eux; & tous les Souverains
qui leur ressembleront ne manqueront jamais de suivre la même méthode.

Si je répéte souvent des noms si odieux,
ce n'est pas qu'il me fût difficile de raporter des éxemples plus récens de même nature; mais j'aime mieux parler de ces mons-
tres qui ont été généralement condamnez
par tout le Genre Humain, & contre lesquels je ne puis avoir aucun sujèt de haine
qui ne me soit commun avec tous ceux qui
ont quelque amour pour la vertu, j'aime
mieux, dis-je, parler de ceux-là, dont les
actions n'ont point d'autre raport avec ce
qui est arrivé dans ces derniers siécles, que
celui qui est fondé sur la conformité de leurs
principes, que d'alléguer l'éxemple de certains Princes que nous ne connoissons que
trop, & dont un chacun, selon l'éxpérience qu'il en a faite, poura se ressouvenir en
lisant ceci. Je puis encore ajoûter que com-

B 5 me

me on ne doit point recevoir pour Maxime générale ce qui n'eſt pas généralement
vrai ; pour détruire toutes celles que Filmer nous propoſe, je n'ai qu'à prouver
qu'elles ont été très-ſouvent fauſſes, que
toutes les fois qu'on les a ſuivies, elles ont
précipité les Peuples dans un abîme de malheurs, & qu'elles ont été cauſe qu'on a
mis un pouvoir exceſſif entre les mains
de perſonnes qui n'avoient ni la volonté,
ni aſſez de capacité pour en faire un bon
uſage.

Mais ſi la ſûreté du Peuple eſt la fin
qu'on ſe propoſe dans l'inſtitution du Gouvernement, tous ceux qui tiennent les rênes
de l'Etat, ſur quelque Titre que puiſſent
être fondées leurs prétentions, ſont obligez
par les Loix naturelles de la procurer ; &
pour cèt effet de conſerver les Terres, les
libertez, les biens, & la vie d'un chacun de
leurs ſujèts ; & quiconque prétend, en vertu de quelque Titre que ce puiſſe être, de
s'atribuer ou d'éxercer une autorité oppoſée
à cette fin en diſpoſant d'eux comme bon
lui ſemble, viole au Souverain degré toutes
les Loix de la Nature.

II. Si tous les Princes ſont obligez par la
Loi de la Nature de conſerver les Terres,
les bìens, la vie & les libertez de leurs
ſujèts, ces ſujèts ont un droit naturel à leurs
libertez, Terres biens &c. & ne peuvent par
conſéquent dépendre de la volonté d'aucun
homme, car cette dépendance détruit la liberté.

III. Les mauvais Princes ne veulent pas
pour-

pourvoir à la fûreté du Peuple, & les Princes foibles & lâches n'en font pas capables :
bien plus, cette œuvre eft fi dificile que les
plus grands & les plus fages hommes qui
aïent jamais vêcu, n'ont pû en venir à bout
par eux-mêmes; & le fecours d'un Confeil
eft abfolument inutile, à moins que les
Princes ne foient obligez d'en fuivre les fages directions. Il faut donc de toute néceffi-
fité qu'il y ait dans tous les Etats du Monde une Puiffance établie pour réprimer les
mauvais Princes & pour inftruire les foibles, en les obligeant de fuivre les confeils
qu'on leur donne, autrement on ne peut
arriver aux fins qu'on s'eft propofé dans
l'inftitution des Gouvernemens, ni mettre
en fûreté les droits des Nations.

N'aïant rien raporté ici que ce que Filmer dit lui-même, ou qu'on ne doive inférer néceffairement de ce qu'il avance, on
s'imagineroit qu'il eft auffi bon Républicain
que Caton; mais le Pourceau lavé retour-
ne toûjours dans le bourbier. Il renverfe
tout ce qu'il femble avoir établi, en joignant mal-à-propos les droits que la Loi
accorde aux Rois légitimes avec ceux des
Tirans qui font entiérement contraires à la
Loi; & il donne le Sacré nom de Pére à
des Bêtes qui par leurs actions fe déclarent
ennemis non feulement des Loix & de la
Juftice, mais encore de tout le Genre Humain qui ne peut fubfifter fans elles. Pour
prouver cette vérité, il fufira d'éxaminer fi
Attila & Tamerlan ont bien mérité qu'on
les appelle Péres des Païs qu'ils ont détruits.

B 6   On

On appelloit communément ce prémier le
fleau de Dieu, & il faifoit gloire de porter
ce nom. Le fecond étant repris par quelqu'un des cruautez qu'il éxerçoit lui répondit, *vous me parlez, comme fi vous parliez à*
un homme; je ne fuis pas homme, mais le fleau
de Dieu & la Pefte du Genre Humain. Il faut
avoüer que c'eft-là un langage bien doux
& qui tient beaucoup de la tendreffe Paternelle: Il ne faut pas douter que ceux qui
parlent de cette maniére, ne pourvoïent à
la fûreté des Peuples qui font fous leur Domination, & qu'on n'ait raifon de s'en raporter à eux pour l'obfervation & le maintien des Loix de la Nature; & il y a bien
de l'aparence que ces Princes qui mirent
tout à feu & à fang dans les lieux par où ils
pafférent, & qui détruifirent entiérement
les Peuples qui tombérent fous leur puiffance, s'apliquérent uniquement à leur confervation, confidérant les Rois qui les
avoient précedé *comme leurs Péres dont ils*
étoient obligez de ratifier les Actes, quoique
ce ne fût ordinairement que par le maffacre
de ces Souverains & de leurs Familles qu'ils
aqueroient la Souveraineté de ces Roïaumes ou Provinces.

Mais fi on ne porte point de haine à la
Nation & qu'on ne faffe la guerre que pour
détrôner la perfonne, ou la famille qui eft
en poffeffion de la Couronne, comme
Baafha qui fît la guerre à la Maifon de Jéroboam, Zimri à celle de Baafha, Omri
à Zimri & Jéhu à Joram, il me femble que
c'eft-là une étrange maniére de devenir le
Fils

Vit. Tamerl.
Hift. Thuan.

Fils de la perſonne que l'on détruit. Et il
faut avoüer qu'il n'y a que Filmer qui ait
été aſſez ſubtil pour s'apercevoir que Jéhu
en exterminant la Famille d'Achab, s'étoit
engagé par-là à le conſiderer comme ſon
Pére & à ratifier tout ce qu'il avoit fait pendant ſon régne. Si cela eſt véritable, Moïſe étoit obligé par la même raiſon de confirmer les Actes des Rois des Amalekites,
des Moabites & des Amorréens qu'il avoit
détruits; Joſüé devoit auſſi ratifier tous les
actes des Rois des Cananéens : mais il n'eſt
pas ſi facile de déterminer pour lequel de
tous ces Rois il étoit obligé d'avoir cette
déférence ; car elle n'étoit pas düe à tous
ces Souverains & il n'eſt pas croïable qu'en
mettant à mort plus de trente Rois, il ſe ſoit
aquis tant de Péres ; on peut dire la même
choſe de pluſieurs autres.

De plus, il y a une eſpèce de Tirans
qui n'ont point de Péres, comme Agatho-
cles, Denis, Céſar, & en général tous
ceux qui renverſent les priviléges & la liberté de leur Patrie. En effet ſi ceux-là avoient
été obligez de conſidérer les Magiſtrats qui
gouvernoient avant eux, comme leurs Péres, & de confirmer leurs Actes & ordonnances, la premiére choſe qu'il leur auroit
falu faire, ç'auroit été d'accorder impunité
& récompenſe au prémier venu qui entre-
prendroit de les tuer, puiſque c'étoit une
Maxime fondamentale dans ces Gouverne-
mens, * *qu'il étoit permis à tout homme qui* * Vbicuique
vouloit l'entreprendre, de tuer un Tiran.   licere Tyrannum ec-
Ceci étant ridicule & abſurde à tous cidere.

B 7   égards,

égards, il eſt évident que notre Auteur, qui
en donnant de ſi mauvaiſes ſûretez aux Peuples pour le maintien de leurs libertez, tâche de les trahir, n'eſt pas moins coupable
de trahiſon envers les Rois, lorſque ſous
prétexte de défendre leurs droits, il les con-
fond abſolument avec ceux des Tirans,
qu'on ſait n'en avoir point du tout, & qui
ne ſont Tirans que parce qu'ils n'en ont
point. N'eſt ce pas trahir ces Rois qui ſont
établis pour la ſûreté du Peuple, que d'a-
vertir ce Peuple qu'ils n'en peuvent rien attendre qu'ils ne puiſſent également ſe promettre du ſoin paternel des Tirans que tous
les ſages ont toûjours eu en horreur, &
In generis dont on a dit avec Juſtice * *qu'ils étoient nez*
humani exi- *pour la ruine du Genre Humain* , ſentence
tium Natos. qu'ils n'ont que trop vérifiée par leur méchante vie.

C'eſt-là véritablement dépoſer les Rois
& abolir leur Gouvernement, que d'abolir
ce par qui & pour qui ils ſont Rois. Il ne
ſe peut pas que la Grandeur de leur Puiſſance, de leurs Richeſſes, de leur magnificence & des plaiſirs qui les environnent,
ne leur ſuſcite des ennemis. Il y en a qui
leur envient ce qu'ils eſtiment un bonheur;
d'autres n'aprouvent pas l'uſage qu'ils font
de leur Autorité: il y en a peut-être qui ne
peuvent ſouffrir leurs meilleures actions, lors
qu'ils s'en trouvent en quelque façon in-
commodez; il y en a d'autres enfin qui jugent trop ſévérement des moindres fautes
qu'ils font. Cela n'eſt que trop ſufiſant pour
modérer la joïe de ceux qui ſont le plus
char-

charmez des avantages de la Couronne.
Mais leurs plus cruels & leurs plus dangereux ennemis font ces maudits Parafites,
qui en donnant lieu à ceux qui devroient
être les meilleurs de devenir femblables aux
plus Scélérats, détruifent entiérement leur
être ; & qui en perfuadant au Monde que
ces Princes fe propofent un même but, &
qu'ils ne font point obligez de fuivre d'autre règle que celle qui leur eft commune
avec les Tirans, donnent aux gens mal-in-
tentionnez un prétexte plaufible de dire,
que tous les Princes font d'une même efpèce. Et fi une fois on recevoit cette Maxime pour véritable, les Peuples mêmes qui
croiroient qu'il ne feroit pas dificile de réformer les abus de leur Gouvernement, ni
de corriger les fautes de leurs Gouverneurs,
& qui ne demanderoient pas autre chofe,
feroient ceux qui témoigneroient le plus
d'empreffement à détruire ce qui eft mauvais dans fon principe, & qu'ils croiroient
être incorrigible.

SEC-

SECTION XVII.

Les Rois ne peuvent être les légitimes inter-
prètes du ferment qu'ils prêtent à leur avé-
nement à la Couronne.

LE Livre de notre Auteur est si rempli
d'abfurditez & de contradictions, que
ce feroit, pour ainsi dire une corde de fable si une fuite continuë de fourbes, comme
autant de poisons entaffez les uns fur les autres ne lui donnoit pas quelque liaison, & ne
nous faifoit pas connoître que tout l'Ouvrage fort d'une même main. Après avoir fait
tous fes efforts pour renverfer les Loix de
Dieu, de la Nature, celles de toutes les
Nations & fur tout les nôtres en faifant un
mauvais ufage des Livres facrez, en fal-
fifiant les paffages de plufieurs bons Auteurs,
& en voulant impofer fur tout le Genre Humain une Loi Univerfelle, qui ôteroit à
toutes les Nations du Monde le droit d'é-
tablir parmi elles la forme de Gouvernement qui leur eft la plus convenable, & de
prefcrire les régles qu'on doit obferver dans
l'adminiftration du Gouvernement qu'elles
auroient établi, il nous fait connoître évidemment quelle eft fa Religion & fa Morale, en détruifant la force du ferment que
nos Rois prêtent à leur avénement à la Couronne. *D'autres*, dit il, *affirment que quoique*
les Loix n'obligent point d'elles-mêmes les Rois,
cependant le ferment que les Rois prêtent à leur
avéne-

avénement à la Couronne, les oblige à observer
toutes les Loix de leur Roiaume. Pour voir
jusqu'à quel point cela est véritable, nous n'a-
vons qu'à éxaminer le serment que les Rois
d'Angleterre prétent le jour de leur Couronnement; voici en quels termes il est conçû. On
demande au Roi : Te plaît-il de faire administrer la Justice dans tous tes jugemens avec équité, avec sincérité & dans des dispositions de
Clémence? Te plaît il de faire observer inviolablement & de protéger & maintenir nos Loix
justes & nos bonnes constitutions? &c. A quoi
le Roi répond qu'il le fera, l'Archevêque de
Cantorbury lui aiant demandé auparavant,
vous plaît-il de confirmer & d'observer les Loix
& coûtumes des anciens tems qui ont été accordées de la part de Dieu à la Nation Angloise
par des Rois justes & Religieux, qui ont scê-
lé leur promesse au-dit Peuple avec serment,
principalement les Loix, libertez & coutumes
accordées par le fameux Roi Edouard au Clergé & aux Laiques? De la il infére que le
Roi n'est pas obligé de garder toutes les Loix,
mais seulement celles qui sont justes & équitables, par ce qu'il trouve que dans le serment
prêté par Richard II. il est fait mention de
mauvaises Loix, qu'il jure d'abolir: Or qui
est plus capable que le Roi de juger quelles Loix
sont bonnes ou mauvaises? &c. De sorte qu'é-
fectivement le Roi jure de ne garder que les
Loix qui lui sembleront justes & équitables,
&c. Et s'il juroit d'observer toutes les Loix,
il ne pouroit pas, sans se rendre coupable de parjure consentir à la cassation d'aucun Statut établi par Acte du Parlement &c. Ensuite il
ajoûte,

ajoûte, *Mais suposons pour véritable, que les Rois jurent de garder toutes les Loix de leurs Roiaumes, quand cela seroit on ne peut pas croire raisonnablement que les Rois soient plus liez par leurs sermens volontaires que ne le seroient des personnes privées : Or si un particulier passe un Contract, soit avec serment, soit sans serment, il n'est obligé de l'observer qu'autant qu'il est juste & équitable ; car un homme peut se faire relever d'une promesse déraisonnable & injuste, s'il l'a faite par erreur ou par surprise, par force, ou par crainte; ou s'il ne pouvoit l'accomplir sans que cela lui fût très-préjudiciable ; le Roi à qui la Loi accorde, en de certains cas des prérogatives qu'elle n'accorde pas aux personnes privées, n'auroit-il pas en cette occasion le même privilége qu'ont les particuliers ?* De peur qu'on ne s'imagine que je suis d'humeur à vouloir me servir du moindre avantage qui se présente, je ne demanderai pas qu'on me montre où Filmer a trouvé ce formulaire de serment, & je ne releverai pas les fautes qu'il a commises dans cette traduction ; mais nonobstant tous ses déguisemens, je trouve tout ce qu'il me faut pour mon sujet, sans changer la moindre chose à ses paroles. Mais avant toutes choses j'espére qu'on voudra bien me permettre de remarquer que ceux qui se dévoüent entiérement au service personnel des Princes, ne considérant en cela que leur intérêt particulier, quoique ce devoüement tende à la ruïne de la Patrie, ne pourront jamais persuader au Genre Humain, que les Rois peuvent gouverner com-

comme bon leur femble, puifque tout le
Monde fait qu'on a établi des Loix pour
les réprimer & pour leur fervir de règle, à
moins qu'ils ne faffent en même tems croire aux Peuples que ces Rois tiennent leur
Autorité d'une Loi Supérieure & Univerfelle; ou que ces Souverains peuvent entreprendre de fe dégager de toutes les obli-
gations que les Loix qu'ils ont juré fi fo-
lemnellement d'obferver, leur impofent,
fans fe rendre déteftables à Dieu & aux
hommes & fans s'expofer à la vengeance
divine & humaine. Je croi que Monfieur *Lib. de Cive.*
Hobbes a été le prémier qui a fort ingénieu-
fement trouvé un moïen fort facile & fuc-
cinct pour juftifier les parjures les plus abominables, & tous les malheurs qui en font
des fuites inévitables, en foutenant *que*
puifque c'eft au Peuple que le Roi prête fer-
ment, le Peuple peut le décharger des obliga-
tions aufquelles ce ferment l'engage ; & que
les Peuples lui aiant conféré tout le pouvoir
qu'ils avoient, il peut faire tout ce qu'ils pou-
voient faire eux-mêmes avant qu'ils le lui euf-
fent conféré: il peut donc s'abfoudre lui-même
de fon ferment, & eft actuellement libre, puis
qu'il l'eft quand il lui plaît La mineure de
cèt Argument eft fauffe car les Peuples ne
lui aiant pas conféré tout leur pouvoir,
mais feulement une partie, ils fe font réfervé celui de l'abfoudre, autrement ils ne
l'auroient jamais obligé de prêter ce ferment. Il ne peut donc s'en abfoudre lui-
même. Le Pape trouve reméde à cela, &
en qualité de Vicaire de Jefus-Chrift, il
pré-

prétend que le pouvoir d'abſoudre réſide en
ſa perſonne, & il l'éxerça dans l'abſolution
qu'il donna au Roi Jean. Mais notre Auteur deſeſpérant de pouvoir perſuader aux
Peuples d'aujourd'hui, & ſur tout à notre
Nation de reconnoître la Validité d'une de
ces deux abſolutions, tâche avec plus d'ef-
fronterie & moins d'eſprit, d'afoiblir tous
les ſermens que les Rois prêtent à leur avénement à la Couronne, en laiſſant à ceux
qui les prêtent la liberté de les interpréter
comme bon leur ſemble, au lieu que juſques ici l'on a toûjours crû que la force de
ce ſerment conſiſtoit dans le ſens poſitif
que lui donnent ceux qui l'éxigent. Cette
doctrine eſt ſi nouvelle qu'elle ſurpaſſe la
ſubtilité des Scolaſtiques qui, comme une
perſonne d'eſprit l'a fort bien remarqué, ont
tellement ſubtiliſé les Sermens qu'on en
pouroit mettre un million ſur la pointe d'u-
ne éguille auſſi facilement qu'un pareil
nombre d'Anges; & il n'y a que les Jéſuites qui ſoient arrivez à ce degré de rafine-
ment, eux qui par leurs réſervations men-
tales ont renverſé toutes ſortes de ſermens,
ce que l'on voit ſi clairement dans leurs livres qu'il ne leur eſt pas poſſible de le nier,
& ce qui a paru ſi horrible à tout le monde, que ceux mêmes de leur Ordre qui
ont encore quelque étincelle d'honnêteté,
en condamnent la pratique. L'un d'entré
eux ſorti d'une Famille Noble, me dît un
jour qu'il prêteroit ſans aucune répugnance
tous les ſermens qu'on voudroit éxiger de
lui, s'il pouvoit ſatisfaire ſa conſcience,
en

en se servant d'équivoque ou de quelque réservation mentale, ou s'il croïoit pouvoir les interpréter de quelque maniére différente de l'intention qu'il sait qu'ont ceux qui les font prêter. Èt si la conscience de notre Auteur n'étoit pas plus corrompuë que celle de ce Jesuite, qui avoit vêcu cinquante ans sous la plus détestable discipline qui ait jamais été dans le Monde, je lui demanderois sérieusement s'il est véritablement persuadé que la Noblesse, le Clergé & les Communes d'Angleterre qui ont toûjours témoigné tant de zèle pour leurs anciennes Loix, & qui les ont défenduës avec tant de résolution, n'ont jamais eu d'autre dessein en éxigeant ces sermens si solennels, & sur quoi ils faisoient tant de fond, sinon que le Roi jurât de les garder aussi long-tems qu'il le jugeroit à propos. *Mais il jure seulement d'observer les Loix qui sont justes & équitables &c.* Quel sens peut-on donner à ces paroles, si ce n'est que ceux qui font prêter le serment, déclarent que leurs Loix & coutumes sont justes & bonnes, & le Prince en prêtant ce serment afirme qu'elles sont telles? Ou comment peut-on les spécifier plus précisément que par la clause qui suit, *Accordées de la part de Dieu par des Rois justes & Religieux, confirmées par leur serment, & sur tout celles du fameux Roi Edoüard?* Mais, dit Filmer, en vertu du même serment *Richard II. étoit obligé d'abroger celles qui étoient mauvaises* Si par erreur il s'en étoit glissé quelqu'une de cette nature, ou que par un mauvais principe

on

on l'eût fait recevoir, la Noblesse & le Peuple qui y étoient intéressez venant ensuite à découvrir le mal & à le déclarer, le Roi ne devoit pas en prendre aucun avantage, ou par son refus en éluder la cassation, mais au contraire se joindre à son Peuple pour les annuller conformément à la clause générale qui l'engage de donner son consentement à celles, *Quas vulgus elegerit*.

La Grande Chartre n'étant que le Sommaire de nos anciennes Loix & coutumes, le Roi qui jure de l'observer, jure de garder toutes les Loix dont elle est l'abrégé; & comme on ne lui laisse pas la liberté de l'interpréter, ou de déterminer ce qu'elle contient de bon ou de mauvais, ce qu'on doit observer ou abolir, aussi n'a-t-il pas le pouvoir de rien changer à toutes les autres. Cette Chartre nous aïant été confirmée par un plus grand nombre de Parlemens que nous n'avons eu de Rois depuis ce temslà; ils sont encore tous dans les mêmes engagemens qu'étoient les Rois Jean & Henri sous le régne desquels on compila ce recueil de Loix pour assûrer les droits & Priviléges de la Nation. L'Acte ne se fit pas avec moins de solennité qu'il étoit important; & les plus terribles malédictions qui se puissent imaginer qui furent prononcées contre les infracteurs, par le Clergé dans la Sale d'Wesminster en presence & du consentement du Roi Henri III. d'un grand nombre de Noblesse & de tous les Etats du Roïaume, sufisent pour nous aprendre si on laissoit au Roi, ou non, le jugement de ces
in-

infractions; puis qu'il eſt évident qu'ils ne craignoient point qu'aucun violât ces Loix, ſinon le Roi ou ſes Miniſtres. J'avouë que l'Egliſe, qu'on appelloit en ce tems-là le Clergé étoit alors ſi corrompuë, qu'un homme qui avoit la conſcience nette, n'avoit pas beaucoup à craindre des armes ſpirituelles; mais cela ne pouvoit pas être en fait de parjure:& nos Ancêtres ne pouvoient mieux faire, que d'emploïer le glaive ſpirituel, ſe réſervant l'uſage du glaive temporel en cas qu'on mépriſât le premier. Quoique les excommunications du Pape ne fuſſent ſouvent que des *Bruta fulmina*, lors qu'il les lançoit ſans en avoir un ſujèt légitime, on peut aiſément s'imaginer quelle obéïſſance un Prince pouvoit ſe promettre de ſes ſujèts, lors qu'un chacun étoit perſuadé qu'il avoit attiré ſur ſoi par ſes parjures les malédictions les plus terribles. Le Roi Jean étoit certainement méchant & vicieux, mais il n'oſa outrepaſſer ces bornes, juſques à ce qu'il eût obtenu l'abſolution du Pape pour lui ſervir de couverture; & lors qu'il eut fait cela, cette abſolution ne le mît pas en ſûreté, & il ne put accomplir les promeſſes qu'il avoit faites au Saint Pére pour l'obtenir; le Parlement déclarant que les dons qu'il faiſoit au Pape étoient injuſtes, illégitimes, contraires au ſerment qu'il avoit prêté à ſon avénement à la Couronne, & que les Etats n'y conſentiroient point. Ceci alla ſi avant ſous le régne de ce Roi, qu'on donna ordre à tous les ſujèts de quelque condition qu'ils fuſſent de s'obliger par ſerment de garder la grande

Char-

Chartre ; & s'il n'y avoit pas d'autre moïen
* *d'emploier la force pour obliger le Roi d'accom-*
plir ce qu'on lui avoit fait promettre le jour de
son Sacre. Il est dit expressément dans sa
„ Chartre, † que les Barons & les Commu-
„ nes du Païs nous obligeront & contrain-
„ dront par tous les moïens possibles, soit
„ en se saisissant des Villes, Terres ou pos-
„ sessions ou par quelque autre moïen que
„ ce puisse être, jusques à ce qu'ils trouvent
„ que nous aïons satisfait à leurs desirs. Et
dans la Chartre de son fils Henri sur la même supofition qu'il pouroit arriver qu'il
n'observeroit pas l'accord fait entre ses su-
„ jèts & lui, voici ce que l'on y peut lire. ‡ Il
„ sera permis à tous les Habitans du Roïau-
„ me de s'élever contre nous, & de nous
„ faire tout le chagrin qu'ils pouront, com-
„ me s'ils étoient quites envers nous de tou-
„ te sorte d'obéïssance & de devoirs. Il
semble qu'on se soit servi à dessein de ces
termes si forts & si expressifs *propter duplicita-*
tem Regis, qu'on n'avoit que trop lieu de
soubçonner. Et si je ne me trompe, ce n'est
point-là le langage d'esclaves & de païsans
qui supplient leur Seigneur de leur accorder
quelque chose, mais de personnes Nobles
&

* *Et quid ipsum Regem per captionem distringerent & gra-*
varent ad præfata exequenda.

† *Et ipsi Barones cum Communitate totius terræ distringent*
& gravabunt nos modis omnibus quibus poterunt, scilicet per
captionem Castrorum, terrarum, possessionum, & aliis mo-
dis quibus potuerint, donec emendatum fuerit secundum ar-
bitrium eorum.

‡ *Licet omnibus de regno nostro contra nos insurgere & om-*
nia facere quæ gravamen nostrum respiciant, ac si nobis in nullo
tenerentur.

& libres, qui savoient que leur Seigneur n'étoit pas plus que ce qu'ils l'avoient voulu faire, & qu'il n'avoit que ce qu'ils lui avoient donné: ce n'est pas non plus, ce me semble le langage d'un Seigneur qui traite avec des gens qui ne tiennent leur liberté & leurs Priviléges que de sa libéralité, mais avec des personnes qu'il reconnoît être en droit de juger s'il s'aquite comme il faut du contract qu'il a passé avec eux; cela est entiérement conforme à l'accord que le Peuple d'Arragon faisoit avec ses Rois, que j'ai déja raporté tel qu'on le trouve dans les Rélations *d'Antonio Pérez.* Voilà tout ce que l'on peut faire; & l'expérience de tous les siécles nous aprend que les Princes qui se sont aquitez dignement des fonctions de leurs charges, & observé les contracts qu'ils avoient fait avec leurs Peuples, ont été comblez de gloire & de bonheur & chéris de leurs sujets dont ils faisoient les délices au lieu qu'à peine en trouve-t-on un de ceux qui ont ouvertement violé ces sermens, & qu'on a jugé avoir encouru les peines dûës aux parjures, qui n'ait vécu dans la misére, qui ne soit mort d'une maniére infame, & dont la mémoire n'ait été en horreur aux siécles suivans.

„ Mais, dit Filmer, les Rois ne sont pas „ plus liez par les sermens volontaires qu'ils „ font, que les autres hommes, & ils peu- „ vent se relever des promesses déraisonna- „ bles & injustes qu'ils ont faites, s'ils se „ sont laissez engager par surprise, par er-

Tome III. C „ reur,

„ reur, par force, ou par crainte ; ou qu'ils
„ trouvent qu'ils ne pouroient les accom-
„ plir fans que cela leur fît de la peine &
„ du chagrin.　Cela veut dire proprement
qu'il n'y a point de ferment qui puiffe en
aucune façon obliger ceux qui le font ; car
il n'y en a point qui ne foit volontaire ou
involontaire , & il n'y en a jamais eu de
l'obfervation duquel on n'ait fort bien pû
fe difpenfer en alléguant qu'on l'a fait par
quelqu'un de ces motifs , ce qui feroit la
même chofe fi des perfonnes du Caractére
de Filmer avoient la direction de la confcience de ceux qui prêtent le ferment, &
de ceux qui doivent en éxiger l'accompliffement.　Cette Maxime détruiroit la confiance qui doit régner entre le Roi & le Peuple , & renverferoit non feulement les Gouvernemens les mieux établis, mais auffi ce
déteftable ufage d'annuler la validité des
fermens & des contracts les plus folemnels
ruïneroit entiérement toutes les Sociétez
qui ne fubfiftent que par eux.　Je laiffe à
juger à tout homme raifonnable fi cèt ouvrage conviendroit bien au Souverain Magiftrat, qu'on éléve au plus haut degré de
gloire & de félicité humaine, dans la vûë
qu'il emploïera fa puiffance à la confervation de la Société ; & comment on pouroit
s'affûrer d'obtenir juftice, qui eft le but
qu'on fe propofe dans l'établiffement des
Gouvernemens, fi celui qui doit l'adminiftrer & obliger les autres à la rendre, la renverfe entiérement en fa perfonne ; enfin je
laiffe à juger à tout homme qui n'a pas perdu

du la raifon, ce que méritent ceux qui par
une fi lâche prévarication voudroient enfeigner au monde à pervertir & à abolir les
Contraćts les plus facrez. Une perfonne
de mérite de ce Siécle avoit coutume de
dire que les Contraćts par écrit n'avoient
été inventez que pour lier les Païfans qui
n'aïant ni Loi, ni juftice, ni vérité en eux-
mêmes, ne voudroient pas tenir leurs pro-
meffes, ni convenir de les avoir faites, fi
on ne les y contraignoit par ces fortes de
preuves autentiques. Mais fi on recevoit la
doćtrine de notre Auteur il n'y auroit point
de contraćts valables, & on n'auroit pas
plus de peine à les rompre qu'à rompre une
toile d'Aragnée. Tous ceux qui ont de la
confcience, ont tant de refpećt pour la religion du ferment, qu'ils croient qu'on
doit obferver ceux mêmes qu'on a extor-
quez quelques injuftes & violens que foient
les moïens dont on s'eft fervi pour nous y
engager ; & Jules Céfar, qui felon moi,
n'étoit pas trop fcrupuleux, aïant été pris
par des Corfaires, & relâché fur fa parole,
leur fit païer la rançon qu'il leur avoit promife. Nous voïons tous les jours pratiquer
la même chofe par des prifonniers arrêtez
dans les guerres les plus injuftes auffi bien
que dans celles qui font les plus juftes : &
il n'y a point d'honnête homme qui n'eût
en horreur une perfonne qui étant prife par
les Corfaires d'Alger & relâchée fur fa parole, ne leur païeroit pas ce qu'elle leur auroit promis pour obtenir fa liberté. Il ne
ferviroit de rien de dire, qu'ils n'étoient

pas en droit de rien éxiger, & qu'on ne pouroit s'aquiter d'une pareille promeſſe ſans que cela fît beaucoup de peine; pour peu d'honneur que l'on ait, il faut rentrer dans ſes fers ou païer le prix dont on eſt convenu. Et quoique peut-être les Habitans de l'Artois, de l'Alſace & de Flandres croïent que le Roi de France n'eſt pas en droit d'éxiger d'eux le ſerment de fidélité, cependant perſonne ne doute que ſi ces Peuples aiment mieux prêter ce ſerment, que de s'expoſer à tous les malheurs qu'ils pouroient attirer ſur eux par un refus, ils ne ſoient autant obligez de lui être fidelles, que ſes anciens ſujèts.

On peut dire la même choſe à l'égard des promeſſes qu'on extorque pas ſurpriſe; & pour montrer qu'on doit les accomplir, nous n'avons pas beſoin d'alléguer d'autre éxemple que celui de l'accord que Joſüé fît avec les Gabaonites. Ils étoient du nombre des Nations maudites qu'il avoit ordre d'exterminer : Ils le ſurprirent par leurs menſonges, & l'engagérent par leurs artifices à traiter avec eux une Alliance qu'il n'auroit pas dû faire ; mais lors que ce Traité fut fait avec eux, il fallut l'accomplir; & ce fut pour cette raiſon que nón ſeulement il les épargna, mais encore qu'il les défendit contre leurs ennemis, action qui fut aprouvée de Dieu. Lors que Saül animé d'un zéle inconſidéré viola cette Alliance, cette infraction de ſerment attira ſur lui la colére de Dieu qui ne s'apaiſa que par la mort de ſept de ſes enfans. Cela eſt ſi

clair,

clair, si positif, & apuïé sur une Autorité
si incontestable que je ne m'arrêterai pas à
en raporter d'autres éxemples. Mais si nous
en croïons Filmer qui se distingue par la
pureté de sa Morale, on n'est pas plus obligé de garder les sermens & les promesses
volontaires que celles qui ont été extor-
quées par violence ou par surprise, c'est-à-
dire qu'il n'y en a point du tout qu'on soit
obligé de tenir. Car le mot de volontaire
ne signifiant autre chose que libre, tous les
Actes humains sont ou libres ou non libres, c'est-à-dire qu'ils procédent de la volonté de ceux qui les font, ou de quelque
impulsion étrangére. Si donc il n'y a point
de violence dans ceux qui sont libres, ni
dans ceux qui ne sont point libres, il n'y en
peut jamais avoir dans aucun.

Il ne serviroit de rien *de prétendre que l'on
a été trompé, ou qu'on ne pouroit sans préjudice s'aquiter des promesses que l'on a faites;*
car personne ne doit se faire une peine
d'éxécuter la téneur de son contract. David nous assûre qu'un homme de bien tient
ce qu'il a promis quelque préjudice qu'il en
reçoive; & un Gentilhomme aïant prié le
Chancelier Egerton de le relever d'un Contract qu'il avoit passé, alléguant pour ses
raisons que lors qu'il l'avoit signé, il n'a-
voit pas sû ce qu'il faisoit, ce Magistrat
lui dit qu'il n'étoit pas établi pour relever les
fous.

Mais quand même on ne seroit en aucune façon obligé de tenir les promesses
volontaires, lors qu'il n'y a point de raison

C 3   vala-

valable., pour me servir des termes des Ju-
risconsultes ; ou que ceux qui les ont faites
par erreur, par crainte ou par force pouroient s'en faire relever lors qu'ils ne pouroient sans peine s'aquiter de leurs promesses,
cela ne s'étendroit point jusques aux Princes & aux Contracts qu'ils font avec leurs
sujèts & qu'ils confirment par leur serment,
puis qu'il leur est impossible d'alléguer avec
quelque aparence de raison, qu'ils ne les
ont faits que parce qu'on les a trompez, in-
timidez, & contraints ; ils ne peuvent pas
dire non plus que les conditions qu'on a
éxigées d'eux sont fâcheuses & que ce leur
seroit une peine de les accomplir, en effet
si elles sont fâcheuses ce ne peut être autrement que parce qu'il est toûjours fâcheux à
un méchant homme de ne pouvoir faire le
mal qu'il machine.

Les Peuples établissent comme bon leur
semble les Loix par lesquelles ils veulent
être gouvernez ; & s'ils manquent de prudence & de sagesse dans cèt établissement,
il n'y a qu'eux qui en souffrent : Mais il
seroit difficile d'alléguer l'éxemple d'une
Nation qui ait emploïé la force pour obliger un homme à prendre le Gouvernement
en main. Il est vrai que les Israëlites pres-
sérent fort Gédéon d'accepter la Couronne ; & l'Armée que Germanicus comman-
doit, s'étant mutinée, vouloit obliger ce
Général à prendre le Gouvernement de
l'Empire, mais les uns & les autres se dé-
sistérent de leur dessein lors qu'ils virent que
leurs offres étoient refusées. Je changerai
de

de fentiment fi l'on me fait voir que nos
Rois ont fait paroître plus de modération en refufant la Couronne; & nos Ancêtres plus d'opiniâtreté en voulant les obliger de l'accepter. Mais jufques à ce que
j'en fois convaincu par de bonnes preuves,
j'efpére qu'on voudra bien me pardonner fi
je croi qu'on n'a jamais ufé de violence
pour faire confentir nos Rois à leur Couronnement. On n'emploïa pas la force pour
faire venir en Angleterre Guillaume Duc
de Normandie, il y vint volontairement,
& demanda la Roïauté : La Nobleffe, le
Clergé & les Communes lui propoférent
les conditions aufquelles elles vouloient le
recevoir. Les conditions étoient, qu'il les
gouvernât conformément aux Loix anciennes, principalement à celles qui avoient
été accordées par le fameux Edoüard, ou
plûtôt qui avoient été compilées fous le régne de ce Prince. Il n'y avoit-là ni violence ni tromperie; s'il trouvoit ces conditions
fâcheufes, il auroit pû fe retirer auffi librement qu'il étoit venu. Mais elles ne lui
déplurent point; & quoiqu'il ne fût peut-
être pas affez modefte pour vouloir dire
avec le brave Roi Offa de la race des Sa-
xons, *ad Libertatis veſtræ tuitionem, non*   Addit.
Mat. Tar.
meis meritis, ſed ſola liberalitate veſtra una-
nimiter me convocaſtis, il accepta cependant
la Couronne aux conditions qu'on lui pro-
pofa & jura fur les Saints Evangiles de les
obferver. Ce Prince ne fe fouciant pas beaucoup de ce qu'il avoit promis, prétendit
gouverner à fa volonté; mais voïant que

C 4

le

le Peuple ne le vouloit pas fouffrir, il prê-
ta un nouveau ferment fur les mêmes Evangiles & fur les reliques de St. Alban, ce
qu'il n'auroit pas eu befoin de faire fi les
conditions lui déplaifoient, ou qu'il ne jugeât pas à propos de les obferver, puis qu'il
pouvoit librement retourner dans fon Duché de Normandie.   Il y a aparence qu'il
éxamina le contenu des Loix d'Edoüard *
avant que de jurer qu'il les obferveroit ; &
rien ne nous engage à croire qu'il ait pû s'i-
maginer qu'une Nation libre, qui n'avoit
jamais eu d'autres Rois que ceux qu'elle
avoit elle-même choifis pour le maintien de
fa liberté, & de la liberalité de laquelle fes
meilleurs Rois avoient reconnu tenir la
Couronne qu'ils portoient, eût voulu le rendre maître abfolu de leurs perfonnes, de
leurs libertez & de leurs biens, lui qui étoit
étranger, fur tout puifqu'il ne pouvoit igno-
rer que les Peuples n'avoient pas voulu le
recevoir pour Roi jufques à ce qu'il eût juré
d'obferver les mêmes Loix par lefquelles-
fes Prédéceffeurs avoient régné, dont l'u-
ne étoit, comme on le peut voir par l'Acte
du *Conventus Pananglicus, que les Rois feroient élûs par le Clergé & par les Anciens du
Peuple, Reges a Sacerdotibus & Senioribus
Populi eligantur.*   Ce fut de cette maniére
qu'il obtint la Couronne à laquelle il ne
pouvoit prétendre aucun droit, à moins
que le Peuple ne fût en droit de la lui conférer.

* *Bonas & approbatas antiquas Regni leges, quas fancti
& pii Reges ejus anteceffores, & maxime Edwardus ftatuit
inviolabiliter obfervare.*

férer. Il n'y eut donc en cette occasion ni
force, ni tromperie, ni erreur; & quelque
justice qu'on prétende qu'il y ait à relever
une personne qui a été trompée, intimidée
ou forcée, il est sur que cette prétention
ne peut avoir lieu dans le cas dont il s'agit
ici. Nous ne voïons pas qu'on ait forcé
Guillaume II. & son Frére Henri d'accepter la Couronne; on ne leur mit point le
poignard sur la gorge, & la Nation Angloise ne faisoit pas alors une si petite fi-
gure dans le Monde, qu'il n'eût été facile
de trouver assez de personnes qui se seroient
fait un plaisir d'en prendre le Gouvernement; Robert même Frére aîné de ces deux
Princes n'étoit pas d'humeur à refuser cette
Couronne si on la lui avoit offerte; mais la
Noblesse & les Communes se confiant aux
sermens & aux promesses de Guillaume &
de Henri, jugérent à propos de les préférer
à Robert; & lorsque ce dernier voulut s'emparer du Trône par force, les Anglois furent si bien l'en punir que cela seul sufit pour
prouver qu'ils n'étoient pas accoutumez à
avoir d'autres Rois que ceux qu'ils établis-
soient eux-mêmes. Et c'étoit-là une des
coutumes que tous leurs Rois juroient de
maintenir, cette coutume étant aussi ancienne, aussi juste & aussi aprouvée qu'aucune autre.

Aïant déja prouvé que tous les Rois que
nous avons eu depuis ce tems-là sont montez sur le Trône en vertu du même Titre;
que les Loix Saxonnes dont tous ces Princes ont juré l'observation, ont encore la

C 5   même

même force parmi nous , & que les paroles
que l'Archevêque prononce quatre fois aux
quatre coins de l'Autel , *voulez vous avoir
cèt homme pour Roi*? en font un témoignage autentique ; je croi que je puis m'épargner la peine de répéter ce que j'ai dit fur
ce fujèt , & conclure avec juftice , que fi le
prémier de ces Rois n'a pû légitimement
prétendre qu'on l'ait contraint d'accepter
ces conditions , qu'on l'ait furpris ou qu'on
l'ait intimidé , ceux qui font venus après
lui , ne peuvent pas s'en plaindre plus légitimement.

Mais , dit-on , *l'obfervation de ce ferment
eft fâcheufe.* Si j'avois reçû une fomme d'argent l'année paffée fur une obligation ou
promeffe , ou fur une Terre ou Ferme que
j'aurois venduë , peut-on s'imaginer que ce
foit me traiter avec trop de dureté que de
m'obliger de rendre cèt argent , ou de céder la Terre conformément au Contract de
vente que j'en ai paffé? Ou fi je n'ai pas figné & fcêlé l'obligation avant que j'aïe reçû l'argent , ne faut-il pas que j'accomplif-
fe les conditions dont je fuis convenu , ou
du moins que je rende ce que j'ai reçû?
S'il y a quelque Roi qui trouve qu'il lui foit
fâcheux d'être obligé de conferver les libertez , la vie , & les biens de fes fujèts , & de
gouverner fuivant les Loix , qu'il réfigne
fa Couronne , & felon toute aparence le
Peuple à qui il a prêté le ferment , ne l'en
empêchera pas. Il s'en trouvera peut-être
d'autres qui feront bien aife de monter fur
le Trône à ces conditions ; ou s'il n'y en a
point

point qui veuïllent accepter la Couronne,
à moins qu'il ne leur foit permis de faire
tout ce qui leur plaira, il faudra que le
Peuple fuporte le malheur d'être obligé de
fe gouverner foi-même, ou d'établir quelque autre forte de Magiftrats qui voudront
bien fe contenter d'un pouvoir moins exceffif. Peut-être ces Peuples réüffiront-ils
auffi bien que quelques autres qui, fans
être réduits dans cette néceffité, fe font volontairement affujétis au malheur de vivre
fans l'éclat Majeftueux d'un Monarque :
ou fi cela leur manque, ils pouront toûjours pour derniére reffource fe réfoudre à
devenir efclaves. Lors que cela fera, nous
reconnoîtrons de bonne foi que tout ce que
nous poffédons eft un pur effet de la bonté
& de la libéralité de notre Maître. Mais
puifque nous ne fommes pas encore réduits
en cèt état, j'efpére qu'on nous pardonne-
ra, fi nous difons que nous fommes un Peuple libre, gouverné par fes propres Loix,
& que qui que ce foit n'a pouvoir fur nous
qu'entant que ces Loix le lui donnent. Je
me flate auffi qu'on voudra bien nous permettre de croire, qu'il n'y a qu'une nouvelle Loi que nous ferions nous-mêmes qui
pût difpenfer nos Rois de l'accompliffement
du ferment qu'ils ont prêté, de nous gouverner conformément aux Loix anciennes,
felon le véritable fens des termes, & l'intention de ceux qui s'en font fervis, fans les
interprèter d'une autre maniére que les Légiflateurs ne les ont entendus dans notre
langue, & fe propofant toûjours le même

C 6 but

but qu'on s'est proposé en l'établissement de
ces Loix, qui consiste uniquement à nous
mettre à couvert de toute sorte de pouvoir
Arbitraire, & de nous marquer une règle
à la quelle nous devons conformer nos
actions, & de laquelle nous devons attendre des récompenses ou des châtimens selon que nous aurons fait bien ou mal. Ceux
qui emploient la mauvaise foi, la chicane
ou les équivoques pour tâcher d'anéantir
ces engagemens, trahissent malicieusement
la cause des Rois en nous les réprésentant
comme des personnes qui aiment mieux
satisfaire leurs appétits déréglez que de s'a-
quiter de leur devoir, & qui foulent aux
piez les engagemens les plus Sacrez de la
Société humaine; ou bien aveuglez d'une
ignorance grossiére, ils ne voïent pas qu'en
aprenant aux Peuples le peu de fonds qu'ils
doivent faire sur les promesses & les sermens
de leurs Princes, ils leur enseignent en même tems à garder aussi peu religieusement
la fidélité & le service qu'ils ont promis à
leurs Souverains. Ce que je dis ici est fondé non seulement sur ce que tous les hommes sont naturellement enclins à suivre
l'éxemple de ceux qui sont élévez en Autorité, mais encore sur une conclusion très-
certaine, que celui qui manque de son côté
à l'observation du Contract qu'il a fait, ne
peut sans une extrême impudence ou folie,
éxiger de l'autre partie contractante qu'elle
s'aquite de ce qu'elle a promis; n'y aïant
rien de plus certain & de plus clair, que
tous les contracts sont des engagemens si
ré-

réciproques, que celui qui manque de son
côté à obſerver ce à quoi il s'eſt engagé,
décharge par cela même l'autre Partie contractante de tous les engagemens où elle
étoit entrée. Si cela eſt ainſi entre un homme & un homme, il faut néceſſairement
que cela ſoit auſſi de même entre un homme & pluſieurs millions d'hommes : S'il
étoit libre parce qu'il dit qu'il l'eſt, il faudroit que tous les hommes du monde fuſſent auſſi libres quand il leur plairoit ; ſi un
particulier qui ne tire aucun profit d'un
Contract, & qui au contraire en reçoit peut-
être du préjudice, eſt obligé d'en accomplir la téneur & les conditions, à plus forte raiſon les Rois ſont ils obligez d'obſerver
celles dont ils conviennent à leur avénement à la Couronne puis qu'ils retirent les
avantages les plus conſidérables qu'on puiſſe s'imaginer du Contract qu'ils font avec
leurs ſujets. Comme ils ne ſont pas Rois
par eux-mêmes ni pour eux-mêmes auſſi ne
ſont-ils pas d'une eſpèce différente des autres hommes : ils naiſſent, vivent & meurent tout comme nous. Dieu & la Nature ont donné à tous la même Loi de juſtice
& de vérité, peut-être même puis-je dire,
ſans craindre de me tromper, que les
Grands ſont obligez de l'obſerver encore
plus éxactement que les Petits. La liberté
de ſe parjurer ne peut être un privilége an-
néxé à la Couronne ; & ce ſeroit une choſe abſurde de s'imaginer que l'Autorité la
plus Auguſte qu'on puiſſe conférer à un
homme, reçoive quelque accroiſſement

lors qu'il lui eft permis de commettre des crimes, qu'on ne peut punir en fa perfonne, quoi qu'on les regarde en celle des plus grands Scélérats, comme ce qui fait le comble de leur infamie.

SECTION XVIII.

On ne peut pas dire en général que les plus proches du Sang foient Rois, avant qu'ils aïent été couronnez.

L'Objection ordinaire que l'on fait fur ce fujèt, c'eft que les Rois ne montent pas fur le Trône en vertu de ce Contract ou ferment, mais que dès là qu'ils font les plus proches du Sang ils font Rois même avant que d'être couronnez. Quoique cette propofition foit bien hardie, je ne veux pas dire qu'elle foit abfolument fauffe. Il fe peut faire qu'en de certains lieux la Succeffion eft fi éxactement règlée, qu'en diverfes rencontres il n'y ait perfonne qui ne puiffe facilement favoir qui eft le légitime Succeffeur ; mais avant que de convenir que cette propofition eft généralement vraïe, je voudrois bien que l'on m'éxpliquât clairement ce que c'eft que cette Loi de la Succeffion, & qu'on me dît d'où elle tire fon origine.

J'efpére qu'on ne trouvera pas étrange que je demande cèt éclairciffement, puif-

que.

que cette Loi n'est pas uniforme par tout
& qu'au contraire elle est différente presque
dans tous les Etats où elle est établie, comme cela se peut voir par les cinq différentes
maniéres dont on dispose des Couronnes
qui sont héréditaires, & par un nombre infini de disputes qui en résultent entre les
Lignes Collatérales, dont nous avons divers éxemples; or s'il y a une Loi Univer-
selle qui règle l'état de la Succession, de
toutes ces différentes dispositions de la Couronne il n'y en a qu'une qui soit légitime,
& il faut que toutes les autres soient par
conséquent illégitimes. Prémiérement il y
a des Roïaumes ou l'aîné des mâlés de la
branche aînée & légitime hérite de la Couronne à l'exception des fémelles, comme
cela se pratique en France, conformément
à ce qu'ils appellent la *Loi Salique*. Secondement il y en a eu d'autres où le mâle
aîné de la Famille régnante étoit l'héritier,
comme autrefois en Espagne, & suivant
cette méthode, on préféroit souvent, pour
ne pas dire toûjours, le Frére du dernier
Roi, s'il étoit plus âgé, à son Fils qui selon la Maxime de Filmer auroit dû hériter;
c'est ce que l'on peut voir par le différend
qui s'éleva entre Corbis & Orsüa, dont
Tite Live fait mention, comme nous l'a-
vons raporté ci-devant; & dans le même
Païs, sous la Domination des Gots, l'aîné
des mâles succédoit à la Couronne, soit
qu'il fût légitime ou non. Quatriémement
en d'autres lieux on admet à la Succession
les fémelles, ou leurs descendans, sans
autre

autre condition qui les distingue des mâles,
si ce n'est qu'on préfére le plus jeune Frére
à la Sœur aînée, mais la Fille du Frére aîné hérite au préjudice du Fils du Cadet. En
cinquiéme & dernier lieu, il y a des Etats
dont on donne la Couronne aux Filles à
de certaines conditions, comme cela se
pratique en Suéde, où elles héritent pourvû qu'elles ne se marient pas hors du Roïaume sans le consentement des Etats; ce fut
suivant cette coûtume établie, qu'on élut
Charles Gustave avec les mêmes Cérémonies qu'on auroit pû observer en l'élection
de tout autre étranger, quoique ce Prince
fût Fils d'une Sœur de Gustave Adolphe,
& cela parce que cette Princesse en se ma-
riant avec un Prince d'Allemagne, avoit
perdu son droit. Et par le même Acte des
Etats qui éleva sur le Trône son Fils aîné
& qui assûra la Couronne aux héritiers issus
de son Corps, le Prince Adolphe, second
Fils de cette Princesse, en fut entiérement
exclus.

Jusques à ce que ces difficultez soient
éclaircies par un juge dont l'Autorité soit
si incontestable, qu'on puisse en toute as-
sûrance se soumettre à ses décisions, il est
dificile à un homme qui cherche de bonne
foi à mettre sa conscience en repos, de connoître si la Loi de Dieu & de la Nature,
suposé qu'il croïe qu'il y en ait une Uni-
verselle, * justifie la coutume des Anciens
Mé-

* ———— *Medis levibusque Sabais
Imperat hic sexus, Reginarumque sub armis
Barbaries pars magna Jacet.* Luca.

Médes & des Sabéens , dont Lucain fait mention , qui admettoit les femelles à la Succeffion, ou celle de France qui les en exclut entiérement, comme incapables de commander à des hommes & de s'aquiter des devoirs de la Roïauté, ainfi que nous voïons par tout qu'elles font excluës de l'éxercice des autres emplois de l'Etat. Si l'on me dit que nous devons fuivre les coutumes établies dans notre Patrie, je répons que les coutumes de notre Patrie méritent d'être obfervées, parce qu'elles font reçûës dans notre Patrie : Mais on ne doit pas croire qu'elles foient les Loix de Dieu & de la Nature plûtôt que celles de France ou d'Allemagne ; & quoique je ne croïe pas qu'il y ait aucune Loi générale fur ce fujèt, je fouhaiterois de tout mon cœur que nous fuffions affûrez que nos coutumes à cèt égard ne répugnent pas davantage aux lumiéres Naturelles ; & qu'elles ne nous font pas plus préjudiciables à nous mêmes, que celles de quelques autres Nations. Mais quand même je ferois affez entêté de la prééminence de ma Nation pour m'imaginer que Dieu s'eft révélé à nos Ancêtres d'une maniére plus particuliére qu'à aucun autre Peuple du Monde , & que c'eft de nous que tous les autres doivent apprendre fa volonté ; cela n'empêcheroit pas qu'il ne me fût très-difficile de décider plufieurs dificultez qui fe prefenteroient. Car quoi-que, l'an 36. du règne de Henri VI., le Parlement fît un Acte en faveur de Richard Duc d'York, décendu d'une Fille de Mortimer,

timer, qui avoit épousé la Fille du Duc de
Clarence, Frère aîné de Jean de Gand,
cette Affemblée fit bien connoître qu'elle
étoit en pouvoir de donner la Couronne à
qui bon lui fembloit, mais elle ne décida
pas la queftion. Car s'ils avoient crû que
la Couronne lui apartenoit par une Loi générale & éternelle, ils auroient dû, fur le
Champ, dépofer Henri comme un Ufurpateur, & mettre Richard en poffeffion de
fon droit, ce qu'ils ne firent pourtant pas.
Et quoique les Parlemens aïent fait quelque
chofe de femblable dans l'affaire de l'Im-
pératrice Mathilde par rapport au Roi Etienne, & à Henri II. Fils de cette Princeffe,
& dans le cas de Henri VII. par raport à la
Maifon d'York, avant que ce Roi en eût
époufé l'héritiére, & après la mort de cette
Reine; ils firent tout le contraire dans le
cas de Guillaume I. de Guillaume II. de
Henri I., d'Etienne, de Jean, de Richard
III., de Henri VII. de Marie, d'Elizabeth
& de plufieurs autres. De forte que jufques ici je ne trouve pas qu'il foit aifé de
découvrir le véritable fens de cette Loi
Naturelle que je dois prendre pour guide
de ma confcience, foit que je me foumet-
te aux Loix de ma Patrie jufques au point
de croire que l'Angleterre feule a produit
des perfonnes qui ont compris le véritable
fens de cette Loi, ou que j'éxamine les
Loix & la pratique des autres Nations.

Tant que cela demeurera indécis, il m'eft
impoffible de favoir à qui je dois l'obéïffance qu'on éxige de moi. Si j'étois François,

çois, il ne me feroit pas possible de savoir
si je dois obéïr au Roi d'Espagne, au Duc
de Loraine, au Duc de Savoïe ou à plusieurs autres Princes décendus des Filles de
la Maison de Valois, l'un desquels doit
hériter, si l'héritage apartient aux fémelles;
ou aux Princes de la Maison de Bourbon
dont le droit n'est fondé que sur l'exclusion
des autres. On verra les mêmes différens
dans tous les Etats du Monde; & celui qui
par sa doctrine engage le Genre Humain
dans ces sortes de recherches, travaille au
renversement de tous les Gouvernemens,
& arme chaque particulier contre son voi-
sin.

On doit nous dire quand ce droit a com-
mencé: Si nous avions une connoissance
parfaite de la Généalogie de chaque particulier depuis Noë jusques à présent, & que
les Couronnes de chaque Nation eussent
continué depuis ce tems-là sans interruption
dans une seule ligne, nous n'aurions qu'à
nous informer, en combien de Roïaumes
ce Patriarche ordonna que le Monde fût
divisé, & si la division d'à présent est conforme à celle qu'il jugea à propos d'en faire. Mais le Genre Humain aïant été depuis tant de Siécles dans une si étrange confusion, qu'il n'y a personne qui prétende
connoître sa propre origine, excepté un petit nombre de Juifs, & les Princes de la
Maison d'Autriche, il ne nous est pas facile d'arriver au bout de notre Ouvrage; &
l'Ecriture ne nous disant rien de cette Partie du Monde qu'autant qu'il en est besoin
pour

pour nous donner lieu de croire qu'elle a été donnée en partage aux Fils de Japhet, nous n'y trouvons rien qui nous puiſſe faire connoître, comment on l'a dû ſubdiviſer, ni à qui les différentes parties d'icelle ont été données : De ſorte que nous demeurons toûjours environnez de difficultez inſurmontables : & quand même il ſeroit vrai qu'un certain homme a droit à chaque Partie de Terre que nous connoiſſons, nous n'en ſerions pas beaucoup plus avancez ; car il faut néceſſairement que ce droit périſle, ſi perſonne ne peut prouver qu'il lui appartient.   Or comme les droits naturels en fait d'héritages, procédent de l'origine, lors qu'on ne peut pas prouver ſa Généalogie, on ne peut avoir ce droit naturel ; & n'y aïant point de droit qui ne ſoit Naturel, créé ou aquis, ce droit à la Couronne n'étant pas naturel, il faut qu'il ſoit créé ou aquis, ou il faut dire qu'il n'y en a point du tout.

N'y aïant point de Loi Univerſelle commune à tous les Peuples , qui établiſſe le droit à la Couronne, comme on l'a prouvé par l'éxamen des différentes maniéres dont différens Péuples en diſpoſent, conformément auſquelles diſpoſitions tous les Princes de notre tems en joüiſſent, il faut que nous cherchions le droit dont il eſt ici queſtion dans les réglemens particuliers de chaque Peuple , ou bien il eſt à craindre que nous n'en puiſſions trouver aucun.

Les droits aquis s'aquiérent , comme l'on

l'on dit., par la douceur ou par la rigueur,
c'eſt-à-dire par la force, ou par conſentement ; ceux que l'on aquiert par force,
peuvent être repris par force ; & on ne peut
connoître l'étenduë de ceux dont on joüit
du conſentement des autres , que par la
connoiſſance des raiſons qui les ont engagé
à conférer ces droits, ou par l'éxamen des
conditions auſquelles on les a obtenus ,
c'eſt-à-dire par l'éxamen des Loix de chaque Nation. Suivant ces Loix on ne peut
pas dire qu'il y a un Roi dans chaque Etat
avant qu'il ſoit Couronné. Jean Sobieski
qui eſt préſentement aſſis ſur le Trône de
Pologne, n'étoit point parent des Rois qui
l'ont précédé, & n'avoit aucun droit à la
Couronne avant ſon élection. Le dernier
Roi de Suéde reconnoiſſoit lui-même qu'il
n'avoit aucun droit à la Couronne à laquelle il étoit parvenu par uue élection libre & volontaire ; cette Couronne lui aïant
été conférée & à ſes héritiers iſſus de ſon
Corps, ſi le Roi d'à préſent meurt ſans er-
fans, il n'y a point de doute que le droit
de lui choiſir un Succeſſeur ne ſoit dévolu
aux Etats du Païs. Le Roïaume de Danemarc étoit électif juſques à ce qu'il fut rendu héréditaire par un Acte de la Diéte Générale tenuë à Copenhague en 1660. ; autrement il auroit été impoſſible qu'un Cadet de la Maiſon de Holſtein qui tire ſon
origine d'un Cadet des Comtes d'Oldem-
bourg y eût pû prétendre aucun droit.
L'Empire Romain aïant été poſſédé par
pluſieurs perſonnes de différentes Nations,
&

& qui n'étoient en aucune façon alliées les unes des autres, le Siége de cèt Empire fut transféré à Constantinople par Constantin; & après plusieurs révolutions, Théodose Espagnol de Naissance y étant parvenu, il fut ensuite divisé entre ses deux Fils Arcadius & Honorius. De ceux-ci cèt Empire passant à ceux qui avoient le plus de crédit sur l'esprit des Soldats, celui d'Occident étant presque réduit à rien, Charlemagne Roi de France le rétablit dans son lustre, il fut possédé quelque tems par ses Successeurs & passa ensuite aux Allemans; qui aïant créé plusieurs Empereurs des Maisons de Soüabe, de Saxe, de Bavière, & de quelques autres, comme bon leur sembla, choisirent, il y a environ trois cens ans Rodolphe de Habsbourg Tige de la Maison d'Autriche : & quoique depuis ce tems-là, ils n'aïent point eu d'Empereur qui n'ait été de cette Famille ; cependant on ne les a préférez aux autres Princes qu'en considération du mérite de leurs Ancêtres, qui parloit en leur faveur, de leurs vertus personnelles, ou de quelques vûës politiques, fondées sur ce que possédant en propre de Puissans Etats & les joignant à ceux de l'Empire, on a crû qu'ils seroient d'autant plus en état de le mieux défendre contre la puissance formidable des Turcs; Mais quoi qu'il semble qu'ils aïent, pour ainsi dire, rendu l'Empire héréditaire, en cette Famille, ils n'ont pourtant pas eu beaucoup d'égard à la proximité du Sang dans l'é-

Rodolphe étoit Comte de Habsbourg, Maison qui étoit issuë des Comtes d'Alsace & du Maire Erchinoald. Il fut élevé à la dignité Impériale en 1273. L'an 1278. il conquit sur Othocare, Roi de Boheme, la Duché d'Autriche dont il investit son Fils Albert. Meze. Abr. Chro. p. 755. & 762.

l'élection de ces Empereurs ; car la branche aînée de cette Maison eſt celle qui régne en Eſpagne ; & l'Empire eſt demeuré en la poſſeſſion des Décendans de Ferdinand Frére Puîné de Charles Quint, mais d'une maniére ſi incertaine, que de nos jours même, l'Empereur Léopold qui eſt aujourd'hui aſſis ſur le Trône, a couru grand riſque d'en être exclus.

Si on dit que ce ſont-là des Roïaumes électifs, & que notre Auteur parle de ceux qui ſont héréditaires ; je répons que ſi ce qu'il dit eſt véritable, il ne peut y avoir de Roïaume héréditaire, & que chaque Nation a un Seigneur Naturel à qui elle doit obéïr. Mais s'il y a quelques Roïaumes électifs, tous l'auroient pû s'ils l'avoient jugé à propos, & nous ſommes en droit de le croire juſques à ce que l'on ait prouvé, que quelques uns de ces Peuples ſont aſſujétis dès leur naiſſance à un eſclavage inévitable, pendant que Dieu a laiſſé aux autres l'entiére joüiſſance de leur liberté. Si cela eſt, on peut dire que les Nations qui ſont ainſi aſſujéties dès leur naiſſance, ont un Seigneur naturel, en la perſonne de qui réſide toute la puiſſance, avant même qu'il ait reçû la Couronne, ou que le Peuple lui ait conféré aucune partie de cette Autorité ; mais cela ne peut s'étendre aux autres Princes qui ne ſont pas Seigneurs naturels de leurs Sujèts. Et celui qui prétend avoir droit de commander à un Peuple, en vertu d'un pareil Titre, doit nous faire voir quand & comment Dieu a diſtingué ce Peuple

ple de toutes les autres Nations du Monde, en le privant de cette liberté qu'il a accordée au reste du Genre Humain. J'a-
voüe que je ne puis croire qu'il y ait un semblable droit, & pour en être convaincu, il
ne me faut point d'autre preuve, que ce
que j'ai remarqué des différentes maniéres
dont on dispose des Couronnes héréditaires en différens Païs, ces différentes dispositions n'étant pas naturellement ou universel-
lement meilleures ou plus mauvaises l'une
que l'autre, ne peuvent avoir d'autre principe que le consentement des différens Peuples chez qui elles sont en usage; & ne procédent que de la pensée où ils sont, qu'il
leur est avantageux de suivre cette méthode plûtôt qu'une autre. Mais si Dieu a
distingué une Nation de toutes les autres,
quiconque prétend commander à un Peuple, en qualité de Seigneur naturel, est
obligé de prouver que ce Peuple est né esclave & qu'il a encouru la malédiction,
que je croïois avoir été uniquement prononcée contre Cham : & il est aussi mal-
aisé de dire si cette malédiction doit être
spirituelle ou temporelle, ou l'un & l'autre, que de dire précisément qui sont les
Nations qui en doivent ressentir les tristes
effets, sans l'avoir mérité autrement, que
parce qu'elles décendent de lui.

Si donc ces choses sont absolument fausses ; ou qu'il soit impossible de prouver
qu'elles sont véritables, Dieu n'a mis aucune différence entre les Nations à cèt
égard, ou au moins nous ne la connoissons

fons pas ; & chaque Peuple eft en droit de
difpofer de fon Gouvernement, auffi bien
que les Polonois, les Danois, les Suédois,
les Allemans & tous les autres qui font,
ou qui ont été foumis à l'Empire Romain.
Et fi quelque Nation a un Seigneur naturel, avant qu'elle lui ait mis la Couronne
fur la tête, ce ne peut être qu'en vertu d'un
Acte particulier qu'elle a bien voulu faire ;
comme le Roïaume de France, par un
Acte de cette Nation, qu'on appelle la Loi
Salique, eft rendu héréditaire aux Mâles en
ligne directe, ou au plus proche Parent de
ceux-là ; & en d'autres lieux on a jugé à
propos d'en difpofer tout autrement.

Je pourois m'arrêter ici, étant très-affû-
ré qu'aucun Difciple de Filmer ne poura
prouver ceci d'aucun Peuple, ni nous donner la moindre aparence de raifon pour
nous perfuader qu'aucune Nation du Monde ou du moins de celles que nous connoiffons foit fujéte à un pareil Efclavage ;
& je pourois croire, fans crainte de me
tromper qu'on aura peu d'égard à tout ce
qu'il a avancé, puis qu'il ne peut prouver
d'aucun Peuple ce qu'il dit fi hardiment de
tous en général. Mais parce que les gens
de bien ne doivent point fe propofer d'autre object que la vérité, qui en des matiéres de cette importance, ne peut jamais
être trop évidente, j'ofe bien paffer plus
avant, & diré que comme les différentes
maniéres dont différentes Nations difpofent
de leurs Couronnes, montrent manifeftement qu'elles n'étoient point fujétes à d'au-

Tome III.   D   tres

tres Loix qu'à celles qu'elles ont elles-mêmes faites, qu'elles auroient pû faire toutes différentes de ce qu'elles font, en fe
fervant du même droit dont elles fe font
fervies pour les faire telles qu'elles font ;
auffi les Peuples qui ont eu le plus de vénération pour les Familles régnantes, & le
plus d'égard à la proximité du Sang, ont
cependant toûjours préféré la fûreté de l'E-
tat aux intérêts particuliers de quelque perfonne ou de quelque Famille que ce pût
être ; & ont non feulement exclus de la
Succeffion les plus proches du Sang, lors
qu'ils les ont trouvez tout-à-fait vicieux &
méchans, mais ils l'ont fait même lors
qu'ils ont jugé à propos d'en élever d'autres fur le Trône fans y être portez par aucune autre raifon : Et pour prouver cette
vérité je ne prétens point me fervir d'autres exemples que de ceux que nous fournit
l'Hiftoire d'Efpagne de France & d'Angleterre.

Tant que l'Efpagne a été foumife à la
Domination des Goths, il n'y a pas eu plus
de quatre Rois en l'Efpace de trois cens
ans qui aïent fuccédé immédiatement à leurs
Péres ; mais le Frére, le Coufin Germain,
ou quelque autre Perfonne de la Famille
des Amalthei ou des Balthei, montoit fur
le Trône préférablement aux enfans du Roi
décédé : Que fi l'on me dit que cette Maxime étoit conforme à la Loi de ce Roïaume, je répons qu'il étoit donc au pouvoir
de cette Nation de fe faire des Loix, &
par conféquent les autres ont le même droit.

Un

Un de leurs Rois nommé Wamba fut dé- *Saavedra.*
posé & confiné dans un Monaſtére après *Coron. Goth.*
avoir régné avec beaucoup de ſageſſe & de
modération pendant pluſieurs années, ce
qui arriva de cette maniére ; ce Prince étant
tombé en foibleſſe, & ſes amis croïant qu'il
n'en pouvoit revenir, lui coupérent les
Cheveux & le vêtirent d'un habit de Moine
afin que ſuivant la coutume ſuperſtitieuſe
de ces tems-là, il pût finir ſa vie dans un
habillement qu'on croioit alors avoir beaucoup de vertu ; ce Prince revint de ſon éva-
noüiſſement & fut bien-tôt rétabli en parfaite ſanté, mais comme c'étoit une choſe
très-honteuſe parmi les Goths que de ſe *Mar. Hiſt.*
faire couper les Cheveux, ils ne voulurent *l. 6.*
jamais le laiſſer remonter ſur le Trône. Un
de leurs autres Rois nommé Suintilla aïant
été dépoüillé de la Roïauté pour avoir mal
gouverné le Roïaume, on exclut de la ſucceſſion ſes enfans auſſi bien que ſes Fréres *Saavedra.*
& on mît Siſinandus à ſa place. *Coron. Goth.*

Ce Roïaume aïant été détruit peu de tems
après par les Maures, on en vit renaître un
autre de ſes Cendres en la Perſonne de Don
Pelago prémier Roi des Aſturies, qui croiſ-
ſant par dégrez comprit enfin toute l'Eſpagne, & qui ſubſiſte encore aujourd'hui :
mais ſans m'arréter à éxaminer combien de
fois on s'eſt écarté de la règle commune
dans les Lignes Collatérales de Navarre,
d'Arragon & de Portugal, je me contenterai de raporter quinze différens éxemples
que je trouve dans cette ſeule Succeſſion
des Rois d'Aſturie & de Léon, qui furent

D 2 auſſi

auffi dans la fuite Rois de Caftille, puifque c'en eft autant qu'il en faut pour prouver invinciblement, que quelque égard que
ces Peuples euffent pour la proximité du
Sang, qui fuivant la Loi devoit avoir lieu,
ils préféroient néanmoins une autre perfonne au plus proche héritier, auffi fouvent
que la Loi fuprème qui ordonne, *qu'on ait
foin que la Nation ne reçoive aucun dommage,*
les portoit à faire ce changement.

Dom Pélago garda toute fa vie la Couronne qui lui avoit été donnée par les Efpagnols qui s'étoient retirez avec lui dans
les Montagnes pour fe défendre contre les
Maures; fon Fils Favila lui fuccéda. Mais
quoique Favila eût laiffé plufieurs enfans
en mourant, on les exclut tous de la Couronne & on la mît fur la tête d'Alphonfe le
Chafte. Fruéla Fils d'Alphonfe le Catoli-
que aïant été dépofé pour fa cruauté, fut
Mariana. l. mis à mort & fes Fils privez de la Succef-
13. fion. Aurelio fon Coufin Germain lui fuccéda; & après fa mort Silo qui avoit époufé la Sœur de fa Femme, fut préféré aux
Mâles du Sang Roïal. Alphonfe furnommé le Chafte fut chaffé du Trône par un
Bâtard de la Famille Roïale; celui-ci étant
mort, la Nobleffe & le Peuple croïant
qu'Alphonfe étoit plus propre à être Moine qu'à régner, jugérent à propos de donner la Couronne à Bermudo furnommé le
Diacre; mais plufieurs années après, Bermudo aïant réfigné la Roïauté, on conçut
meilleure opinion d'Alphonfe & on le rétablit fur le Trône. Alphonfe étant mort
fans

fans enfans, Don Ramire, Fils de Bermudo, fut préféré aux Neveux d'Alphonfe.
Don Ordonno qui fut le quatriéme Roi dé-
puis Ramire, laiffa quatre Fils légitimes
en mourant; mais ces Princes étant encore
jeunes, les Etats donnérent la Couronne à
fon Frére Fruéla. Fruéla avoit plufieurs
enfans, mais les mêmes Etats élevérent fur
le Trône Alphonfe IV. fon Neveu. Alphonfe aïant pris l'habit de Moine, recom-
manda fon Fils Ordonno aux Etats du
Roïaume; mais ils lui refuférent fa demande, & donnérent la Couronne à fon Frére
Ramire. Ordonno troifiéme Fils de Ramire, laiffa, en mourant, un Fils nommé
Bermudo; mais les Etats élevérent fur le
Trône Don Sanche fon Frére. Henri prémier aïant été tué par hazard en fa jeuneffe,
ne laiffa que deux Sœurs après lui, Blanche marriée à Loüis Fils de Philipe Augut-
te Roi de France, & Berenguéla Femme
d'Alphonfe Roi de Léon. Les Etats pri-
rent pour Roi Ferdinand Fils de Beren- *Mariana. la*
guéla, quoi qu'elle fût la plus jeune des *12. C. 7.*
deux Sœurs, & exclurent de la Succeffion
Blanche, fon mari & fes enfans, parce
qu'ils étoient étrangers; & Berenguéla elle-même, ne jugeant pas à propos que fon
Mari eût aucune part au Gouvernement.
Selon toutes les apparences Alphonfe le
Sage étoit un bon Prince; mais s'apliquant
plus à l'étude de l'Aftrologie qu'aux affaires du Gouvernement, fon Fils aîné Ferdinand de la Cerda étant mort, & laiffant
fes Fils Alphonfe & Ferdinand fort jeunes,

la

la Nobleſſe, le Clergé & le Peuple le dépoſérent, exclûrent ſes petits Fils de la ſucceſſion & donnérent la Couronne à Don
Sanche ſon ſecond Fils, qui eut le ſurnom
de Brave, ces Peuples le jugeant plus propre à les commander dans les guerres qu'il
leur faloit ſoutenir contre les Maures,
qu'un vieil Aſtrologue, ou un Enfant. Alphonſe & Sanche étant morts, Alphonſe le
dèshérité prétendit avoir droit à la Couronne, mais elle fut donnée à Ferdinand quatriéme, & Alphonſe avec ſes décendans
les Ducs de Medina Celi en ont été exclus
juſques à ce jourd'hui. Pierre, ſurnommé
le Cruel, fut chaſſé deux fois du Roïaù-
me, & fut enfin tué par Bertrand du Gueſ-
clin Connêtable de France, ou comme
d'autres le diſent, par Henri Comte de Triſ-
temare ſon Frére naturel, qui fut fait Roi
ſans qu'on eût aucun égard au droit des
Filles de Pierre, ou aux prétentions de la
Maiſon de la Cerda. Henri quatriéme laiſſa une Fille nommée Jeanne qu'il déclara
ſon héritiere en mourant ; mais les Etats
Marian. l.
24. donnérent le Roïaume à Iſabelle Sœur de
ce Roi & la Couronnérent avec Ferdinand
d'Arragon ſon mari. Jeanne Fille de ce
Ferdinand & d'Iſabelle étant devenuë folle, les Etats mirent le Gouvernement entre les mains de Ferdinand ſon Pére, &
après la mort de ce Prince, ils appellérent
Charles Fils de Jeanne.

Mais les François nous ont apris, que
lorſqu'un Roi meurt, ſon plus proche héritier eſt réellement Roi, avant même qu'il
ait

ait prêté ferment ou reçû la Couronne. C'eſt d'eux que nous aprénons *que le mort ſaiſit le vif*. Et cependant je ne ſache point d'Hiſtoire qui prouve plus évidemment que la leur, qu'aucun homme du Monde n'a, ni ne peut avoir de droit au Gouvernement d'une Nation, à moins que ce droit ne lui ait été conféré par la Loi du Païs qui preſcrit en même tems la maniére dont il doit s'en ſervir & la véritable étenduë qu'on lui doit donner : c'eſt ce que j'eſpére de prou-ver inconteſtablement par quatre raiſons.

Premiérement, lors qu'un Roi de la race de Pharamond mouroit, on diviſoit le Roïaume en autant de parties qu'il avoit de Fils ; ce que l'on n'auroit pû faire s'il y avoit eu un certain héritier déſigné par la Nature, car en ce cas cèt héritier naturel auroit dû poſſéder le tout : & ſi le Roïau-me pouvoit être diviſé, il n'étoit pas poſ-ſible que les habitans des diférentes parties qui le compoſoient, fuſſent à qui ils de-voient obéïr, avant le partage, à moins que celui qui devoit être Roi de Paris, de Mets, de Soiſſons ou d'Orléans, ne portât le nom de ſon Roïaume écrit ſur ſon front. Mais en verité ſi cette diviſion étoit légitime, la Doctrine de Filmer eſt fauſſe, & il n'y avoit point d'héritier qui fût Seigneur natu-rel du tout. Il ne ſerviroit de rien de dire, que c'étoit par l'ordre du Pére qu'on divi-ſoit le Roïaume entre ſes Enfans, & que par la Loi de Nature, il eſt permis à un chacun de diſpoſer de ſon bien, comme il le juge à propos ; car nous prouverons bien-

tôt

tôt que le Roïaume de France n'a jamais
été & n'eſt pas une choſe dont on puiſſe
diſpoſer, comme on pouroit faire d'un Patrimoine, ou d'un Troupeau de bêtes. De
plus, ſi cèt Acte des Rois avoit été alors
fondé ſur la Loi de Nature, ils pouroient
encore faire la même choſe aujourd'hui.
Mais la Loi qui permettoit ce partage,
aïant été abrogée par l'Aſſemblée des Etats
du tems de Hugues Capet, & cela ne s'é-
tant jamais pratiqué de puis, il ſuit que
ces Actes étoient fondez ſur une Loi temporelle, & non pas ſur celle de la Nature,
qui eſt éternelle. Si cela n'étoit pas ainſi,
il n'y auroit aucune certitude, à cèt égard,
comme on le prétend, car on ne pouroit
ſavoir à qui le dernier Roi a laiſſé la Monarchie entiére ou quelque partie, juſques
à ce que l'on eût fait l'ouverture de ſon Teſ-
tament; & il faut que cela ſe faſſe en préſence de Témoins qui méritent d'être crûs
dans une affaire de cette importance, &
qui ſoient capables de juger ſi le Legs eſt
légitime; car autrement il ſeroit impoſſible
de ſavoir ſi le Roïaume devoit être gouverné par un ſeul Seigneur ou par pluſieurs,
ni qui eſt celui ou qui ſont ceux à qui la
Couronne apartient légitimement; ce qui
renverſe néceſſairement toute la Police du
Gouvernement, & détruit en même tems
la doctrine de notre Auteur. Mais la vérité eſt que ceux d'entre les François qui
favoriſent le plus le Gouvernement Monarchique, ſont ſi éloignez de reconnoître
que le Roi ſoit en droit, d'aliéner, de lé-
guer

Hiſt. de Fra. en la vie de Hu-gues Capet.

guer ou de partager fon Roïaume, qu'au
contraire ils ne lui laiffent pas feulement le
Privilége de faire un Teftament ; & on
n'eut aucun égard à celui de Loüis XIII.
qui règloit la Régence durant la Minorité
de fon Fils.

Secondement, c'eft ce qui paroît d'une *Mémoires*
maniére encore plus claire, par ce qui fe *du Duc de la*
pratiquoit fous le règne des Rois de la fe- *Roche-Fou-*
conde race. Si la Nature avoit elle-même *cault.*
affigné un Seigneur aux François, il auroit fallu qu'il fût décendu de la Famille
Roïale : Or Pepin n'avoit point d'autre droit
à la Couronne que celui qui étoit fondé fur
les fervices fignalez que fon Pére avoit rendus à la France & fur fon propre mérite,
deux chofes qui parloient en fa faveur, &
qui engagérent la Nobleffe & le Peuple à
l'élever fur le Trône. Il avoit trois Fils ,
l'aîné fut Roi d'Italie , & mourant avant
fon Pére il laiffa un Fils nommé Bernard
qui hérita de ce Roïaume. Les Etats de
France partagérent le refte de la Monarchie
entre Charlemagne & Carloman. Ce dernier étant mort peu d'années après , laiffa
plufieurs Fils , mais la Nobleffe établit
Charles Roi fur toute la France, & il dé-
poüilla fon Neveu Bernard du Roïaume
qu'il avoit hérité de fon Pére, de forte qu'il
n'étoit pas encore Souverain de toute la
Monarchie, avant qu'il eût arraché l'Italie
à Bernard Fils de fon Frére aîné ; ni de
l'Aquitaine qui, par droit d'héritage, auroit dû appartenir aux enfans de fon Cadet,
avant que les Etats l'en euffent mis en pof-
D 5 feffion.

feffion. Loüis le Débonnaire lui fuccéda en vertu du même Titre, ce Prince fut
dépofé & confiné dans un Monaftére par
les trois Fils qu'il avoit eus de fa prémiére femme, Lothaire, Pépin & Loüis. Mais
quoique ces trois laiffaffent plufieurs Enfans
en mourant, le Roïaume demeura à Charles le Chauve. Le Fils aîné de Charles n'é-
tant pas agréable à la Nobleffe ni au Peuple, les États donnérent la Couronne à
Loüis le Bégue qui avoit un Fils légitime
nommé Charles le Simple; & deux Bâtards
Loüis & Carloman qui furent élevez fur le
Trône au préjudice du légitime. Carloman eut un Fils nommé Loüis le faînéant;
il fut Roi, mais on le dépofa enfuite pour
fa méchante vie. Charles le Gras lui fuccéda, mais n'aïant pas bien fû gouverner
le Roïaume, il fut auffi dépofé; & Eudes
ou Odon qui n'étoit point du Sang Roïal,
fut mis à fa place. La même Nobleffe qui
avoit fait cinq Rois depuis Loüis le Bégue,
fans aucun égard aux droits de Charles le
Simple réfolut enfin de lui donner la Couronne. Ce Roi véritablement fimple fe laiffa attraper à Péronne par Raoül Duc de
Bourgogne, qui l'obligea de lui réfigner la
Roïauté; ce Prince infortuné laiffa un Fils
unique nommé Loüis d'Outremer, qui fe
retira en Angleterre, pour éviter la perfé-
cution des ennemis de fon Pére & des fiens.
Raoül étant mort, les François rappellé-
rent Loüis d'Outremer & le firent affeoir
fur le Trône de fon Pére: Ce Prince avoit
deux Fils, Lothaire & Charles. Lothaire
fuc

GOUVERNEMENT. 83

succéda à son Pére & mourut sans Enfans.
La naissance de Charles lui donnoit un
droit aussi légitime à la Couronne qu'on en
puisse jamais avoir, & l'Assemblée des
Etats en demeuroit d'accord; mais leurs
Ambassadeurs lui dirent que s'étant rendu
indigne de porter la Couronne par une conduite indigne d'un Prince, les Etats, dont
le Principal soin étoit d'avoir un bon Roi à
leur tête, avoient choisi Hugues Capet; &
la Couronne a continué dans sa Famille
jusques à présent quoique ce n'ait pas été
tout-à-fait sans interruption. Robert Fils
de Hugues Capet succéda à son Pére. Il
laissa deux Fils Robert & Henri; mais les
Etats jugeant que Henri, qui étoit le Cadet, * seroit plus capable de gouverner le
Roïaume que son Frére aîné, ils le prirent
pour leur Roi, Robert & ses Décendans
n'aïant eu pour tout partage que la Duché
de Bourgogne, qui fut possédée par dix gé-
nérations consécutives, après quoi les Mâles de cette Maison venans à manquer, cette Duché fut réünie à la Couronne sous le

D 6   règne

* Je ne sai si Monsieur Sidney ne se trompe point en cet endroit, du moins est-il d'un sentiment opposé à la plûpart des
bons Auteurs François qui disent que Robert étoit le Cadet :
Voici ce que dit Mr. de Mézeray sur ce sujet. Il restoit trois
autres Fils au Roi Robert, savoir Henri, Robert & Eudès.
Quelques uns disent qu'Eudès étoit l'aîné de tous. Quoiqu'il
en soit, le Roi après la mort de Hugues vouloit faire Cou-
ronner Henri; mais la Reine Constance par un apétit dépravé
avoit entrepris d'élever Robert dans le Trône. L'Autorité du
Pére & la raison l'emportérent pour Henri sur l'esprit des Seigneurs François. Et néanmoins l'opiniâtreté de cette femme ne
se rendit pas, & causa beaucoup de tumultes, son mari n'aiant
sçû empêcher, que de son vivant même, elle ne brassât une
puissante conspiration pour détrôner l'aîné & mettre le Cadet à
sa place. Mezeray Abr. Chr. P. 484.

règne du Roi Jean, qui la donna en apa-
nage à son second Fils Philippe, à condi-
condition qu'elle releveroit de la Couronne. François prémier, par le Traité de
Madrit céda cette même Duché de Bourgogne à l'Empereur Charles Quint : mais
les habitans refusérent de se soumettre à
cette Aliénation, & les Etats du Roïaume
approuvérent leur refus. Lorsque Charles
V I. fut tombé en Phrénésie, les mêmes
Etats lui ôtérent l'administration des affaires ; & on pourroit alléguer plusieurs autres éxemples de même Nature. Delà nous
pouvons conclure, sans craindre de nous
tromper, que si la mort d'un Roi confére
actuellement & réellement au plus proche
héritier, le droit & le pouvoir, ou que celui à qui l'un & l'autre est ainsi conféré n'est
point obligé de reconnoître d'autre Loi que
sa volonté, il faut nécessairement que les
affaires de ce Roïaume aïent été dans une
horrible confusion durant le régne des vint
& deux Rois de la race de Pharamond ;
que les François n'ont pû avoir de Roi légitime depuis la mort de Chilpéric jusques
au Roi Jean : & la Succession est fort dou-
teuse depuis ce tems-là, au moins doit-el-
le paroître telle à la Maison d'Autriche &
à quelques autres qui du côté des Comtes
de Habsbourg décendent de Pharamond,
elle ne le doit pas moins paroître à la Maison de Lorraine qui peut prétendre à la
Couronne en qualité d'héritiére de Charles
qui en fut exclus par Hugues Capet, & je
ne sai si toutes ces Familles, imbuës des
sentimens de Filmer ne tacheroient pas de
                                    ren-

renverfer entiérement cette Succeffion s'il
leur étoit poffible ; cependant toutes ces prétentions font très-abfurdes, auffi ceux qui
enfeignent une pareille doctrine, mettent
toutes les Loix en confufion & ne cau-
fent pas moins de defordre dans le Gouvernement, qu'ils deshonorent la Mémoire de leurs Ancêtres, en nous les répréfentant comme des perfonnes qui fe font ren-
dues coupables de l'injuftice du Monde la
plus criante, en rejettant leur Seigneur Naturel, ou en dépofant ceux qui avoient été
mis fur le Trône de la manjére la plus folennelle qu'on fe puiffe jmaginer, & à qui
ils avoient prêté ferment de fidélité.

Troifiémement, fi le plus proche héritier eft actuellement Roi, & qu'au moment
de la mort de fon Prédéceffeur, il foit revêtu de la Puiffance Souveraine, deforte
qu'il n'y ait aucun interrègne ; il s'enfuit
que toutes les Solennitez & Cérémonies re-
ligieufes, qui font en ufage au Couronnement des Rois, auffi bien que le ferment
qu'on leur prête & qu'on éxige d'eux, font
autant d'abus très-prophanes des chofes du
monde les plus Sacrées, & que l'on ne les
pratique que pour fe moquer de Dieu & des
hommes, fur tout fi l'Acte eft volontaire,
comme le dit Filmer ; & que le Roi à qui
cèt Acte ne confére pas la moindre chofe,
ne foit obligé de l'obferver qu'auffi long-
tems qu'il le jugera à propos. Le Prince
qui doit prêter le ferment pouroit s'épargner la peine de veiller toute la nuit dans
l'Eglife, de Jeûner, de Prier, de fe Confef-
fer, de Communier & de Jurer, *qu'il défen-*
dra

D 7

dra de tout son pouvoir le Clergé ; maintiendra
la Paix & l'Union de l'Eglise, qu'il s'oppose-
ra à tout excès, rapine, extorsion & injusti-
ce ; qu'il aura soin de faire administrer la Jus-
tice avec équité, avec sincérité, & dans des
dispositions de Clémence &c. ; en un mot il
pourroit s'épargner la peine, *d'invoquer l'as-*
sistance du Saint Esprit, en lui demandant
qu'il lui fasse la grace de s'aquiter dignement
de ses promesses & de son serment ; il n'auroit
qu'à dire sans façon à la Noblesse & au Peuple qu'il feroit ce que bon lui sembleroit.
Il seroit aussi fort inutile que l'Archevêque
de Rheims prît la peine de dire la Messe,
de lui donner la Couronne, le Sceptre &
les autres ornemens Roïaux, de lui expliquer ce qu'un chacun d'eux signifie, de
l'oindre d'une huile, qu'ils disent avoir été
donnée à St. Remy par un Ange, de le bé-
nir, de prier Dieu qu'il le bénisse s'il accomplit inviolablement le serment qu'il
prête à Dieu & au Peuple, en un mot de
lui dénoncer la malédiction divine en cas
qu'il manque à ses promesses : tout cela,
dis-je, seroit fort inutile si toutes ces choses ne lui conféroient rien qu'il n'eût auparavant, & qu'elles ne l'engageassent à rien
du tout. Ces Prophanations ridicules des
choses du monde les plus sacrées sont trop
odieuses & trop impies pour être imputées
à des Nations qui ont quelques teintures de
vertu, ou qui font profession du Christanis-
me. On ne peut pas reprocher cela aux
François & aux Espagnols des Siécles passez, qui assurément avoient beaucoup de
                                                    zéle

zéle pour leur Religion quelle qu'elle fût, &
dont les vertus morales ont brillé avec tant
d'éclat, que cela doit nous faire rougir de
honte, nous qui vivons dans un Siécle plus
éclairé. Mais leurs Actes les plus folennels
font fi bien connoître ce qu'ils penfoient à
cèt égard, qu'il n'y a que ceux qui veulent
s'aveugler eux-mêmes qui puiffent s'y trom-
per. Un des Conciles tenus à Tolède déclara *Concil. To-*
au nom du Clergé, de la Noblesse & des *let. 6.*
autres Affiftans, *qu'aucun ne feroit placé fur*
le Trône, jufques à ce qu'il eût juré de défen-
dre l'Eglife &c. Un autre tenu au même *Concil. To-*
endroit fignifia à Sifinandus nouvellement *let. 4.*
Couronné, *que fi lui ou aucun de fes Succef-*
feurs étoit affez préfomptueux ou affez cruel
pour entreprendre d'éxercer fur eux une Do-
mination contraire aux Loix & au ferment
de fon Couronnement, il feroit excommunié,
& féparé de Chrift & d'eux au jugement Eter-
nel. Les Loix des François & leurs meilleurs Hiftoriens nous enfeignent la même
chofe, & ce qu'ils nous enfeignent fur ce
fujèt nous eft confirmé par une pratique
non interrompuë. Quoi que Henri I V.
Roi de Navarre fût fans contredit l'héritier *Hift. Thua-*
légitime, fuivant les Loix de la Monar- *re.*
chie Françoife, & que ces Peuples fuffent
perfuadez que c'étoit un Prince très-accom-
pli, il fut cependant exclus de la fucceffion
par deux Affemblées Générales des Etats
tenuës à Blois, uniquement parce qu'il étoit
Proteftant; & nonobftant la grande réputation qu'il s'étoit aquife, fa valeur extraordinaire dont il avoit donné des marques fi-
gna-

gnalées en tant d'occasions, le grand nombre de ses victoires & son affabilité, il ne
put jamais obtenir la Couronne qu'il ne se
fût mis en état d'être installé suivant les
Cerémonies en usage au Couronnement
des Rois de France, en se réünissant à la
Religion qu'il étoit obligé de défendre par
le serment qu'on éxigeoit de lui. Bien plus
le Roi d'à présent, quoiqu'il soit naturellement fort fier, & que plusieurs grands
succès aïent encore augmenté sa fierté, a
réconnu avec plaisir, comme il le dit lui-
même, qu'il ne peut rien faire qui soit contraire aux Loix, & il appelle cela une heureuse impuissance; c'est pourquoi il a an-
nullé plusieurs Actes de son Pére & de son
Aïeul qui avoient aliéné les Domaines
de la Couronne, comme choses contraires
à la Loi & qui n'étoient pas en leur pouvoir.

Ces choses nous étant confirmées par
tous les bons Auteurs de cette Nation,
Filmer s'accommode des plus mauvais qu'il
peut trouver; & sans s'arrêter à la Loi n'y
à l'Histoire, il puise ses Maximes dans un
discours flateur de du Bellay, dans lequel
ce lâche Ecrivain tâche d'avancer les intérêts de Henri IV. qui étoit alors Roi de
Navarre, en disant, *que l'héritier présomptif & apparent doit être admis à la Couronne,
quoiqu'il soit, fou, furieux, vicieux, & dan-
nablement méchant à tous égards.* Mais tant
s'en fallut que du Bellay arrivât au but qu'il
se proposoit en écrivant ce livre, qu'au
contraire il fit beaucoup de tort à son Maître

tre en publiant, pour défendre ſa cauſe,
une Doctrine, qui rempliſſoit d'horreur
tous les eſprits, il ne réüſſit pas mieux dans
le deſſein qu'il avoit de s'aquerir par cèt
Ouvrage les bonnes graces de Henri, qui
aimoit mieux que ſes Peuples l'élevaſſent
ſur le Trône par un pur motif du bien pu-
plic qui devoit les obliger à chercher le meilleur homme de la Nation, que de les mettre dans la néceſſité de le prendre pour leur
Souverain, quand même ils auroient trouvé qu'il étoit le plus méchant. Notre Auteur n'étant pas encore content de ce que
dit ce Paraſite, par raport aux Princes qui
montent ſur le Trône en vertu d'une Loi
qui établit l'Ordre de la Succeſſion héredi-
taire, ſoutient, avec une éfronterie qui
n'appartient qu'à lui, que ce droit réſide en
la perſonne du prémier venu, qui peut s'emparer de la Couronne par quelque moïen
que ce puiſſe être, & impoſe aux ſujèts la
même obéïſſance paſſive, dans les lieux où
il n'y a aucune Loi, que du Bellay leur
impoſe en vertu d'une Loi établie.

En quatriéme & dernier lieu, comme
du Bellay reconnoît que ce droit n'appartient qu'aux Princes à qui la Loi le donne,
je nie qu'il y en ait une qui conſére un tel
droit, qu'il y en ait jamais eu, ou qu'il puiſſe jamais y en avoir. Nous ne connoiſſons
point de Peuple qui ait été ou qui ſoit aſſez
fou, ou aſſez abandonné, pour conſentir,
dans la vûë de ſe procurer du bien, & d'obtenir juſtice, de mettre l'Autorité Souveraine entre les mains de Bêtes, dont ils ne
pou-

pouroient raifonnablement fe promettre ni
l'un ni l'autre: ou quand même nous pourions nous imaginer qu'il y en a eu d'affez
lâche, d'affez fou & d'affez méchant pour
cela, cèt Acte de folie ne pouroit pas tenir lieu de Loi ni être mis en éxécution ;
car quelques pofitives que foient les règles
par lefquelles on doit juger de la proximité, cependant on auroit toûjours de la peine à connoître l'héritier. Quoique la Loi
en quelques endroits affigne des héritages
particuliers au plus proche héritier, & qu'en
d'autres lieux, elle les partage en obfervant
une certaine proportion, perfonne ne fait à
qui elle les affigne, ni qu'elle partie un chacun en doit avoir , jufques à ce que cela
foit décidé par une Puiffance à qui les parties font obligées de fe foumettre. De même quelques pofitives que foient les Loix, il
naîtra toûjours des conteftations au fujèt de
la Succeffion des Couronnes héréditaires :
car quoiqu'un chacun dife que le plus proche héritier doit fuccéder, cependant perfonne ne fait qui eft ce plus proche héritier; vérité dont on n'eft que trop perfuadé pour peu qu'on veuille réfléchir fur les
fanglantes décifions de ces différens qui
n'ont été que trop fréquens dans plufieurs
endroits du Monde; & celui qui dit que le
plus proche du Sang eft actuellement Roi,
met toutes les Nations dans l'impoffibilité
de terminer toutes les difputes qui naiffent
à ce fujèt autrement qu'au tranchant de l'é-
pée; en mettant celui qui prétend à ce droit
au deffus du jugement humain, & les fujèts
dans

dans la néceffité de le croire, de le fervir
& d'obéir à fes ordres, s'il dit qu'il a ce
droit. Car autrement fi chaque fujèt en particulier, ou tous enfemble font en droit
d'éxaminer fes Tîtres & la Juftice de fes
prétentions, fon droit n'eft valable que lors
qu'on a jugé qu'il eft tel.

J'avoüe que la Loi de France, en donnant l'éxclufion aux Fémelles & à leurs Décendans, prévient plufieurs dificultez dan-
gereufes & très-embarraffantes ; mais il en
refte encore d'autres qui ne font que trop
capables de renverfer entiérement la Police
de ce Gouvernement, à moins qu'il n'y ait
une Puiffance qui foit en droit de les décider; & il eft impoffible qu'il y en ait, s'il
eft vrai, *que le mort faifit le vif.* Pour ne
me pas embarraffer dans des dificultez ima-
ginaires, je me contenterai de parler de la
légitimation qui feule fufit pour ruïner entiérement tout le bon ordre de ce Roïaume. Ce n'eft pas affez de dire qu'on doit
réputer pour légitime les enfans qui naiffent fous le Lien du Mariage; car non feulement on exclut de la Succeffion à la Couronne plufieurs enfans de Jeanne Fille du
Roi de Portugal, femme de Henri IV. Roi
de Caftille quoiqu'ils fuffent nez durant fon
mariage avec ce Prince, non feulement,
dis-je, on les en exclut, comme fortis d'un
adultére, mais on rejetta auffi fa Fille Jeanne, que le Roï, pendant fa vie & à l'heu-
re de fa mort reconnut être engendrée de
lui ; & fur cette exclufion feule eft fondé le
droit qu'Ifabelle de Caftille mariée à Fer-
di-

dinand d'Arragon, eut à la Couronne d'Espagne. Je craindrois de me rendre importun, & d'offencer plusieurs personnes de la prémiere qualité, si j'entreprenois de rapporter tous les Cas douteux, qui ont été, & qui sont actuellement dans le Monde, au sujèt des affaires de cette Nature : mais quoiqu'il en soit, les Gens de Robe de toutes sortes de Nations, témoigneront que de toutes les affaires qui leur passent par les mains, il n'y en a presque point qui leur donne tant de peine que celles des Mariages & de la légitimation des enfans en conséquence de ce Mariage ; & les Nations se trouveront enveloppées de difficultez inexplicables, s'il n'y a pas quelque part une Puissance qui soit en droit de les décider ; ce qui est absolument impossible, s'il n'y a point d'interrègne, & que le plus proche du Sang, c'est à dire celui qui dit qu'il est le plus proche, soit revêtu du droit & du pouvoir au moment que son Prédécesseur expire. Mais en vérité il n'est pas possible de croire que jamais aucun Peuple ait été si peu soigneux des choses du Monde qui l'intéressent le plus, pour les avoir laissées dans une semblable incertitude, & pour avoir voulu en remettre la décision au Caprice d'un homme ou à la fidélité des femmes qui, outre plusieurs autres fragilitez auxquelles elles sont sujétes, ont été souvent accusées d'avoir suposé des enfans à leurs maris : Et d'ailleurs, on sait que les passions des hommes sont si violentes, par rapport aux Femmes qu'ils aiment ou qu'ils
haïs-

haïffent, qu'on ne peut fans rifquer beaucoup, leur laiffer la décifion de ces fortes
de dificultez. La vertu des meilleurs hommes du Monde fe trouveroit expofée à une
tentation à qui la Chair & le Sang peuvent
à peine réfifter ; & ceux qui font moins vertueux ne fuivroient point d'autre règle que
le mouvement aveugle de la paffion qui
régneroit actuellement dans leur cœur. Il
faut donc qu'il y ait quelque Puiffance qui
foit en droit de juger des difputes qui naiffent à cèt égard dans tous les Roïaumes ;
& quoique ce ne foit pas à moi de déterminer qui doit être ce juge dans tous les lieux
du Monde, toûjours puis-je dire avec Juftice qu'en Angleterre, ce ne peut être que
le Parlement. Si une Autorité moindre
que celle-là n'a pû exclure, de la Succeffion d'une Famille Privée, Ignotus Fils de
la Dame Rofle né fous le lien du Mariage,
il n'y en a affûrément aucune qui puiffe légitimement entreprendre de difpofer de la
Couronne, en quelque occafion & fous
quelque prétexte que ce puiffe être. Il n'y
eut que l'Autorité du Parlement qui pût lé-
gitimer les enfans de Catherine Swinford,
avec cette réferve que cette légitimation,
ne s'étendroit point à l'héritage de la Couronne. On pouroit me dire, fi ces enfans
étoient fortis d'un mariage légitime, ils
devoient avoir tout l'héritage, & rien du
tout s'ils n'étoient pas légitimes : je répons
à cela que le Parlement a fû ce qu'il avoit
à faire, & qu'il a pû donner des bornes à
une grace particuliére, & l'empêcher d'être
préju-

préjudiciable au public. Henri VIII. trouva le plus court chemin pour couper pié
à toutes les difficultez que pouroit cau-
fer dans la suite le grand nombre de ses
femmes, en faisant couper la tête à quel-
ques-unes d'elles aussi-tôt qu'il en étoit las,
ou qu'il avoit envie d'en prendre une autre ; mais la Naissance Illustre de Catherine, & la Puissance redoutable de ses Parens, l'aïant empêché de lui faire le même traitement, il laissa des difficultez que
le Parlement seul fut capable de décider.
Une Puissance moindre que celle-là n'auroit pû déclarer Marie & Elizabeth capables de succéder, puisque suivant la règle
ordinaire, il falloit nécessairement qu'u-
ne de ces deux fût bâtarde ; & il auroit
été fort absurde de dire qu'immédiatement
après la mort de leurs prédécesseurs, elles
étoient l'une & l'autre en possession de la
Couronne; ce beau raisonnement ne leur
auroit de rien servi, si un Acte du Parlement ne leur avoit pas conféré un droit
qu'elles ne pouvoient pas avoir par leur
Naissance. Or les Rois & les Princes d'Angleterre n'ont pas été d'un tempérament
différent de ceux des autres Nations; &
on peut raporter un grand nombre d'é-
xemples de mêmes sujets de disputes qui
arrivent par tout; il y a même apparence
que ce sera toûjours la même chose ; ce
qui ne peut pas manquer de produire une
très dangereuse confusion, & d'éxposer les
Titres des Princes, qui comme on le prétend doivent être estimez très-sacrez, à
être

être renverſez par la violence & par la
fraude, s'il n'y a pas dans tous les Etats
du Monde une Puiſſance établie pour décider les différens, qui réſultent de l'incertitude des Titres, conformément aux
Loix reſpectives de chaque Nation, qui
en font le fondement. On ne peut croire
qu'un homme, quel qu'il ſoit ait un droit
légitime à moins que ce droit ne lui ſoit
ajugé par cette Puiſſance: ce jugement eſt
le prémier pas qui conduit au Trône: Le
Serment que le Roi fait à ſon avénement
à la Couronne, l'oblige de maintenir &
d'obſerver les Loix de ſon Païs; & celle
qui régle l'ordre de la Succeſſion étant une
des principales, il eſt obligé de l'obſerver
auſſi bien qu'aucune des autres.

SECTION XIX.

Le légitime Souverain n'a point de plus
grand ennemi, que celui qui tâche de vio-
ler le Contract qu'il y a entre lui & le
Peuple, ou de corrompre ſes mœurs.

CE n'eſt pas ſeulement la Religion, mais
encore la Loi de Nature qui nous enſeigne qu'il faut s'en tenir aux accords
que l'on a faits; & quiconque renonce à ce
Principe naturel, gravé dans le cœur de
tous les hommes, *Pactis ſtandum,* ſemble
renoncer à l'humanité pour prendre la nature

96 DISCOURS SUR LE

ture de la bête. Ceux d'entre les Païens qui avoient de la vertu , quoiqu'ils n'eussent pas le bonheur d'être éclairez des lumiéres de la véritable Religion, ont dit , comme l'a fait un brave & excellent homme d'entre les Grècs, qu'il n'étoit pas nécessaire qu'il conservât sa vie , mais qu'il garantît son cœur de tromperie & sa langue de mensonge. Juvénal, pousse encore plus loin cette pensée & soutient , * *que quand même le plus cruel de tous les Tirans commanderoit à un homme de mentir ou de se parjurer, & qu'il le menaceroit des plus horribles tourmens s'il ne lui obéïssoit pas , il doit préférer son intégrité à la conservation de sa vie.* Et quoi qu'on puisse excuser Filmer de se tromper souvent dans des Questions de Théologie, cependant l'inclination qu'il a pour Rome, qu'il préfére à Genéve, l'auroit pû conduire à la connoissance des Principes dont les honnêtes gens de l'ancienne Rome faisoient la règle de leur vie, si ce n'est qu'il a remarqué que ces Principes , qui inspirent l'honneur & la générosité , inspirent aussi l'amour de la liberté, & un desir ardent & constant de s'apliquer sans aucune interruption à la défence de la Patrie; ce qui tenant trop de l'esprit Républicain, il a jugé à propos de préférer la Morale de la Nouvelle Rome rafinée par les Pieux & Charitables Jésuites , aux Principes que suivoient ces Illustres Romains du tems de leur intégrité,
qui

* ———— *Phalaris licet imperet ut sis*
Falsus, & admoto dictet perjuria Tauro.
Summum crede nefas animam praeferre pudori.

qui n'admettoient point d'équivoque & dé-
teſtoient la mauvaiſe foi, & qui par ce
moïen maintenoient l'Innocence dans le
cœur des particuliers pour leur ſatisfaction
intérieure, & dans la Société Civile pour
l'intérêt du public; Innocence qui ne peut
s'éteindre que le Genre Humain ne tombe
infailliblement dans ce que Hobbes appelle
avec beaucoup de Juſtice, *Bellum omnium
contra omnes*, état terrible, où un homme
ne ſe peut promettre de femme, d'enfans
ou de biens, qu'à la pointe de ſon épée.

Il y aura peut-être des perſonnes qui
croiront que les efforts que fait Filmer pour
établir de déteſtables Principes qui tendent
à la ruïne du Genre Humain, ne procédent
que de ſon ignorance. Mais quoi qu'on ne
puiſſe pas nier qu'il n'en ait en aſſez bonne
quantité, je crain bien que ce mal ne procéde d'un principe plus éloigné & plus
dangereux, en un mot qu'il n'y ait pour
le moins autant de malice que d'ignorance
dans ſon fait. Ce qui me confirme dans
cette penſée, c'eſt que je remarque qu'il
tâche d'avancer l'intérêt des mauvais Magiſtrats, qui font leur unique étude de détruire toutes ſortes de bons principes dans
le Cœur du Peuple, avec autant d'adreſſe
& d'aplication que les bons tâchent de les
maintenir dans le cœur de ceux qui en ſont
imbus, & de les inſpirer à ceux qui ne les
ont pas. La raiſon & l'expérience nous ap-
prennent qu'un chacun agit conformément
au but qu'il ſe propoſe. Le bon Magiſtrat
cherche de procurer le bien du Peuple com-

Tome III.   E   mis

mis à fes foins, afin d'arriver à la fin qu'on
s'eft propofée en lui mettant l'autorité en
main : & perfuadé que pour bien réüffir
dans ce deffein, il faut principalement cultiver l'amour de la Juftice & de la vertu, il
tâche de l'infpirer à tout le monde ; & en
faifant cela il fe procure du bien à lui-même en procurant celui du public. Il fait
qu'il n'y a point de fûreté là où il n'y a
point de force , qu'il n'y a point de force
où il n'y a point d'union, qu'il n'y a point
d'union fans Juftice ; & qu'il n'y a point de
Juftice lors que l'on n'eft pas obligé d'éxécuter fidélement & fincérement les contracts publics & particuliers. C'eft ce qu'il
inculque continuëllement, perfuadé que la
principale partie de fon devoir confifte à
inftruire par fes préceptes & par fes éxemples la jeuneffe dans l'amour de la juftice
& de la vérité, afin qu'elle en faffe toute
fon occupation, & qu'elle conçoive de l'horreur pour le vice & le menfonge , avant
qu'elle arrive à cèt âge qui eft expofé aux
plus violentes tentations, & dans lequel ,
par fes crimes, elle pouroit faire le plus de
mal à la Société. Le bon Magiftrat feroit tout cela quand même ce feroit à fon
préjudice. Mais comme les bonnes actions
portent avec elles leur récompenfe, cela
contribuë beaucoup à fon avantage particulier. En préférant l'intérêt du Peuple à fon
intérêt particulier , il gagne l'affection de
ce Peuple, & il aquiert en même tems tout
ce qui en dépend : en portant les fujéts à la
vertu, il augmente leur force, & de cette
ma-

maniére pourvoit à fa fûreté particuliere, travaille pour fa gloire & augmente fa propre puiffance.

D'un autre côté, il faut que les Magiftrats qui fe propofent un but différent, fuivent une route différente. Lors qu'un Magiftrat s'imagine qu'il n'eft pas fait pour le Peuple, mais que le Peuple eft fait pour lui; & que le Peuple ne vit que pour augmenter fa gloire, ou pour fournir de quoi entretenir fes plaifirs & fa volupté, il ne penfe pas à ce qu'il fera pour ce Peuple, mais à ce qu'il en poura tirer. De cette maniére il fe fait un intérêt à part qui n'a pour objèt que fon profit, fon plaifir & fa grandeur, & qui eft entiérement oppofé au bien public qu'on a eu en vûë de procurer, lors qu'on l'a fait ce qu'il eft. Ces différentes fins fi contraires l'une à l'autre ne peuvent jamais manquer de divifer la Nation en différens Partis; & pendant qu'un chacun s'éforce d'avancer les intérêts de fon parti, il ne fe peut pas qu'il ne naiffe tous les jours des fujèts de haine, pour des offences qu'on fe fait les uns aux autres ou qu'on croit avoir reçûës. Cela engendre une inimitié irréconciliable, parce que ces occafions d'offences font fréquentes, importantes & univerfelles, & que l'on en croit la caufe très-jufte. Le Peuple croit que c'eft le plus grand de tous les crimes de faire fervir à leur ruïne, la puiffance qu'il a établie pour lui procurer du bien; & que cette injuftice eft d'autant plus criante qu'elle eft inféparable du parjure & de l'ingratitude, qui com-

pren-

prennent toutes fortes de vices; & le Magiſtrat donne le nom de Révolte & de Sé-
dition à tout ce que le Peuple entreprend
pour ſa propre défence & pour la conſervation de ſes priviléges. Lors que les eſprits ſont dans de ſemblables diſpoſitions,
peu de choſe leur fait prendre feu; mais ſi
par un bonheur extraordinaire il n'arrive
point d'accident qui les porte aux derniéres extrémitez, toûjours ne peut-on nier
que le Cours de la Juſtice ne ſoit interrompu & que les affaires publiques n'en patiſ-
ſent; & lors qu'il ſurvient quelque affaire
domeſtique ou étrangére, dans laquelle le
Magiſtrat a beſoin du ſecours des ſujèts,
dont il s'eſt aliéné les eſprits, ils témoignent
non ſeulement la répugnance qu'ils ont à
le ſervir de leurs biens & de leurs perſonnes, mais ils craignent même qu'en le dé-
livrant de l'embarras où il ſe trouve, ce ne
fût fortifier leur ennemi & le mettre de plus
en plus en état de les opprimer; & lui s'i-
maginant qu'il y a de l'injuſtice à s'oppoſer
à ſa volonté, & qu'on lui refuſe encore
plus injuſtement ce qui lui eſt dû, eſt fort
indigné de ce qu'il voit & craint encore pis
pour l'avenir. Pendant qu'il fait ſes efforts
pour ſe garantir du mal préſent & pour
prévenir celui qui peut arriver, il augmente ordinairement l'un & l'autre, & les ſoup-
çons s'accroiſſent de plus en plus de part &
d'autre. Tout le monde ſait que ceux qui
ſont gouvernez, dépendent beaucoup de
celui qui les gouverne & ſont ſoumis à ſa
puiſſance; mais comme il n'y a point
d'hom-

d'homme ou aucun nombre d'hommes qui
foit affez fou pour fe foumettre volontairement à la domination de ceux qui cherchent
leur ruïne, ceux à qui ce malheur arrive,
n'y reftent qu'auffi long tems qu'ils y font
contraints par la force, par la crainte ou par
la néceffité. Or comme il eft prefque impoffible qu'un grand Peuple foit expofé à
fouffrir ce malheur plus de tems qu'il ne
lui en faut à découvrir d'où procéde le mal,
à unir fes forces & ranimer fa vertu pour
le repouffer, un mauvais Magiftrat regarde tout ce qui conduit à ce but, comme
autant de préparatifs qu'on fait pour le perdre; & avec l'affiftance de ceux de fon parti il tâchera d'empêcher cette union, & de diminuër cette force, cette vertu, cette puiffance & le courage dont il craint d'être la
Victime; & comme la fincérité, la bonne-
foi, l'éxécution éxacte des contracts, &
l'intégrité des mœurs font les liens de l'u-
nion, & ce qui contribüe le plus au bien
public & particulier, il tâchera par des dé-
tours, par des artifices, par des chicanes,
en un mot par toutes fortes de moïens ima-
ginables, d'introduire dans l'Etat le menfonge & la mauvaife foi; pendant que d'autres Emiffaires & inftrumens d'iniquité,
en corrompant la jeuneffe & en féduifant
ceux qui font d'un tempérament à fe laiffer
entraîner dans la débauche & dans le vice,
feront en forte que le Peuple ne poura
prendre foin de fes Priviléges ni n'ofera entreprendre de les défendre, & que ceux qui
le voudroient faire fe méfieront tellement

les

E 3

les uns des autres, qu'ils ne pouront se ré-
soudre à délibérer ensemble des moïens
de travailler a la délivrance du public, bien
loin de s'unir pour agir de concert.

Voilà la différence qu'il y a entre le bon
& le mauvais Magistrat, entre le fidéle &
l'infidéle; & il faut que ceux qui adhérent
à l'un ou à l'autre, vivans dans les mêmes
principes, suivent le même chemin. Ceux
qui défendent une puissance légitimement
établie, cultivent la vertu & la Justice,
enseignent aux hommes ce qu'ils doivent
faire, ce qu'ils doivent souffrir, & ce qu'ils
doivent attendre des autres; ils tâchent de
les fixer sur des principes d'honnêteté, &
travaillent en général à l'avancement de
tout ce qui peut contribuer à accroître la
Valeur, la Force, la Grandeur & la Prospérité de la Nation, en affermissant l'union
entre les sujèts & en leur faisant éxactement connoître à tous leurs véritables droits
& ceux du public. D'un autre côté il faut
que celui qui veut introduire un mauvais
Magistrat, rende méchant celui qui est
bon, & le continuë dans l'éxercice de ses
injustices lors qu'il l'a corrompu, lui fraïe
toûjours le chemin, en inspirant l'amour
du vice aux Peuples, en corrompant les
mœurs, en détruisant la validité des sermens & des Contracts, en leur enseignant
l'usage des subterfuges, des équivoques & des
fraudes qui sont incompatibles avec les sentimens que doivent avoir des hommes vaillans & vertueux; & rendre leur union
im-

impoſſible en détruiſant la confiance qu'ils devroient avoir les uns aux autres. Il faut que ces gens-là ſe ſervent des mêmes artifices pour corrompre le Magiſtrat : il ne ſera jamais tel qu'ils le ſouhaitent juſques à ce qu'on lui ait fait croire qu'il ne dépend point du Peuple, & qu'il ne lui doit rien ; que ce n'eſt pas le Peuple qui l'a fait ce qu'il eſt ; mais que la dignité dont il eſt revêtu lui apartient naturellement ; que perſonne ne doit éxaminer ni juger ſes actions ; qu'on doit lui rendre une obéïſſance aveugle, ſoit qu'il ſoit bon ou méchant ſage ou fou, Pére ou ennemi de la Patrie. Toutes ces belles Maximes n'aïant pour but que l'intérêt perſonnel du Magiſtrat, il faut de toute néceſſité qu'il ſuive ce Projét, autrement ſon Roiaume ſeroit diviſé contre ſoi-même & ne pouroit ſubſiſter. Sur ce pié-là, il n'y a que ceux qui flatent ſon humeur & ſes paſſions qu'il croïe être ſes véritables amis ; il n'y a qu'eux qu'il juge dignes d'occuper les emplois les plus importans, pendant qu'il perſécute de toutes maniéres ceux qui ſont d'un autre ſentiment. Ceux qu'il perſécute ſont ceux qui éxcellent en ſageſſe, en vertu & en grandeur de courage : comment pouroit-il croire que ceux-là ſont ſes amis, eux qui ont des yeux, & qui veulent toûjours s'en ſervir pour voir le chemin par où ils vont ; gens incommodes qui laiſſent aux fous la foi implicite, qui veulent diſtinguer le bien du mal, & choiſir toûjours ce qui eſt le meilleur ; non contens de cela, ils veulent juger des hommes par leurs

E 4   ac-

actions, & connoissant par ce moïen de qui l'on est le Ministre, ils savent à qui ils doivent obéïr ou ne pas obéïr. Ceux qui vivent dans une ignorance entiére du bien, qui sont peu soigneux d'en faire, ou qui sont ennemis de tout ce qui est bon, suivent un chemin bien plus court; leur naturel esclave, lâche & vicieux, les portant à rechercher seulement des avantages particuliers & présents, ils se soumettent sans peine à défendre aveuglement de celui qui a entre ses mains les Richesses & la Puissance; & ne s'empressant que de connoître sa volonté, ils ne se soucient point que ses ordres soient injustes, pourvû qu'en les éxécutant, ils puissent obtenir la récompense dûë à une si loüable obéïssance. Ils adorent ce qu'ils trouvent dans le Temple, quand même ce seroit la plus chétive d'entre les Idoles, & aiment toûjours mieux ce qui est le plus mauvais, parce que cela s'accommode le mieux à leurs inclinations & à leurs principes. Lors qu'un parti s'éléve sur un semblable fondement, la débauche, le libertinage & la mauvaise foi, sont les véritables marques à quoi on connoît ceux qui en sont. Ceux qui portent ces marques sont aimez & chéris; mais les principales faveurs sont réservées pour ceux qui font paroître le plus d'activité & d'adresse au mal, soit en séduisant le Peuple par les appas des plaisirs sensuels, soit en leur corrompant l'esprit par des doctrines fausses, & qui ne leur inspirent que l'esclavage. De cette maniére un homme qui s'appelle Philosophe ou
Théo-

Théologien, eſt ſouvent plus utile qu'un
grand nombre de Cabarétiers, de Cuiſi-
niers, de Boufons, de Comédiens de Vio-
lons, de P....ou de Ma.... Ceux-ci ne ſont
que des Miniſtres Subalternes du Diable;
ils ne ſéduiſent que quelques particuliers,
& ordinairement ceux qui tombent dans
leurs Piéges, ſont pour la plûpart des perſonnes du Commun: mais les principaux
appuis de ſon Roïaume infernal, ſont ceux
qui, par de fauſſes doctrines empoiſonnent
les ſources de la Religion & de la Vertu, &
qui par leurs Sermons & par leurs Ecrits
étouferoient tous les principes d'honnêteté
gravez dans le cœur des hommes, & feroient bien-tôt enſorte que les Nations entiéres ne ſeroient jamais plus contentes que
lors qu'elles commetroient les actions les
plus abominables, ſi on ne prenoit le ſoin
de découvrir la fauſſeté & le venin de ces
pernicieux Docteurs de menſonges. Or comme les moïens doivent toûjours être conformes à la fin qu'on ſe propoſe, il faut néceſſairement que des Gouvernemens établis &
ſoutenus par des moïens ſi pernicieux ſoient
les plus mauvais de tous, & qu'ils renfer-
ment en leur ſein toutes ſortes de maux.

E 5   SEC-

SECTION XX.

On ne doit point obéir à des commandemens injustes ; & personne n'est obligé de souffrir pour n'avoir pas obéï à des Ordres qui sont contre la Loi.

ENſuite Filmer demande avec beaucoup de gravité, *ſi c'eſt un péché que de deſobéïr au Roi, lorſqu'il commande quelque choſe qui eſt contraire à la Loi ?* & après s'être fait cette queſtion, il décide avec autant de gravité, *que non ſeulement à l'égard des Loix humaines, mais même à l'égard des divines, on peut commander quelque choſe de contraire à la Loi, & que l'obéïſſance à un tel commandement eſt néceſſaire. La Sanctification du jour du Sabbath eſt une ordonnance divine, cependant, ſi un Maître ordonne à ſon Domeſtique de n'aller pas à l'Egliſe ce jour-là, les plus Savans Théologiens ſoûtiennent que le Domeſtique eſt obligé de n'y pas aller de peur de deſobéïr à ſon Maître &c. Il n'eſt pas à propos que le Maître rende compte au ſerviteur du motif qui le fait agir ni du deſſein qu'il a.* Quoique notre Auteur contrediſe ſouvent dans une ligne ce qu'il dit dans une autre, toute cette propoſition eſt entiérement uniforme & répond parfaitement bien au but qu'il s'eſt propoſé dans tout le corps de ſon Ouvrage. Il oppoſe l'Autorité humaine aux Ordres de Dieu, lui donne la préférence, & dit hardiment que les plus ſavans Théologiens

giens nous enseignent d'en user ainsi. Il faut donc que Saint Paul ait été un des moins habiles d'entre ces Théologiens, car il n'ignoroit pas que les Puissances sous la domination desquelles il vivoit, avoient défendu sous de très-rigoureuses peines la prédication de l'Evangile; & cependant il dit, *malheur à moi, si je ne le prêche pas.* Saint Pierre n'avoit pas plus de capacité que lui, car il nous dit en quelqu'endroit, *qu'il vaut mieux obéir à Dieu qu'aux hommes:* & en vérité ces deux Apôtres ne pouvoient pas parler autrement, à moins qu'ils n'eussent oublié les paroles de leur Maître qui leur avoit appris, *qu'ils ne devoient pas craindre celui qui peut tuer le Corps seulement, mais bien celui qui peut tuer le Corps & l'âme & les précipiter tous deux dans les enfers.* Or si je ne dois pas craindre celui qui peut tuer le Corps seulement, je n'ai ni raison ni excuse, si je lui obéis lors qu'il m'ordonne quelque chose de contraire à la Loi.

Pour prouver ce qu'il avance, il cite un exemple tiré de Saint Luc, & conclut en *Chap.* 14. bon Logicien qu'on ne doit pas obéir à la Loi de Dieu, par ce que Jesus-Christ blâme l'Hipocrisie des Pharisiens qui observoient exactement les Céremonies extérieures de la Loi, & négligeoient ce qu'il y avoit d'essentiel, entreprenant même d'interprèter ce qu'ils n'entendoient pas; & de ce que notre Seigneur Jesus-Christ leur fit voir que la même Loi qui, de leur propre aveu, leur permettoit de retirer d'une fosse

E 6   au

au jour du Sabbath , un Ane qui y feroit
tombé , permettoit à plus forte raifon de
guérir les malades en pareil jour , notre
Auteur en conclut qu'on doit obéïr aux
Commandemens des Rois , quand même
ils feroient contraires aux Loix Divines &
humaines. Mais fi la perverfité de fon cœur
ne l'avoit pas tout-à-fait aveuglé , il auroit
pû voir que ce paffage de Saint Luc lui eft
entiérement contraire : car les Pharifiens
avoient l'Autorité du Magiftrat de leur côté , autrement ils n'auroient pas cherché
l'ocafion de le faire tomber dans le piége
qu'ils lui tendoient ; & cette Puiffance aïant
perverti la Loi de Dieu par de fauffes in-
terprétations & par des traditions humaines , défendoit de faire les actes de charité les plus néceffaires au jour du Sabbath ;
ce que Jefus-Chrift blâme par fes paroles
auffi bien que par fon éxemple, puifqu'il
guérit en leur préfence celui qui étoit malade.

Je voudrois bien que notre Auteur nous
eût dit le nom de ces Théologiens , qu'il
affûre être les plus favans , & qui prétendent nous enfeigner cette belle doctrine.
J'en connois qu'on eftime fort habiles , qui
font d'un fentiment contraire à celui-là , &
qui foutiennent que Dieu aïant deftiné ce
jour à fon fervice & au culte religieux qu'on
lui doit rendre , perfonne ne peut nous difpenfer de l'obligation où nous fommes de
fanctifier le Sabbath , à moins que d'être
en droit d'abroger la Loi de Dieu. Peut-
être que ceux qui font d'un fentiment oppofé

pofé au mien à cèt égard, me diront, faute de
meilleure raifon, qu'il fent trop le Puritain
& le Calvinifte. Mais je me. foumettrai
fans peine à ce reproche jufques à ce que
je voïe l'opinion contraire fuivie par de plus
honnêtes gens & de plus habiles Théologiens que Laud & fes Créatures. De l'a-
vis & par l'inftigation de ces honnêtes gens,
depuis l'an mil fix cens trente jufques en
mille fix cens quárante, on permit non feulement de prendre le Dimanche des divertiffemens de jour & de nuit, qui ordinairement fe terminoient en débauches éxcef-
fives, mais on les enjoignit. Et quoique
cela ait contribué à l'accroiffement de l'Autorité humaine, & au mépris des Loix Divines, d'une maniére qui a lieu de plaire à
ceux qui font dans le fentiment de Filmer,
cependant il y en a eu d'autres qui, aimant
mieux obéïr à Dieu qu'aux hommes, n'ont
pû fe réfoudre à prophaner ainfi le jour du
Seigneur. Depuis ce tems-là il ne s'eft trouvé perfonne excepté Filmer & Heylin, qui
ait été affez méchant pour concevoir, ou
affez impudent pour enfeigner une doctrine auffi abfurde & auffi brutale. Mais fans
m'arrêter plus long-tems à éxaminer l'origine de cèt abus, je demande fi l'Autorité
qu'on prétend qu'ont les Maîtres de commander à leurs Domeftiques des chofes qui
font contraires à la Loi de Dieu, ne s'é-
tend qu'à ce qui a rapport au jour du Sabbath, ou à un petit nombre d'autres Articles, ou bien fi elle doit s'étendre en général à toutes les Loix de Dieu; & fi celui

E 7.   qui

qui peut commander à son serviteur de faire une chose qui est contraire à la Loi de
Dieu, n'est pas en droit de faire lui-même
ce qu'il fait faire aux autres. Si c'est une
Autorité particuliére qui ne s'étende qu'à
ce qui a rapport au jour du Sabbath, il faut
nous donner quelque Autorité ou quelque
précepte, qui nous fasse connoître que Dieu
n'a tenu aucun compte de l'ordonnance
qu'il avoit faite touchant ce jour, & qu'il
a permis que les hommes la méprisassent,
quoiqu'il exige d'eux une obéïssance éxacte
à tous ses autres commandemens. Que
s'il nous est permis d'en méprifer aussi d'autres, il faut qu'on nous dise, quel en est
le nombre, quels ils sont, & comment il
est arrivé que nous sommes obligez d'observer les uns, pendant qu'il nous est permis de négliger les autres. Si l'Empire du
Monde n'est pas seulement divisé entre
Dieu & César, mais encore que chaque
homme, qui peut donner cinq livres Sterling par an à un Domestique, en ait une
part si considérable, qu'en de certains cas
on soit obligé d'obéïr à ses ordres préférablement à ceux de Dieu, il feroit bon de connoître les bornes de chaque Roïaume, depeur qu'il n'arrivât par hazard que nous
obéïssons mal-à-propos aux hommes lorsqu'il faut obéïr à Dieu, ou à Dieu lors que
nous devons éxécuter les ordres des hommes. Si cette Autorité des Maîtres s'étend
généralement à tout, la Loi de Dieu est de
nul effet; & nous pouvons en toute assû-
rance renoncer à la Religion & n'y pen-
ser

ser ni ne nous en entretenir jamais : en ce cas la parole de Dieu nous est fort inutile & ne nous regarde en aucune façon : nous ne devons pas nous informer de ce que Dieu nous a commandé, mais de ce qu'il plaît à notre Maître, quelque insolent, fou, lâche ou vicieux qu'il puisse être. Les Apôtres & les Prophètes qui aimérent mieux mourir que d'obéïr aux hommes plûtôt qu'à Dieu, étoient des fous qui moururent dans leurs péchez. Mais si chaque particulier qui a un serviteur, peut le dispenser d'obéïr aux Commandemens de Dieu, il peut aussi s'en dispenser lui-même, & cela étant on verra tout d'un coup toutes les Loix de Dieu abolies par tout l'Univers.

Il faut être fou pour dire qu'il y a une obeïssance passive aussi-bien qu'une obeïssance active, & que celui qui ne veut pas faire ce que son Maître lui commande, doit se soumettre au châtiment qu'il voudra lui imposer : Car si le Maître a droit de commander, le serviteur est indispensablement obligé d'obéïr. Celui qui soufre pour ne vouloir pas faire ce qu'il devroit faire, péche & attire en même tems un juste châtiment sur sa tête. Mais personne n'est obligé de soufrir, pour ce qu'il ne doit pas faire, parce que celui qui prétend commander, n'a pas une Autorité si étenduë. Quoiqu'il en soit, il s'agit ici de savoir, si le serviteur doit plûtôt desobéïr aux ordres de Dieu, que de s'exposer à être batu, ou chassé par son Maître, qui lui comman-

mande des chofes contraires à la loi Divine: car fi le ferviteur doit obéir à fon Maître plutôt qu'à Dieu, comme notre Auteur
dit que c'eft le fentiment des plus favans
Théologiens, il péche en defobeïffant, &
fes foufrances ne font pas capables d'expier
fon crime. Si l'on penfe que je porte ce
point trop loin, il faut que l'on me montre fes limites, afin de faire voir que je vais
au delà, quoique la nature de la queftion
ne puiffe être changée: Car fi les commandemens des hommes ne peuvent abroger la
loi de Dieu, la volonté du Maître ne peut
difpenfer le ferviteur de garder le jour du
Sabbath dont l'obfervation nous eft très-ex-
preffément commandée par la loi Divine.
Mais fi on donne à un homme le pouvoir
d'annuller à fa volonté les Loix de Dieu,
les Apôtres ont eu tort de prêcher l'Evangile, puis que cela leur étoit défendu par
les puiffances aufquelles ils étoient fujèts,
ils étoient dignes des tourmens & de la mort
qu'ils ont foufcrte, & *leur fang a été fur leur
tête.*

Le fecond éxemple de Filmer, touchant
les guerres, furquoi il dit que les fujets ne
doivent pas éxaminer fi les caufes en font
juftes on injuftes, mais obeïr aveuglément,
eft foible, frivole, & fouvent faux; Or on ne
peut tirer de juftes conféquences que de chofes qui font certainement & univerfellement
véritables. Quoi que Dieu puiffe faire miféricorde à un foldat, qui par la méchanceté d'un Magiftrat en qui il fe confie de
bonne foi, devient un Miniftre d'injuftice,
cela

cela ne fait rien à la queſtion dont il s'agit
ici. Car ſi ce que notre Auteur dit eſt véritable que le commandement du Roi ſuffit
pour juſtifier la déſobéïſſance aux ordres
de Dieu, il s'enſuit qu'il doit faire ce que
ce Roi lui commande, quand même il
ſeroit perſuadé que l'action qu'on lui commande eſt mauvaiſe : Les ſoldats Chrêtiens,
ſous la domination des Empereurs Païens,
étoient obligez de détruire leurs frères, &
les plus honnêtes gens de l'Empire, pour
cela même qu'ils étoient honnêtes gens :
ſuivant cette belle maxime ceux qui vivent
aujourd'hui ſous la domination du Turc
ſont dans les mêmes engagemens, & doivent défendre leur Maître en maſſacrant
tous ceux qu'il croit ſes ennemis, ſans aucune raiſon que parce qu'ils font profeſ-
ſion du Chriſtianiſme : Et le Roi de France poura, avec juſtice, lors qu'il lui plaira, armer une partie de ſes ſujets Proteſtans pour détruire le reſte; Voilà certainement une doctrine bien pieuſe & digne de
Filmer qui en eſt l'Auteur.

Mais ſi cela eſt ainſi, je ne ſai pas quelle raiſon on a de dire que les Iſraëlites ont
péché en ſuivant l'éxemple de Jéroboam,
de Homri, d'Achab & de pluſieurs autres
Rois auſſi criminels que ceux-là; ils n'auroient pas pû pécher en leur obéïſſant, ſi
ç'avoit été un péché que de deſobéïr à leurs
commandemens; & Dieu ne les auroit pas
punis avec tant de ſévérité, s'ils n'avoient
point péché. Ce ſeroit la choſe du monde
la plus abſurde de dire qu'ils étoient obli-

gez de fervir ces Rois dans les guerres injuftes qu'ils entreprenoient, mais non pas
de leur obéïr , lors qu'ils leur commandoient de fervir les Idoles ; car quoique
Dieu foit jaloux de fa gloire , cependant
il défend la rapine & le meurtre, auffi bien
que l'Idolatrie. S'il y a une loi qui défen-
de aux fujèts d'éxaminer les commandemens de leurs Souverains par raport à une
de ces deux chofes, il ne fe peut pas qu'elle
ne leur enjoigne l'obeïffance à l'égard de
l'autre.   La même puiffance qui peut juftifier le meurtre , fuffit pour nous juftifier
auffi du crime de l'Idolatrie ; & ces miférables qui dépoférent contre Naboth , &
qui le condannérent à mort pouvoient auffi
peu alléguer leur ignorance à cèt égard,
que ceux qui adoroient les Veaux de Jéroboam ; la même lumiére naturelle qui auroit dû leur faire connoître qu'on ne pouvoit fans folie & fans crime adorer une Ima-
ge au lieu de Dieu leur devant aprendre en
même tems, qu'on ne devoit pas faire mourir un innocent par un parjure , fous prétexte d'obferver la loi.

SEC-

SECTION XXI.

Un pouvoir au-deſſus des Loix ne peut ſub-
ſiſter avec le bien du peuple ; & celui
qui ne reçoit point ſon Autorité de la Loi
ne peut être légitime Souverain.

AFin que nous nous ſoumétions ſans répugnance , & que nous ne nous ima-
ginions pas que ce ſoit s'éxpoſer à un danger
& à un eſclavage manifeſte que d'obéïr
aveuglément à la volonté d'un homme qui
n'étant point ſujèt à la loi, nous comman-
dera peut-être des choſes fort irréguliéres &
extravagantes , Filmer leve fort adroitement tous les ſcrupules que nous pourions
avoir, en nous diſant,

1. *Que la prérogative Roïale qui met le*
Prince au-deſſus des loix , a uniquement en
vûë le bien de ceux qui ſont ſous la loi , & le
maintien de leurs libertez.

2. *Qu'il ne peut y avoir de loi , à moins*
qu'il n'y ait une puiſſance Souveraine pour les
établir ou pour les faire obſerver : Dans les
Gouvernemens Ariſtocratiques les Nobles ſont
au-deſſus des Loix ; Dans les Gouvernemens
populaires, c'eſt le peuple: par la même raiſon
ſous une Monarchie , il faut de toute néceſſité
que le Roi ſoit au deſſus des Loix. Il ne peut
y avoir de Majeſté Souveraine en la perſonne
de celui qui eſt ſoumis à la loi : ce qui fait qu'un
homme eſt véritablement Roi , c'eſt le pouvoir
qu'il a de faire des loix : Sans ce pouvoir il n'eſt
qu'un

qu'un Roi fort ambigu. Il n'importe de quelle manière il aquiert ce pouvoir, c'est tout-un qu'il l'ait par élection, par donation, par succession, ou par quelque autre moien que ce puisse être. Je veux bien suivre en quelque chose le sentiment de notre Auteur & reconnoître que le Roi n'a ni ne peut avoir aucune prérogative qui ne lui ait été donnée dans la vûë que cela le mettra d'autant plus en état de procurer le bien du peuple & de défendre les libertez des sujèts. C'est donc-là le véritable fondement du pouvoir des Magistrats, & le seul moien de connoître si la prérogative de faire des loix, d'être au dessus des loix, ou quelque autre qu'il puisse prétendre lui apartenir, lui est justement dûë ou non: & si l'on est en doute du juge qu'on doit prendre pour décider cette Question, le sens commun nous apprendra, que si le Magistrat reçoit son pouvoir par élection ou par donation, ceux qui l'ont élu, ou qni lui ont donné ce pouvoir, savent mieux que personne s'il s'aquite bien de ce que l'on s'est promis de lui, lors qu'on lui a mis l'Autorité en main; si c'est par droit de succession qu'il gouverne, c'est à ceux qui ont règlé l'ordre de la succession; si ce n'est pas par élection, par donation ou par succession, & que ce soit par fraude ou par violence, l'affaire est décidée, car il n'a aucun droit, & on n'en peut aquerir aucun par des moïens si injustes. On pouroit dire cela, quand même tous les Princes seroient d'un âge mûr, & qu'ils auroient tous en partage la sobriété, la sagesse;

fe., la juſtice & la bonté; car les meilleurs
Princes ſont ſujèts à ſe méprendre , ils ſe
laiſſent gouverner par leurs paſſions, & par
conſéquent ne ſont pas capables de juger
ſainement de leurs véritables intérêts, dont
ils peuvent ſouvent s'écarter en divérſes
maniéres : mais il faudroit être tout-à-fait
fou, pour laiſſer ce jugement à des enfans,
à des fous ou à des furieux, qui ne ſont pas
capables de juger des moindres choſes qui
concernent leur intérêt ou celui des autres;
& encore moins à des Princes qui , mon-
tant ſur le Trône par voïe d'Uſurpation, témoignent manifeſtement le mépris qu'ils
font de toutes les loix divines & humaines,
& ſont ennemis déclarez du peuple qu'ils op-
priment. Il n'y a donc que le peuple par
qui & pour qui le Gouvernement eſt établi, à qui apartient ce jugement ; ou bien
à leurs répréſentatifs & Députez , à qui il
en a donné pouvoir & Commiſſion.
　　Mais la plus grande de toutes les abſur-
ditez, c'eſt de dire qu'un homme à un pouvoir abſolu au deſſus des loix, pour gouverner ſelon ſon bon-plaiſir, & cela *pour*
le bien du peuple , & pour le maintien de ſa
Liberté: car la liberté ne peut ſubſiſter avec
un ſemblable pouvoir ; & la ſeule diférence qu'il y a entre les Nations libres & celles qui ne le ſont pas, c'eſt que celles qui
jouïſſent de leur liberté ſont gouvernées par
leurs propres loix & par leurs Magiſtrats de
la maniére qu'elles l'ont elles-mêmes jugé
à propos, au lieu que les autres ſe ſont elles-mêmes volontairement aſſujèties, ou
ont

ont été réduites par la violence sous la domination d'un homme ou d'un petit nombre de personnes qui, sans consulter ces peuples, les gouvernent comme bon leur semble. Cette diférence est la même par rapport aux personnes particuliéres. Célui-là est libre qui vit comme bon lui semble, sous le bénéfice des loix qui ont été faites de son consentement; & le nom d'esclave ne peut convenir qu'à celui qui est né dans la Maison d'un Maître, acheté, pris, subjugué, ou qui donne volontairement son oreille à percer contre un poteau, & s'asujétit à la volonté d'autrui.

Plut. vit. Themis. C'est ainsi qu'on a dit que les Grecs étoient libres, par opposition aux Mèdes & aux Perses, comme Artaban le reconnut en parlant à Thémistocles. C'étoit aussi de cette maniére qu'on distinguoit les Italiens, les Allemands & les Espagnols des Peuples Orientaux qui pour la plûpart gémissoient sous la domination des Tirans. On dit que Rome avoit recouvré sa liberté lorsqu'elle eut chassé les Tarquins; ou comme Tacite *Libertatem & consulatum L. Brutus instituit An. L. 1.* l'exprime, *Lucius Brutus établit la liberté & le Consulat en même tems*, comme s'il vouloit dire qu'avant ce tems-là les Romains n'étoient pas libres; & on a dit que Jules Céfar avoit renversé la liberté du Peuple Romain; Mais si Filmer mérite d'en être crû sur sa parole, les Romains étoient libres sous la domination de Tarquin, & ils devinrent esclaves lors que ce Tiran eut été banni de Rome, & que sa prérogative Roïale, qui étoit si nécessaire pour la défence de leur liberté eut été étein-

éteinte ; ils ne recouvrérent cette liberté que lors que César s'empara de toute la puiſſance. Suivant cette règle, les Suiſſes, les Griſons, les Vénitiens, les Hollandois & quelques autres peuples ſont eſclaves ; & la Toſcane, le Roïaume de Naples, l'Etat Eccleſiaſtiques & les Nations qui vivent ſous un Maître plus doux de l'autre côté de la Mer, je veux dire ſous l'Empire du Turc, ſont libres : Bien plus les Habitans de Florence qui ſe plaignent d'être eſclaves ſous les Princes de la Maiſon de Médicis, furent mis en liberté, par le pouvoir d'une armée d'Eſpagnols, qui conférérent une prérogative à ceux de cette Famille qui pour leur bien, ont aboli tous les priviléges de ce Païs, & l'ont preſque entiérement dépeuplé. A ce compte-là je ſuis eſclave, moi qui me crois libre, parce que je ne dépens de la volonté de perſonne, & que j'eſpére de joüir juſques au tombeau de la liberté que j'ai héritée de mes Ancêtres ; & les Maures ou les Turcs qui peuvent être mis à mort auſſi-tôt qu'il plaira à leurs inſolens Maîtres, ſont libres. Mais certainement le monde ne ſe méprend pas ſi groſſiérement dans la ſignification des mots & des choſes. La peſanteur des chaînes, le nombre des coups de foüet, un travail pénible & les autres effets de la cruauté d'un Maître peuvent rendre une ſervitude plus dure & plus miſérable qu'une autre : mais celui qui ſert le meilleur Maître du Monde eſt auſſi-bien eſclave que celui qui ſert le plus mauvais de tous les Maîtres ; & il le ſert, s'il eſt obli-

gé

gé d'obéïr à ſes ordres & de dépendre de
la volonté. C'eſt ce qui a fait dire a Clau-
dien, qui vouloit flater adroitement un bon
Empereur, que la liberté n'étoit pas plus
deſirable que de ſervir un bon Maître; mais
toûjours reconnoiſſoit-il que c'étoit une ſervitude, différente, & même contraire à la
liberté: En effet la ſeule choſe qui rend ce
compliment agréable & qui en fait toute la
délicateſſe, c'eſt que l'on étoit perſuadé
que la ſervitude étoit un ſi grand mal, qu'il
n'y avoit que la vertu & la bonté du Maître qui fuſſent capables de l'adoucir en quelque façon ou d'empêcher qu'on ne la portât avec impatience? Or quand même on
demeureroit d'accord qu'il parloit plûtôt en
Philoſophe qu'en Poëte; que nous pourions
prendre ſes paroles à la rigueur; & croire
qu'il n'eſt pas impoſſible que nous trou-
vions au ſervice d'un bon & ſage Maître
des commoditez, qui peuvent balancer la
perte de la liberté, cela ne changeroit pas
l'état de la queſtion; puis qu'il eſt toûjours
certain qu'il reconnoît que cette prérogative uniquement inſtituée pour la conſervation de la liberté, la détruit entiérement.
S'il étoit vrai qu'il n'y a point de liberté qu'on
doive préférer au ſervice d'un bon Maître,
cette Maxime ne ſerviroit de rien au Monde qui eſt prêt à périr, puiſque Filmer & ſes
Diſciples par ces ſortes de raiſonnemens ne
manqueroient pas d'aſſujètir les peuples à la
volonté d'enfans, de fous, de furieux, ou
de Princes vicieux. Ce ne ſont point ici des
ſuppoſitions fondées ſur une poſſibilité ima-
gi-

ginaire & éloigné ; mais ce font des chofes
réelles qui arrivent fi fouvent parmi les
hommes , qu'on voit peu d'éxemples du
contraire. Et comme il faudroit être fou
pour fupofer que les Princes feront toûjours
fages , juftes & bons , après avoir été fi bien
convaincus par l'expérience de tant de fiécles , qu'il y en a eu très-peu qui aïent été
capables de porter feuls le poids du Gouvernement ou de réfifter aux funeftes tentations , qui font inféparables d'un Pouvoir
fans bornes , il faudroit auffi avoir entiérement renoncé à la raifon & au bon fens
pour s'imaginer qu'à l'avenir ils feront
éxemts de foibleffes & de vices. Et s'ils
n'en font pas éxemts , les Nations foumifes
à leur puiffance feront bien éloignées de
fe voir , dans cèt état de fervitude heureufe , que le Poëte ne fait point difficulté de
mettre en paralelle avec la liberté , elles
feront au contraire dans une fujétion miférable & honteufe , obligées de dépendre de
la volonté de perfonnes qui ne favent pas
fe gouverner eux-mêmes , & qui font incapables de faire du bien aux autres : Quand
même Moïfe , Jofüé & Samüel auroient
eu affez de forces pour porter le fardeau
d'un pouvoir fans bornes : Quand même
David & Salomon n'auroient jamais abufé
de leur Autorité , qu'en pouroit-on conclure
en faveur d'une propofition générale ? Où
font les Familles qui produifent toûjours
des hommes femblables à ceux-là ? Où li-
fons-nous que Dieu ait promis d'affifter tous
les Souverains de la même maniére qu'il

Tome III. F affifta

affifta ces faints ferviteurs qu'il avoit choifi
éxprès pour accomplir fon œuvre? Ou
quelle preuve Filmer peut-il nous donner
que Dieu ait été préfent dans toutes les dé-
libérations de tous les Soûverains qui ont
règné jufques à préfent? Or fi nous favons
que cela n'eft point ni n'a jamais été, fi
Dieu ne nous l'a jamais promis, & que
nous n'aïons aucun lieu de croire que cela
foit jamais, c'eft une auffi grande folie de
fonder les efpérances de la confervation
d'un Peuple, fur une chofe qui n'a jamais
été, qui n'a aucune Certitude apparente, &
qui infailliblement manqueroit bien-tôt,
que de déraciner les Vignes & les Figuiers,
dans l'efpérance qu'on pouroit avoir, de
recueillir des Grapes & des Figues, des Ron
ces & des Epines. Ce feroit proprement
éteindre les lumiéres du fens commun,
que de négliger les moiens que Dieu nous
a donnez, de pourvoir à notre fûreté, &
de lui imputer d'avoir difpofé les chofes
d'une maniére qui eft abfolument incompatible avec fa fageffe & fa bonté. S'il n'a
donc pas ordonné que les Ronces & les Epines produifent des Figues & des Grapes, ni
que les plus importantes affaires du monde, que les plus fages & les meilleures perfonnes ne peuvent conduire fans des difficultez extraordinaires, foient mifes entre
les mains des plus foibles, des plus fous &
des plus Scélérats, il s'enfuit qu'il ne peut
pas avoir ordonné que tous les hommes,
les femmes & les enfans qui naiffent dans
la Famille Roïale, ou qui s'emparent du
Trô-

Trône par fraude, par trahifon ou par meurtre, comme plufieurs l'ont fait, aient droit de difpofer de toutes chofes à leur volonté. Et fi les hommes ne font pas affez fous pour confier aux plus foibles & aux plus Scélérats d'entre eux, un pouvoir qui ordinairement renverfe la fageffe & la vertu des meilleurs ; ou pour fe promettre de ceux qui montent fur le Trône par hazard, les mêmes effets de vertu & de fageffe qu'on peut à peine efpérer des plus excellentes Perfonnes du Monde, la propofition de notre Auteur ne peut être fondée ni fur les Loix divines ni fur les Loix humaines. Bien plus quand même nos prémiers Parens auroient été affez fimples pour faire un pareil établiffement, l'impoffibilité manifefte d'en obtenir ce qu'ils s'en promettoient, l'auroit dû rendre tout-à-fait nul : ou plûtôt, il étoit nul dès le commencement, parce que ce n'étoit pas * *une ordonnance jufte qui commandât le bien & défendît le mal,* mais une ordonnance infenfée & mauvaife, qui expofoit tout ce qu'il y a de bon dans le monde à un renverfement certain en affujettiffant les Peuples aux appétits déréglez d'un homme, en faifant dépendre la fageffe des perfonnes âgées & éxpérimentées, de la volonté des femmes, des enfans & des fous ; en obligeant les hommes forts & courageux d'implorer la protection des foibles & des lâches, en un mot en expofant les meilleurs & les plus vertueux à fe voir exterminer par les plus vicieux & les plus Scélérats. Tous ces funeftes malheurs

* *Sanctio recta, jubens honefta, prohibens contraria. Cicer.*

étant

étant l'éffet & les suites inévitables de ce
pouvoir sans bornes, que notre Auteur dit
avoir été uniquement établi pour le bien &
pour la défence du Peuple, il faut néceffairement qu'il tombe à terre, à moins
qu'on ne veuille dire, que l'esclavage, la
misére, l'infamie, la deftruction, & les
ravages tendent à la conservation de la liberté, & qu'on les doit préférer à la force,
à la gloire, à l'abondance, à la fûreté &
au bonheur d'un Etat. La condition de
l'Empire Romain, après que Céfar eut
ufurpé la Puiffance Souveraine, pouroit
fervir à mettre ceci en un plus beau jour;
mais comme j'en ai déja parlé au commencement de cèt Ouvrage, je me contente
d'y renvoïer le lecteur. Et quoique la vertu d'Antonin; de Marc Aurele & d'un ou
de deux autres Empereurs, adoucît & mo-
dérât en quelque façon les calamitez aufquelles les Romains étoient expofez fous ce
divin Gouvernement, cependant nous n'a-
vons aucun éxemple que ces vertus aïent
continué long-tems dans une même Famille, nous n'en avons point d'aucune Nation
grande ou petite, qui aît été gouvernée par
un pouvoir abfolu, qui ne nous faffe connoître trop certainement, qu'on ne doit pas
confier une Autorité fi éxceffive à aucun
homme, ou à aucune fucceffion d'hommes.

Maîs, dit-Filmer, *il ne peut y avoir de
Loi où il n'y a pas de Puiffance Souveraine*, &
de là il infére hardiment que cette Puiffance doit réfider en la perfonne du Roi; *car*
au-

autrement il ne peut y avoir de Majefté Souveraine en lui, & ce ne peut être qu'un Roi fort ambigu. Ce raifonnement pouroit avoir quelque force fi on avoit établi les Gouvernemens ou les Loix uniquement pour éxalter cette Majefté Souveraine ; mais il ne conclut rien, s'il eft vrai, comme il l'avouë lui-même, que le pouvoir que le Prince a, lui eft conféré pour procurer le bien du Peuple, & pour défendre la vie, la liberté, les terres & les biens de tous les particuliers. Si on pourvoit à la fûreté publique, fi on affûre aux fujèts leur libertez & la propriété, de leurs biens, fi on adminiftre la juftice, fi on cultive la vertu, fi on fuprime le vice, & qu'on avance le véritable intérêt de la Nation, on accomplit la fin du Gouvernement : & ceux qui font le plus élevez fe contentent d'une certaine proportion de Gloire & de Majefté qui eft compatible avec le public ; puis que la Magiftrature n'eft pas établie pour l'accroiffement de la Majefté de celui qui en eft revêtu, mais pour la confervation de tout le Peuple, & pour la défence de la liberté, de la vie & des biens de chaque particulier, comme notre Auteur lui - même eft contraint de le reconnoître.

Mais qu'eft-ce que cette Majefté Souveraine, qui eft tellement inféparable de la Roïauté, que l'une ne puiffe fubfifter fans l'autre ? Caligula * la faifoit confifter dans le pouvoir de faire à tous les hommes tout ce qu'il lui plaifoit : Nimrod, Nebucadnézar & plufieurs autres, fe vantoient de

Omnia mihi in omnes licere. Sueton.

la grandeur de leur Puiſſance d'une maniére inſolente, impie & barbare. Ils
croïoient que c'étoit une Prérogative bien
glorieuſe de pouvoir tuer ou épargner qui
bon leur ſembloit. Mais les Rois que Dieu
avoit promis à ſon Peuple d'élever ſur le
Trône, ne devoient avoir aucun de ces Priviléges. Ils ne devoient point prendre pluſieurs femmes, ni faire amas d'Or, d'Argent ou de Chevaux; ils ne devoient pas
gouverner ſelon leur bon plaiſir, mais ſuivant les Loix, des quelles il leur étoit défendu de s'écarter, & d'élever leur cœur
au deſſus de leurs Fréres. C'étoit-là des
Rois qui n'avoient point ce pouvoir ſans
bornes, en quoi conſiſte la Majeſté Souveraine, que Filmer ſoutient être ſi eſſen-
tielle aux Rois, que ſans elle, il prétend
qu'ils ne ſont pas véritablement Rois; or
comme cette opinion ridicule ne ſert qu'à
prouver ſeulement la perverſité incurable
du jugement de cèt Auteur, la malice de
ſon cœur, ou la malignité de ſon étoile
qui le porte continuellement à ſe déclarer
contre la raiſon & la vérité, nous ne devons pas nous arrêter à ce qu'il nous enſeigne, mais plûtôt regarder comme de véritables Rois céux à qui l'Ecriture donne
ce Titre, & donner un autre nom aux
Princes qui ne ſe propoſent pour but que
leur propre gloire, ce qui eſt contraire à
la Loi de Dieu, & tout-à-fait oppoſé à l'intérêt du Genre Humain.

Mais ſi les lumiéres de la raiſon n'a-
voient pas été entiérement éteintes en lui,

il

il auroit vû fans doute que quoiqu'il n'y ait
qu'une Puiſſance Souveraine qui puiſſe faire les Loix, cela n'empêche pas que cette
Souveraineté ne puiſſe réſider en un Corps
compoſé de pluſieurs hommes & de pluſieurs Ordres d'hommes. S'il eſt vrai qu'on
ait légitimement établi dans le Monde des
Monarchies, des Ariſtocraties & des Dé-
mocraties ſimples, ce qui eſt peut-être fort
incertain, toûjours faut-il demeurer d'accord que la plûpart des Gouvernemens du
Monde ont été mixtes, & j'oſe bien dire
que tout ce qu'il y a jamais eu de bons
Gouvernemens, & tout ce qu'il y en a actuellement, l'ont été & le ſont. On conféroit au Roi ou au Magiſtrat qui le repré-
ſentoit une partie de la Puiſſance, & une
autre partie au Sénat & au Peuple, comme je l'ai prouvé en parlant du Gouvernement des Hébreux, des Lacédémoniens,
des Romains, des Vénitiens, des Allemands, & de tous les Peuples qui vivent
ſous ce que l'on appelle le Gouvernement
Gothique. Si le Magiſtrat qui a part à ce
pouvoir diviſé n'eſt pas content du nom
qu'il porte ou de l'Autorité qu'il a, il y
peut renoncer; mais ce mécontentement
ne doit pas être cauſe qu'on faſſe rien qui
ſoit préjudiciable aux Nations, qui donnent à leurs Gouverneurs autant d'Autorité qu'elles croïent qu'il eſt néceſſaire qu'ils
en aïent pour procurer le bien de la Société,
& ſe réſervent le reſte, ou le mettent entre
les mains de tels Officiers qu'elles jugent à
propos d'établir pour cèt effèt.

Il n'y a perſonne qui puiſſe nier que pluſieurs Nations n'aïent eu le droit de donner à des Conſuls, à des Dictateurs, à des
Archons, à des Suffétes, à des Ducs & à
d'autres Magiſtrats, autant de pouvoir qu'il
leur a ſemblé qu'elles devoient leur en donner pour l'avancement du bien public ; &
il faut que chaque Nation ſoit en droit de
limiter l'Autorité du Roi auſſi bien que ces
autres ont été en droit de limiter celle de
ces Magiſtrats que je vien de nommer, à
moins qu'on ne veuille dire qu'il y a quelque Charme dans ce mot de *Roi* ou dans
les lettres qui le compoſent. Mais c'eſt une
choſe impoſſible ; car il n'y a aucune reſſemblance entre ces mots, *Roi*, *Rex* & *Ba-*
ſileus. Il faut donc que les Peuples aïent le
droit de limiter comme ils le jugent à propos le pouvoir des Rois, auſſi bien que celui des Conſuls ou des Dictateurs ; autrement Fabius, Scipion, Camillus & Cincinnatus auroient pû uſurper un pouvoir
abſolu, ſous prétexte d'éxalter la Majeſté
Souveraine contre les Loix, avec autant
de Juſtice que le peut faire aucun Roi du
Monde ſous le même prètexte. Or comme tous les Peuples donnent à leur Gouvernement telle forme qu'ils trouvent bon,
ils ſont auſſi juges du nom que doit porter
chaque Magiſtrat qui a part à l'Autorité :
& il ne nous eſt pas moins permis d'appeller Roi, celui qui a un pouvoir borné,
parmi nous, qu'il l'étoit aux Médes ou
aux Arabes de donner ce nom à un Prince
beaucoup plus abſolu que nos Souverains
ne

ne le font. Si l'on ne veut pas nous accorder cela, il faut prendre patience & fouffrir qu'on nous accufe de parler improprement, mais quoiqu'il en foit, nous nions abfolument qu'en donnant ce nom, nous conférions à nos Princes plus d'Autorité que ce que nous voulons bien leur en donner; & nous aimerions beaucoup mieux que Sa Majefté changeât de nom que de renoncer à nos droits & à nos priviléges, dont il doit être le Protecteur, & que nous avons reçûs de Dieu & de la Nature.

Mais Filmer voulant porter la folie & la malice jufqu'où elle peut aller, dit hardiment, *qu'il n'importe par quels moiens le Monarque parvient à la Couronne.* La violence, la fraude, la trahifon, ou le meurtre font donc des voïes auffi légitimes que l'élection, la donation, ou la Succeffion la plus légitime. C'eft donc en vain qu'on éxamine les Loix divines ou humaines, auffi bien que les droits de la Nature; c'eft en vain qu'on éxamine fi les enfans héritent des Dignitez & des Magiftratures de leurs Péres comme ils héritent de leurs biens & de leurs Patrimoines; fi l'on doit avoir égard au mérite de celui qui eft le plus capable de bien gouverner; fi le tout doit appartenir à un feul ou être divifé entre eux; ou par quelle règle nous pouvons connoître celui qui eft le véritable héritier, & par conféquent c'eft fort inutilement que nous tâchons de favoir ce que nous fommes obligez de faire pour mettre notre confcience en repos à cèt égard. Notre Auteur fuit

F 5   un

un chemin bien plus court, il nous dit en
un mot qu'il n'importe par quelle voïe le
Monarque arrive au Trône.

Jufques ici on avoit toûjours crû que c'é-
toit un crime abominable que de tuer un
Roi, fur tout un bon Roi. On croïoit que
ceux qui commettoient une action fi noire,
n'y pouvoient être portez que par les plus
déteftables paffions qui puiffent jamais ani-
mer les plus grands Scélérats; & on a inventé les fuplices les plus févéres pour jetter la terreur dans l'efprit des hommes afin
de les détourner d'une entreprife fi abominable, ou pour venger la mort de ces Souverains fur ceux qui en feroient les auteurs:
mais fi l'on en doit croire Filmer, c'eft
l'action du Monde la plus loüable & la plus
glorieufe: car outre les avantages extérieurs
que les hommes recherchent avec tant d'ardeur, celui qui tuë un Roi, eft incontinent
revêtu de la Majefté Souveraine, & devient
en même tems Lieutenant de Dieu & Pére
de la Patrie, & entre par ce moïen en poffeffion de ce Gouvernement qui feul, à
l'exclufion de tous les autres, eft fondé fur
les Loix de Dieu & de la Nature. Le feul
inconvénient qu'il y a c'eft que tout dépend du fuccès, & que celui qui feroit le
Miniftre de Dieu & le Pére de fa Patrie s'il
réüffiffoit heureufement dans fes projèts,
eft regardé comme le plus grand de tous
les Scélérats, s'il a le malheur d'échoüer
dans fon entreprife; & que fuppofé qu'il y
réüffiffe, il eft toûjours à craindre pour lui
qu'un autre ne fe ferve des mêmes moïens
pour

pour le faire décendre du Trône, dont il s'eſt ſervi pour y monter. Quand même un Prince auroit toute la ſageſſe & les vertus de Moïſe, la valeur de Joſüé, de David & des Maccabées, avec la douceur, la modération & l'intégrité de Samüel ; l'homme du Monde le plus fou, le plus vicieux, le plus lâche & le plus déteſtable qui peut le tuer & s'emparer de la Couronne, devient, par-là même, ſon héritier & le Pére du Peuple que ce bon Prince Gouvernoit ; il n'importe comment il a commis cette action, que ce ſoit dans un combat ou par trahiſon, à l'armée ou dans ſon lit, qu'il ſe ſoit ſervi du poiſon, ou du fer : le plus chètif eſclave qui fût en Iſraël ſeroit devenu l'Oint du Seigneur, s'il avoit pû tuer David ou Salomon, & trouver des Scélérats qui lui euſſent aidé à s'aſſeoir ſur le Trône. Si cette Doctrine eſt véritable, le Monde a vêcû juſques ici dans un abîme de ténébres, & les actions qu'on a crû les plus déteſtables, ſont les plus loüables & les plus glorieuſes. Mais ſans m'arrêter à préſent à décider cette queſtion, je laiſſe à juger aux Rois combien ils ſont obligez à Filmer & à ſes diſciples qui mettent leur tête à ſi haut prix, qu'il leur ſeroit fort dificile de mettre un jour leur vie en ſûreté, ſi on recevoit pour véritable la doctrine qu'ils tâchent d'inſinüer dans l'eſprit du Peuple ; & pour conclure cèt article, je me contenterai de dire, que les Anglois ne reconnoiſſent point d'autre Roi que celui que la Loi a fait tel, ni d'autre pouvoir

en

en ce Roi que celui que la Loi lui a conféré : & que quoique l'Empire Romain fût
sous le pouvoir de l'épée ; & que Ulpien,
Jurisconsulte corrompu, ait été assez lâche
pour dire que *le Prince n'est point obligé
d'obéir aux Loix* ; cependant l'Empereur
Théodose a reconnu qu'un bon Empereur
faisoit consister toute sa gloire dans la dépendance & l'observation éxacte de ces
Loix.

SECTION XXII.

*La rigueur de la Loi peut être tempérée par
des personnes de jugement & d'une intégrité reconnuë, & ne doit pas l'être
par le Prince, qui peut être ignorant ou
vicieux.*

Filmer tâche ensuite de mettre le Roi au
dessus de la Loi afin qu'il en puisse
tempérer la rigueur, sans quoi il dit, *que
la condition des sujèts seroit très-misérable.*
Mais ce reméde seroit pire que le mal. La
tendresse paternelle des Princes semblables
à Caligula, à Néron ou à Domitien ne
doit pas nous faire croire qu'ils soient fort
enclins à modérer la rigueur des Loix, &
il n'y a guéres d'aparence que ceux qui
montent sur le Trône, n'étant encore
qu'enfans, comme les Rois d'Espagne, de
France

France & de Suéde * qui règnent à préfent
en comprennent fi bien le fens, qu'ils puiffent décider des cas extraordinaires. La
fageffe des Peuples à pourvû à cèt inconvénient d'une maniére bien plus fure; &
jamais Nation n'auroit été affez ftupide ni
affez peu foigneufe de l'intérêt du public,
pour fouffrir que la Couronne vint par fucceffion à être poffédée, par des femmes,
par des enfans &c. Si elles ne s'étoient pas
réfervées le pouvoir de préférer des étrangers aux plus proches du Sang, lors que
l'avantage du public le requiert; & qu'elles n'euffent pas fait des réglemens capables d'empêcher la ruïne de la Société,
nonobftant les foibleffes & les dérèglemens
de leurs Souverains. Ces principaux fecours que nos Loix nous fourniffent font
les grands & les petits Jurez, † qui font non
feulement Juges des matiéres de fait comme d'un meurtre, mais qui font auffi en
droit de juger fi ce meurtre eft criminel.
On fait prêter ferment à ces Perfonnes-là,
& on peut les pourfuivre en Juftice, pour
crime de Parjure, s'ils font d'intelligence
avec la partie adverfe: Les Juges font préfens dans cette affemblée, non feulement
pour avoir l'œil fur eux, mais auffi pour
éclaircir quelques paffages de la Loi fur
lefquels ils pouroient avoir quelque dificulté. Et quoiqu'on puiffe dire à quelque
égard que ces Juges font choifis par le Roi,

F 7   on

* *Il parle ici du Roi de Suéde, dernier mort.*

---

† *Jurez, douze ou vint-quatre hommes, choifis pour juger d'un Fait fur la Dépofition des Témoins, & à qui l'on fait prêter ferment pour cet effet.*

on fait bien pourtant qn'il ne les choifit que
de l'avis de fon Confeil, dont les membres
ne peuvent s'aquiter de leur devoir qu'en
propofant pour cèt emploi ceux qu'ils
croient, en leur confcience en être les plus
dignes; & le Roi ne peut accomplir le ferment qu'il a prêté à fon avénement à la
Couronne; à moins qu'il ne confente au
choix que fes Confeillers ont fait de ceux
qui leur ont femblé les plus capables de fe
bien aquiter de cette Charge. Les Juges
étant ainfi choifis, tant s'en faut qu'ils dépendent de la volonté du Roi, qu'au contraire ils jurent de fervir fidélement le Peuple auffi bien que le Roi, & de faire Juftice, à un chacun conformément à la Loi du
Païs, nonobftant tous ordres, lettres de
Cachet, ou injonctions qu'ils pouroient recevoir de Sa Majefté; & à faute de cela,
ils font condannez à perdre leurs biens &
leur vies, comme pour crime d'Etat. On
a mis fi fouvent ces Loix en éxécution &
d'une maniére fi févére, que cela n'eft que
trop fufifant pour engager tous les Juges à
prendre garde à ce qu'ils font; & l'éxemple de Tréfilian, d'Empfon, de Dudley &
de quelques autres fait bien voir que ni le
commandement précedent du Roi ni le pardon qu'il voudroit leur accorder, ne font
pas capables de les garantir des châtimens
qu'ils méritent. Tout le Monde eft perfuadé que ces trois dont je vien de parler
n'avoient rien fait qui ne fût très conforme au bon-plaifir du Roi, car Tréfilian,
rehauffa l'éclat de la Prérogative Roïale
d'E-

d'Edoüard II., & Empſon fît entrer des
ſommes immenſes dans les coffres de Henri VII. Cependant on les mit en Juſtice
pour crime de Léze-Majeſté, on les accuſa
d'avoir renverſé les Loix de leur Patrie, &
ils fûrent éxécutez comme traîtres à l'Etat.
Quoique l'Angleterre ne puiſſe jamais, ſans
une ingratitude épouvantable, oublier l'heureux règne de la Reine Elizabeth, il faut
pourtant avoüer que cette Princeſſe n'étoit
pas éxemte de defauts, & qu'elle a fait des
fautes auſſi bien que les autres Souverains.
Elle avoit le cœur rempli de tendreſſe &
d'affection pour ſon Peuple, elle étoit naturellement juſte, & ſes intentions étoient
droites & ſincéres; mais elle ſe laiſſoit quelquefois ſurprendre, n'étant pas toûjours capable de découvrir les pièges qu'on lui tendoit, ni de réſiſter à l'importunité des perſonnes en qui elle ſe confioit, ce qui lui
faiſoit quelquefois entreprendre des choſes
contraires à la Loi. Cette Reine & ſes Con-
ſeillèrs preſſèrent fortement les Juges d'o-
béïr à ſes Lettres Patentes dans l'affaire de
Cavendilh : mais ils répondirent que, *elle* *Anderſon Rep. p. 155.*
& eux avoient juré l'obſervation des Loix,
& que s'ils obéïſſoient à ſes Ordres, les Loix
ne les garantiroient pas &c. Et outre que
c'eſt pécher contre Dieu, contre la Patrie
& contre l'Etat, ils alléguérent l'éxemple
d'Empſon & de Dudley, *qui faiſoit de ſi for-*
tes impreſſions ſur leur eſprit, que cela n'étoit
que trop ſuſiſant pour les empêcher d'obéir à ſes
commandemens qui étoient contraires à la Loi.
Ces Juges qui avoient juré d'adminiſtrer la
Juſtice,

Juſtice ſuivant la Loi, nonobſtant les Ordres du Souverain qui pouroient y être contraires, ſavoient bien que la Loi ne dépendoit pas de ſa volonté ; & le même ſerment qui les obligéoit de n'avoir aucun égard aux commandemens qui leur ſeroient faits de ſa part, leur aprenoit que ces commandemens ne les garantiroient pas des peines que les parjures méritent, & que non ſeulement le Roi n'avoit pas le pouvoir de faire, de changer, d'interpréter les Loix, ou d'en tempérer la rigueur, mais qu'on ne devoit pas même l'écouter, dans des affaires générales ou particuliéres, autrement qu'entant qu'il parle ſuivant le cours ordinaire de la Juſtice, par l'Organe des Cours légitimement établies, qui diſent toûjours la même choſe, ſoit que le Prince ſoit jeune ou vieux, ſage ou ignorant, méchant ou bon : Et rien ne fait mieux connoître la ſageſſe de nos Ancêtres & le ſoin qu'ils ont pris en établiſſant les Loix & le Gouvernement ſous lequel nous vivons, que le peu de mal que les Peuples ont ſoufert par les vices ou la foibleſſe des Rois, juſques à ce qu'un Siécle plus méchant que celui dans lequel ils vivoient, eût inventé mille artifices pour pervertir la règle, & pour éluder leurs bonnes intentions. Les Rois ne pouvoient ſans danger violer leur ſerment en interpoſant injuſtement leur Autorité à l'éxécution des Loix ; mais les Miniſtres qui les ſervoient dans ce deſſein ont rarement évité le châtiment qu'ils méritoient. Ceci doit s'entendre des cas où le

mé-

mépris de la Loi eſt éxtrême & dangereux,
car autrement on donne quelque choſe à
la fragilité humaine : Les meilleurs Princes
ont leurs defauts, & on n'en trouveroit aucun qui fût innocent, ſi on éxaminoit toutes leurs actions , à la rigueur. Edoüard
III., la vintiéme année de ſon règne, reconnut en plein Parlement qu'il avoit commis des fautes à cèt égard, & autant pour
mettre ſa conſcience en repos que pour la
ſatisfaction de ſes ſujèts, ce Prince mit en
avant un Acte qu'il paſſa dans cette Auguſte Aſſemblée ; *ordonnant à tous les Juges d'ad-*
miniſtrer la Juſtice nonobſtant les ordres ou let-
tres patentes qui pouroient leur être envoyées de
ſa part pour les porter à faire le contraire, &
défendant à tous ceux de la Maiſon du Roi,
de la Reine, ou du Prince, de ſe mêler de ces
ſortes d'affaires. Or ſi les meilleurs & les plus
ſages Princes que nous aïons jamais eu ont
commis des fautes dans un âge mûr, & ſi
tout Acte qui tendoit à l'interruption de la
Juſtice étoit un crime , quoique cèt Acte
vint immédiatement d'eux, comment peut-
on dire que le Roi ſoit capable de lui-même, d'entrer directement ou indirectement
dans la diſcuſſion de ces affaires, & à plus
forte raiſon de les décider ſelon ſon bon-
plaiſir.

Mais , dit Filmer ; *là Loi eſt tout-à-fait*
Tirannique ; le pardon général qu'on accorde le
jour du Couronnement, & dans l'Aſſemblée du
Parlement, n'eſt qu'un effet de la bonté de la
prérogative Roiale, &c. Il peut ſe rencontrer
des cas dificiles ; & enſuite, citant quelques
paſſa-

paffages des Livres de Morale & de Politique d'Ariftote, dont il a corrompu le fens,
il ajoûte, *que lors qu'il furvient quelque chofe
qu'on n'a pû prévoir dans le tems que l'on a fait
la règle générale, alors il'eft à propos qu'on fup-
plée à ce que le Légiflateur a obmis, ou qu'on
remédie aux fautes qu'il a pû faire, en parlant généralement, tout comme fi le Légiflateur
qui a fait ces ordonnances étoit actuellement
préfent. Le Gouverneur, foit qu'il n'y en ait
qu'un ou qu'il y en ait plufieurs, doit décider
en Souverain & en Maître, des chofes dont la
Loi n'a pû parler éxactement.* Ces chofes font
vraïes en partie ; mais notre Auteur s'en
fert, comme le Diable fe fert de l'Ecriture, pour renverfer & détruire entiérement
la vérité, il fe peut faire que la Loi eft un
peu rigoureufe, & on en peut modérer la
rigueur en de certains cas ; & la Loi d'Angleterre le reconnoît fi bien elle-même,
qu'elle remet en quelque façon la décifion
de certaines affaires, à la confcience des
Jurez & de ceux qui font nommez pour les
affifter dans leurs Jugemens ; & celle des
cas les plus difficiles aux Parlemens, comme à ceux qui feuls font capables d'en juger. C'eft ainfi que le Statut fait en l'an
trente cinquiéme du règne d'Edoüard III.
en faifant l'énumération des Crimes qu'on
avoit déclaré alors être crimes de Léze-
Majefté, laiffe aux Parlemens à venir, à
juger quels autres crimes équivalents à
ceux-là devroient être punis de la même
maniére : & c'eft une règle générale dans
la Loi, que les Juges jurent d'obferver,
que

que la décifion des cas dificiles & embar-
raffans foit remife jufques à la féance du
Parlement , n'y aïant que cette Augufte
Affemblée qui foit capable d'en juger; &
s'il y a quelque inconvénient en ceci, ce
ne peut-être que parce que ces Parlemens
ne s'affemblent pas auffi fouvent que la Loi
le requiert, ou qu'on emploïe toutes fortes d'artifices pour interrompre leurs féan-
ces. Mais il ne fe peut rien de plus ridicule que de dire , que parce que le Roi ne
convoque pas des Parlemens auffi fouvent
que la Loi & fon ferment l'y engagent ,
cette Autorité doive être entre fes mains ,
quoique la Loi & le confentement de la
Nation l'aïent confiée à ces Parlemens.

Il y a auffi un pardon général ou particulier dans la Loi, & on peut en quelque
façon donner au Roi le pouvoir d'accorder
ce pardon, fur tout lors qu'il s'agit de crimes qui regardent uniquement fa perfonne, comme il eft permis à un chacun de
pardonner à ceux qui l'ont offencé; mais
la confeffion d'Edoüard III. fait bien voir
que ce pouvoir ne réfidoit pas originairement en fa perfonne, mais qu'il lui avoit été
accordé par la Nation, pour s'en fervir fuivant les règles prefcrites par la Loi & approuvées par le Parlement; car ce Prince
dit fans aucun déguifement *qu'en accordant
des pardons contre les Statuts il avoit violé le
ferment qu'il avoit fait à fon avénement à la
Couronne :* & le nouvel Acte qui fut fait,
portant, *que dans la fuite toutes les lettres de
grace qui feroient accordées contre le ferment*
du

du Sacre, & contre les Statuts seroient tenuës pour nulles, confirment encore ce que je vien de dire que le pouvoir de pardonner n'apartient aux Rois qu'en de certains cas, & qu'entant qu'il leur a été conféré par la Loi du consentement de la Nation.

De plus, comme on a vû arriver plusieurs contestations pour la Couronne, qui quelquefois n'ont pû se terminer sans répandre du sang, & qui ont presque également partagé la Nation; & qu'il n'étoit pas moins dificile aux Peuples de ce tems-là, qu'à nous mêmes qui avons toutes les parties devant nous, de juger, qui des différens prétendans avoit le droit de son côté, on devoit croire que celui qui étoit Couronné du consentement du Peuple étoit agréable à tous: & le différend étant ainsi terminé, ç'auroit été très-mal-fait de laisser à ce nouveau Souverain la liberté de se servir de l'Autorité publique qu'on venoit de lui confier, pour se venger des injures personnelles qu'il auroit reçûës, ou qu'il s'imagineroit avoir reçûës, ce qui pouroit faire naître de nouveaux troubles, qui seroient peut-être plus dangereux que les précédens; si on n'ôtoit pas à ceux qui ont éxcité ces prémiers troubles, toute la crainte qu'ils pouroient avoir d'en être recherchez dans la suite; & il n'y auroit rien de plus déraisonnable que de soufrir qu'il fît servir son pouvoir à la ruïne de ceux qui ont consenti à son Couronnement. Tous les Rois étoient si convaincus de la nécessité d'ôter à ceux qui s'étoient d'abord opposé à leur éleva-

tion

tion sur le Trône, tout sujèt d'aprehender eur reffentiment, qu'ils ne manquoient jamais immédiatement après leur Sacre, de faire publier une Amniftie générale, qui n'étoit autre chofe qu'une déclaration qu'étant préfentement ce qu'ils n'étoient pas avant leur Couronnement, ils ne regardoient point comme leurs ennemis ceux qui les avoient offencé avant qu'ils fuffent Rois; c'étoit pour cette raifon que lors qu'on pouffoit Loüis XII. Roi de France à fe venger de ceux qui l'avoient fait emprifonner fous le règne de fon Prédéceffeur Charles VIII., & qui l'avoient mis en danger de fa vie, ce Prince répondit, *que ce n'étoit pas au Roi de France à venger les injures du Duc d'Orléans*: Le dernier Roi de Suéde ne fe vengea de ceux qui s'étoient oppofé à l'abdication de la Reine Chriftine & à fon élection, qu'en les élevant aux honneurs & aux dignitez; parce qu'il favoit que c'étoient les plus honnêtes gens de la Nation, & qu'ils feroient fes amis lors qu'ils verroient la maniére dont il les gouverneroit, en quoi il ne fut pas trompé. Mais de peur que tous ceux qui monteroient fur le Trône d'Angleterre n'euffent pas la même prudence & la même générofité, les Rois étoient obligez par une Coutume qui n'avoit pas moins de force que la Loi même, de terminer incontinent toutes fortes de différens & de prévenir par ce moïen tous les inconvéniens qui en pouroient réfulter. Cela ne procédoit pas de la bonté de la *Prérogative*, expreffion qui eft tout-à-fait ridicule,

car

car quoi que celui qui joüit de cette Prérogative puiſſe avoir de la bonté, il me ſemble qu'on ne peut pas dire que la Prérogative en a, cela dis-je ne procédoit pas de
la bonté de la Prérogative, mais avoit pour
fondement le ſens commun, les engagemens dans leſquels le Roi étoit entré, & le
ſoin qu'il devoit prendre de ſa propre ſûreté; & ne pouvoit être d'aucun effet dans la
Loi que par raport à ſa propre perſonne,
comme on le peut voir manifeſtement par
le Statut que j'ai raporté ci-devant.

Les Pardons accordez par Acte du Parlement, ſont d'une autre Nature : car comme le Roi qui n'a point d'autre pouvoir que
celui que la Loi lui donne, ne peut pardonner les crimes commis contre la Loi,
qu'autant que la Loi le lui permet; le Parle-
lement qui a le pouvoir de faire les Loix,
peut abolir entiérement les crimes, & en
remettre inconteſtablement la punition, lors
qu'il le juge à propos.

Quoique notre Auteur ait entaſſé l'un
ſur l'autre ſans aucune liaiſon, quelques
paſſages de la Morale d'Ariſtote, & de ſes
Livres de Politique, je ne m'arrêterai pas
à le critiquer la-deſſus. Il n'y a point de
Loi humaine, qui puiſſe être parfaite, &
il faut néceſſairement, qu'il y ait chez chaque Nation une Puiſſance qui ſoit en droit
de remédier à ce qui peut y arriver ou à ce
qu'on y peut découvrir de défectueux dans
la ſuite du tems. On ne peut jamais mieux
placer ce pouvoir qu'entre *les mêmes mains*
qui ont celui de faire les Loix, *ſoit que ce droit*
appar-

appartienne à une seule personne ou à plusieurs.
Si donc Filmer peut nous montrer quelque
lieu, où un homme, une femme, ou un
enfant, sans aucnn égard aux qualitez personnelles, a le pouvoir de faire des Loix,
je reconnoîtrai de bonne foi, que non seulement les *cas difficiles*, mais même toutes
les autres affaires qu'il lui plaira, doivent
dépendre de la décision de celui ou de celle qui porte la Couronne, & que ces Souverains en peuvent légitimement juger, soit
qu'ils aïent de l'esprit ou qu'ils n'en aïent
pas, qu'ils sachent ce qu'ils font ou qu'ils
ne le sachent pas, qu'ils soient ivres ou à
jeun, qu'ils soient dans leur bon sens ou
qu'ils soient tout-à-fait fous. Mais comme
je n'ai jamais entendu parler d'un Païs où
cette Maxime soit reçûë, & que je ne plain-
drois pas beaucoup un Peuple, qui s'éxpo-
seroit par son imprudence aux miséres, qui
sont des suites inévitables de la folie que
l'on fait en se soumetant aveuglément aux
volontez déréglées d'une semblable Créature, je puis bien lui laisser le soin de chercher cèt Etat, étant fort assûré que ce n'est
pas de l'Angleterre dont il parle, puis qu'on
n'y reconnoît point d'autre Loi que celle
du Païs ; & que bien loin qu'on y en re-
coive quelqu'une faite par les Rois, on n'y
obéit au contraire encore aujourd'hui qu'à
celles qui ont été faites par nos Ancêtres
ou par nous mêmes, & qu'on n'a jamais
élevé sur le Trône aucun Prince qui n'en
ait juré l'observation. Et si Aristote mérite
d'en être crû, le pouvoir de changer, de

mo-

modérer , d'expliquer ou de corriger les
Loix d'Angleterre n'appartient qu'au Parlement, parce qu'il n'y a que cette Affemblée qui foit en droit de faire des Loix.

SECTION XXIII.

Ariftote prouve qu'on ne doit point donner un pouvoir abfolu à qui que ce foit, en faifant voir qu'il n'y a Perfonne au Monde qui fache s'en fervir comme il faut, excepté un homme qui auroit les qualitez qui ne fe trouvent en aucun.

NOtre Auteur aïant cité à faux quelques paffages d'Ariftote, & corrompu le véritable fens des autres, introduit ce Philofophe, difant, *qu'un Roiaume parfait eft celui dans lequel le Roi gouverne tout à fa volonté.* Mais quoique j'aie lû fes Livres du Gouvernement avec affez d'attention , je n'y ai rien trouvé de femblable ; à moins que le terme qui fignifie *abfolu* ne doive être rendu par celui de *parfait*; ce qui eft fi éloigné du fentiment d'Ariftote , qu'il met une très-grande différence entre les Roïaumes abfolus ou defpotiques & les Roïaumes légitimes; & loüant ce dernier Gouvernement, il ne donne point d'autre épithète au prémier que celle de *Barbare*, efpèce de Gouvernément qu'il dit ne pouvoir convenir qu'aux Peuples qui font natu-

turellement lâches & stupides, & peu différens de la Bête ; lesquels n'étant pas capables de se gouverner eux-mêmes, &
n'aïant pas le courage de se défendre,
croïent ne pouvoir mieux faire que de se
soumettre à la volonté de celui qui voudra
bien prendre soin d'eux. Mais quoiqu'il en
soit, cela ne laisse pas d'être impossible à
moins que celui qui doit se charger de ce
soin, ne soit entiérement éxemt des vices
& des foiblesses qui mettent les autres dans
la nécessité d'avoir besoin de lui ; car autrement ce seroit comme si une Brebis en-
treprenoit de gouverner une autre Brebis,
ou un Pourceau, de commander à des Pour-
ceaux ; Aristote enseignant clairement, *que* *Arist. Pol.*
comme tous les hommes naissent dans une par- *l. 2. c. 1.*
faite égalité, ils devroient tous être Magis-
trats, si cela étoit possible. Mais comme c'est
une chose absolument incompatible avec
la Nature du Gouvernement, ce Philosophe ne trouve point d'autre moïen de re-
soudre la dificulté, qu'en disant, *qu'ils doi-*
vent obéir & commander alternativement; c'est-
à-dire qu'ils peuvent faire tour-à-tour ce
qu'ils ne peuvent faire tous ensemble, &
de cette maniére éxercer un pouvoir auquel l'un n'a pas plus de droit que l'autre,
parce qu'ils naissent tous dans une parfaite
égalité. On pouroit terminer cette dificulté par un moïen bien plus court, s'il étoit
vrai, comme l'enseigne notre Auteur, que
la possession pût fonder le droit de celui
qui posséde. Mais Aristote parlant en Philosophe, & non point comme un ennemi

Tome III. G publiç

public du Genre Humain, éxamine ce qui
est juste, raisonnable & en même tems utile aux hommes, c'est-à-dire, ce que l'on
doit faire, ce que l'on doit croire juste, &
ce que les honnêtes gens doivent défendre
de toutes leurs forces, lors qu'on l;a fait.
Mais comme * *ce qui est injuste dès le com-*
mencement, ne peut jamais avoir aucun effet
de droit; & comme ce seroit une injustice
manifeste à un homme ou à un petit nombre d'hommes de s'atribuer un pouvoir
absolu sur ceux qui leur sont naturellement égaux, un semblable pouvoir ne
peut jamais être juste, ni utile au Genre
Humain; & les gens de bien ne doivent
pas l'apuïer, s'il est injuste ou préjudiciable à la Société. Suivant l'opinion d'Aristote, cette égalité Naturelle continuë,
jusques à ce que la vertu mette de la différence entre les hommes; cette vertu doit
être simplement complète ou parfaite en
elle-même, & alors celui qui en est orné
est un Dieu entre les hommes; ou relati-
vement, entant qu'elle est plus ou moins
utile à la Société, & au but qu'on s'est proposé en l'établissant, c'est-à-dire, entant
qu'elle contribuë à la défence du Gouvernement & à l'administration de la Justice.
Cela demande un esprit éxemt de passions,
orné de bonté & de sagesse, capable de résister à toutes les tentations qui pouroient
l'inciter au mal, en lui mettant devant les
ïeux des choses desirables, ou en l'intimi-
dant; en un mot cela requiert un esprit qui
tende toûjours au bien, par un principe
de connoissance & d'amour; & il faut que
celui

*Quod ab
initio injus-
tum est, nul-
lum potest
habere juris
effectum.
Grot. de
Jur. Bel.&
Pac. l. 3.

celui ou ceux qui prétendent être en droit de commander aux autres, possédent toutes ces vertus dans un degré plus éminent que tout le reste de la Société ensemble : lors qu'on trouve un homme de ce caractére, il ne faut point chercher d'autre Souverain, puisque celui-là est véritablement Roi par Nature, & il est très-avantageux au Peuple d'avoir un tel Gouverneur. Si un petit nombre d'hommes, quoique égaux entre eux, ont les mêmes avantages au dessus du reste de la Nation, il semble par la même raison que la Nature ait établi une Aristocratie dans ce lieu-là; & il est plus sûr de confier l'Autorité à ce petit nombre que de la laisser entre les mains de la Multitude. Mais si un homme ou un petit nombre d'hommes n'excellent pas au dessus des autres en vertus, ils sont tous naturellement en droit d'avoir part au pouvoir Souverain, & il semble que la Nature les ait destinez au Gouvernement Populaire ; & c'est une chose Tirannique & contre Nature à un homme ou à un petit nombre de Personnes de s'aproprier cette Autorité, ce qui suivant le langage d'Aristote comprend ce qu'il y a de plus abominable & de plus détestable au Monde.

Si quelqu'un dit qu'Aristote donne dans la bagatelle en s'arrêtant à parler d'un homme qui ne se peut jamais trouver, je répons que ce Philosophe a été aussi loin que la raison & la Nature l'ont pû conduire, & qu'il a été obligé de s'arrêter en cèt endroit, parce que son sujèt ne lui a pas permis

G 2   mis

mis de paſſer outre. Il ne pouvoit pas dire
ſimplement que le Gouvernement d'un ſeul
homme eſt bon, puiſque pour que ce Gouvernement ſoit véritablement tel , il faut
que celui qui en tient les rênes ait un grand
nombre de bonnes qualitez ; il ne pouvoit
pas dire non plus qu'il étoit avantageux à
une Nation d'être ſous la Puiſſance d'un
fou, d'un lâche, ou d'un Scélérat, parce
qu'il eſt avantageux d'être gouverné par un
homme d'une ſageſſe, d'une valeur, d'une
induſtrie & d'une bonté admirable ; ni que
le Gouvernement dût être poſſédé ſucceſſi-
vement par ceux d'une certaine Famille ,
parce qu'on l'a donné au prémier de cette
Famille qui avoit toutes les qualitez requiſes pour bien gouverner, & qu'on ne puiſſe
pas le faire paſſer dans une autre Famille,
quoique le Succeſſeur de celui qui l'a poſſédé au commencement n'ait aucune des
qualitez qui avoient fait préférer ſon Pré-
déceſſeur à tout le reſte de la Société ; à plus
forte raiſon ne pouvoit-il pas dire qu'un
Gouvernement eſt bon, lors qu'il n'eſt pas
avantageux à ceux , dont on s'eſt uniquement propoſé de procurer le bien, en l'établiſſant.

De plus, en faiſant voir qui eſt celui qui
ſeul eſt propre pour être Roi, ou que l'on
peut faire Roi, ſans violer les Loix de la
Nature & de la Juſtice, il nous montre qui
eſt celui qui ne peut l'être : & quiconque
dit qu'on ne peut trouver cèt homme qui,
ſelon l'opinion d'Ariſtote, mérite ſeul d'ê-
tre Monarque, a grand tort d'alléguer l'Autorité

torité de ce Philofophe en faveur des Monarques, ou de leur atribuer le pouvoir que
quelques uns d'entre nous voudroient qu'ils
euffent. Si donc on peut inférer quelque
chofe de fes paroles, ce ne peut être que
ceci, que puifque on ne doit point recevoir de pouvoir qui ne foit jufte; qu'il n'y
en a point qui puiffe être jufte, fi ce n'eft
celui qui eft bon, profitable au Peuple, &
qui tend aux fins qu'on s'eft propofé en l'é-
tabliffant; que perfonne ne peut diriger ce
pouvoir vers ce but, ne peut le mériter, ni
l'éxercer, à moins qu'il ne poffède dans un
dégré plus éminent que tous ceux qui lui
font foumis, la fageffe, la Juftice, la valeur & la bonté : Je dis qu'on doit conclure des paroles d'Ariftote, que fi on ne
peut trouver un tel homme, ou une telle
Succeffion d'hommes, on ne doit pas accorder un femblable pouvoir à aucun homme, ni à aucune Succeffion d'hommes.
Mais fi on accorde un tel pouvoir, on foule aux piez les Loix de la Nature & de la
raifon, & on s'éloigne tout-à-fait du but
qu'on s'eft propofé en établiffant les Sociétez, ce qui anéantit néceffairement le don
qu'on a fait de ce pouvoir. Or fi un don
ainfi fait par ceux qui font en droit d'établir un Gouvernement parmi eux, s'anéantit de lui-même à caufe qu'il eft injufte &
mauvais, je laiffe à juger à tout homme
dont l'entendement & les mœurs ne font
pas arrivez à ce degré de corruption ou Filmer eft parvenu, quel nom on doit donner à cèt homme, qui n'éxcellant point par

defdeſſus tous les autres en toutes les vertus civiles & Morales au point que le requiert Ariſtote, uſurpe la Puiſſance Souveraine ſur une Nation, & quelle obéiſſance on doit lui rendre. Si ce Philoſophe mérite d'en être crû, le Roi, par cela même qu'il poſſéde toutes ces qualitez eſt le meilleur de tous, *omnium optimus*, & le meilleur guide que les Peuples puiſſent avoir, *pour les conduire à la félicité par le chemin de la ver-tu.* Et celui qui s'atribuë ce pouvoir abſo-lu, & qui n'a pas les qualitez requiſes pour bien gouverner, eſt le plus méchant de tous les Tirans, *Tirannus omnium peſſimus*, qui n'eſt propre qu'à porter le Peuple à tou-te ſorte de mal, & de le conduire par con-ſéquent dans le précipice & à une ruïne cer-taine & inévitable.

Ad Sum-mum bonum ſecundum virtutem Ariſt. Pol.

SECTION XXIV.

Le pouvoir d'Auguſte Céſar ne lui avoit pas été donné, mais il l'avoit uſurpé.

NOtre Auteur fait paroître ſon eſprit en nous alléguant un exemple tiré de l'Hiſtoire Romaine, *ces Peuples*, dit-il, *quoi-que très-jaloux de leur liberté diſpenſérent Au-guſte de la néceſſité d'obéir aux Loix.* S'il eſt vrai, comme il le ſoutient en un autre en-droit que cette prérogative eſt uniquement inſtituée pour le maintien de la liberté des Peu-

Peuples, ceux qui en font les plus jaloux doivent apporter le plus de foin à établir, ce qui eft le plus propre à l'affermir & à la défendre. Mais fi on peut avec Juftice accufer Filmer de manque de mémoire & de jugement lors qu'il dit que du tems d'Augufte *les Romains étoient très-jaloux de leur liberté*, &c., la mauvaife foi qu'il fait paroître en citant un Acte Libre des Romains fous le règne de cèt Empereur, montre clairement, que cèt Ecrivain n'a ni honneur ni confcience. Voici ce que Tacite dit en parlant d'Augufte, *omnium jura in fe traxerat*, on ne lui avoit rien donné, & il s'étoit emparé de tout. Le Sénat non plus que le Peuple n'avoit pas la liberté de fes fufrages, lors qu'ils étoient réduits l'un & l'autre fous la Puiffance de Troupes mercénaires & corrompuës, qui les trahirent d'abord & en fuite les mirent fous le joug. La plûpart des Sénateurs étoient péris à la Bataille de Pharfale, les autres avoient été tuez en différens endroits du Monde, & les autres enfin n'avoient pû fe garantir de la cruauté des Profcriptions ; & ceux qui compofoient alors ce que l'on appelloit le Sénat, étoient, pour la plûpart les Miniftres des cruautez d'Augufte, & les inftrumens dont il s'étoit fervi pour réduire fa Patrie fous le plus cruel de tous les efclavages. La liberté Romaine, & cette grandeur d'âme, qui en avoit été pendant longtems l'appui & le foutien, étoient non feulement abolies, mais même prefque oubliées. On fouloit aux piez les Loix & la

Juf-

Justice; & personne n'étoit en état de rien
contester à celui qui s'étoit rendu Maître
du Sénat & du Peuple par la force de ses
armes. Il n'y avoit rien de si extravagant
que ne pût extorquer un Conquerant violent & superbe, qui avoit trente Légions
mercénaires toûjours prêtes à éxécuter ses
ordres. Ceux d'entre le Peuple qui avoient
conservé la pûreté de leurs mœurs, & qui
s'étoient garantis de l'épée de Jules César,
étoient péris avec Hirtius & Pansa, avec
Brutus & Cassius, ou avoient été détruits
par les éxécutions sanglantes du Trium-
virat. Ceux qui restoient ne pouvoient
rien perdre en consentant verbalement de
se dépoüiller de leur liberté, puis qu'ils
n'avoient ni la force ni le courage de la
défendre. Les Créatures du Tiran posse-
doient toutes les charges de la Magistrature; & le Corps du Peuple étoit composé de personnes qui étoient nez sous le
joug de la servitude, & accoûtumez à
obéir; ou étoient retenus par la terreur
des armes qui avoient fait périr les défen-
seurs de la liberté. Notre Auteur aïant
besoin d'alléguer quelque éxemple tiré de
l'Histoire Romaine, a été obligé de le
chercher dans un Siécle, où les Loix
étoient renversées, la vertu éteinte, l'injustice sur le Trône, & ceux qui ne suivoient pas les mêmes principes, exposez
à toutes sortes de cruautez. C'étoit alors
que la Majesté Souveraine brilloit dans
tout son éclat; & ceux qui l'avoient mise
au dessus des Loix, en firent aussi l'objèt
de

de leur culte Religieux en adorant les statuës de leur Oppresseur. La Corruption de
cette Cour se répandit dans la plus considé-
dérable partie du Monde; & réduisit l'Empire dans cèt état de foiblesse où il ne fit
plus que languir , & qui fût ensuite cause
de sa perte. C'est-là l'heureuse condition
qui plaît à Filmer & à tous ceux qui lui
ressemblent , qui pour l'introduire parmi
nous , veulent qu'on éléve la Majesté Souveraine d'une maniére qui est contraire aux
Loix Divines & Humaines, qui a toûjours
fait horreur à tous les Peuples qui ont eu
de la valeur , & sur tout à nos Aucêtres,
qui ont crû qu'ils ne pouvoient jamais
trop faire pour défendre leur liberté , pour
en assûrer la possession à leurs décendans
& pour les garantir de ce pouvoir absolu.

SECTION XXV.

Les Anglois n'ont pas été d'abord gouvernez
par des Rois ; & quand ils l'auroient
été, il ne s'ensuivroit pas que cette for-
me de Gouvernement ne pût être chan-
gée.

LA vérité étant toûjours uniforme en
elle-même , ceux qui veulent la
cultiver pour le bien du Genre Humain ,
fondent leurs raisonnemens sur des principes très faciles à prouver, ou qui sont

fi évidens, qu'il n'eſt beſoin que d'avoir le
ſens commun pour être perſuadé qu'ils ſont
juſtes : Mais les fourbes & les impoſteurs
qui ſe plaiſent dans l'obſcurité, ſuppoſent
des choſes qui ſont douteuſes ou fauſſes, &
croïent pouvoir appuïer une fauſſeté ſur
l'autre ; Et Filmer n'a pû trouver de meilleur
moïen pour nous perſuader que nous tenons
tous nos Priviléges & toutes nos Loix de la libéralité de nos Rois qu'en diſant, *que la*
Nation Angloiſe, auſſi bien que tous les autres
Peuples du monde a été d'abord gouvernée par
des Rois, long-tems avant qu'il y eût aucune
Loi, ou aucune autre forme de Gouvernement
établie, d'où nous devons inférer néceſſairement
que la Loi, ou le droit coutumier de ce Roïaume,
étoient originairement des Loix & des comman-
demens de nos Monarques. Mais je nie ces deux
points & ſoutiens.

I. Qu'il y avoit une Puiſſance qui pouvoit
faire des Rois, avant qu'il y eût aucun Roi
dans le monde.

II. Que quand même les Rois auroient
été les prémiers Magiſtrats établis dans tous
les païs du monde, comme il ſe peut bien
faire qu'ils l'ont été en quelques uns, ils ne
s'enſuivroit pas qu'ils fuſſent Auteurs des
Loix, & qu'on ne pût changer cette forme
de Gouvernement.

Quand au premier point ; je ne croi pas
que perſonne puiſſe nier qu'il n'y ait eu un
peuple à Babilone, avant que Nimrod en
fût Roi. Ce peuple avoit quelque pouvoir ;
car il n'eſt pas poſſible qu'un nombre d'hommes ſoit ſans pouvoir : bien plus, je dis que
ce

ce Peuple avoit la puiſſance de faire Roi
Nimrod autrement il n'auroit jamais pû l'ê-
tre. Il ne pouvoit pas être Roi par droit de
ſucceſſion, car l'Ecriture nous aprend qu'il
a été le premier Monarque. Il ne l'étoit pas
en vertu du droit Paternel, car il n'étoit pas
Pére de ce Peuple, Cus, Cham, ſes fréres
aînez & ſon Pére Noë étant encore en vie ;
& ce qui eſt encore pis, tous ceux-là n'étoient
pas Rois : car ſi ceux qui vivoient du tems
de Nimrod ou avant lui, n'étoient point
Rois ; ni gouvernez par des Rois, celui qui
auroit dû être Roi & commander à tous les
autres en vertu du droit naturel, ſuppoſé
qu'il y eût eu un tel droit dans la nature, n'é-
toit pas Roi. Ceux qui lui ſuccédérent immédiatement, & qui auroient dû hériter de
ſon droit, s'il en avoit eu quelqu'un, n'en
héritérent point, & ne formérent aucunes
prétentions en vertu de ce prétendu droit ; &
par conſéquent quiconque veut à préſent prétendre à ce droit naturel en qualité de Pére
du Peuple, doit fonder ſes prétentions ſur
quelque tître plus certain que ne l'eſt le droit
en vertu duquel on prétend que Noë a règné
ſur ſes enfans, autrement ſes prétentions ſont
tout-à-fait nulles.

De plus, les Nations qui, du tems de
Nimrod & avant lui, n'avoient point de
Rois, avoient en elles mêmes quelque pouvoir, autrement elles n'auroient pû faire aucun Acte, ni établir aucun autre Magiſtrat,
ce qui eſt abſurde. Les Nations avoient donc
le Pouvoir, avant qu'il y eût des Rois au
monde, autrement il n'y en auroit jamais

eu aucun ; & Nimrod n'auroit jamais pû être Roi , fi le Peuple de Babilone ne lui avoit pas mis la Couronne fur la tête, ce que ce peuple n'auroit pû faire , s'il n'avoit pas eu le pouvoir de le faire Roi. C'est une chofe tout-à-fait ridicule que de dire qu'il fe fit Roi lui-même, car quelque fort & vaillant qu'il pût être, il ne pouvoit pas être plus fort qu'une grande multitude d'hommes. Celui qui force doit être plus fort que ceux qu'il force ; & fi ce que dit l'ancien proverbe eft véritable, que Hercule lui même n'eft pas affez fort pour avoir affaire à deux perfonnes, certainement il eft encore plus impoffible qu'un feul homme fe rende Maître, par la force, de toute une multitude, car elle eft fans contredit plus forte que lui. S'il parvint à la Couronne par voïe de perfuafion, ceux qu'il perfuada de la lui donner, fe laiffèrent donc perfuader de confentir qu'il regnât fur eux. Ce fut donc ce confentement qui le fit Roi. Or, *qui dat effe, dat modum effe* ; ceux qui le firent Roi, le firent tel aux conditions qu'ils jugérent eux-mêmes à propos. Il n'a-voit donc rien qui ne lui eût été donné : il te-noit nécéffairement toute fa grandeur , & toute fon Autorité de la multitude qui la lui avoit donnée : & ce Peuple ne pouvoit pas lui être redevable de fes Loix & privilé-ges; mais ces priviléges étoient naturelle-ment attachez à la perfonne d'un chacun des membres de la Société,& ils avoient eux mê-mes fait & établi leurs Loix.

Il y avoit un Peuple qui fit Romulus Roi. Romulus n'avoit pas fait ni engendré ce
Peu-

Peuple, peut-'tre même n'en avoit-il pas
engendré un feul homme. Il ne pouvoit pas
monter fur le trône par droit d'héritage, car
il étoit Bâtard, fils d'un homme inconnu ; &
lors qu'il fut mort, le droit qui lui avoit été
conféré, retourna au Peuple, qui fe fervant
de ce droit, choifit Numa Pompilius, Ho-
ftilius, Martius, Tarquinius Prifcus & Ser-
vius, qui étoient tous étrangers, & qui n'a-
voient aucun droit que celui qui leur avoit
été donné : & Tarquin le Superbe qui monta fur le trône *fans le commandement du peuple,*
fine juffu Populi, fut chaffé, & le Gouvernement des Rois fut aboli par le même pouvoir
qui l'avoit établi.

Nous ne favons pas pofitivement par quelle Loi Moife & les Juges créez par le Confeil
de Jéthro, gouvernoient les Ifraëlites ; mais
il y a aparence que c'étoit par la Loi que
Dieu avoit gravée lui-même dans le cœur
de tous les hommes ; & le Peuple fe fou-
mit au jugement de perfonnes bonnes &
fages, quoiqu'il ne fût point fous un pouvoir Coactif: mais toûjours eft-il fûr qu'ils
avoient une Loi & des Magiftrats fous le
Gouvernement defquels ils vêcurent, quatre cens ans avant que d'avoir un Roi, car
Saül fut le prémier de tous qui porta ce Titre. Cette Loi n'étoit donc pas une production de la volonté du Roi, & ce n'étoit
pas lui qui l'avoit établie; mais les Ifraëlites fe choifirent & établirent un Roi fur
eux, conformément à la liberté que cette
Loi leur en donnoit, quoiqu'à la vérité ils
fe fuffent écartez des règles qu'elle leur pref-

G 7   cri-

crivoit , ce qui fut enfin la caufe de leur ruïne.

La Barbarie des Anciens Peuples du Païs où nous vivons ne nous permet pas de parler de la forme du Gouvernement qui étoit en ufage parmi eux , & il ne nous refte rien de ces prémiers Habitans qui ne foit envelopé de Fables qui nous jettent dans d'épaiffes ténébres à cèt égard. Jules Céfar eft le prémier de tous les Hiftoriens qui a parlé diftinctement de nos affaires , & ce qu'il nous en dit , ne nous donne pas lieu de croire que nos Ancêtres fuffent alors gouvernez par des Rois. Caffivellanus fut choifi accidentellement des Nations qui étoient les plus expofées aux attaques des Romains , & elles ne le choifirent que pour être leur Chef dans les guerres qu'elles avoient à foutenir contre ces ennemis redoutables. D'autres Hiftoriens nous parlent de Boadicia, d'Arviragus, de Galgacus & de plufieurs autres , entre les mains de qui on mît la conduite des affaires lors qu'on crut que cela étoit néceffaire ; mais nous ne trouvons aucunes traces de Succeffion règuliere foit par droit d'héritage , foit par élection. Et comme ils n'avoient point de Roi alors , ni aucun Magiftrat qu'on puiffe dire avoir eu un pouvoir femblable à la Puiffance Roïale , ils auroient pû s'en paffer auffi long-tems qu'il leur auroit plû. Tacite fait mention de certains Rois dont les Romains fe fervoient pour retenir les Nations fous le joug de leur Empire ; & quand même il feroit vrai qu'il y auroit eu un Lucius au

Inter inftrumenta Servitutis reges habuere. C. Tacit.

Monde,

Monde, & qu'il auroit été un de ces Rois,
on ne doit le confidérer que comme un
Magiftrat Romain, & cela ne fait rien à notre fujèt, non plus que fi cèt homme avoit
eu le nom de Proconful, de Préteur, ou
quelque autre Titre que ce foit. Quoiqu'il
en foit, il n'y a jamais eu de Succeffion
fixe de ces fortes de Rois : on les établiffoit
par occafion & leur pouvoir étoit limité à
un certain tems, cèt établiffement dépendoit de la volonté de ceux qui croïant que
cela étoit néceffaire pour le bien de la Société, établiffoient un femblable Magiftrat,
& qui n'en établiffoient plus lors qu'il n'en
étoit plus befoin, ou qu'ils croïoient n'en
avoir plus befoin ; & ils auroient pû s'en paffer s'ils l'avoient jugé à propos. La Magiftrature étoit donc leur Ouvrage, & dépendoit de leur volonté.

Nous avons déja fait mention de l'hiftoire des Saxons, des Danois & des Normands peuples dont nous tirons notre origine auffi-bien que des Bretons, & nous
avons vû qu'ils étoient très-jaloux de leurs
Libertez, qu'ils n'obeïffoient point à d'autres loix humaines qu'à celles qu'eux-mêmes s'étoient impofées, qu'ils ne rece-
voient aucun Roi qu'il n'eût auparavant
juré de les obferver, & qu'ils dépofoient
les Princes qui ne s'aquitoient pas de leur
devoir & qui violoient le ferment qu'ils
avoient prêté à leur avénement à la Couronne; cela étant, il eft évident que c'é-
toit le peuple qui faifoit ces Rois conformément à la Loi; & que la Loi en vertu de
la

laquelle ces Rois étoient devenus Rois, ne
pouvoit pas tirer son origine de la Libéralité de ces Princes puis que c'étoit elle qui
les avoit fait ce qu'ils étoient. Nos Ancêtres étoient si bien persuadez qu'en créant
des Rois, ils ne faisoient que se servir de
leur droit, & qu'ils ne devoient considérer
que ce qui leur étoit le plus avantageux
à eux-mêmes, que sans avoir aucun égard
à la mémoire des Princes décédez, ils
avoient coutume d'élever sur le Trône ceux
qu'ils croioient être les plus propres à s'a-
quiter sagement justement; & avec modération, d'un emploi, si important; de sorte qu'ils ne faisoient point difficulté d'exclure de la Couronne ceux qu'ils soub-
çonnoient d'orgueil, de cruauté ou de
quelque autre vice qui pouvoit être préjudiciable à la Société, quelque prétentions
qu'ils pussent avoir; & déposoient ceux
qu'ils avoient mis sur le trône, s'ils ne ré-
pondoient pas à l'opinion qu'on avoit conçûë d'eux; conduite qui selon moi s'accorde mieux avec la qualité de Maîtres qui
font des Loix & établissent des Magistrats
pour eux-mêmes, qu'avec le titre d'esclaves qui reçoivent telles Loix qu'on veut
leur imposer.

Quant au second point. Quand même
on demeureroit d'accord, que tous les peuples du monde ont été premiérement gouvernez par des Rois, cela ne feroit aucun
tort à la cause que je défens : car il n'y a
point d'homme, ni aucun nombre d'hommes qui soit obligé de persister dans l'erreur

de

de fes prédéceffeurs. L'Autorité de la Coutume auffi-bien que celle de la Loi, j'entens par rapport au pouvoir qui l'a établie
& mife en ufage, confifte uniquement dans
fa droiture : & la même raifon qui peut
avoir porté une ou plufieurs Nations à établir des Rois, lors qu'elles ne connoiffoient
point d'autre forme de Gouvernement,
peut non feulement les porter à en établir
une autre, fi elles trouvent que la Monarchie ne leur convient pas , mais elle fufit
encore pour prouver que ces Nations peuvent faire ce changement avec autant de
juftice, que de dépofer un Roi qui ne s'a-
quite pas de ce que l'on s'étoit promis de
lui. S'il y avoit eu quelque règle que Dieu
nous eût donnée , ou qui eût été gravée
dans le cœur des hommes par la Nature ,
il faudroit qu'elle eût, été dès le commencement du monde , Univerfelle & Perpétuelle ; ou du moins il faudroit qu'elle eût
été obfervée par les peuples les plus fages
& les plus éclairez; mais n'y ayant jamais
eu rien de tel, comme nous l'avons déja fait
voir , je ne voi rien qui empêche qu'un
peuple fage & poli ne renonce aux erreurs
commis par fes Ancêtres du tems de leur
barbarie & de leur ignorance , & je ne fai
pas pourquoi il ne leur feroit pas permis de
le faire à l'égard du Gouvernement auffi-
bien que de toutes les autres chofes qui regardent la commodité de la vie. Les hommes font fujèts à l'erreur, & les plus fages
auffi-bien que les meilleurs doivent s'apliquer à découvrir les fautes que leurs Ancêtres

tres ont pû commettre, à y remédier, ou
à perfectionner ce qu'ils ont fait de bon.
Cela eſt ſi vrai que tout ce que nous poſ-
ſédons au-delà de ce que nos Ancêtres poſſédoient, par rapport aux commoditez de
la vie, eſt uniquement dû à la Liberté que
nous avons euë de réformer ce que nous
avons jugé à propos, & d'inventer ce qu'ils
ne connoiſſoient pas ; & je ne ſai s'il y auroit plus de folie à dire que nous ſommes
encore obligez de vivre dans l'Idolatrie des
anciens Druides, & dans toutes les incom-
moditez & miſéres, qui ſont inſéparables
d'une vie ſauvage & Barbare, qu'il y en auroit à ſoutenir que quoique nous ſoïons en
droit de nous écarter de la pratique de nos
Ancêtres à cèt égard, nous ſommes cependant indiſpenſablement obligez de ne
rien changer à la forme du Gouvernement
qu'ils ont établie, quelque préjudice que
nous en puiſſions recevoir.   Tertulien diſ-
putant avec les Païens qui lui reprochoient
que la Religion Chrêtienne étoit une Religion nouvelle, ne ſe met point en peine
de réfuter cette erreur ; mais faiſant voir

*Nullum
tempus,
nulla præ-
ſcriptio oc-
cnrit veri-
tati.* Ter-
tul. *Id
Antiquius
quod ve-
rius.* Ibid.

que la Religion Chrêtienne eſt bonne, &
véritable, il croit avoir ſuffiſamment prouvé qu'elle eſt ancienne. Un habile Archi-
tecte fait paroître ſon habileté & mérite des
Loüanges, lors qu'il bâtit une maiſon de
chétifs matériaux, n'en pouvant pas avoir
de meilleurs, mais il ne doit pas pour cela empêcher les autres de faire des bâtimens
plus ſuperbes, ſi on leur fournit tout ce dont
ils ont beſoin pour cèt effet. De plus, toutes

tes les conſtitutions humaines ſont ſi imparfaites & ſi ſujètes au changement qu'il eſt impoſſible qu'elles demeurent long-tems dans le même état: La Corruption s'y gliſſe inſenſiblement; & la malice auſſi-bien que la violence renverſe ſouvent l'ordre le mieux établi; de ſorte qu'un homme qui ne regarderoit que ce qui s'eſt pratiqué en un certain ſiécle, prendroit ſouvent la corruption du Gouvernement pour ſon inſtitution, ſuivroit le plus mauvais éxemple, & croiroit que l'établiſſement le plus ancien qu'il connoiſſe, eſt effectivement le plus ancien. Et ſi un peuple dont les inclinations ſont nobles, s'apercevant des defauts originaires du Gouvernement, ou de la corruption qui peut s'y être gliſſée, en reforme les abus, y change ce qu'on y peut changer, ou abolit ce qui étoit mauvais dès le commencement, ou ce qui s'eſt tellement perverti qu'il eſt impoſſible d'y remédier autrement, ces gens-là l'imputent à ſédition, & blâment une action qui de toutes celles dont les hommes ſont capables eſt la plus loüable & la plus glorieuſe. Il ne s'agit donc pas tant de ſavoir ce qui eſt le plus ancien que de connoître le meilleur, & ce qui contribuë le plus à l'avancement du bien public qu'on s'eſt propoſé en établiſſant les Gouvernemens. Comme on ne les a établis que pour obtenir juſtice & pour le maintien de la Liberté; de l'aveu même de Filmer, nous ne devons pas éxaminer quel a été le premier Gouvernement parmi les hommes, mais ſeulement quel eſt celui qui pourvoit le mieux à
l'ad-

l'adminiftration de la juftice & à la confervation de la Liberté. Car quelle que puiffe
être l'inftitution , & quelque durée qu'elle
ait pu avoir , elle eft nulle fi elle eft contraire au but qu'on s'eft propofé ; & qu'elle ne fourniffe pas les moïens dont on a befoin pour y arriver. Il s'enfuit donc que
quand même une Loi ou coutume mauvaife en elle-même auroit été reçûë au
commencement dans toutes les parties du
Monde, ce qui n'eft pourtant pas véritable
par raport à la Monarchie abfoluë ou à quelque autre Monarchie que ce foit , on la doit
abolir ; & s'il fe trouvoit quelqu'un plus fage que les autres qui mît en avant une Loi
ou qui propofât une forme de Gouvernement plus utile au Genre Humain que toutes celles qui font connuës , qui pourvût
plus avantageufement à l'adminiftration de
la juftice & au maintien de la Liberté que
toutes les autres n'ont fait , cèt homme mériteroit qu'on eût pour lui toute la vénération imaginable.   Si l'on me demande qui
fera le juge de cette équité & droiture ou
de cette corruption qui autorife ou détruit
une Loi ? Je répons que comme cela ne
confifte pas en formalitez & en rafinemens
de Politique , mais en véritez évidentes &
réelles , il n'eft pas befoin d'autre Tribu-
nal que celui du fens commun , & la lumiére naturelle, pour en juger ; & quiconque voïagera en France, en Italie, en Turquie , en Allemagne & en Suiffe , fans avoir
befoin de confulter Bartolle ou Baldus,
poura aifément favoir fi les païs qui font
fous

fous la Domination des Rois de France &
d'Efpagne, du Pape ou du Grand Seigneur,
jouiffent d'une plus grande Liberté & font
gouvernez avec plus de juftice, que ceux
qui font foumis au Gouvernement de Magiftrats dont l'Autorité eft plus bornée. Il
n'eft pas moins facile de juger fi les Grècs,
du tems qu'Athènes, & Thèbes floriffoient,
étoient plus Libres que les Mèdes; Si Aga-
thocles, Denis & Phalaris adminiftroient
mieux la juftice que les Rois Légitimes &
les autres Magiftrats de Lacédémone, ou
fi Tibére, Caligula, Claudius, Néron &
Vitellius prenoient plus foin de faire rendre juftice & d'affûrer la Liberté du peuple Romain, que ne faifoient le Sénat &
le peuple, dans le tems que les Loix étoient
plus puiffantes que les Commandemens des
hommes. On peut dire la même chofe des
Loix particuliéres, comme de celles de Né-
bucadnézar & de Caligula, qui ordonnoient
qu'on eût à adorer leurs Statuës; des Actes de nos Parlemens contre les Hérétiques
& les * Lollards, des Statuts & Ordonnances de l'Inquifition, qu'on appelle le Saint
Office; on verra fans peine la diférence qu'il
y a entre les uns & les autres. Et fi cela feul
eft une Loi qui eft *Sanctio recta, jubens honef
ta, prohibens contraria*, L'efprit du monde
le plus médiocre, pourvû qu'il foit déga-
gé de paffion & de préjugé, connoîtra facilement que des Ordonnances femblables
à celles-là ne peuvent pas être de véritables
Loix, & que leur infamie & iniquité fufifent
pour en faire abolir l'ufage. On pourroit
rap-

* Sorte
de Secte qui
étoit fort
nombreufe
du tems
d'Edoüard
3. & de
Henri 5.

rapporter un nombre infini d'exemples de
même nature, pour faire connoître l'injuſtice de certaines Ordonnances, tant au ſujèt des choſes divines que des choſes humaines.   Et s'il eſt vrai qu'il y ait de mauvaiſes Loix, il n'eſt pas poſſible qu'elles
ſoient toutes juſtes & équitables, & ſi elles
ne le ſont pas toutes, il eſt de notre devoir
d'éxaminer qui ſont celles qui le ſont effectivement.   On doit peſer & conſidérer mû-
rement les Loix & conſtitutions, & tant
qn'on rend à celles qui ſont bonnes, le reſpect qui leur eſt dû, chaque Nation peut
non ſeulement ſe réſerver le pouvoir de
changer ou d'abolir celles qui ne le ſont
pas, mais elle doit même éxercer ce pouvoir avec le plus de diſcernement qu'il lui
eſt poſſible, & au lieu des erreurs qu'on a
pû commettre au commencement, ou de
la corruption qui s'eſt pû gliſſer dans la ſuite, établir ce qu'elle croit pouvoir contribuer le plus à l'avancement de la Juſtice &
à l'affermiſſement de la liberté.

Mais telle eſt la condition des hommes,
que dans ce qu'ils font de plus parfait, on
y voit toûjours des marques de la fragilité
& de la foibleſſe humaine, juſques-là que
bien ſouvent ce qu'ils font de meilleur a
beſoin d'être changé en tout ou en partie.
Les plus ſages ignorent pluſieurs choſes,
& les meilleurs ne peuvent jamais ſe dé-
poüiler entiérement de leurs paſſions. De
cette maniére il arrive ſouvent que les meilleurs & les plus ſages tombent dans l'erreur, & ont beſoin de Succeſſeurs qui
ſoient

foient auffi éclairez & auffi honnêtes gens qu'eux, pour remédier aux fautes qu'ils ont pû commettre, & rien ne peut ni ne doit être permanent que ce qui eft entiérement parfait. Il n'y a point de corps d'un fi bon tempérament, ni fi bien organifé, qui ne foit fujèt aux maladies, aux bleffures, ou à d'autres accidens, & qui n'ait quelquefois befoin de médecines & de remédes auffi bien que de nouriture & d'éxercice; & quiconque, fous prétexte de s'opofer aux nouveautez, ôte aux Nations la liberté d'avoir recours à de femblables remédes par rapport au Gouvernement, les condamne, autant qu'en lui eft, à périr faute de bons fondemens. Quelques uns *Difcor. di* aïant remarqué ceci, ont crû qu'il étoit né- *Machiav. l.* ceffaire de ramener tous les Gouvernemens *2.* du Monde à l'intégrité de leurs prémiers principes, au moins une fois en l'efpace d'un ou de deux Siécles: mais ils auroient dû éxaminer auparavant fi ce principe eft bon ou mauvais, ou s'il eft fi bon qu'il foit impoffible d'y rien ajoûter; & certainement c'eft ce qui ne s'eft jamais vû; cela étant ainfi, ceux qui ne veulent point qu'on faffe aucun changement, cherchent à rendre les erreurs perpétuelles & tâchent de priver le Genre Humain de l'utilité de la fageffe, de l'induftrie, de l'éxpérience, & du véritable ufage de la raifon pour les obligér à mener une vie barbare & miférable, à l'imitation de leurs Ancêtres, ce qui convient mieux à un Loup qu'à un homme.

Ceux qui ont plus de jugement & de lumieres

miéres, péfent toutes chofes & trouvent fouvent qu'il eft raifonnable d'abroger ce que
leurs Péres, fuivant la mefure de leur con-
noiffance, ou la fituation de leurs affaires,
avoient fort bien établi, ou de rétablir ce
qu'ils avoient aboli ; & rien ne témoigne
mieux la ftupidité & la brutalité des hommes
que de vouloir demeurer dans un mauvais
chemin, parce que leurs Péres les y ont fait
entrer. Or fi nous ne devons pas nous attacher trop fcrupuleufement à nos propres
Loix & coutumes nous devons encore
moins avoir égard à celles des autres Nations; car les Loix qui peuvent être bonnes pour un certain Peuple ne le font pas
pour tous les autres, & ce qui convient aux
mœurs d'un fiécle eft entiérement incompatibles avec celles d'un autre. Il faudroit être
fou pour entreprendre de rétablir aujour-
d'hui les Loix de Licurgue chez les habitans
du Péloponefe qui font accoutumez à porter
le joug de la plus cruelle de toutes les fervitudes. On peut aifément s'imaginer comment
les Romains , les Sabins & les Latins qui
font depuis long-tems fous la Tirannie des
Papes, s'accommoderoient d'une difcipli-
ne, femblable à celle qui florit parmi eux
après le banniffement des Tarquins ; & il
n'y auroit pas eu plus de raifon à laiffer aux
Parthes la liberté de fe gouverner eux-mêmes, ou à eux de la prendre, qu'il y en auroit eu à vouloîr obliger les Allemans à fe
foumettre à un Monarque abfolu. Tite Live
aïant fort bien remarqué cela, dit que fi on
avoit établi à Rome un Gouvernement Populaire

Hift. l. 2.

pulaire, immédiatement après la fondation de cette Ville ; & que si ce Peuple féroce composé de Bergers , de Pâtres , d'Escla- ves fugitifs & de Proscrits , qui n'avoient pû soufrir le joug du Gouvernement sous lequel ils étoient nez, avoit été incité par des Orateurs mutins & séditieux, tout au- roit été bien-tôt dans une étrange confu- sion : au lieu que la discipline que Romu- lus établit parmi eux aïant modéré peu à peu cette humeur impétueuse , en leur apre- nant à éxercer leur fureur contre les enne- mis étrangers , & le règne paisible de Nu- ma les aïant rendus plus traitables , il s'éle- va une nouvelle Race qui étant sortie tou- te d'un même sang, s'anima d'un amour ardent pour la Patrie, & prit des maniéres qui s'accommodent fort bien avec la liber- té ; aussi jugérent-ils à propos de reprendre celle dont ils s'étoient dépouillez , lorsque la fureur de leur dernier Roi & la débau- che de son Fils leur en eurent fourni l'oc- casion & le prètexte. Si cette action fut loüable en eux , il faut nécessairement qu'elle le soit aussi par raport aux autres Peuples. Si les anciens Alemans ont pû conserver leur liberté , & que les Parthes aïent jugé à propos de se soumettre à une Monarchie absoluë, pourquoi ne seroit-il pas permis aux décendans de ces Alemans de continuer dans leur liberté , aussi bien qu'aux Orientaux de demeurer dans l'escla- vage. Si une Nation peut avec justice choi- sir la forme de Gouvernement qu'elle croit lui convenir le mieux, & la garder ou la changer, felon la différente conjonâure des tems ou des affaires, il ne fe peut pas que le même droit n'appartienne à tous les autres. La grande diverfité de Loix qui ont été & que l'on voit encore reçûës dans le Monde procède de cela même, & rien ne fait mieux connoître la fageffe & la vertu, ou les vices & la folie des Nations que le bon ou le mauvais ufage qu'elles font de ce droit; elles ont été glorieufes ou infames, puiffantes ou méprifables, heureufes ou malheureufes, felon qu'elles s'en font bien ou mal fervies.

Si l'on dit que la Loi que Dieu donna aux Hébreux, étant une émanation de fa fageffe & de fa bonté, ne peut qu'avoir été parfaite à tous égards, & doit par conféquent fervir de règle à toutes les Nations du Monde fans qu'il leur foit permis d'en recevoir d'autre: je répons à cela qu'il y a une perfection fimple & une perfection rélative; la prémiére ne fe trouve qu'en Dieu, & la feconde dans les chofes qu'il a créées: *Gen.* 1. *Il vit qu'elles étoient bonnes*, ce qui ne fignifie autre chofe, finon qu'elles étoient bonnes en leur efpèce, & conformes au but qu'il s'étoit propofé en les tirant du Néant pour les faire ce qu'elles étoient. Car fi la perfection étoit abfoluë, il ne pouroit y avoir de différence entre un Ange & un Ver, & rien au monde ne feroit fujèt au changement ou à la mort, car cela eft imperfection. Cette perfection rélative fe voit auffi dans la Loi qu'il donna au Genre Humain en la Perfonne d'Adam & de Noë.
Elle

Elle étoit bonne en son espèce, propre pour
ces tems-là; mais on n'auroit jamais pû y rien
ajoûter ou changer, s'il y avoit eû en elle
une perfection simple; & rien ne fait mieux
voir qu'elle n'avoit pas cette perfection simple, que la conduite que Dieu lui-même
tint à cèt égard, puisqu'il en donna une autre à son Peuple beaucoup plus étenduë &
plus expresse. Cette Loi étoit aussi particuliére à ce Peuple, & n'étoit propre que pour
l'économie sous laquelle il vivoit, car si
cela eût été autrement, les Apôtres auroient obligé les Chrêtiens à en observer
religieusement tous les Articles, aussi bien
qu'ils leur ont enjoint de s'abstenir de l'I-
dolatrie & de la Fornication. Mais si cela
n'est pas ainsi, il faut que tous les Peuples
du Monde se gouvernent par leurs Loix
Judiciares, & reçoivent la forme de leur
Gouvernement; cela étant toutes les Loix
humaines sont de nulle valeur; nous sommes tous Fréres, & il n'y a personne parmi nous qui ait aucune prérogative au dessus des autres; on doit partager les Terres
également entre tous, les héritages ne peuvent être aliénez que pour cinquante ans
tout au plus; personne ne peut être élevé
au dessus des autres, à moins que Dieu
lui-même ne l'appelle, & qu'en le rem-
plissant des dons précieux de son divin esprit, il ne le rende capable de servir de
Conducteur à son Peuple; lors que cèt
homme meurt, celui qui est enrichi du même esprit doit lui succéder, comme Josüé
succéda à Moïse, & ses enfans ne peuvent

H 2   avoir

avoir aucune prétention légitime à l'emploi
dont il étoit revêtu : lors qu'on aura trouvé cèt homme, il faudra qu'un *Sanhédrin*,
composé de soixante & dix personnes choifies d'entre tout le Peuple, juge des caufes
des particuliers, & qu'on renvoïe aux Affemblées générales de toute la Nation, le
jugement de celles qui font plus importantes & qui regardent toute la Société. Cette
Loi ne fait aucune mention d'un Roi, &
par conféquent si elle doit nous servir de
modéle, nous ne devons pas avoir de Roi :
Si on donne à ce point toute l'étenduë qu'il
peut avoir, & que l'on prétende que le précepte du Deutéronome, où Dieu permettoit aux Ifraëlites d'établir un Roi fur eux,
s'ils le jugeoient à propos lors qu'ils feroient entrez dans la Terre de promiffion,
doive s'étendre à tous les Peuples du Monde, il n'y en a point qui ne doive joüir de
la même liberté & à qui il ne foit permis
par ce même précepte, de prendre fon tems,
de choifir fon Monarque de la maniére qu'il
le juge à propos, de partager le Roïaume,
de n'établir point de Roi, & de créer d'autres Magiftrats quand il lui plaît, comme
cela fe pratiquoit parmi les Ifraëlites avant
l'élection de Saül, & après le retour de la
Captivité : & même lors qu'un Peuple veut
être gouverné par un Roi, il faut qu'il foit
tel que celui dont Dieu nous a donné le
caractére dans le même Chapître, qui ne
reffemble non plus à la Souveraine Majefté
que notre Auteur adore, & qui eft auffi
peu conforme aux Maximes qu'il nous enseigne,

feigne , qu'un Tribun du Peuple Romain
eſt ſemblable à ce Roi preſcrit par le précepte donné aux Iſraëlites en cèt endroit.

Nous pouvons donc conclure , que ſi
nous ſommes indiſpenſablement obligez de
ſuivre la Loi de Moïſe , il faut que nous
la ſuivions en tout ce qu'elle enſeigne ſans
aucune exception ; il faut qu'un Roi ſoit
tel qu'elle veut qu'il ſoit , & qu'il n'ait pas
plus de pouvoir qu'elle lui en donne, car
quelque autorité qu'aïent éxercé les Rois
des Iſraëlites dans la ſuite, cela ne doit pas
tirer à conſéquence , puiſ qu'il eſt certain
que c'étoit une Autorité uſurpée & contraire à ce que cette Loi leur ordonnoit. Il n'y
a point de Peuple au Monde qui puiſſe faire aucune Loi, & nos Juriſconſultes n'ont
qu'à brûler tous leurs livres de Droit pour
s'apliquer uniquement à l'étude du Penta-
teuque.

Mais ſi nous ne ſommes pas obligez de
vivre conformément à cette Loi de Moïſe,
chaque Nation peut faire pour elle-même
telles Loix qu'elle le juge à propos, & on
ne peut pas légitimement nous refuſer un
droit qui eſt commun à tous les Peuples du
Monde. Nos Loix ne nous ont pas été en-
voïées immédiatement du Ciel, mais elles
ont été faites par nos Ancêtres, ſelon les
lumiéres qu'ils avoient & ſuivant la ſituation où ils ſe trouvoient alors. Nous héritons d'eux le même droit, & comme nous
pouvons dire ſans vanité que nous avons
plus de lumiéres & de connoiſſance qu'ils
n'en avoient, ſi nous trouvons que quelqu'u-
ne

H 3

ne des Loix qu'ils nous ont laiſſée , nous eſt
en quelque façon préjudiciable. nous pouvons légitimement l'abolir. Le Salut du
Peuple étoit leur ſuprème Loi , & c'eſt auſſi
la nôtre : On ne peut pas non plus dire avec
juſtice que nous ſommes moins capables
qu'eux , de connoître ce qui nous convient
le mieux , & ce qui tend à notre avantage
& à notre bonheur. Si dans un certain Siécle
ils s'étoient laiſſé perſuader de ſe ſoumettre
à la Puiſſance , ou pour me ſervir des termes de Filmer , à la Majeſté Souvéraine
d'un enfant , d'un inſenſé , d'un furieux,
ou d'une perſonne abandonnée à toutes ſortes de crimes , & qu'ils euſſent attaché le
droit qu'ils lui avoient conféré à la Perſonne de ſon Succeſſeur, ſans aucun égard à
ſes qualitez perſonnelles, cèt établiſſement
n'auroit pas été *une Ordonnance juſte & équitable*; & cette ordonnance n'aïant en ſoi aucune des qualitez eſſentielles à une Loi, elle
ne pouroit avoir force de Loi. Il ne peut
pas être avantageux à un Peuple d'être gouverné par un homme qui naturellement doit
être gouverné , ou qui à cauſe de ſon âge
ou par quelque autre accident eſt incapable
de ſe gouverner lui même. L'intérêt public, les affaires des particuliers , leurs Terres , leurs biens, leurs libertez & leurs vies,
dont la conſervation eſt le ſeul but qu'on
s'eſt propoſé , en établiſſant la prérogative
Roïale: comme Filmer l'enſeigne , ne peuvent être en ſûreté ſous le Gouvernement
d'un homme qui ne ſuit que ſa paſſion &
les mouvemens déréglez de ſon eſprit, d'un
eſclave

esclave plongé dans le vice & abandonné à
toute forte de diffolution ; ou ce qui eft encore pis, qui fe laiffe quelquefois gouverner pas de lâches Courtifans ou par des femmes qui le flattent dans fes vices & qui
l'encouragent à faire des chofes, qui leur
feroient peut-être horreur, s'ils étoient en
fa place. L'infamie & la fureur impie d'un
pareil Acte fuffifent pour le rendre nul,
puis qu'il détruit la fin pour laquelle on l'a
fait, puis qu'il empêche qu'on n'obtienne la
juftice qu'on en attendoit, & qu'il ne prévient pas les maux qu'on craignoit ; & ceux
dont on avoit deffein de procurer le bien
par cèt Acte, font par conféquent en droit
de le caffer, & font même obligez de le faire pour peu qu'ils veuillent faire un bon ufage de leur raifon. Cela fufiroit pour nous
engager à nous remettre en liberté quand
même il feroit vrai que nos Ancêtres nous
auroient réduits en fervitude. Mais graces
à Dieu, nous n'en fommes pas réduits là :
nous n'avons pas lieu de croire que nous
foïons décendus de perfonnes affez folles &
affez ftupides pour avoir voulu nous précipiter dans un abîme de miféres & d'infamie,
ou affez lâches pour s'être foumifes elles-
mêmes par force ou par un motif de crainte à un efclavage indigne de gens raifonnables. Nous n'ignorons pas combien leur liberté leur étoit chére, & avec combien de
valeur & de courage ils l'ont défenduë ; &
leur éxemple eft le meilleur que nous puiffions avoir pour nous encourager à ne permettre jamais qu'on viole ou qu'on dimi-

nuë

nuë cette liberté qu'ils nous ont laiſſée en
héritage.

SECTION XXVI.

Quoiqu'on puiſſe bien confier au Roi le pou-
voir de choiſir des Juges ; cependant
l'Autorité en vertu de laquelle ces Ju-
ges agiſſent, leur eſt donnée par la Loi.

J'Avouë qu'il n'y a point de Loi ſi parfaite, *qu'elle puiſſe pourvoir ſi éxactement*
à tous les cas extraordinaires qui peuvent
ſurvenir, qu'elle ne laiſſe rien à la diſcrétion
des Juges, qui doivent en quelque façon en
être les interprètes : Mais je nie abſolument,
que les Loix & coutumes ſoient toûjours en pe-
tit nombre, & que ce ſoit à cauſe de cela qu'el-
les ne peuvent preſcrire des règles ſur toutes ſor-
tes de choſes, ou que les juges aient recours à
ces principes ou à ces Axiomes de Loix commu-
nes que d'autres juges ont ſuivis dans le juge-
ment de cauſes à peu près ſemblables, & que
ces juges aient reçû leur Autorité du Roi qui
leur transfére le droit qu'il a de décider de tout ;
& je ſoutiens.

Prémiérement, qu'en pluſieurs lieux &
principalement en Angleterre, il y a tant de
Loïx, que le grand nombre d'icelles cauſe
une incertitude qui eſt émbarraſſante & dan-
géreuſe ; & que la diverſité infinie des cas
qui ont été jugez en différentes maniéres,
étant

étant oppofez & contradictoires l'un à l'autre, a rendu les difficultez fi grandes qu'il n'eft pas poffible de s'en débarraffer. Tacite atribuë à cèt abus une grande partie des miféres que foufroient les Romains de fon tems ; il nous dit, *que les Loix devinrent innombrables dans le tems que la République étoit la plus corrompuê*, & que ces Loix renverférent la Juftice. C'eft ainfi qu'en France, en Italie & en plufieurs autres lieux où on rend les Loix Civiles , Municipales, les jugemens font en quelque façon arbitraires ; & quoique l'intention de nos Loix foit jufte & bonne, elles font en fi grand nombre, & nos Statuts auffi bien que les décifions des cas rempliffent tant de volumes, qu'on n'y trouve prefque rien qui foit décidé d'une maniére fi claire & fi certaine, qu'il ne foit fort facile à un homme d'efprit & de favoir d'y découvrir quelque chofe d'affez plaufible pour juftifier tel jugement qu'il voudra rendre. Au lieu que les Loix de Moïfe, au moins quant à la partie judiciaire, étant courtes & en petit nombre, il étoit facile de juger certainement de toutes fortes de chofes ; & en Suiffe, en Suéde & en quelques endroits du Danemarc, on peut lire en peu d'heures tout le recueil de Loix, & de cette maniére on ne peut faire aucune injuftice, qu'elle ne foit connuë incontinent.

Secondement , ce n'eft pas bien établir des Axiomes que de leur donner pour fondément des cas qui ont été jugez auparavant, mais plûtôt on doit juger des chofes

Et in corruptiffima Republica plurimæ Leges.

H 5   par

par les Axiomes ; on ne prouve pas le certain par l'incertain, mais l'incertain par le
certain ; & il n'y a rien qu'on ne doive croire incertain jufques à ce qu'on ait aporté
des preuves convaincantes de fa certitude.
Les Axiomes, en matiére de Loi, font
évidens, & il ne faut que le fens commun
pour en connoître toute la certitude, auffi
bien que des Axiomes de Mathèmatique :
& on ne doit recevoir aucune chofe pour
Axiome, à moins qu'elle ne foit fi certaine
& fi évidente que les plus fimples ne puiffent
s'y tromper. Les Axiomes de notre Loi ne
reçoivent pas leur Autorité de Coke ou de
Hales, mais Coke & Hales méritent l'eftime de tous les honnêtes gens, par ce qu'ils
ne jugent que fur des Axiomes inconteſtablement véritables & certains.

*Fameux Ju-
rifconfultes
Anglois.*

Troiſiémement, les Juges reçoivent leur
Commiffion du Roi, & peut-être n'auroit-
on pas tort de dire que cette nomination
qu'il en fait eſt fondée fur un droit qu'on a
bien voulu lui donner, mais ils tiennent
toute leur Autorité de la Loi, auffi bien
que le Roi qui n'a aucun pouvoir que celui que cette Loi lui donne. Car celui qui
originairement n'a aucune Autorité, n'en
peut donner aux autres, à moins qu'on ne
lui en ait conféré auparavant. Je ne fai
comment il peut accomplir le ferment qu'il
a prêté, de gouverner fuivant les Loix, à
moins qu'il ne mette en éxécution le pouvoir qu'on lui a confié, en nommant pour
Juges ceux qu'il croit en confcience être
les plus propres à s'aquiter dignement de cèt
emploi,

emploi, & qui femblent tels à fon Confeil:
Mais & le Roi & ces Juges doivent apprendre leur devoir dans cette Loi, qui affigne
à un chacun l'ouvrage qu'il doit faire, &
qui lui convient. Comme l'intention de la
Loi eft qu'on ne choififfe pour Juges que
des perfonnes d'une intégrité reconnuë, &
qui foient verfez dans l'étude des Loix, &
qu'on ne doit pas s'imaginer que le Roi fe
rendra indigne du pouvoir qu'on lui a confié, en nommant pour juges des perfonnes
qui n'ont point ces qualitez, il n'y a rien
de plus raifonnable que de croire que les
juges inftruiront le Roi dans les chofes qui
regardent la Loi. Mais il y a auffi peu de
raifon à croire qu'un Prince qui peut-être,
eft encore enfant, qui eft accablé fous le
poids d'une exceffive vieilleffe, ou qui eft
ignorant & fans capacité, puiffe inftruire les
Juges de ce qu'ils doivent favoir, qu'il y en
auroit à dire qu'un aveugle doit fervir de
Guide à ceux qui ont de très-bons ïeux; &
cette penfée eft fi éloignée de l'intention de
la Loi, qu'elle ordonne, comme je l'ai
déja dit, que les Juges prêteront ferment
de juger conformément aux Loix, fans
avoir aucun égard aux Lettres Patentes ou
aux commandemens du Roi qui pouroit
leur ordonner le contraire: Si donc ces juges font indifpenfablement obligez de fuivre une règle fixe, dont il ne leur eft pas
permis de s'écarter, quelque ordre qu'ils
puiffent recevoir au contraire, il s'enfuit
qu'ils ne jugent pas en vertu de l'Autorité
qu'ils ont reçûë du Roi, mais en vertu de

H 6 celle

celle qu'ils tiennent d'une puiſſance qui eſt
au deſſus du Monarque & d'eux. C'eſt une
vérité dont on demeure ordinairement d'accord ; mais ſi l'on a vû quelques Juges en
diférens ſiécles, qui ſous eſpérance d'obtenir des récompenſes ou de s'élever à des
emplois encore plus conſidérables , ne ſe
ſont pas mis fort en peine d'accomplir leur
ſerment, cependant on a lieu de croire que
le ſuccès que pluſieurs d'entre eux ont eu,
ſufira pour détourner les autres de ſuivre
leur éxemple ; & ſi nous n'avons pas un plus
grand nombre d'éxemples du châtiment de
ces mauvais juges , on n'en peut donner
d'autre raiſon, ſinon que les peuples * péchent ſouvent, par trop de négligence, lors
qu'il eſt queſtion de ſoutenir leurs droits,
qu'ils ſont trop indulgens ou trop noncha-
lans lors qu'il eſt queſtion de punir les coupables, & que rarement ils péchent par trop
de ſévérité.

*Jure igi-
tur plecti-
mur ; Niſi
enim mul-
torum im-
punita ſcele-
ra tuliſſe-
mus , nun-
quam ad
unum tanta
perveniſſet
licentia.
Cicero,

Quatriémement, les Jugemens ſe rendent différemment dans différens Etats &
Roïaumes, mais quiconque veut trouver
un païs, où la volonté du Roi décide abſolument de tout en matiére de jugemens,
doit aller pour le moins auſſi loin que Maroc. Et je ne ſai même s'il trouveroit là
ce qu'il y chercheroit, car l'Ambaſſadeur
de ce Monarque, qui étoit derniérement
ici, nioit que les jugemens dépendiſſent
abſolument de ſon Maître. Quoiqu'il en

Judicia
ſiunt per Pa-
res Magn.
Chart.

ſoit, il eſt ſûr qu'en Angleterre, ſuivant la
Grande Chartre, *On ne peut être jugé que
par ſes Pairs:* perſonne ne peut être arrêté
pri-

GOUVERNEMENT. 181

prifonnier, dépouillé de fes biens, privé de quelqu'un de fes membres ou de la vie, *à moins qu'il n'y ait été condanné par fentence de fes Pairs.* Les Rois de Juda *jugeoient & étoient jugez*; & ils ne rendoient jugement que dans le Sanhédrin, & de l'avis de ceux qui compofoient cette Affemblée. En Angleterre les Rois ne jugent pas, mais on les juge: & Bracton dit que lors qu'il s'agit *de juger le Roi il n'eft pas plus que les particuliers*; ce qui ne pouroit pas être, s'il n'y avoit que lui qui fût en droit de juger, & que cette Loi qui met le jugement de toutes chofes entre les mains du peuple, l'eût éxemté d'être jugé par qui que ce foit. Le peuple éxerce le pouvoir Judiciaire par le moïen du Grand ou du petit Juré, & les Juges affiftent à ces Jugemens, pour expliquer les endroits difficiles de la Loi, dont on fuppofe qu'ils doivent être inftruits. La force de tous les Jugemens confifte dans le rapport de ces Jurez, car les Juges ne jugent pas proprement, puis qu'ils ne font que prononcer la fentence que ceux-là ont donnée: Et la même Loi qui approuve cette réponce ou fentence des Jurez quoiqu'elle foit contraire aux avis des Juges, porte que ces Juges doivent être punis très-rigoureufement, fi par un trop grand attachement à leurs propres fentimens, ou pour obeïr aux ordres du Roi, ils entreprenoient de donner fentence fans avoir ouï le raport des Jurez, ou d'en prononcer une qui lui foit contraire; & ils ne peuvent fe garantir du châtiment qu'ils méritent, quoiqu'ils

H 7   pren-

Nifi per judicium Parium fuorum. ibid.

Judicabant & judicabantur. Maimoni.

In juftitia recipienda Rex cuilibet ex plebe æqualis eft.

Il y a dans l'original Verdict qui fignifie la réponfe des Jurez fur une caufe civile ou criminelle dont ils ont fait l'éxamen.

prennent pour prétexte que c'eſt à eux qu'appartient le droit & le pouvoir d'interprèter la Loi. Le pouvoir que l'on confie aux Juges n'eſt pas fort étendu, & ils doivent l'exercer *bona fide*. S'ils ne s'aquitent pas de leur devoir on peut les punir du dernier ſuplice, comme cela eſt arrivé à Tréſillan, à Empſon, à Dudley & à pluſieurs autres. De plus dans de certains jugemens les Juges ne ſont que pour aſſiſter les Jurez, qui prononcent eux-mêmes la ſentence, quoique les Juges aïant ouï le debat de la cauſe, déclarent quelle eſt la teneur de la loi à cèt égard. C'eſt pourquoi quand même je demeurerois d'accord que le Roi peut aſſiſter aux jugemens en perſonne, tout ce qu'il pouroit faire en ce cas ce ſeroit de prendre garde que tout ſe faſſe avec juſtice, qu'on mette les Loix en éxécution, ou peut-être y aſſiſteroit-il pour avoir l'œil ſur la conduite de ceux qui jugent, S'il a quelque autre part dans ces Jugemens, ce ne peut être qu'en vertu de ſa Capacité politique, en conſéquence de laquelle on dit qu'il eſt préſent dans les principales Cours où l'on rend toûjours la juſtice, ſoit que celui qui porte la Couronne ſoit jeune ou vieux, ſage ou ignorant, bon ou méchant, ou ſoit qu'il aprouve ou deſaprouve ce qu'on fait.

De plus, comme on n'a établi les Gouvernemens que dans la vûë d'obtenir juſtice, & qu'on a donné au Roi le pouvoir de l'éxécuter, il y a apparence que la loi auroit ordonné qu'il eût été préſent à tous les jugemens, s'il n'y avoit eu qu'une Cour de

juſ-

juſtice ; ou qu'il eût pû être préſent dans pluſieurs en même tems ; ſi on étoit ſûr qu'il
fût infaillible ; ſi l'on pouvoit ſans danger
le punir comme on fait les mauvais Juges;
où ſi l'on étoit perſuadé qu'il feroit toûjours
orné de tant de ſageſſe , d'induſtrie , d'expérience & d'intégrité , qu'il pût & voulût
aider de ſes lumiéres ceux qui ſont nommez pour adminiſtrer la juſtice , & les retenir en bride , s'ils s'écartoient du droit chemin. Mais comme il y a pluſieurs Cours
de juſtice qui ont même autorité, qui tiennent leurs ſéances en même tems , en différens lieux fort éloignez les uns des autres ;
qu'il eſt impoſſible au Roi d'être préſent
dans toutes ces Cours ; qu'on n'eſt pas aſ-
ſûré qu'il ne puiſſe s'y commettre autant ou
plus d'abus en ſa préſence qu'en ſon abſence , & qu'il n'en commette lûi-même autant & plus que les autres en pourroient
commettre. Et qu'il n'eſt pas facile de punir ſes fautes ſans expoſer la Nation à des
malheurs qui ſeroient beaucoup plus funeſtes que ne le peut-être l'injuſtice qui eſt faite à un particulier ; La loi qui ſe propoſe
de prévenir les injuſtices, ou de punir celles qu'on ne peut empêcher , a ordonné
qu'on choiſiſſe des perſonnes qui ſoient ver-
ſées dans l'étude des Loix , & les a obligez
de promettre par ſerment que ni promeſſe
ni menace, ni apréhenſion de la colére du
Roi, ni eſpérance d'en obtenir des récompenſes , ni même des ordres poſitifs de ſa
part ne ſeront jamais capables de les détourner du chemin de la juſtice ; & elle les con-
dan-

danne aux plus févères châtimens s'ils violent le ferment qu'ils ont fait à Dieu & à
leur Patrie, en trahiſſant lâchement les in-
térets de leurs Concitoiens.

Si quelqu'un s'imagine que les paroles de
Bracton que *notre Auteur rapporte ſur ce ſujèt, Quis primo & principaliter poſſit & debeat
judicare &c. ſciendum eſt quod Rex & non
alius, ſi ſolus ad hæc ſufficere poſſit ; cum ad
hoc per virtutem Sacramenti teneatur,* ſi quelqu'un, dis-je, s'imagine que ces paroles
font contraires à ce que j'ai avancé, je le
prie de vouloir bien conſidérer attentivement la liaiſon de ces paroles, afin d'en
connoître le véritable ſens, quoiqu'en les
prenant telles qu'elles ſont, ſans autre éxamen, elles ſufiroient toûjours pour prouver la cauſe que je défens. Car il faudroit
être fou pour inférer que le Roi eſt en droit
de tout faire, d'une ſuppoſition que l'on
fait que cela ne lui eſt pas poſſible. Celui
donc qui dit que le Roi ne peut pas faire
une choſe, dit en même tems qu'il faut que
d'autres la faſſent, ou qu'elle ne ſe faſſe point
du tout. Mais aïant déja démontré que le
Roi, conſidéré ſimplement entant que Roi,
n'a aucune des qualitez requiſes pour pouvoir juger de toutes les cauſes ni même d'aucune, & que pluſieurs Rois ont tous les defauts de l'âge & toutes les imperfections
perſonnelles qui rendent les hommes tout-
à-fait incapables de prononcer une ſentence & d'adminiſtrer la juſtice, nous pouvons
conclure, ſans craindre de contredire Bracton, qu'aucun Roi, entant que Roi, n'a pas
la

la puiſſance de juger, parce que quelques-uns d'entre eux en ſont tout-à-fait incapables ; & ſi quelque Monarque a ce pouvoir, il faut néceſſairement qu'il lui ait été conféré par ceux qui l'ont crû capable de s'acquiter de cèt important emploi. Lors que Filmer aura trouvé un Prince à qui on aura donné ce pouvoir, il faudra que nous éxaminions juſqu'où il s'étend ; mais quand même il le trouveroit, il n'en retireroit pas grand avantage par rapport à ſa propoſition générale, car je croi qu'il auroit eu peine à ſe réſoudre d'inférer, que parce qu'on auroit donné à quelque Prince le pouvoir de juger de certains cas, en conſidération de ſa capacité & de ſon habileté, il s'enſuivroit que tous les autres Princes duſſent juger de tout, quelques incapables qu'ils en ſoient. De plus s'il ajoûte foi à ce que dit l'Auteur dont il cite les paroles, il avouëra que le pouvoir judiciaire n'eſt pas attaché à la perſonne du Roi, mais qu'il n'en eſt revêtu qu'en vertu du ſerment qu'il prête le jour de ſon Sacre, ſerment que Filmer tâche d'afoiblir & d'annuller. Or comme ce ſerment eſt fondé ſur la Loi, & que la Loi ne péut éxiger des choſes impoſſibles & abſurdes, il ne ſe peut pas qu'elle ait deſſein d'éxiger d'un homme qu'il faſſe ce qu'il n'eſt pas capable de faire, & ſon ſerment même ne peut l'y engager. Pluſieurs Rois ſont incapables de juger, par conſéquent il eſt impoſſible que l'intention de la Loi ait été de les y obliger. La liaiſon des paroles de Bracton fait auſſi voir que cette

ima-

imagination que le Roi devroit juger toutes les caufes s'il le pouvoit, eft une pure Chimère : car Bracton dit au même Chapitre, *que le pouvoir du Roi eft le pouvoir de la Loi* ; c'eft-à-dire qu'il n'a point d'autre pouvoir que celui que la Loi lui a donné. Et il eft impoffible que la Loi qui ne fe propofe pour but que la juftice, eût voulu la faire dépendre d'une chofe auffi incertaine que le caprice d'un enfant, d'une femme ou d'un infenfé ; car de cette maniére elle fe détruiroit elle-même. La loi ne peut donc pas donner un femblable pouvoir, & le Roi ne peut pas l'avoir.

Si l'on me dit que tous les Rois ne font pas tels que ceux dont je vien de parler ; qu'il y en a qui font d'un âge mûr, fages, juftes & bons ; ou qu'on foutienne qu'il ne s'agit pas ici de ce qui eft avantageux aux peuples, mais de ce qui peut augmenter la gloire du Roi, qui ne doit rien perdre de fes droits, quand même cela feroit caufe de la ruïne des fujèts ; à cela je répons premiérement que ce qui apartient aux Rois, entant que Rois, appartient à tous les Rois du monde : ce pouvoir judiciaire ne peut appartenir à tous les Princes par les raifons que j'ai allégués ci-deffus : il ne peut donc appartenir à aucun en qualité de Roi, & on ne peut, fans fureur, l'accorder à aucun, jufques à ce qu'il ait donné des preuves autentiques de fa fageffe, de fon expérience, de fa diligence & de fa bonté, qualitez qui font abfolument requifes & néceffaires pour bien juger. Il n'importe quels

font

font fes Ancêtres, Les vertus ne font pas attachées à une certaine famille : & les héritiers de Hales & de Harvey auroient encore plus de raifon d'éxiger que les Cliens & les Patiens de leurs Ancêtres fe fervifsent d'eux dans leurs procès & dans leurs maladies, que n'en auroient les héritiers d'un grand & fage Prince de prétendre à un pouvoir qui n'a été donné à leur Ancêtre qu'en confidération de fes vertus & de fes qualitez perfonnelles, s'ils n'ont pas les mêmes talens qui font abfolument nécefaires pour éxercer ce pouvoir dignement.

Le fens commun nous apprend que les Gouvernemens, auffi-bien que les Cours de juftice, font établis pour rendre la Juftice. On n'a pas érigé le * *Banc du Roi* à deffein de donner une charge confidérable au Lord Chef de Juftice, mais afin que la Juftice y fût adminiftrée, & que les opprimez puffent y trouver du foulagement. L'honneur & le profit que ce Juge reçoit, ne lui viennent, pour ainfi dire, que par accident, comme la récompenfe de fes fervices, s'il s'aquite bien de fon devoir. Dieu ne donna pas le Gouvernement de fon Peuple à Moïfe & à Jofué, afin qu'ils fe glorifiaffent d'avoir fix cens mille hommes fous leur commandement, mais afin qu'ils introduififent ce peuple dans la Terre qui lui avoit été promife. C'eft à-dire qu'ils n'étoient pas ce qu'ils étoient pour eux-mêmes, mais pour le Peuple ; & toute la glöire qui leur en revint ce fut de s'être bien aquité de leur emploi en tendant toûjours vers la fin de leur infti-

* *C'eft le nom d'une des Cours de Juftice qui fe tiennent à Weftminfter.*

ſtitution. Notre Auteur même eſt obligé d'en demeurer d'accord lorſqu'il dit que la Préro-gative Roïale eſt établie pour le bien des ſu-jèts. C'eſt donc pour les peuples que le Roi en jouït, & elle ceſſe de ſubſiſter lors qu'il ne la fait pas ſervir pour la fin pour laquelle on la lui a accordée. Filmer reconnoit auſſi que *le ſalut du peuple eſt la ſuprême Loi*. Il faut donc que le droit du Roi y réponde & lui ſoit ſu-bordonné. Si donc un Prince ne ſe propoſe pour but que ſon intérêt particulier, oppoſé à celui du Peuple, il viole cette Loi ſupré-me : il ne vit pas & ne règne pas pour ſon peuple, mais pour lui-même, & en s'écar-tant de la fin de ſon inſtitution, il la détruit :

Polit. l. 1. Si l'on en doit croire Ariſtote, en qui il ſem-ble que notre Auteur ait beaucoup de con-fiance, un Prince de ce caractère ceſſe d'être Roi & devient Tiran ; celui qui auroit dû être le meilleur de tous les hommes devient le plus ſcélérat ; & celui qu'on veut que nous regardions comme le Père du Peuple, de-vient l'ennemi public. Il ne s'agit donc pas ici de ſavoir ce qui eſt avantageux au Roi, mais ce qui eſt utile au peuple, & le Roi ne pèut avoir de droit qui ſoit incompatible avec le bien de ſes ſujèts.

Bracton n'a pas plus d'indulgence pour les *Souverains, le Roi, dit-il, eſt obligé par ſon ſerment de faire tout ſon poſſible pour conſerver la Paix de l'Egliſe & du Monde Chrétien, pour empêcher les extorſions & toutes ſortes d'injuſti-ces, pour faire obſerver la juſtice avec Clémen-ce : il n'a point d'autre Pouvoir que celui que la Loi lui donne ; cela ſeul doit être reçû pour Loi,*
quod

quod recte fuerit definitum: il doit donc faire observer la justice conformément à cette règle & ne la pas renverser pour son propre plaisir, pour son profit ou pour sa gloire. Il peut choisir des Juges aussi, mais il ne doit pas élever à cèt emploi des personnes qu'il croit d'humeur à obéïr aveuglement à toutes ses volontez, il faut au contraire qu'il cherche pour cette importante charge, *Viros* **Bracton l.** *sapientes, timentes Deum, in quibus est veritas* **3. c. 10.** *eloquiorum, & qui oderunt avaritiam.* Ce qui fait voir que les Rois & leurs Officiers ne possédent pas leurs emplois pour eux-mêmes, mais pour le peuple, & qu'ils doivent avoir la capacité requise & nécessaire pour s'aquiter dignement des devoirs de leur charge. La fable de Phaëton réprésente parfaitement bien la funeste fureur de ceux qui sont assez téméraires pour vouloir éxercer une Autorité qui surpasse leurs forces : ils croïent ne souhaiter que des choses avantageuses pour eux-mêmes, dans le tems qu'ils courent à leur perte. Le même Bracton dit encore sur ce sujèt * *que si un homme qui n'a pas la capacité requise est assez présomptueux pour s'asseoir sur le siége de Justice il en tombe comme d'un précipice &c. & c'est tout de même que si l'on mettoit un épée entre les mains d'un furieux.* Paroles qui regardent le Roi aussi bien que ceux qu'il choisit pour administrer la justice. Si le Monarque néglige les fonctions de sa charge, il fait injustement, & devient le Lieutenant du Diable; car il est Ministre de celui dont il fait les œuvres. C'est là l'opinion de Bracton, mais pour moi souhaittant d'interprèter la Loi

* Si quis minus Sapiens & indoctus sedem judicandi & potestatem judicandi sibi præsumpserit, ex alto corruit &c. & perinde erit ac si gladium poneret in manu furentis. ibid.

Loi avec plus de modération, je voudrois
seulement que les Princes penfaffent à la fin
de leur inftitution ; qu'ils tâchaffent d'arriver
à cette fin ; qu'ils connuffent de quoi ils font
capables ; qu'ils fe contentaffent du pouvoir
que la Loi leur donne, & qu'ils euffent en
horreur ces miférables, qui par leurs flateries
& par leurs menfonges, font tous leurs efforts
pour s'infinuër dans leurs efprits, en les atta-
quant par leur foible, & qui par ce moïen,
attirent fur eux la haine du Peuple, qui bien
fouvent eft fuivie de leur ruïne. Quand même on conviendroit que les paroles d'Ul-
pian, *Princeps legibus non tenetur*, font véritables, par rapport à l'Empire Romain, du
tems que cèt Auteur écrivoit ; toûjours fera-
t-il vrai qu'elles ne fignifient rien par rapport
à nous. La liberté de Rome étoit depuis
long-tems fous la puiffance de l'épée, & la
Loi étoit devenuë l'efclave de la volonté des
Ufurpateurs. Ce n'étoit pas les Anglois,
mais les Romains qui perdirent les batailles
de Pharfale & de Philippes : les corps morts
de leurs Sénateurs fervirent de nourriture
aux Loups & aux Vautours & non pàs les nôtres : Pompée, Scipion, Lentulus, Afranius, Pétréïus, Caton, Caffius & Brutus
étoient les défenfeurs de la liberté Romaine
& non pas de la nôtre ; & leur défaite fut fuivie de la perte de la liberté de leur Patrie, &
non pas de celle de notre païs. Ceux qui fuc-
combérent fous la fureur des profcriptions,
laifférent après eux Rome, & non pas l'Angleterre, en efclavage. Si les plus honnêtes
gens d'entre les Romains avoient remporté
la

la victoire, il ne nous en seroit revenu aucun avantage, & par conséquent nous ne devons pas être malheureux, parce qu'ils l'ont été. Chaque Nation doit avoir soin de la conservation de ses Loix & il ne s'agit pas de savoir s'il y a eu des peuples assez sages, assez heureux & assez puissans pour défendre leurs libertez, ou non, c'est-là une chose qui regarde ces peuples & non pas nous. On doit faire beaucoup de cas de l'éxemple des grands hommes qui ont voulu rendre service à leur Patrie en défendant sa liberté ; s'ils ont échoüé dans leurs entreprises & qu'il leur en ait couté la vie, c'est un effet de leur mauvaise fortune, & tout ce que fait dans la suite leur postérité assujètie aux Loix du victorieux, ne peut avoir aucune influence sur le reste du Monde, si non entant que ce leur est un avertissement de s'unir si bien pour la défence de leurs libertez, qu'ils ne se trouvent jamais réduits à la fatale nécessité d'obéïr aveuglément aux volontez d'un homme quelque préjudice qu'ils en puissent recevoir. Si la Grandeur des Romains nous porte à faire beaucoup d'attention à ce qui s'est passé parmi eux, nous devons plûtôt nous arrêter à éxaminer ce qu'ils ont fait, dit, ou pensé pendant qu'ils jouissoient de cette liberté qui étoit la Mére & la nourrice de leurs vertus, que de nous soucier de ce qu'ils ont souffert ou de ce qu'ils ont été contraints de dire, lorsqu'ils ont été réduits dans un esclavage, qui a produit parmi eux toute sorte de corruption, & qui les a enfin rendu le peuple du Monde le plus abject & le plus misérable.   Quand

Quand à nous, on peut dire avec vérité
que les Actions de nos Ancêtres reſſemblent
mieux à celles des Anciens Romains qu'à
celles des Romains modernes : quoique la
forme de notre Gouvernement ne ſoit pas la
même, cependant, il reſſemble au leur dans
ſon Principe ; & ſi nous n'avions pas dégénére de nos Aïeuls, nous aimerions mieux
imiter les Romains vertueux, comblez de
gloire, puiſſans & heureux, que de leur
reſſembler dans des actions qui furent les
ſuites de leur eſclavage, de leurs vices, de
leur infamie & de leur miſére. Dans les
tems heureux de cette République, *lorsque*
les Loix étoient plus puiſſantes que les comman-
demens des hommes, on regardoit la mauvaiſe foi comme un Crime ſi noir & ſi déte-
ſtabie, qu'on croïoit qu'il n'y avoit que les
eſclaves qui puſſent en être coupables ; &
un homme qui auroit voulu s'élever au deſſus des Loix ſous prètexte de les interpréter, ſe ſeroit expoſé à un mépris univerſel &
même à un châtiment plus rigoureux, ſi
tant eſt qu'il y ait rien de plus cruel que
d'être l'objèct du mépris des honnêtes gens.
Et comme ni les Romains ni aucun Peuple du Monde n'ont jamais mieux défendu
leur liberté que les Anglois ont défendu la
leur, lors qu'on a eû recours à la force pour
les oprimer, ils ne doivent pas être moins
ſoigneux de défendre cette précieuſe liberté contre les attaques de la fraude & de la
mauvaiſe foi, qui ſónt encore plus dangè-
reuſes que celles de la force & de la violence.

On

On ne peut nier que nos Ancêtres ne fuſſent réduits forts bas ſous le règne de Guillaume prémier; un grand nombre des plus
conſidérables d'entre eux avoient perdu la
vie dans les guerres Civiles ou en ſuivant
le parti de Harold : Ils étoient braves, mais
ſans expérience & ſans diſcipline : Les Normans, par les fréquentes expéditions qu'ils
avoient faites en France, en Italie & en
Eſpagne, avoient joint à l'impétuoſité de leur
Nature toute la ſubtilité imaginable : Guillaume avoit juré de conſerver les Priviléges
ges de la Nation, mais il viola ſon ferment,
& emploïa à la ruïne de ſes ſujèts le pouvoir qu'ils lui avoient confié pour leur conſervation. Il fit périr pluſieurs perſonnes de
mérite, il en emmena pluſieurs autres en
Normandie, & s'imagina qu'il étoit Maître de tout. Il étoit ruſé, hardi & enflé de
ſes victoires ; mais il éprouva que la réſolution d'un Peuple courageux étoit invinci-
ble. Lors qu'ils s'aperçûrent que leurs Loix
& leurs libertez étoient en danger, ils ré-
ſolurent de mourir ou de les conſerver en
leur entier, & lui firent connoître qu'il ne
pouvoit mettre ſa Couronne & ſa vie en ſûreté qu'en accompliſſant ce qu'il leur avoit
promis & en ſe ſervant de ſon Autorité pour
arriver au but qu'on s'étoit propoſé en l'é-
levant ſur le Trône. Ils ne crûrent pas qu'il
fût en droit de leur donner des Loix ni de
les interpréter à ſa fantaiſie, & ils ne voulurent pas ſoufrir qu'il violât celles de leurs
Ancêtres. Ils ont toûjours ſuivi la même
route ; & quoi qu'ils n'aïent peut-être pas

Tome III.   I   eu

eu affez de lumiéres pour trouver le moïen
le plus fûr & le plus aifé pour réprimer les
Princes, cependant ils ont fi bien fû défendre leurs Priviléges, qu'on a vû peu de
Princes prudens entreprendre de les leur
ôter ; & ceux qui ont été affez fous pour
l'entreprendre y ont fi mal réüffi, que cela
feul fufit pour détourner les autres de fuivre leur mauvais éxemple. Depuis Guillaume prémier nous n'avons point eu de
Roi plus fier ni plus hardi que Henri VIII.,
cependant il étoit fi perfuadé que le droit
de faire des Loix, de les changer ou de les
abolir appartenoit au Parlement, qu'on ne
voit pas qu'il ait fait aucun changement extraordinaire fans l'intervention de cette Augufte Affemblée. Ce ne fut pas lui, mais
le Parlement qui chaffa les Moines de leurs
Couvents ou Abéïes: Il ne s'apropria pas
leurs Terres: mais il reçut ce que le Parlement jugea à propos de lui en donner: Il
ne fecoüa pas le joug du Pape de fa propre
Autorité, & ne s'atribua point d'autre pouvoir dans les affaires Eccléfiaftiques que celui que le Parlement lui conféra. Les difficultez embarraffantes qui s'élevérent au
fujèt de fes mariages, & la légitimation de
fes enfans, tout cela fut règlé par la même
Puiffance: Du moins une de fes Filles ne
pouvoit pas prétendre à la Couronne fur
d'autre Tître, qu'en vertu de ce règlement;
ceux qui lui permirent de difpofer de la
Couronne par fon Teftament, auroient pû
le permettre à fon Palfrénier; & ce Prince
étoit trop fier pour leur demander ce pouvoir,

voir, s'il avoit résidé en sa personne, & il y auroit résidé infailliblement, si les Loix & l'Autorité Judiciaire avoient été entre ses mains.

C'est ce que l'on voit encore plus clairement par ce qui se passa à la Tour entre le
Chevalier Thomas Moor & Rich Procureur
du Roi; cèt homme lui demandant si ce ne
seroit pas un crime de Léze Majesté que de
s'opposer à Richard Rich, en cas que le Parlement lui donnât la Couronne, Moor lui
répondit que cette question étoit *casus levis*;
parce que le Parlement pouvoit faire des
Rois & les déposer lors qu'il le jugeoit à propos; & pour lors voulant dire quelque chose qui eût plus de rapport au cas où il se trouvoit il demanda à Rich si, supposé que le
Parlement passât un Acte par lequel il or-
donneroit que *Dieu ne seroit plus Dieu &
qu'on ne l'adorât plus comme tel*, ceux qui ne
voudroient pas obéir à cèt Acte devoient être
considérez comme criminels de Léze Majesté? Il est évident qu'un homme qui avoit
autant de pénétration & de Savoir qu'en
avoit le Chevalier Moor ne se seroit pas servi
de cèt Argument pour se dispenser d'obéir à
ce que le Parlement avoit ordonné, en faisant voir que le cas dont il s'agissoit étoit d'u-
ne Nature beaucoup au dessus de tout pouvoir humain, si tout le Monde ne fût pas
convenu qne le Parlement pouvoit faire tout
ce qui ne surpasse pas la puissance humaine. Je croi que ce que j'ai dit peut sufire
pour démontrer que la puissance du Roi n'est
pas au dessus des Loix, & s'il n'est pas au
dessus des Loix on ne peut sans folie lui

I 2

atri-

atribuer le pouvoir de les interpréter, puis que cette prérogative qu'on veut lui donner, n'eſt fondée que ſur une ſuppoſition qu'il peut faire des Loix, ce qui eſt abſolument faux.

SECTION XXVII.

La Grande Chartre n'eſt pas le fondement, mais une déclaration des Libertez des Anglois. Le Pouvoir des Rois d'Angleterre n'eſt pas reſtraint, mais établi par cette Loi & par les autres Loix de la Nation ; & c'eſt la ſeule Nation qui les a faites, qui peut en corriger les defauts.

JE convien avec Filmer *que la Grande Chartre n'a pas été faite pour reſtraindre le Pouvoir abſolu* ; car les Rois d'Angleterre n'ont jamais eu un ſemblable pouvoir ; ni prétendu qu'ils duſſent l'avoir, cette Chimère aïant été, ſelon toutes les apparences, reſervée à notre Siécle, pour comble d'infamie & de miſéres, mais par l'établiſſement de cette Chartre on s'eſt propoſé d'affermir les Libertez naturelles & originaires du Peuple Anglois par l'aveu autentique du Roi* qui étoit alors ſur le Trône, afin de ne laiſſer à lui ni à ſes ſucceſſeurs aucun prétexte d'Empiéter ſur les priviléges des ſujèts : & on ne peut pas dire que ni cette Loi, ni aucune autre

* *Henri* 3.

tre diminuënt en rien la puiſſance des Rois ;
car comme ils ne ſont Rois que par la Loi,
la Loi peut conférer quelque prérogative à
l'un d'entre eux en particulier, ou à lui & à
ſes ſucceſſeurs, mais elle ne peut rien leur
ôter, parce qu'ils n'ont rien qu'ils ne l'aïent
reçû. Comme ce que la Loi donne, eſt
donné par ceux qui font la Loi, il n'y a
qu'eux qui ſoient capables de juger ſi celui à
qui ils ont donné, cette Autorité, l'éxerce
bien ou mal, & par conſéquent il n'y a qu'eux
qui ſoient capables d'en corriger les defauts.
C'eſt pourquoi quand même j'avoüerois
qu'on peut trouver des defauts dans pluſieurs
Statuts, & qu'en général tout le récüeil de ces
Statuts eſt fort défectueux, il ne s'en ſuivroit
pas qu'on dût remettre la déciſion de toutes les affaires à la volonté du Roi, quoiqu'il
ſemble à Filmer que ce ſoit là le chemin le
plus court. Mais quelques defauts qui puiſſent être dans nos Loix, le mal n'eſt pas ſi
grand qu'il ſoit beſoin d'avoir recours aux
remédes extrêmes, & nous avons lieu d'eſ-
pérer que nous en pourons guérir à moins de
frais. Il ſe peut faire que nos Loix ont été
trop libérales des Libertez du Peuple, &
qu'elles n'ont pas trouvé des moïens aſſez
ſûrs pour défendre nos priviléges contre l'u-
ſurpation des mauvais Princes ; mais tous
ceux qui ſuivent une Morale diférente de
celle de notre Auteur, & qui ont plus de jugement que lui, ne feront pas d'avis de réſi-
gner au Monarque ce qui reſte de priviléges
au Peuple, pour remédier aux maux qui
procédent de ce que on lui a par trop laiſſé

I 3   em-

empiéter fur les droits des fujèts, ou de ce qu'on lui a donné trop de Pouvoir. Quoiqu'en dife Filmer, il eft évident qu'il eft perfuadé de cette vérité, puifque dans le tems même qu'il foutient que les Actes du Parlement ne peuvent pas reftraindre le Pouvoir des Rois, il tâche de tirer avantage de certaines Claufes qui y ont été inférées avec fupercherie par les Officiers des Rois, qui jufqu'au régne de Henri V. avoient pour la plûpart la charge d'écrire les Actes publics, ou de celles qui n'expliquoient pas clairement l'intention des Légiflateurs, ce qui pouvoit être arrivé par négligence; or il eft conftant qu'il auroit grand tort de vouloir tirer avantage de ces fortes de chofes, s'il étoit bien perfuadé de ce qu'il veut faire croire aux autres, que Dieu par une Loi univerfelle a mis la décifion de toutes fortes d'affaires entre les mains du Roi en lui conférant le droit d'interpréter les Loix & de juger des cas que ces Loix n'ont pas clairement décidez fans qu'aucun pouvoir humain foit capable de rien ajoûter ou retrancher à cette prérogative Roïale; ce qui donneroit au Monarque une Autorité abfoluë; & feroit autant que s'il avoit un droit clair & inconteftable d'ordonner de toutes chofes felon fon bon plaifir.

Mais quelques défectueufes que puiffent être les Loix, il y a apparence qu'il n'en arriveroit pas de grands inconvéniens, fi on obfervoit éxactement le Statut des Parlemens annuels, comme cela fe devroit pratiquer. Il n'eft pas poffible de croire qu'une Grande Affemblée compofée de perfonnes

illu-

illuftres & choifies de tout le corps de la Nation, vouluffent faire une Loi manifeftement oppofée au deffein qu'ils ont; fuppofé qu'ils euffent commis quelque erreur, s'ils venoient à la découvrir, le mal ne feroit jamais fi extrême, qu'on ne pût fort bien fans péril en différer la guérifon jufqu'à la prochaine Affemblée du Parlement, ou au moins pendant quarante jours, efpace de tems qui fuffit au Roi pour en convoquer un, fi le terme que la Loi a marqué femble trop éloigné. Si le Roi manque à cela, il ne s'aquite pas des fonctions de fa charge; & quiconque voudroit, pour récompenfe de l'inobfervation de fon ferment, lui conférer un Pouvoir abfolu, feroit auffi fou que notre Auteur, qui en nous défendant d'éxaminer le droit & les titres des Princes, & en nous enjoignant d'obéir aveuglément aux Puiffances, fans faire attention qu'à leur Autorité, & non aux moïens qu'elles ont emploïé pour y parvenir, encourage les plus fcélérats au maffacre des meilleurs Princes, en les affûrant que s'ils réüffiffent dans leurs pernicieufes entreprifes, ils entreront en poffeffion de tous les honneurs & de tous les avantages les plus confidérables dont on puiffe joüir dans le Monde.

Les Princes ne doivent pas lui être beaucoup plus obligez des difcours fiers & hautains qu'il leur fait tenir, parce qu'on remarque que ce font ordinairement les plus méchans Princes qui tiennent ce langage; & la Loi aïant fouvent puni leurs extravagances, cela fuffit pour prouver, qu'ils tiennent tout

I 4   leur

leur pouvoir des Loix de leur Patrie.

Quand même il feroit vrai, comme le dit
Filmer, que la réponce que le Roi fait quelquefois aux Bills qu'on lui préfente pour y
donner fon confentement, fembleroit un
refus, cela ne ferviroit qu'à faire voir qu'il a
voix négative, par raport à ce dont on eft
convenu dans les deux Chambres du Parlement, & non pas qu'il ait le pouvoir d'agir
par lui même ; en effet ce privilége ne lui auroit été donné que pour tenir en bride les autres parties du Gouvernement. Mais en vérité ce que notre Auteur apelle refufer eft feulement éluder la queftion;& celui qui par des
voïes obliques élude quelque chofe, con-
feffe par cela même qu'il n'eft pas en droit de
la refufer abfolument. Il eft Naturel aux
Rois & fur tout aux plus méchans d'entre
eux d'élever leur Autorité autant qu'il leur
eft poffible ; & la plus forte preuve qu'ils
puiffent donner de leur manque de puiffance, c'eft lors qu'ils ont recours à ces pitoïa-
bles fubtilitez pour fe difpenfer de faire ce
que l'on demande d'éux. Mais quand même
je demeurerois d'accord que les paroles
dont ils fe fervent marquent un refus, & que
nonobftant celles du ferment qu'ils prêtent
le jour de leur Sacre, *Quas vulgus elegerit,*
ils peuvent refufer ; tout ce que l'on en pouroit conclure, c'eft que ces Rois ont un pouvoir égal à celui de l'une ou de l'autre Chambre, ce qui ne peut être un pouvoir Souverain, felon notre Auteur, à moins qu'on ne
voulût dire qu'au même tems il y a trois
Puiffances Souveraines, abfoluës & diftinc-
tes

tes dans un même Etat ; ce qui eſt tout-à-fait
ridicule.

Ce qu'il dit par rapport aux procédures
de la *Chambre Étoilée* & du Conſeil, ne ſert
qu'à faire voir qu'il y a eu des Rois qui ont
empiété ſur les droits de la Nation, & qu'on
les a ſoufferts juſques à ce que aïant abuſé
éxceſſivement de leur Autorité, cèt abus a
ſouvent cauſé la ruïne des Miniſtres qui
leur donnoient de bons conſeils, & quelquefois celle de ces Rois même. Mais la
juriſdiction du Conſeil aïant été réglée par
le Statut de l'an 17. de Charles prémier, &
la Chambre aïant été ſuprimée depuis ce
tems-là, cela ne regarde point notre différend.

Ceux qui reſſemblent à notre Auteur imputent ordinairement à trahiſon & à rébellion les changemens qu'on a faits en de ſemblables occaſions ; mais de tous ceux qui
ne ſe laiſſent point aveugler à leurs préjugez
il n'y en a aucun qui ne les juſtifie, & qui
ne reconnoiſſe encore que tous les Rois qui
règnent aujourd'hui en Europe ne poſſédent
point leur Couronne ſur d'autre Titre qu'en
vertu de celui qui leur eſt conféré par ces
Actes ſolennels des Peuples, qui peu affec-
tionnez envers le prétendu héritier, quoique
le plus proche du Sang ont jugé à propos
de lui préférer une autre perſonne ou de faire paſſer la Couronne dans une autre Famille. Ces perſonnes déſintéreſſées diſent
auſſi que comme il n'eſt pas poſſible qu'un
Gouvernement ſoit ſi parfait qu'il n ait quelque defaut dès ſon origine, ou qu'il ne s'y

I ſ.   en

en gliffe quelqu'un dans la fuite, il n'y en a point auffi qui puiffe fubfifter à moins qu'on ne le raméne de tems en tems à fon prémier principe, par un acte fi autentique de la puiffance de ceux pour le bien defquels il a été établi, que perfonne ne puiffe s'empêcher de reconnoître qu'ils ne font fujèts à aucune puiffance humaine, & qu'ils peuvent faire tout ce qu'ils croient leur être avantageux. Et comme le falut & la fûreté des Peuples confiftent à favoir bien placer & règler ce pouvoir, on a toûjours vû que ceux-là ont été heureux qui ont mis l'Autorité entre les mains de perfonnes qui felon toutes les apparences n'étoient pas d'humeur à vouloir en ufurper plus qu'on ne leur en accordoit, qui paroiffoient moins capables de fe laiffer intimider, tromper ou corrompre; & qui étant eux-mêmes les plus intéreffez au Salut de l'Etat, étoient par conféquent plus indifpenfablement obligez de travailler à l'augmentatio de fa puiffance, de fon bien, & d'en défendre les libertez. C'eft-là l'emploi le plus important qu'on puiffe confier à des hommes. Ce pouvoir fut donné par les Lacédémoniens aux Ephores & au Sénat des vint-huit; à Venife il réfide dans celui qu'on appelle *Concilio de Prégadi*; en Allemagne, en Efpagne, en France, en Suéde, en Danemarc, en Pologne, en Hongrie, en Bohème, en Ecoffe, en Angleterre & généralement dans tous les Païs qui ont reçû le Gouvernement des Goths, cette puiffance a toûjours réfidé dans leurs Affemblées Générales des

Etats

Etats, fous le nom de Diétes, de Cortez,
de Parlemens, de Sénats &c. Mais quoiqu'il en foit, toûjours eft-il certain que
ceux qui ont eû ce pouvoir ont aufli eû celui de faire, de caffer, de changer, de corriger & d'interpréter les Loix; ce font eux
qui ont exclus les Princes de la fucceffion
ou qui les ont dépofez; ce font eux qui ont
établi, règlé ou changé l'ordre de la fucceffion; & je défie qui que ce foit de me nommer un feul Roi d'entre tous ceux qui régnent chez les Peuples dont je vien de parler, qui ait aucun droit à la Couronne qu'il
porte, à moins que ces Actes ne foient valables.

Si ce pouvoir n'eft pas mis en de bonnes
mains, ou qu'il ne foit pas bien proportion-
né à celui qu'on donne aux autres Magiftrats, il ne fe peut pas que l'Etat ne foit expofé à de grands défordres, ou bien il faut
fouvent emploïer les moïens les plus violens & les plus dangereux pour défendre fa
liberté. Lacédémone & Venife ont été rarement obligées d'avoir recours à ces voïes
violentes, parce que la Puiffance de leurs
Sénats étoit fi fupérieure à celle de leur Rois
& de leurs Ducs, qu'il ne leur étoit pas difficile de mettre ces Souverains à la raifon.
Les Rois Gots en Efpagne n'ont jamais
voulu rifquer d'entrer en concurrence avec
la Nobleffe; & ce ne fut pas tant pour s'ê-
tre voulu élever au deffus des Loix que
Witza & Rodrigo expoférent le Roïaume
en proïe aux Maures, que pour avoir négligé la dicipline Militaire, & avoir porté

I. 6.   par

par leurs mauvais éxemples, la jeuneffe à la debauche & à la baffeffe; cela joint à leur lâcheté & à leur ignorance fut la ruïne de l'Etat. Mais en Angleterre où il femble que nos Ancêtres aïent eu quelque deffein de balancer les différentes puiffances, il eft arrivé que par une funefte erreur, ils ont donné tant de pouvoir au Roi, que lors qu'il s'en eft trouvé quelqu'un qui en a voulu abufer, on n'a pû le réprimer fans un très grand péril. Et comme cette erreur a fait répandre beaucoup de fang illuftre parmi nous en différens Siécles, auffi eft-elle encore caufe de l'embarras où nous nous trouvons aujourd'hui, & nous menace encore de plus grands malheurs pour l'avenir, mais au moins elle ne peut pas nous ôter le droit que nous avons hérité de nos Péres.

SECTION XXVIII.

Les Anglois ont toûjours été gouvernez ou par la Nation en corps ou par des Députez qui la repréfentoient.

Aïant fait voir que la Nation Angloife n'a jamais reconnu d'autre Loi humaine que celle qu'elle s'étoit elle-même impofée, & que nos Parlemens aïant le pouvoir de faire des Loix & de les abroger, c'eft à eux feuls qu'apartient le droit de les inter-

interpréter , & de décider les cas difficiles
fur lefquels la Loi ne s'eft pas clairemént
expliquée, il eft évident qu'il ne peut y avoir
de vérité en ce que dit notre Auteur, *que
c'eft au Roi qu'appartient de faire, de corriger
& de tempérer ces Statuts auffi bien que le
Droit Coutumier* : Et qu'il n'y a pas plus de
Solidité dans ce qu'il ajoûte, que *ni l'un ni
l'autre ne peut en rien diminuer ce pouvoir naturel que les Rois ont fur leurs Peuples, en qualité de Péres* ; car comme je l'ai prouvé fort
amplement dans les prémiéres parties de
cèt Ouvrage, il y a tant de différence entre le pouvoir Monarchique & l'Autorité
Paternelle, au fens que Filmer l'entend, que
ces deux chofes font entiérement incompatibles , & ne fe peuvent accorder ni dans le
principe ni dans la pratique.

Mais de peur que nous ne fuffions trop
fiers de l'honneur qu'il a bien voulu faire à
nos Parlemens, en fe fervant de leur Autorité, il dit, *que nous devons prémiérement
nous fouvenir que jufqu'au tems de la Conquête,*
terme dont il fe fert pour exprimer l'entrée
des Normands en Angleterre, croïant fans
doute que c'eft faire honneur à notre Nation, *on ne pouvoit affembler de Parlement
compofé des Etats Généraux, parce qu'avant
ce tems-là, nous ne voions pas que ces différens
Ordres fuffent unis en un corps.* En fecond
lieu il doute, *fi du tems des Saxons le Parlement étoit compofé fimplement de la Nobleffe
& du Clergé, ou fi les Communes y entroient
auffi* ; mais il conclud hautement *qu'il n'y
pouvoit point entrer, ce que nous appellons*

I 7   Knight

Knight of a * Shire, *parce qu'alors le Roïaume n'étoit point divisé en Shires.* Troifiémement *que ce fut fous le règne de Henri prémier que les Communes choifirent pour la prémiére fois leurs Députez pour les envoier au Parlement*; & il voudroit bien nous faire croire que le Roi leur accorda ce Privilége par grace: mais il ajoûte, *qu'il auroit été plus glorieux pour les Parlemens de devoir leur origine à un Prince dont le droit à la Couronne auroit été mieux fondé, que ne l'étoit celui de Henri I.*

Pour réponfe au prémier point, je dis que je ne me crois pas obligé d'infifter fur le nom ou fur la forme du Parlement; car l'Autorité d'une Magiftrature ne procéde pas de fon ancienneté, mais de la droiture de fon inftitution, & de l'autorité de ceux qui l'ont établie. La Puiffance de Saül, de David & de Jéroboam étoit la même que celle qui apartenoit légitimement aux derniers Rois d'Ifraël & de Juda. L'Autorité des Confuls, des Dictateurs, des Préteurs & des Tribuns Romains n'étoit pas moins bonne, lors qu'elle fut inftituée, qu'elle le fut dans la fuite; elle étoit auffi légitime & auffi jufte dès fon origine que celle des Rois de Dannemarc qu'on dit avoir continué depuis plus de trois mille ans. Car comme le tems ne peut rendre légitime ni jufte ce qui ne l'eft pas de foi-même, quoique les hommes ne fe portent pas volontiers à changer ce que leurs Ancêtres ont établi, à moins

* *Député ou réprésentant Géuéral d'une Province dans la Chambre des Communes du Parlement d'Angleterre.*

moins qu'ils n'y découvrent de grands inconvéniens, auſſi ce qu'un Peuple juge à
propos d'établir, pour ſon bien, a autant
de force & d'autorité dès le prémier jour
de l'établiſſement, qu'il en puiſſe jamais
avoir dans la ſuite : C'eſt pourquoi, dans
les affaires les plus importantes, les perſonnes ſages & bonnes ne s'informent pas tant
de ce qui a été, que de ce qui eſt bon & de
ce qui doit être ; car ce qui eſt mauvais en
ſoi, devient encore pire dans la ſuite, &
on peut l'abolir avec juſtice, auſſi-tôt qu'on
en trouve l'occaſion. Mais ſi cette liberté
que Dieu a donnée à tous les hommes en
naiſſant s'afermit à meſure qu'ils la conſervent plus long-tems, & que les preſcriptions
rendent les priviléges & droits des Anglois
plus inconteſtables, je ſoutiens que les Nations dont nous héritons les droits, ont
toûjours joüi de la liberté à laquelle nous
prétendons, qu'elles ont éxercé ce droit en
ſe gouvernant elles-mêmes d'une maniére
Populaire, ou par leurs Répréſentans qu'elles ont toûjours choiſi elles-mêmes depuis
que cette métode a été en uſage.

Les Bretons & les Saxons ont été ſi long-
tems enſévelis dans l'obſcurité, qui eſt inſéparable de la vie barbare qu'ils menoient,
que ce ſeroit en vain qu'on chercheroit chez
des Ecrivvins plus anciens que Céſar & Tacite, ce qui s'eſt paſſé parmi eux. Le premier de ces Auteurs dit que les Bretons
étoient un peuple féroce, jaloux de ſa liberté, & qui la défendoit avec tant d'opiniâtreté & de valeur que quoiqu'ils man-
quaſſent

quaſſent d'expérience & que les Romains
fuſſent ſupérieurs en forces, on ne put cependant ſe rendre maître de leur païs qu'a-
près en avoir fait paſſer au trenchant de l'é-
pée tous les habitans capables de porter les
armes. Il les appelle un peuple libre, d'autant qu'ils n'étoient pas, comme les Gaulois, gouvernez par des Loix établies par
les Grands de la Nation, mais par le peuple. De ſon tems ils choiſirent pour commander leurs Armées Caſſivellaunus, &
en ſuite Caractatus, Arviragus, Galgacus
& pluſieurs autres, mais ils ſe réſervérent
le Gouvernement pour eux-mêmes. Ils
venoient armez dans leurs Aſſemblées Générales, afin que perſonne ne pût les con-
traindre à rien faire contre leur gré ; &
quoiqu'ils laiſſaſſent la déciſion des affaires
peu conſidérables, au jugement des principaux d'entre eux qu'ils choiſiſſoient pour
cèt effet, ils ſe réſervoient à eux-mêmes le
ſoin des plus importantes, & entre autres le
choix de ces Juges ſubalternes. Lors que
les Romains les eurent abbaiſſez, ils établirent de * certains Rois pour gouverner les

*Inter
inſtrumenta
Servitutis
reges habue-
re. Tac.

habitans des païs qu'ils avoient conquis:
mais ceux d'entre ces peuples qui purent ſe
défendre, par la force naturelle de la ſituation des Lieux qu'ils habitoient, ou qui ſe
rétirérent dans le Nord ou dans les Iles, ſe
gouvernérent toûjours par leurs propres
loix, & ne fûrent jamais ce que c'étoit que
d'être eſclaves de leurs compatriotes ou des
Etrangers. Les Saxons dont nous tirons
principalement notre origine & nos coutumes,

mes, n'étoient pas moins jaloux de leur liberté, & fûrent mieux la défendre, ayant plus d'expérience & de lumiéres. C'étoit fans contredit le peuple de toute l'Allemagne le plus vaillant & le plus puiffant ; & ce que les Allemands firent fous le commandement d'Arioviftus, d'Arminius & de Marobodus fait affez connoître quelles étoient les forces & le tempérament de ces peuples en général. Si jamais la crainte a pû s'emparer du cœur de Céfar, il femble que ce fut lors qu'il eut affaire avec Arioviftus. Les avantages que le brave Germanicus remporta fur Arminius furent mis en paralelle avec les plus fignalées victoires qu'aucun Capitaine Romain eût jamais gagnées ; parceque ces peuples ne combattoient pas pour amaffer des richeffes ou pour aquerir des chofes qui fervent au Luxe & à la volupté, mais pour la défence de leur Liberté. C'étoit-là les principes dont ils étoient imbus, comme cela paroît par leurs paroles & par leurs actions. C'étoit fuivant ces principes qu'Arminius, dans une entrevûë qu'il eut avec fon frére qui étoit au fervice des Romains & qui lui éxagéroit l'augmentation de fa païe & les marques d'honneur qu'il avoit reçûs lui répondit en des termes dédaigneux & méprifans qu'il avoit tort de fe vanter d'une chofe * *qui étoit la récompenfe de la plus miférable & de la plus abjecte de toutes les fervitudes* ; mais lors que cèt homme qui témoignoit tant de grandeur d'âme voulut attenter à la liberté de fa patrie, il fut tué par ceux qu'il vouloit affu-

* *Vilis servitutis præmia.* Tacit.

assujètir à ses loix. Tacite décrivant ensuite le naturel des Allemands, fait voir qu'ils avoient fait courir plus de risque aux Romains, que les Samnites, les Cartaginois & les Parthes, & ne fait point difficulté de dire que leur bravoure étoit un effet de la liberté * dont ils jouïssoient; car dit cèt Ecrivain ils ne sont point épuisez par les Tributs, ni tourmentez † par les *Péagers* : Et afin qu'on n'attente ‡ point à cette Liberté, *les Principaux d'entre eux jugent des affaires les moins importantes; mais celles qui sont plus considérables se décident par tout le Corps de la Nation.* Qui voudra savoir le sentiment de cèt habile Auteur touchant la Liberté des Allemands, n'a qu'à lire son excellent Traité de leurs mœurs & coutumes; mais je croi que ce que j'ai dit peut sufire pour prouver que ces peuples vivoient en Liberté, sous le gouvernement des Magistrats qu'ils choisissoient eux-mêmes, qu'ils n'étoient point soumis à d'autres loix qu'à celles qu'ils s'étoient imposées, & qu'ils s'étoient reservé la principale Autorité du Gouvernement pour l'éxercer dans leurs Assemblées particuliéres ou Générales. Leurs Rois ou Princes n'avoient point d'autre Pouvoir que celui qui leur étoit conféré par ces Assemblées, qui § aïant tout en elles-

* *Quippe gravior est Arsacis regno Germanorum Libertas.*

† *Exempti oneribus & collationibus, & tantum in usum præliorum sepositi velut tela & arma bellis reservantur.*

‡ *De minoribus Principes consultant, de Majoribus omnes.* Tac. de mor. Germ.

§ *Utturba placuit considunt armati, silentium per Sacerdotes.*

elles-mêmes ne pouvoient rien recevoir de ceux qui n'avoient rien à donner.

On n'auroit pas plus de peine à faire voir que les Saxons ou Angles, dont nous décendons, se distinguoient entre ceux dont cèt Historien éléve la puissance, la vertu, & l'amour de la Patrie, d'autant qu'outre ce qu'il dit des Saxons en général, il nomme les Angles; il dit qu'ils habitoient aux environs de l'Elbe, qu'ils adoroient la Déesse *Erthum* autrement la Terre, & décrit le culte Religieux qu'ils lui rendoient dans une Ile située à l'embouchure de ce fleuve, qu'on croit avoir été *Heiligland*; à cause de quoi on donna ce nom de *Holy Island* * à une petite Ile qui est située vis-à-vis de Berwick. S'ils étoient Libres dans leur Patrie, ils l'étoient sans doute lorsqu'ils vinrent en Angleterre. La maniére dont ils y vinrent fait bien voir qu'ils étoient plus disposez à assujètir les autres qu'à se laisser assujètir; & s'ils ne donnoient pas le nom de *Parlement* à leurs Assemblées Générales, c'est parce qu'ils ne parloient pas François; ou parce que ne s'étant pas encore joints aux Normands, ils ne jugeoient pas à propos de suivre cette méthode dans le règlement de leurs affaires; mais aïant le Principe & le pouvoir de la Liberté en eux-mêmes, il ne se pouvoit pas qu'ils ne fussent en droit d'é-

* *Ile Sainte.*

dotes, quibus tum coercendi jus est, imperatur. *Mox Rex vel Princeps prout ætas cuique, prout Nobilitas, prout decus bellorum, prout facundia est, audiuntur, authoritate suadendi, magis quam jubendi potestate. Si displicuit sententia, fremitu aspernantur; si placuit, frameas concutiunt,* &c. ibid.

d'établir telle forme de Gouvernement qu'ils croioient la plus propre pour l'afermiſſement & la conſervation de cette Liberté.

Cela étant, ſelon moi, une vérité inconteſtable, il n'importe pas ſi les Aſſemblées en qui réſidoit l'Autorité Souveraine de chaque Nation, ont été fréquentes ou rares ; ſi elles ont été compoſées d'un grand ou d'un pétit nombre de perſonnes, ſi ces perſonnes tenoient leurs ſéances en un même lieu ou en différens lieux ; quel nom on leur donnoit ; ou ſi chaque membre de la Nation donnoit ſa voix en perſonne, ou ſi pluſieurs enſemble y envoioient un petit nombre de Députez. Car ceux qui ont un droit, peuvent le tranſporter à d'autres ; & ceux qui peuvent donner un pouvoir à d'autres, peuvent l'éxercer eux-mêmes, à moins qu'ils n'y aïent renoncé par quelque acte volontaire ; car il ne s'agit là proprement que de ce qui leur eſt plus commode, & c'eſt à eux ſeuls qu'apartient d'en juger, parce que c'eſt uniquement pour eux-mêmes qu'ils jugent en cette occaſion. Si les choſes étoient autrement, cela ſeroit fort préjudiciable aux Rois : car il eſt conſtant que Caſſivellaunus, Caractatus, Arviragus, Galgacus, Hengiſt, Horſa & pluſieurs autres parmi les Bretons & les Saxons, n'étoient que des Magiſtrats à tems, qu'on choiſiſſoit à l'occaſion de quelque guerre, quelque nom qu'on ait donné à ces Commandans ; mais nous ne liſons pas que jamais les Bretons aïent été ſans leur Grand Conſeil, pour décider des affaires les plus
im-

importantes : Et les Saxons, dans leur Patrie, avoient auſſi leurs Conſeils ; où tous
aſſiſtoient, & où Tacite nous aſſûre qu'ils
règloient les affaires les plus conſidérables
de l'Etat. Ces Conſeils étoient la même
choſe que les *Micklegemots* qu'ils tinrent en
ſuite en Angleterre, & Tacite ſe ſeroit ſervi de ce terme pour éxprimer ces Aſſemblées Générales, s'il avoit écrit en Alle-
man.

Si donc un peuple n'avoit pas le pouvoir d'ériger une Magiſtrature qui n'a jamais été auparavant, on n'en pouroit ériger aucune, car il n'y en a point d'éternelle, & elles ont toutes eu un commencement : que ſi afin que la conſtitution d'un
Gouvernement ſoit valable, il eſt néceſſaire qu'on n'en connoiſſe point le commencement, ou qu'il n'y en ait point eu qui
l'ait pu précéder, il s'enſuivra que la Monarchie à laquelle nous ſommes ſoumis en
Angleterre ne peut être fondée ſur aucun
droit ; car quoique nos Ancêtres aïent eu leurs
Conſeils & leurs Magiſtrats dans notre païs
auſſi bien qu'en Allemagne, il eſt certain
qu'ils n'avoient point de Monarques. Le
témoignage de Céſar & de Tacite ſuffit
pour nous convaincre de cette vérité ; &
nos Hiſtoires plus modernes nous aprennent
qu'auſſi-tôt que les Saxons furent entrez
en cette Ile, ils y eurent leurs Micklegemots, qui étoient proprement des Aſſemblées Générales de la Nobleſſe & des perſonnes Libres en qui réſidoit le pouvoir
Souverain de la Nation : & quoi qu'ils éri-

geaſ

geaſſent ſept Roiaumes lors que leur nombre ſe fut accrû , cependant un chacun de ces Roiaumes ſuivit la même méthode. Il eſt conſtant que ces Aſſemblées avoient le même pouvoir qu'ont nos Parlemens ; & quoiqu'il y eût quelque diférence dans le nom & dans la forme , cela ne fait rien à la queſtion, car il ne ſe peut pas que ceux qui pouvoient Légitimement agir dans cette prémiére Aſſemblée , n'aïent été en droit & en pouvoir d'établir l'autre ; c'eſt-à-dire que le même peuple qui pouvoit s'aſſembler en perſonne , & règler comme il le jugeoit à propos , ſes affaires , lors que leur Gouvernement ne comprenoit que deux ou trois Provinces , & que les membres de la Société n'étoient pas en ſi grand nombre , ni leurs demeures ſi éloignées l'une de l'autre , qu'ils ne puſſent fort bien ſe trouver tous enſemble ſans dificulté , a pû en vertu du même droit députer un certain nombre de perſonnes pour le répréſenter , lors qu'il s'eſt tellement accrû , qu'il eût été impoſſible d'Aſſembler tous les Chefs de la Nation en un même lieu , & que cela n'auroit pû ſe pratiquer , ſans expoſer la Frontiére aux invaſions des Etrangers.

Mais ſi comme Filmer l'inſinuë , on ne doit pas faire grand cas de l'Autorité des Parlemens qui , pendant pluſieurs ſiécles , ont répréſenté tout le Corps de la Nation, par ce qu'ils ne pouvoient pas répréſenter toute la Société , dans le tems qu'elle n'étoit pas unie en un Corps , il s'enſuit que la puiſſance Roïale doit devenir à rien ; car

il

il ne pouvoit pas y avoir de Roi qui gouvernât tout , dans le tems que la Nation
étoit partagée en fept Gouvernemens diférens : & il faudroit être fou pour s'imaginer que la Nation qui avoit fept Grands
Confeils ou Micklegemots , lorsqu'elle
étoit divifée en fept Roiaumes, n'a pas pû
réünir ces diférens Confeils auffi facilement
qu'elle a réünis les fept Roiaumes. On ne
gagneroit rien non plus à dire que la Nation
ne s'eft pas réünie , mais qu'un des Monarques eft parvenu à la poffeffion des autres
Roiaumes par droit d'héritage ; car ce Prince à qui cèt héritage eft venu , n'a pu hériter des autres que ce qu'ils avoient , &
ces fept Rois étant des Magiftrats établis
par les Micklegemots &c., celui qui a hérité n'eft pas autre chofe que ce qu'ils étoient.
Et il n'y a point de raifon à penfer, ni il
n'eft pas poffible de prouver, qu'une Nation
féroce & fiére , jaloufe de fa Liberté , & qui
l'avoit défenduë avec tant d'opiniâtreté en
Allemagne contre tous ceux qui avoient
voulu envahir fon païs , ait conquis le notre
pour fe rendre efclave , & ne fe foit propofé
pour récompenfe de fa valeur qu'une fervitude qui lui avoit toûjours fait tant d'horreur ; ou que ces peuples aïent été moins libres lors qu'ils ont été tous unis fous un même Gouvernement, qu'ils ne l'étoient lorfqu'il vivoient fous fept Gouvernemens différens ; & il eft encore plus ridicule de s'i-
maginer & plus impoffible de faire voir,
qu'un homme ait pu d'abord affujétir fa propre Nation : & enfuite toutes les autres , puis
qu'en

qu'en tâchant d'affujétir fa propre Nation,
il fe rendoit indigne de la confiance qu'on
avoit en lui, & perdoit par ce moïen le droit
qu'on lui avoit conféré, & que cela étant fes
peuples n'avoient garde de fe laiffer mettre
fous le joug, ni de lui aider à y mettre les autres & il ne pouvoit pas le faire feul. Mais
comme il m'arrive prefque toûjours d'être
d'un fentiment oppofé à celui de Filmer, je
foûtiens que la diverfité de Gouvernement
qu'on a vûë parmi les Saxons, qui ont été
partagez pendant quelques fiécles, & unis
en un autre tems; qui quelquefois ont été
gouvernez par des Capitaines & quelquefois
par des Rois; qui en de certains tems fe font
trouvez en perfonne dans leurs Micklegemots, & dans d'autres fe font contentez
d'envoïer leurs députez dans leurs Wittenagemots, je foûtiens dis-je que cette diverfité de Gouvernement prouve manifeftement
que ces peuples règloient leurs affaires comme bon leur fembloit; ce qui étant l'Acte
le plus libre d'une Nation, ils confervérent
inviolablement ce droit dans toutes les révolutions de l'Etat, comme nous l'avons
déja fait voir par l'aveu d'Offa, d'Ina,
d'Alfred, de Canute, d'Edoüard & d'autres Rois qui ne poffédoient qu'une partie du
païs, auffi-bien que de quelques uns qui gouvernoient le tout: Et nous fommes très-af-
fûrez que les Rois de la race Normande
n'ont pas eu plus de pouvoir que ceux-là,
puis qu'ils font montez fur le trône de la même maniere, & qu'ils ont juré de gouverner
fuivant les mêmes Loix.

Sé-

Secondement, je m'embarrasse fort peu
de ce que dit notre Auteur, qu'il doute,
*Si les Parlemens étoient composez en ce tems-là
de la Noblesse & du Clergé seulement; ou si les
Communes y étoient aussi appelées.* Car s'il est
vrai comme il le soutient, que conformément aux Loix éternelles & immuables de
Dieu & de la Nature, il ne puisse y avoir
d'autre Gouvernement dans le Monde que
celui d'un Monarque absolu dont la Majesté Souveraine est au dessus de toutes les
Loix & coutumes, il ne peut y avoir de Parlemens ni d'autres Magistratures qui ne
soient établis par lui & qui ne tiennent toute
leur puissance de son bon-plaisir. Mais aïant
fait voir que les Saxons avoient leurs Grands
Conseils & leurs Assemblées Générales
avant qu'ils fussent gouvernez par des Rois;
que c'étoient ces Assemblées qui créoient
les Rois & qui décidoient des affaires les plus
importantes, soit qu'ils eussent des Rois,
soit qu'ils n'en eussent point; il nous importe fort peu que pendant un ou plusieurs siécles les Communes aïent eu part au Gouvernement, ou qu'elles n'y aïent point eu part.
Car la même Puissance qui avoit établi un
Parlement sans leur y donner entrée, pouvoit lors qu'elle le jugea à propos, les y recevoir: ou pour mieux dire si ceux qui
avoient le Gouvernement en leurs mains
ont trouvé bon, pour des raisons qui leur
étoient connuës, d'en confier l'administration à d'autres, ils ont pû y rentrer lorsqu'ils
l'ont voulu.

Cependant je croi qu'il ne sera pas hors de

propos d'éxaminer ce que Filmer entend par la *Noblesse*. Si par ce mot il entend des Nobles semblables à ceux d'aujourd'hui, qui en vertu de Patentes obtenuës par argent, ou par faveur, sans aucun égard à leur mérite personnel ou à celui de leurs Ancêtres, sont appellez Ducs, Marquis &c. je lui permets de donner à la Noblesse une origine aussi moderne & aussi basse qu'il lui plaira sans craindre que cela préjudicie en aucune maniére aux droits de notre Nation ; & je verrai sans chagrin ravaler la dignité de ces Nobles, si le Roi ne juge pas à propos de la soutenir en la personne de ses créatures. Mais si par la Noblesse nous devons entendre ceux qui ont été Anoblis en considération des vertus de leurs Ancêtres & des services signalez qu'ils ont rendu à leur Patrie, je dis que toutes les Nations qui ont estimé la vertu, ont toûjours eu beaucoup d'égard pour ces Nobles & pour leur postérité : Et quoi que les Saxons & plusieurs autres peuples aient donné à leurs Rois, lors qu'ils en ont eu, le pouvoir d'Anoblir ceux qui se rendroient dignes de cet honneur par des services considérables envers leur Patrie ; cependant le Corps de la Noblesse est plus ancien que ceux-là ; car autrement il auroit été aussi * impossible de choisir les Rois d'entre la Noblesse, comme Tacite remarque que cela se pratiquoit, s'il n'y avoit point eu de Noblesse, que de choisir les Capitaines pour leur vertus, s'il n'y avoit point eu de vertu dans le monde ;

* *Reges ex Nobilitate , duces ex virtute sumere.*

monde ; & les Princes ne pouvoient , fans
fe rendre indignes de la puiffance qu'on
leur avoit confiée , conférer cès honneurs
à ceux qui ne les méritoient pas. Cela eft
fi vrai que le plus grand crime dont on accu-
fa † Vortigern , le dernier & le plus méchans
de tous les Rois Bretons , c'eft qu'il avoit
Anobli des perfonnes qui en étoient tout-
à-fait indignes ; & quoique ce Prince pût
prétendre , comme on le prétend aujour-
d'hui , que c'étoit à lui qu'apartenoit le jugement de ces fortes de chofes : cependant
il ne put empêcher que le public ne jugeât
de fes Crimes , qui le rendirent odieux aux
yeux de Dieu & des hommes , & qui furent enfin caufe de fa perte & de la ruine
de fes Sujèts qui les avoient fouferts avec trop
de patience.

Comme il n'y a point de Nobleffe parmi
les Turcs , & dans la plûpart des Gouvernemens Tiranniques de l'Orient , & qu'il
n'y a que la faveur du Prince qui donne à
un homme quelque avantage confidérable
au deffus du commun peuple ; au contraire dans tous les Roîaumes légitimes du
Nord, la Nobleffe a toûjours fait la principale force du Gouvernement ; & on n'a
pas crû pouvoir trouver de meilleur moien
pour fe garantir des Ufurpations des mé-

K 2 chans

---

† *Sublimato eo, cœpit Lues omnium fcelerum crefcere: fævie-*
bat fcurrilis nequitia , odium veritatis , &c. ut vas omnium
fcelerum folus videretur Vortigernus ; & quod maxime regiæ
honeftati contrarium eft. Nobiles deprimens , & moribus &
fanguine ignobiles extollens , Deo & hominibus efficitur odio-
fus. Mat. Weftm. An. 446.

chans Rois , qu'en établissant un certain
Ordre de personnes qui par l'étenduë de
leur Territoire & par le grand nombre de
leurs Fermiers & Vassaux , seroient en état
d'empêcher le Roi ou les Communes d'empiéter sur les priviléges les uns des autres.
Pour cèt effet , l'Espagne , la France , la
Pologne , le Danemarc, la Suéde , l'Ecof-
se & l'Angleterre étoient autrefois presque
toutes partagées en Seigneuries sous diférens tîtres , & tous ceux qui les possédoient
étoient obligez d'en rendre hommage &
d'être fidéles au Roi, c'est-à-dire de lui rendre l'obéïssance que la Loi éxigeoit qu'on
lui rendît , & le Roi réciproquement juroit
d'accomplir ce que la même Loi éxigeoit
de lui.

Ces Nations aïant embrassé la profession
de la Réligion Chrêtienne , eurent beaucoup de vénération & de respect pour le
Clergé ; & ne doutant point que les Ecclé-
siastiques qu'ils regardoient comme des
Saints , ne fussent justes & équitables , ces
peuples crûrent qu'ils ne pouvoient mieux
assûrer leur Liberté , qu'en joignant ceux
qui avoient la direction de leurs conscien-
ces , aux Nobles qui avoient le commandement des Armées. Cela réüssit si bien,
par rapport à la défence des droits & priviléges du public, que dans tous les Etats
dont je vien de parler, les Evêques , les Abbez & en général les autres Ecclesiastiques
firent paroître autant de zéle & de hardies-
se à défendre la Liberté publique, que les
plus grands Seigneurs de la Nation : mais
quand

quand même il feroit vrai que les chofes
étant ainfi règlées, les Communes n'auroient pas eu Séance dans les Affemblées
générales, foit en perfonne, foit par leurs
Députez, les Rois n'en pouroient tirer aucun avantage; car une puiffance telle que
celle que je vien de décrire, étant donnée
à la Nobleffe & au Clergé, eft auffi incompatible avec la Souveraineté abfoluë des
Rois, que fi les communes en poffédoient
une partie. Si le Roi a tout le pouvoir,
aucun homme ni aucun nombre d'hommes ne peut en avoir aucune partie. Si la
Nobleffe & le Clergé ont la puiffance entre leurs mains, les Communes y peuvent
auffi avoir leur part. Mais je foûtiens que
ce que nous appellons aujourd'hui Communes ont toûjours eu part au Gouvernement, & entrée dans les Confeils qui en
avoient l'adminiftration; car s'il y avoit
eu quelque diférence, ce ne pouroit être
qu'en vertu de quelque Patente, par le droit
de Naiffance, ou à caufe des Terres qu'ils
poffédoient.

Pour ce qui eft dès Patentes, nous favons qu'elle ne commencérent à être en
ufage que long-tems après que les Normands fe furent établis en Angleterre, &
ceux qui font en poffeffion de ces Patentes ne peuvent pas légitimement prétendre
à aucun avantage, en confidération de leur
Naiffance, ou des Terres qu'ils poffédent,
préférablement à ceux qui ne les ont pas.
Bien plus, outre les diférentes branches
des Familles qui font à préfent en poffef-

fion

fion des plus anciens Titres d'honneur, &
qui par conféquent font auffi Nobles que
celles qui ont ces Patentes, & quelques unes
d'entre elles qui font des plus anciennes Familles, nous en connoiffons qui ne tiennent
rang qu'entre les Communes qui par leur
ancienneté & par leur fplendeur ne font en
rien inférieures aux plus confidérables de la
Grande Nobleffe : Et il n'y a rien de plus ridicule que de préférer Cr-v-n, T-ft-n,
Bnn-t, Osb-rn, & quelques autres aux
Cliftons, aux Hampdens, aux Courtneys,
aux Pelbams, aux St. Johns, aux Baintons,
aux Wilbrahams, aux Hungerfords & à
plufieurs autres, comme fi la naiffance de
ces premiers leur donnoit quelque Prérogative au-deffus des derniers. Et fi on con-
fidére les Titres en vertu de quoi ils poffédent leurs biens, ils font auffi anciens, ou
pour mieux dire, ils ont les mêmes qu'ont
ceux qui portent aujourd'hui le nom de
Duc ou de Marquis. Je n'ai pas deffein
de parler des moïens infames & fordides
dont on fe fert en nos jours pour obtenir
des lettres de Nobleffe ; mais quiconque
voudra prendre la peine de les éxaminer,
verra qu'ils deshonorent ceux qui les obtiennent, bien loin de les Anoblir. Et au
lieu qu'il n'y a que la vertu qui puiffe véritablement Anoblir, & que l'on doit du
refpect à ceux dont les Ancêtres ont rendu
des fervices confidérables à leur patrie, parceque, jufques à ce qu'ils facent voir le
contraire par leur mauvaife conduite, on a
lieu de croire qu'ils marcheront fur leurs
traces,

traces, ces Courtifans modernes au contraire nous obligent fouvent par leurs grands
noms & par leur tîtres éclatans, de nous
remettre dans l'efprit des chofes dont on
ne peut parler fans rougir. Quels qu'aient
été les Anciens Nobles d'Angleterre, toûjours eft-il certain qu'ils ne reffembloient
pas à ces nouveaux Nobles. Et quand même on demeureroit d'accord qu'il n'y avoit
que les Ducs, les Marquis, les Comtes,
les Vicomtes & les Barons qui euffent
Séance dans les Confeils dont Céfar & Tacite font mention, ou dans les Grándes
Affemblées des Saxons, ceux qui portent
ces tîtres aujourd'hui ne tireroient aucun
avantage de cèt aveu. C'étoit des tîtres
d'Ofices qu'on conféroit à ceux qui commandoient les Armées en tems de guerre
& qui étoient les plus capables de cèt Emploi, qui donnoient Confeil au Roi, qui
adminiftroient la Juftice, & qui remplif-
foient d'autres charges publiques; mais ces
Charges n'étoient point héréditaires, & fi
cela eft arrivé quelquefois ç'a été par abus;
on ne les aquerroit pas par argent, & elles ne fervoient pas alors de récompenfes
aux fervices les plus bas. Si cèt ancien
Ordre eft tout à-fait renverfé, auffi-bien
que la fin de cèt établiffement il faut que
ceux qui prétendent fe faire diftinguer du
commun par ces tîtres, fondent leurs prétentions fur quelque chofe bien diférente
de la Pratique Ancienne.

Ce que je vien de dire étant plus que fufifant, fi je ne me trompe, pour faire voir

K 4　　　　que

que les anciens Conseils de notre Nation n'étoient pas composez de personnes semblables à celles qu'on appelle aujourd'hui Nobles, je croi qu'il sera bon d'éxaminer de quelle sorte d'hommes ils étoient composez : Et quoique je n'aie pas lieu d'ajoûter beaucoup de foi à ce que dit Cambden, qui s'en est rendu indigne par plusieurs faussetez, néanmoins je commencerai par lui parceque * notre Auteur l'a cité. Si nous voulons l'en croire, *nous pouvons avec justice donner le nom de Parlement à ce que les Saxons appelloient Wittenagemots, puis que c'est en cette Assemblée que réside la Souvèraine & très-sacrée Autorité de faire, d'abroger & d'interpréter les Loix, & en général de régler tout ce qui a rapport à la sûreté & au bien de l'Etat.* Selon le †sentiment de Guillaume de Malmsbury, cèt Wittenagemot étoit *l'Assemblée Générale du Sénat & du peuple*; Et le ‡ Chevalier Henri Spelman l'appelle *le Conseil Général du Clergé & du Peuple.* Dans l'Assemblée qui se tint à Calcuth il fut ordonné par les Archevêques, les Evêques les Abbez, les Ducs, les Sénateurs & le peuple du païs, *Populo terræ,* que § *les Rois seroient élûs par les Prêtres & les Anciens du peuple.* Ce fut par eux que
Offa,

---

* *Quod Saxones olim Wittenagemot, Parliamentum & Pananglicum recte dici possit, Summamque & Sacrosanctam habet authoritatem in legibus ferendis, antiquandis, conformandis, interpretandis, & in omnibus quæ ad Reipublicæ salutem spectant.* Brit. fol. 63.

† *Generalis Senatus & Populi Conventus.* Malms.

‡ *Commune Concilium tam Cleri quam populi.* Spelm.

§ *Ut reges à Sacerdotibus & Senioribus populi eligantur.*

Offa, Ina & plusieurs autres furent faits Rois; Et Alfred * reconnoît dans son testament qu'il tient sa Couronne d'eux. Edgar fut élû par tout le peuple, & bientôt après déposé, & enfin rétabli dans une Assemblée † Générale de toute la Nation. Or parceque on trouve quelquefois dans les Historiens que ces choses se font du consentement des Barons du Roiaume, Cambdem dit que ‡ *sous le nom de Barons on comprend en quelque façon tous les Ordres du Roiaume*; & nous ne pouvons pas entendre en un autre sens ce que disent souvent les Historiens en parlant de la Noblesse d'Angleterre ou de ceux qu'on appelle nobles, qu'il y en a une multitude infinie, *infinita multitudo*.

Si l'on me demande comment il se peut faire que la Noblesse soit devenuë si nombreuse; je répons que les Peuples du Nord qui étoient continuellement en armes, avoient une estime toute particuliére pour la valeur militaire; que par leurs conquêtes ils cherchoient la possession d'un païs meilleur que celui de leur naissance; qu'ils s'estimoient considérables à proportion du nombre de Combatans qu'ils pouvoient mettre sur pié; & que pour les distinguer des Païsans ou Roturiers, ils appelloient Nobles ceux qui avoient défendu leur Patrie avec valeur, & qui avoient accrû leur

K 5   Do-

---

* *Quam Deus & Principes cum Senioribus Populi misericorditer & benigne dederunt.*

‡ *Coram omni multitudine Populi Anglorum.*

‡ *Nomine Baronagii, omnes quodammodo regni ordines continentur.* Camb.

Domination par les guerres ; & pour récompenfe de leurs fervices , dans le partage des Terres conquifes , ils leur donnoient de francfiefs , à condition de continuër à rendre à leur Patrie les mêmes fervices qu'ils lui avoient déja rendus. C'eſt
ce que l'on peut voir par le nom de fervice de Chevalier, un Chevalier n'étant pas
alors plus qu'un Soldat, & les apointemens
ou biens d'un de ces Chevaliers n'éxcédant
pas la fomme qui lui étoit néceſſaire pour
fon entretien. Il eſt certain que les Chevaliers ont toûjours été confidérez comme
Nobles ; jufques-là qu'un Seigneur de quelle qualité qu'il fût ne croïoit pas qu'un
Chevalier lui fût en rien inférieur , & les
perfonnes les plus illuſtres par leur naiſſance ne pouvoient pas agir en Nobles avant
que d'être entrez dans l'ordre de la Chevalerie. Parmi les Goths, en Efpagne, les
Cheveux longs étoient la marque de la Chevalerie; c'étoit une efpèce de dégradation
que de les couper à un Chevalier, & c'étoit
une fi grande note d'infamie chez ces peuples là , que celui à qui ce malheur étoit
arrivé , étoit incapable, de poſſéder jamais
aucun Emploi ni aucune dignité dans
l'Etat; & il n'y avoit point de poſte fi re-
levé , où tout homme qui étoit Chevalier ne pût fort bien parvenir. Parmi ces
Goths il n'y avoit point de tître au-deſſus,
& même encore à préfent *Baron* ou *Varon*,
en leur langage, ne fignifie autre chofe que
Vir en Latin, nom qui ne fe donne proprement qu'à celui qui eſt libre. C'étoit la même

me chofe en France fous le régne des Princes, des deux premiéres races, jufques à
ce que ceux de la troifiéme inftituérent les
douze Pairs, dont il n'y en avoit que fix de
féculiers, on les éleva au deffus des Barons,
& on rendit héréditaires les Emplois qui
étoient annéxez à leurs titres; mais cela ne
diminua en rien l'honneur de la Chevalerie.
Quoi qu'il y eût des Ducs, des Comtes,
des Marquis & des Barons du tems de Froif-
fard, cependant cèt Hiftorien les appelle
tous Chevaliers : & Philippe de Commines
en parlant des plus illuftres de fon tems les
appelle bons, fages, ou Vaillans Chevaliers. Aujourd'hui même fous le nom de
Gentilhomme on comprend, en France,
tous ceux qui font élevez au deffus du commun Peuple; Henri I V. avoit coutume de
dire qu'il étoit le premier Gentilhomme de
France, & c'eft une Phrafe ordinaire parmi les François lorfqu'ils parlent d'un Gentilhomme de bonne naiffance, de dire *il eft
Noble comme le Roi*. Dans leur Affemblée
générale des Etats, la Chambre de la Nobleffe, qui eft une des trois qui ont féance dans
cette Affemblée, eft compofée des Députez que la * Nobleffe de chaque Province
y envoïe; & dans la Recherche qu'on fit de
la Nobleffe en mil fix cens foixante & huit,
on n'inquiéta point ceux qui avoient pris les
Titres de Marquis, Comte, Vicomte ou
Baron, mais feulement ceux qui prenoient
la qualité de Gentilshommes, & qui ne l'é-

K 6

toient

* *Monfieur Sidneyfe fert en cèt endroit du terme de Gentry dont on fe fert en An-glois pour exprimer;*

tous ceux qui font fimples Gentilshommes; celui de Nobility etant affecté aux Ducs, Comtes, Marquis &c.

toient pas; & on laiſſa ceux qui purent prouver qu'ils étoient véritablement Gentilshommes, dans la liberté de prendre ces autres tîtres s'ils le jugeoient à propos. Lors
que les Duels étoient à la mode, comme
tout le Monde ſait qu'ils y étoient il n'y a
pas long-tems, perſonne, excepté les Princes du Sang & les Marêchaux de France,
ne pouvoit, ſans ſe perdre de réputation,
refuſer l'appel qu'un Gentilhomme lui auroit pû faire: Les premiers en étoient ex-
ceptez, par ce qu'on croïoit qu'il n'étoit
pas à propos que celui qui pouvoit être Roi
combatît avec un ſujèt, au préjudice de
l'Etat qui par un ſemblable combat pouvoit
perdre ſon Chef: les autres parce que leur
Emploi leur donnant le commandement
ſur la Nobleſſe, & le Jugement de tous les
diférens qui ſurviennent entre les Gentilshommes touchant le point d'honneur, on
ne pouvoit pas raiſonnablement éxiger
d'eux ce qu'on pouvoit éxiger de ceux qui
n'occupoient pas le même poſte. En Danemarc un Noble ou un Gentilhomme eſt la
même choſe; & juſqu'en l'an mil ſix cens
ſoixante ces Gentilshommes avoient le plus
de part au Gouvernement. Lorſque Charles Guſtave Roi de Suéde envahit la Pologne l'an mil ſix cens cinquante cinq, on dit
qu'il ſe trouva en ce Roïaume plus de trois
cens mille Gentilshommes en armes pour
s'oppoſer à lui. C'eſt là la Nobleſſe Polonoi-
ſe, c'eſt elle qui choiſit ſes Rois: en ce
Roïaume auſſi bien qu'en France un chacun de ces Gentilshommes ne fait point di-
ficul-

ficulté de dire, *qu'il est aussi noble que le Roi.*
Le dernier Roi étoit un particulier d'entre
eux, qu'on croit n'avoir pas eu plus de quatre
mille livres sterling de rente avant son élection. Celui qui règne à présent n'étoit pas
d'une naissance plus illustre, & ses biens
n'étoient pas plus considérables, avant qu'il
se fût élevé par les services signalez qu'il rendit à sa Patrie dans plusieurs guerres; & il
n'y avoit pas un seul Gentilhomme parmi
toute la Nation qui n'eut pû être élû aussi
bien que lui, si l'Assemblée qui lui donna la
Couronne, l'avoit voulu.

Cela étant la véritable Noblesse des Nations du Nord, & les véritables Barons
d'Angleterre, il ne faut pas s'étonner qu'on
les appellât *Nobles;* les plus illustres d'entre
eux *Magnates, Principes, Proceres;* &
qu'ils ayent été en si grand nombre que
les Historiens aient dit qu'il y en avoit une
multitude infinie, *infinita multitudo.* Il
n'y avoit presque point de place assez grande
pour les pouvoir tous contenir; & ils
trouvérent qu'il y auroit tant d'inconvénient à s'assembler tous en un même lieu,
qu'ils aimérent mieux dans la suite y envoïer leurs Députez que de s'y trouver en
personne. L'Autorité leur étant donc toûjours demeurée, il importe fort peu de quelle
maniére ils l'ont éxercée. Ceux qui avoient
la substance en leurs mains, pouvoient lui
donner telle forme que bon leur sembloit.
Notre Auteur fait bien voir son ignorance
lorsqu'il dit qu'il ne pouvoit pas y avoir de
Chevaliers *de Shire* du tems des Rois Sa-

K 7   xons,

rons, parce que le Roïaume n'étoit pas alors
divifé en *Shires* ; car ce terme eft Saxon , &
nous trouvons très-fouvent dans les Ecrits
de ces tems là , les noms de *Barkſhire*, *de*
Wiltshire , *de Devonſhire* , *de Dorfetshire* &
plufieurs autres ; & nous y lifons que l'adminiftration de la Juftice dans chacune de
ces *Shires* ou Comtez étoit commife à des
Ducs , à des Comtes , à des Thanes ou Aldermen , qui avoient auffi le commandement des Troupes. Selden cite un paffage

Selden's.
Tit. of Hon.
P. 2. c. 5.
d'Ingulphus qui dit qu'*Alfrède fut le premier*
qui changea les Provinces &c. en Comtez :
mais il réfute cèt Ecrivain & prouve que la
divifion des Terres en Shires ou Comtez ;
car le mot de Shire ne fignifioit autre chofe que la partie de terre qui étoit commife
aux foins d'un Comte, eft beaucoup plus
ancienne. Il ne s'agit pas ici de favoir fi la
première divifion des Terres que firent les
Saxons, donnoit plus ou moins d'étenduë
aux Shires ou Comtez , qu'elles n'en ont
à préfent ; ceux qui leur donnérent l'étenduë qu'elles avoient alors , auroient pû leur
en donner plus ou moins s'il leur avoit plû.
Et foit qu'ils aïent ceffé , immédiatement
après cette divifion , à affifter en perfonne
aux Affemblées Générales , & qu'ils aïent
mieux aimé y envoïer leurs Députez ; foit
que ces Députez fuffent choifis, comme cela fe pratique aujourd'hui , par les Comtez,
Citez & Bourgs, ou d'une autre maniére,
cela ne fait ni bien ni mal à la caufe que je
défens. Si le Pouvoir de la Nation , lorfqu'elle étoit partagée en fept Roïaumes , ou
lcrf

lorſqu'elle fut réünie en un, réſidoit dans
les Micklegemots ou dans les Wittenagemots; ſi ces Aſſemblées étoient compoſées
de la Nobleſſe & du Peuple, qui étoient
quelquefois en ſi grand nombre qu'il n'y
avoit point de place aſſez grande pour les
pouvoir contenir; & ſi la préférence qu'on
donnoit aux Principaux d'entre eux, ne leur
appartenoit qu'en conſidération des Emplois militaires ou politiques qu'ils éxerçoient, ce qui eſt inconteſtable, j'ai tout ce
que je demande. Il m'importe fort peu qu'on
les ait appellez Comtes, Ducs, Aldermen,
Hérethogs ou Thanes; car il eſt ſûr que *
la Grande Nobleſſe qui eſt aujourd'hui en
Angleterre ne reſſemble en aucune façon à
la Nobleſſe de ces tems-là. La nouveauté
eſt donc du côté de Filmer, & c'eſt bien la
plus dangereuſe nouveauté qu'on puiſſe s'i-
maginer; par ce qu'en honorant du nom de
Noble, qui ne ſe donnoit autrefois qu'à
ceux qui étoient les plus fermes défenſeurs
de la liberté, des Créatures de Cour qui
ſouvent ſe mettent fort peu en peine du
bien public, & qui obtiennent ce titre d'honneur à force d'argent, ou pour récompenſe
des ſervices qu'ils ont rendu au Roi, & quelque fois même pour avoir été les Miniſtres
impurs de ſes Débauches, ou pour avoir
fait du mal à leur Patrie, cèt établiſſement
a été

* La Grande Nobleſſe comprend tous les Degrez depuis les
Chevaliers juſqu'aux Ducs incluſivement, ſavoir les Barons
Vicomtes, Comtes, Marquis & Ducs; & la petite Nobleſſe
tous les Dégrez inférieurs a celui de Baron, ſavoir les Chevaliers, les Ecuiers & les ſimples Gentilshommes; & ce ſont ces
derniers Nobles que l'on entend par le mot de Gentry.

a été entiérement renversé, & les Rois à qui
on avoit en quelque façon confié la difpofition des emplois & des tîtres d'honneur,
ont abufé de l'Autorité qu'on leur avoit
donnée. Cette nouvelle Maxime eft d'autant plus pernicieufe, qu'on prétend qu'il
n'y a que ces Nouveaux Nobles qui foient
véritablement Nobles; au lieu que la Nation n'aïant été partagée anciennement
qu'en perfonnes libres ou Nobles, car c'é-
toit tout un, & en Païfans ou Roturiers;
les prémiérs, comme le rapporte Tacite en
parlant des Allemands leurs Ancêtres,
étoient éxemts des impôts & contributions, †
étant réfervez, comme des Armes, pour le fervi-
ce des Guerres, pendant que les autres n'é-
toient guéres mieux traitez que des Efclaves,
étant emploïez à cultiver les Terres & à
d'autres emplois ferviles. Je laiffe à juger à
tout homme raifonnable fi la condition de
ces derniers, eft celle de ceux que nous appellons aujourd'hui les Communes. Néanmoins quiconque s'imaginera que la qualité de Nobles appartient uniquement à ceux
qui portent ce tître en vertu de leurs Patentes, n'a qu'à confidérer les bons fuccès que
nous pourions efpérer de nos guerres, fi on
donnoit la conduite des armées à ces Nobles *à Palente,* à l'exclufion des autres. Si
on trouve que cela foit avantageux, Sa Majefté fera fort bien de n'emploïer que fes
cent cinquante Nobles dont la valeur &
l'expérience militaire brillent avec tant
d'ex-

† *Exemptioneribus & Collationibus, & tantum in ufum*
præliorum repofiti, veluti tela & arma bellis refervantur.
Tacit. de mor. Germa.

d'éclat , à commander les Armées qu'il
fera obligé de lever fi quelque ennemi l'at-
taque ; & de méprifer les Communes comme de miférables Païfans, en leur laiffant le
foin de pourvoir à leur propre fûreté, fi le
fuccès ne répond pas à fon attente. Mais fi
les Communes font auffi libres que les Nobles fi plufieurs d'entre elles font d'une naiffance auffi Illuftre que ceux qui ont obtenu
des Patentes, s'ils ont des biens plus confidérables que la plûpart de ces Nobles de
Cour & fi on s'attend non feulement qu'elles affifteront le Roi de leurs biens & de
leurs perfonnes dans fes guerres, mais qu'on
demeure auffi d'accord , qu'en elles réfi-
dent toute la force & la vertu de la Nation,
il faut convenir que c'eft de ce Corps que
fortent les véritables Nobles d'Angleterre,
& que tous les priviléges qui apartenoient
anciennement à leurs femblables leur doivent encore appartenir, puisqu'ils rempliff-
fent les devoirs en confidération defquels
on les avoit accordé à ceux-la. Celà fait voir
avec combien de raifon on a dit que la Nobleffe étoit en fi grand nombre, qu'il n'y
avoit point de place affez grande pour la
pouvoir contenir. Les Armées des Saxons
qui vinrent dans ce païs, fous un Climat
fain & propre à la Génération, en l'efpace
de quatre ou cinq fiécles pouvoient bien
produire une auffi grande multitude de perfonnes, que les Francs, les Goths & plufieurs autres Peuples qui s'étoient venus établir en Efpagne, en France , en Italie &
ailleurs : & lors qu'ils furent devenus fi nom
breux,

breux, ils se trouvérent nécessairement obligez de mettre l'Autorité, qu'ils avoient
jusques alors éxercée en personne, entre
les mains de Réprésentans ou Députez qu'il
choisissoient eux mêmes. Or ces deux mé-
thodes différant plûtôt dans la forme que
dans l'essence, l'une tendant à la Démocra-
tie & l'autre à l'Aristocratie, elles sont toutes deux également opposées au pouvoir absolu d'un seul qui ne régneroit que pour lui-
même, & qui gouverneroit la Nation,
comme si c'étoit son Patrimoine; & elles
établissent également bien le droit que les
Peuples ont de donner à leur Gouvernement la forme qui leur plaît. Cela étoit conforme à ce qu'ils avoient pratiqué en leur
propre Païs; *De minoribus consultant Princi-*
pes, de majoribus omnes. Bien plus on ne peut
pas dire proprement que le jugement de ces
affaires de *moindre importance* fût réservé au
Roi; car il n'est qu'un, & le mot de *Prin-*
cipes est au pluriel, & ne peut signifier que
les principaux de la Nation que le même
Auteur dit être choisis par les Assemblées
Générales pour administrer la justice &c.,
& les cent *Comtes*, Comites, qu'on donnoit à chacun d'eux, non seulement pour
les assister de leurs Conseils, mais aussi pour
autoriser ce qu'ils faisoient.

 Il faut aussi prendre le mot d'*Omnes* dont
cet Historien Romain se sert, dans le sens
que les Romains s'en servent ordinairement, & alors il signifiera tous les Citoïens,
c'est à dire tous ceux qui étoient membres du Corps de la République. S'il avoit
parlé

Tacit. de
Mor. Germ.

parlé de Rome ou d'Athènes, dans le tems
que ces Villes etoient libres, il auroit fallu qu'il se fût servi du même terme, parce
que tous ceux qui composoient ces Républiques avoient voix dans les Assemblées,
quelque grand que pût être le nombre des
Esclaves ou des étrangers qui y habitoient.
C'est avec beaucoup de raison qu'on a dit
que les Lacédémoniens avoient gagné ,
perdu & recouvré la Seigneurie ou la prin-
cipauté de la Grèce. Ils étoient tous Seigneurs par rapport aux Ilotes, & les Do-
riens l'étoient aussi par rapport à cette espèce d'hommes qu'ils entretenoient sous
divers noms, comme les Saxons faisoient
leurs Païsans, pour les occuper à des emplois qu'ils croïoient indignes de ceux qui
étoient libres, & qui étoient Anoblis par
les armes qu'ils portoient utilement pour
la défence & l'agrandissement de l'État.
Quoique les Romains ne fussent pas gens à
donner le Titre de Seigneur à ceux qui
usurpoient un pouvoir injuste sur leurs biens
& leurs vies; cependant un chacun d'eux
étoit Seigneur par rapport à ses serviteurs,
& on leur donnoit souvent à tous en général le Titre de * *Seigneurs du Monde*; on voit
la même chose presque par tout ailleurs.
Le Gouvernement de Venise aïant continué quelque tems dans les mêmes Familles les a toutes Anoblies. Il n'y a rien de
plus ordinaire en Suisse que d'entendre dire *les Seigneurs de Berne* ou *les Seigneurs de
Zurich*, & on donne le même titre à ceux
qui gouvernent les autres Cantons , quoi
qu'il

* *Roma-
nos rerum
Dominos.*
Virgil.

qu'il n'y en ait peut-être pas un parmi eux
qui prétende être Gentilhomme, en prenant ce terme dans le nouveau sens qu'on
lui donne. On appelle les Etats des Provinces Unies, Hauts & Puissans Seigneurs,
& on donne le même titre à un chacun
d'eux en particulier. Bien plus, le mot de
Heer, qui signifie Seigneur en Hollandois
aussi bien qu'en Allemand, est aussi commun en Hollande que celui de *Monsieur* en
France, de *Signor* en Italie ou de *Sennor* en
Espagne, & on s'en sert en parlant à tous
ceux qui ne sont pas de la lie du Peuple,
& sur tout lorsque l'on parle à des gens de
Guerre : Et quoiqu'un simple Soldat soit
bien moins considéré aujourd'hui qu'il ne
l'étoit autrefois, cependant en parlant à une
Compagnie de Soldats en Italien, on ne
les appelle point autrement que *Signori Sol-*
dati; & on les traite de la même manière
en d'autres Langues. On ne doit donc
pas trouver étrange que les Saxons ; qui
dans leur Patrie avoient dédaigné tout autre Emploi que celui des Armes, se soient
crûs encore plus Nobles, lors qu'ils eurent
fait la conquête d'un Grand & riche païs,
& qu'ils en eurent chassé ou mis sous le
joug les anciens habitans. Ils pouvoient
fort bien se distinguer des païsans qu'ils
avoient amenez avec eux, ou des Bretons
qu'ils avoient asservis. Rien n'empêchoit
qu'ils ne se fissent appeller *Magnates*, *Pro-*
ceres regni, *Nobiles*, *Angliæ Nobilitas*, *Ba-*
rones ; & on pouvoit avec justice appeller
leurs Assemblées *concilium regni generale*,
Uni-

*Univerſitas totius Angliæ Nobilium , Univer-
ſitas-Baronagii*, ſuivant la diférence des tems
& des Circonſtances. Ce qui nous reſte encore du nom de Baron , nous fait clairement connoître la véritable ſignification de
ce mot. Tout le monde ſait que les Barons
de Londres & des cinq Ports ſont ſeulement
des Bourgeois de ces Lieux-là. Dans ce
que nous appellons * *Petty Court-Barons*,
tout homme qui peut-être Juré eſt Baron. *Cour fonciére.*
Ces perſonnes là ſont Nobles ; car il y a
des Nations Nobles auſſi bien qu'il y a des
perſonnes Nobles dans la Nation. Tous
les Mammelucs ſe croïoient nobles quoique nez dans l'eſclavage ; & lorsqu'ils s'é-
toient Anoblis par l'éxercice des Armes,
ils conſidéroient les plus Nobles d'entre les
Egiptiens comme leurs Eſclaves. Tertulien écrivant , non à quelques perſonnes
diſtinguées du commun , mais a tout le
peuple de Cartage les appelle *Antiquitate
Nobiles , Nobilitate felices.* C'eſt ainſi que
les Saxons s'étoient Anoblis par une aplication continuelle aux éxercices qui ſont
affectez à la Nobleſſe , & par le mépris
qu'ils témoignoient pour tous les Arts Me-
caniques !

Afin que ceux qui ſe plaiſent à chicaner
ſur la moindre choſe ne s'imaginent pas
que ce que je vien de dire ſoit trop forcé,
il ſera bon de leur apprendre que d'autres
Ecrivains emploïent d'autres termes pour
exprimer les * mêmes Conſeils Généraux.

Ils

* *Commune Concilium Epiſcoporum , Procerum, Comi-
tum & omnium Sapientum , Seniorum & Populorum totius
regni* Bed. Eccl. Hiſt.

Ils les appellent *le Conseil Général des Evê-ques, des Nobles, des Comtes, de toutes les personnes sages, des Anciens & du peuple de tout le Roiaume*; ce sont-là les noms qu'on leur donne en écrivant ce qui se passa sous le règne d'Ina. Sous celui † d'Edouard l'ancien on les appelloit *le Grand Conseil des Evêques ‡ des Abbez, des Nobles & du Peuple.* Guillaume de Malmsbury les appelle *le Sénat Général & Assemblée du Peuple.* Quelquefois on l'appelloit tout court le Clergé & le Peuple; mais toutes ces diférentes apellations expriment toûjours le même pouvoir résidant dans ces Assemblées, qui ne le tenoient pas de la Libéralité des Rois, à qui il n'appartenoit pas d'y prescrire des bornes, puisque ces Ecrivains témoignent, que ces Assemblées choisissoient ou faisoient les Rois, & les déposoient quelquefois. Guillaume de Normandie trouva la Nation Angloise dans cèt état à son avénement à la Couronne, & n'innova rien à cèt égard: Henri Second, Jean & Henri troisiéme qui n'avoient rien que ce que le Clergé & le peuple leur avoient conféré firent la même chose. La Grande Chartre ne pouvoit rien donner au peuple qui avoit originairement tout en soi; elle ne fit que rédiger en un petit volume tous les droits & priviléges que la Nation avoit résolu de maintenir; elle obligea le Roi de reconnoître que ces droits & priviléges

---

† *Magnum Consilium Episcoporum, Abbatum, fidelium, Procerum & Populorum.*
‡ *Senatum Generalem & Populi Conventum.*

léges étoient attachez originairement à la
perfonne des peuples, qu'ils en avoient joui
depuis un tems immémorial, & de jurer
qu'ils les maintiendroit inviolablement;
elle lui déclaroit que s'il violoit fon ferment
en empiétant en aucune façon fur quelqu'un
de ces droits, il étoit excommunié *ipfo fac-*
to, & que par cela même étant déclaré coupable de parjure, les peuples fauroient bien
comment il faudroit agir avec lui. Cet Acte a été confirmé par trente Parlemens; &
la conduite que l'on a tenuë à l'égard des
Princes qui ont violé leur ferment, tant
avant le règne de Henri trois que depuis ce
tems-là, fuffit pour prouver que la Nation Angloife a toûjours été gouvernée par
elle même, & qu'elle n'a jamais reconnu
d'autres Souverains que ceux qu'elle a jugé
à propos d'élever fur le trône.

SECTION XXIX.

*Les Rois d'Angleterre n'ont jamais été les
Maîtres primitifs des terres du Roiaume.*

CEux qui fans aucun égard à la vérité
veulent fe fervir de tout ce qu'ils
croient pouvoir favorifer la caufe qu'ils défendent, voiant qu'on ne peut nier que les
Anglois & plufieurs autres Nations n'aïent
éxercé l'Autorité Souveraine dans toutes
les occafions dont nous venons de parler,
di-

difent, que c'étoit par une pure conceffion des Rois qui étant maîtres de toutes les ter-res du Roiaume pouvoient en donner quel-que partie à des particuliers à telles condi-tions qu'il leur plaifoit, s'en réfervant toû-jours la Souveraineté : ces gens fans hon-neur & fans fincérité croïant avoir parfaite-meut bien réüffi dans le deffein qu'ils ont eu de perfuader aux peuples que les Rois font la fource d'où découlent tous les Ti-tres d'honneur, voudroient auffi qu'on crût qu'ils font la fource de la propriété des biens : & pour le prouver ils alléguent que toutes les terres, celles-mêmes qu'on tient de quelque Seigneur, relévent, en dernier reffort, du Roi comme du Chef qui en a la propriété & qui en donne la jouïffance. Cette raifon auroit quelque force fi elle étoit véritable : mais comme on ne doit fe rendre qu'à des preuves très - évidentes & inconteftables lors qu'il s'agit d'affaires de la derniére importance, il eft bon d'éxa-miner premiérement fi cela eft poffible ; & en fecond lieu fi cela eft véritable.

Premiérement, nul ne peut donner ce qu'il n'a pas. Quiconque donc prétend que le Roi a donné aux particuliers la propriété des terres, doit prouver que cette proprié-té lui appartenoit originairement. J'avoüe que le Pape a donné aux Rois d'Efpagne & de Portugal les Terres qu'ils avoient conquifes dans l'Amérique ; & cette do-nation pouroit être valable fi le Pape en qualité de Vicaire de Jefus-Chrift étoit Sou-verain de tout l'Univers ; mais fi cela n'eft pas,

pas, cette donation eſt nulle, & il ſe tourne
en ridicule en faiſant largeſſe de ce qui ne lui
appartient pas. Ce n'eſt pas à moi d'éxaminer
cette queſtion; mais avant que cela puiſſe
avoir aucune influence ſur les affaires de notre Patrie, il faut que nos Rois prouvent
qu'ils ſont Seigneurs de l'Angleterre en vertu
d'une ſemblable donation, ou de quelque
autre Titre équivalent à celui-là. Lorſqu'ils
auront fait cela, nous connoîtrons de qui ils
dépendent, & nous conſidérerons à loiſir ſi
nous devons nous ſoumettre à ce pouvoir,
ou déclarer les raiſons de notre refus. Mais
puis que nous n'en ſommes pas réduits à ce
point-là, il faut que la propriété de nos Rois
ſoit fondée ſur quelque autre choſe, ou bien
nous pouvons conclure avec juſtice que cette
propriété ne leur appartient point.

Pour réüſſir dans cèt éxamen, il n'eſt pas
néceſſaire que nous aïons recours à ce qui
nous reſte des Hiſtoires Bretonnes dont il
n'eſt pas facile de pénétrer l'obſcurité : car
lorſque les Romains abandonnérent notré
Ile, ils ne conférérent pas le droit qu'ils
avoient, à aucun Particulier, mais ils en
laiſſérent la jouïſſance aux déplorables reſtes
de la Nation, & aux Colonies qu'ils y avoient
établies, & qui unies aux naturels du païs,
ne faiſoient plus qu'un même Peuple avec
eux. Les Saxons y abordérent enſuite ſous
la conduite de Hengiſt & de Horſa deux inſolens Corſaires; mais nous ne liſons en aucun endroit que ces Commandans aïent eu
en leur perſonne aucun Caractére de cette
Majeſté Souveraine, qui pût leur donner

une puiſſance abſoluë ou la propriété des Térres; ſoit dans leur Patrie, ſoit dans les autres Païs dont ils pouvoient faire la conquête. Ils vinrent aïant environ cent hommes avec eux; & aimant mieux ſe mettre au ſervice de Vortigern que de faire fond ſur leurs Pirateries, ils ſe contentérent d'une petite portion de Terre qu'il leur aſſigna pour leur ſubſiſtance. Il ſemble qu'il n'y avoit pas là de quoi les encourager à reſter dans le Païs, cependant s'en fut aſſez pour ſervir d'amorce à pluſieurs autres & pour les porter à ſuivre leur éxemple & courc leur fortune; de ſorte que leur nombre devenant tous les jours plus conſidérable, on leur donna la Comté de Kent à condition qu'ils ſerviroient les Bretons dans leurs guerres. Peu de tems après on donna des Terres aux-mêmes conditions à une autre Bande de Saxons dans le Northumberland. Voila tout le droit qu'ils prétendirent avoir aux Terres dont ils étoient en poſſeſſion, juſques à ce qu'ils tuérent en trahiſon quatre cens ſoixante, ou comme le rapporte Guillaume de Malmsburi, trois cens des Principaux de la Nobleſſe Bretonne, & jettérent dans les fers Vortigern qui leur avoit fait tant de bien, qu'il ſemble qu'ils devoient lui faire tout un autre traitement; en effet ce Prince s'étoit attiré la haine des Bretons autant par les faveurs qu'il faiſoit à ces nouveaux venus, que par les plus deteſtables crimes qu'il eût jamais commis. Certainement des actions de cette nature, accompagnées de trahiſon, & de cruauté ne ſont pas capables de fonder un droit, au moins

Mat.
Weſtm.
Flor. Hiſt.

Ibid.

moins suis-je bien fûr que perſonne ne
peut ſe mettre une pareille choſe dans l'eſprit à moins que d'être imbu des principes de Filmer & de ſes Sectateurs, qui
croïent qu'on ne doit avoir égard qu'à la
Puiſſance, & non pas aux moïens dont on
s'eſt ſervi pour l'obtenir. Mais quand même
on demeureroit d'accord qu'une action ſi per-
fide & cruelle auroit fondé le droit des Saxons, ce droit auroit dû appartenir à eux
tous en général & non pas à Hengiſt & à Horſa en particulier. Si on peut donner le nom
de Conquête à une pareille aquiſition, il
faut que le profit en revienne aux Conquerans. Cette Conquête n'étoit pas l'ouvrage
de deux hommes; & on ne peut pas croire que
ceux qui jouïſſoient d'une entiére Liberté
dans leur Patrie, aïent voulu quiter le Païs
de leur naiſſance pour venir combatre dans
un autre pour le profit & pour la gloire de
deux particuliers. On ne peut pas dire que la
néceſſité les y obligea, car leurs Chefs n'é-
toient pas plus riches qu'eux, & ne pouvoient
devenir plus heureux que par leur aſſiſtance;
& ſoit que leur entrepriſe fût bonne ou mauvaiſe, juſte ou injuſte, cela les regardoit
tous également. Aucun particulier ne pouvoit avoir de droit qui ne fût commun à tous
les autres, à moins que ceux qui l'avoient
aquis ne s'en dépouillaſſent en ſa faveur:
& il n'eſt pas vraiſemblable que des gens qui,
dans leur Patrie avoient preſcrit des bornes
très-étroites à l'Autorité de leurs Princes,
aïent ſoumis eux, & leurs biens à la volonté
de leurs Chefs auſſi-tôt qu'ils eurent fait la

L 2   Con-

Conquête d'un autre Païs. Or nous avons déja fait voir qu'ils continuérent toûjours dans les mêmes principes de liberté, qu'ils la défendirent toûjours avec beaucoup d'opiniâtreté auffi bien que le Gouvernement auquel ils étoient accoutumez; qu'ils fe réfervérent l'adminiftration de ce Gouvernement, & qu'ils n'obeïrent jamais à d'autres Loix qu'à celles qu'ils s'étoient eux-mêmes impofées. Bien plus, s'ils s'étoient dépouillez de leur droit d'une maniére fi autentique, qu'il n'eût pas falu autre chofe pour fonder celui de leurs Chefs, cela même fufiroit pour détruire la propofition de Filmer ; car il s'enfuivroit que ce ne feroit pas le Chef qui donneroit au Peuple, mais le Peuple au Chef. Si les Peuples n'étoient pas en droit de donner ce qu'ils ont donné, cette donation n'a rien conféré à celui à qui elle a été faite ; fi ces Peuples avoient quelque droit, il faut que celui qui prétent en tirer quelque avantage faffe voir qu'ils lui en ont fait donation, afin qu'on en puiffe connoître la Nature & l'intention.

Secondement, fi l'on dit qu'il paroît par les Actes publics que c'eft originairement de la Libéralité du Roi qu'on a obtenu toutes les terres & priviléges ; je répons à cela que quand même on demeureroit d'accord quë cela eft vrai, ce que je nie abfolument, & foûtiens au contraire que nous tenons de la Nature tous nos droits & libertez & que nous en avons joüi de tems immémorial avant que nous fuffions gouvernez par des Rois, je répons, dis-je, que quand on en demeureroit

d'ac-

d'accord, cela ne fignifieroit rien par raport
à notre queftion, puis qu'il s'agit de favoir ce
qui eft raifonnable & jufte ; & fi ces Actes publics n'en parlent point, on ne peut fupléer à
leur defaut par aucun Fait quelque clairement qu'on le pût prouver. Ou fi l'on prétend qu'un droit foit fondé fur un Fait, il
faut prouver que le Peuple a effectivement
conféré ce droit au premier Roi, ou à quelqu'un de fes fucceffeurs : & fi l'on ne trouve
pas que cela foit, on doit regarder comme
nul tout ce qui a été fait par un ou par plufieurs de ces Princes en vertu de ce droit
qu'ils prétendoient réfider en leur perfonne
Or dans le cas dont il s'agit ici, on ne prétend
point que le Peuple ait accordé rien de tel au
premier Roi ou à quelqu'un de fes fucceffeurs ; ceux qui font venus après eux n'ont
pû hériter un droit que ces premiers n'a-
voïent pas, & par conféquent ils ne peuvent
pas l'avoir à moins que ce ne foit par Ufurpation.

Mais comme ceux qui ne fe propofent
pour but que la recherche de la vérité, ne
doivent pas nier ou déguifer aucune chofe
je puis bien accorder que c'étoit en quelque
façon en vertu de quelque Acte figné par les
Rois qu'on jouïffoit des fiefs, Terres &c. ;
mais cèt aveu ne préjudicie en rien à la caufe
que je défens, & cela ne fignifie autre chofe
finon qu'on devoit partager entre les Saxons
les Païs dont il avoient fait la conquête ; &
que pour éviter les querelles qui auroient pû
furvenir, fi chaque particulier s'étoit mis de
foi-même en poffeffion de ce dont il auroit

L 3   pû

pû s'emparer, on avoit trouvé qu'il étoit abfolument néceffaire de fuivre une certaine
méthode fixe dans le partage de ces Terres;
& qu'il étoit à propos que chaque particulier
eût entre fes mains dequoi juftifier le droit
qu'il prétendoit avoir à ce qu'il poffédoit,
afin que cela fervît à décider les diférens qui
pouroient arriver entre eux. Il falloit que
quelqu'un certifiât que leurs prétentions
étoient légitimes, & il n'y en avoit point qui
fût fi propre à cela, ni dont le témoignage
eût plus de poids, que celui qui étoit leur
Chef; & c'eft ce qui fe pratique ordinairement dans toutes les Sociétez du Monde. Le
Maire de chaque Communauté, l'Orateur
de la Chambre Haute, celui de la Chambre
Baffe, le premier Préfident de chaque Parlement ou de chaque Préfidial de France; le
Conful, le Bourguemeftre, l'Avoïé ou
Baillif de chaque Ville Libre de Hollande,
d'Allemagne ou de Suiffe, fignent les Actes
publics qu'on paffe en ces lieux-là. Les Doges de Venife & de Génes font la même chofe, quoiqu'ils n'aient point d'autre pouvoir
que celui qu'on leur confére, & que d'eux-
mêmes ils ne puiffent rien faire ou au moins
fort peu de chofe. Ces dons de nos Rois font
de même Nature, quoi qu'il femble que
ces termes de *mero motu noftro*, fignifient
le contraire; car les Rois parlent toûjours en
pluriel, pour faire voir qu'ils n'agiffent pas
pour eux-mêmes & en leur privé nom, mais
pour & au nom des Sociétez qu'ils gouvernent; & toute la vénération que l'on a ou
que l'on peut avoir pour leurs Actes, ne
tour-

tourne pas à leur gloire particuliére mais à la
gloire de ceux qui leur ont mis l'Autorité en
main & pour l'avantage desquels ils doivent
l'exercer. Les Tirans de l'Orient & plusieurs
autres Princes Barbares qui ont un Pouvoir
très-abfolu, parlent en fingulier, comme cela paroît par ces Edits de Nabuchodonozor,
de Cirus, de Darius & d'Affuérus, rappor-
tez dans l'Ecriture Sainte, & par ceux que
nous voïons tous les jours des Monarques de
ces païs-là; mais dans tous les autres Etats
civilifez & bien réglez le Prince parle en pluriel, pour faire voir qu'il agit en vertu d'une
capacité publique. C'eft de là dit Grotius
que procéde le droit que les Rois ont d'envoïer des Ambaffadeurs, de faire des Alliances &c.: les Alliances que ces Princes font
ne finiffent pas avec leur vie, parce qu'elles
ne font pas faites pour eux-mêmes; ils ne
parlent pas en leur propre & privé nom, mais
au nom de leurs peuples qu'ils réprésentent;
un Roi dépouillé de fon Roiaume perd le droit Rex regno
d'envoier des Ambaffadeurs, parce qu'il ne exutus, jus
peut plus parler pour ceux, qui fe font fépa- legandi
rez de lui volontairement, ou qui y ont été amittit.
contraints par une force étrangére. Il ne s'a- Grot.
git pas de favoir fi ce Prince a été privé de fon
Roïaume juftement ou injuftement; mais
s'il peut engager le peuple qui lui étoit autrefois foumis; car ce feroit une chofe tout-à-
fait ridicule à une Nation d'entrer en Traité
avec un homme qui n'eft pas en état d'accomplir les Articles dont on feroit convenu,
& une très grande folie à cèt homme de ftipu-
ler tout ce qui peut obliger, puifque n'aïant

plus

plus le Gouvernement entre les mains il ne peut obliger que lui-méme.

Mais quoiqu'on puiſſe bien laiſſer aux Rois la liberté de partager une grande partie des Terres & autres choſes ſemblables, cela ne diminuë en rien le droit du Peuple, & & ne leur conſére aucun droit de diſpoſer de ce qui appartient au public, qu'entant que cette diſpoſition qu'ils en peuvent faire, a pour but le bien commun & l'accompliſſement de ce que l'on s'eſt propoſé, lorſqu'on leur a mis cette Autorité en main. Bien plus, s'il etoit vrai qu'un Païs conquis appartient à la Couronne, le Roi n'en pouroit pas néanmoins diſpoſer, parce que ces biens ſont annéxez à la dignité de Roi, & qu'ils ne peuvent être aliénez par la perſonne qui eſt revêtuë de cette dignité. Cela ſe pratique non ſeulement dans les Monarchies mixtes, & bien règlées, comme en Suéde où l'Aſſemblée Générale des Etats a révoqué depuis peu tous les Dons faits par les derniers Rois, comme contraires aux Loix, mais mêmes dans les Gouvernemens les plus abſolus, comme en France, où le Roi d'à préſent qui a étendu ſon pouvoir auſſi loin qu'il lui a été poſſible, n'a pas fait dificulté de reconnoître, il n'y a pas long-tems qu'il ne peut pas diſpoſer des biens de la Couronne; Et conformément à cette Maxime d'Etat qui eſt connuë de tout le Monde, qu'on ne peut aliéner les Domaines de la Couronne qui ſont deſtinez pour les dépenſes publiques, on a révoqué tous les Dons qui avoient été faits les quinzes derniéres années; on a même

me

me fait rendre compte à ceux qui avoient
achété des Terres appartenantes à la Couronne, & après avoir éxaminé ce qu'ils
avoient reçû, & leur avoir accordé un intérêt fort médiocre, on leur a païé ce qui leur
étoit dû de refte & on a repris les terres.

SECTION XXX.

Henri premier monta fur le Trône d'Angle-
terre, en vertu d'un auffi bon droit qu'au-
cun de fes prédéceffeurs ou de fes fucceffeurs.

Aïant fait voir que l'Ancienne Nobleffe
d'Angleterre étoit compofée de perfonnes qui avoient été Anoblis par la profeffion des armes, dont ils s'étoient glorieu-
fement fervi pour défendre leur Patrie &
pour en étendre les limites ; que les Ducs,
Comtes &c. étoient leurs Commandans ;
qu'on leur donnoit & à ceux qui les fuivoient
des Terres en récompenfe de leurs fervices,
à condition d'en rendre de femblables dans
la fuite & de fournir & entretenir des hommes & des Chevaux en tems de guerre à proportion des Terres qu'un chacun d'eux avoit
euës en partage ; on ne peut nier qu'ils n'aïent
été Gentilshommes & Seigneurs fonciers
tels que ceux que nous appellons aujour-
d'hui Gentilshommes des Communes, ou
ceux qui ont des francs fiefs, & que ce ne fuf-

L 5   fent

fent proprement des hommes qui fe trouvoient les plus capables pour fervir de Chef,
à la Nation dans les guerres qu'elle avoit à
foûtenir. Les Micklegemots, les Wittenagemots & les autres Affemblées publiques
étoient compofées de ces Nobles ; & rien
n'eft plus ridicule que de donner les noms,
& les droits de Ducs, de Comtes & de Vicomtes, qui n'étoient que des tîtres d'Offi-
ces, à des perfonnes qui ne rempliffent point
ces emplois, & qui ne font point capables
de les remplir. Si donc notre Auteur avoit
dit que des perfonnes femblables à celles-ci
qui avoient toûjours compofé les Affemblées
publiques de la Nation, avoient bien voulu,
en faveur de Henri premier, lui donner la
Couronne, comme ils l'avoient donnée à
fon Pére & à fon Frére, j'en demeurerois
d'accord avec lui ; mais c'eft la derniére des
extravagances de dire que celui qui n'avoit
ni tître ni poffeffion, ait donné la puiffance
à ceux qui en avoient toûjours été en poffeffion, & qui avoient éxercé cette puiffance en
lui donnant à lui-même tout ce qu'il avoit.
Mais ce qui me furprend le plus c'eft de voir
qu'il s'oublie jufqu'au point d'appeller Henri premier Ufurpateur, & de vouloir annuller tout ce qu'il a fait pendant fon régne, parce qu'il n'avoit point de droit à la Couronne ;
en effet c'eft agir contre fes propres principes
puifqu'il n'y a jamais eu & qu'il ne peut jamais y avoir d'Ufurpateur fi fa doctrine eft
véritable ; car il nous enfeigne lui-même
qu'il ne faut faire attention qu'à l'Autorité
des Souverains & non aux moïens qu'ils ont
em-

emplôïez pour y parvenir : & ne faiſant aucune diférence entre un Roi légitime & un
Tiran, il nous dit que nous devons obéir
avec ſoumiſſion à l'un auſſi bien qu'à l'autre.
S'il croit effectivement que Henri premier
ait été un Uſurpateur, parce que ſon droit
n'étoit pas bien fondé, je voudrois bien
qu'il nous dît à quoi l'on peut connoître un
Roi légitime d'avec un Uſurpateur, & en
quoi conſiſte un Titre légitime. S'il le fait
conſiſter dans la ſucceſſion héréditaire, il faut
que nous ſachions ſi l'on doit tirer ce droit
d'un ſeul Seigneur Univerſel du Genre Humain, ou d'un Seigneur particulier de chaque peuple : Si c'eſt d'un Seigneur Univerſel la même ſucceſſion qui lui donne droit au
Gouvernement de quelque Païs particulier,
ſoumet auſſi le reſte du monde à ſes Loix :
Si c'eſt d'un Seigneur particulier de quelque
place : il faut faire voir de quelle maniére il
eſt devenu Seigneur de cette place ; car ſi
le premier qui a eu ce droit dont il hérite, ne
l'a pas eu légitimement, il ne peut pas non
plus y avoir aucunes prétentions légitimes,
& ce ſera par conſéquent Uſurpation ſur
Uſurpation. Mais aïant déja fait voir que
c'eſt la choſe du monde, la plus déraiſonna-
ble de prétendre à ce droit, ſoit en qualité
d'héritier d'un Seigneur Univerſel, ſoit en
qualité de ſucceſſeur d'un Seigneur particulier, je me diſpenſerai de répéter ici ce que
j'ai déja dit ailleurs, & me contenterai d'a-
joûter que s'il n'eſt jamais permis d'interrompre le cours de la ſucceſſion, la Famille
de Merové n'a pû avoir aucun droit à la

L 6   Cou-

Couronné de France ; Pepin étoit un Ufurpateur, s'il eft vrai que cette Couronne dût demeurer à perpétuité dans la Famille de Merové, & Hugues Capet n'y pouvoit avoir aucun droit fi on ne pouvoit fans injuftice l'ôter aux décendans de Pepin. Je laiffe à Filmer à debatre cèt Article avec le Roi de France, & lors qu'il l'aura affez bien convaincu qu'il eft un Ufurpateur, pour que cela oblige ce Prince à réfigner fa Couronne aux Princes de la Maifon d'Autriche qui prétendent qu'elle leur appartient en qualité d'héritiers de Pharamond, ou à ceux de la Maifon de Lorraine qui fe difent décendus de Pepin, je lui donnerai après cela une demi douzaine de nœuds qu'il n'aura pas moins de peine à dénoüer, & qui au lieu d'établir les droits de la plûpart des Rois que nous connoiffons, les renverfent & les détruifent entiérement, à moins qu'on ne veüille donner un droit à l'Ufurpation, ou que le confentement du Peuple ne fufife pour conférer ce droit.

Or s'il y a des Ufurpateurs dans le Monde, & qu'il y ait une certaine règle dont on puiffe fe fervir pour juger fi un homme eft Ufurpateur, il ne nous eft pas feulement permis, mais il eft même néceffaire que nous éxaminions les droits de ceux qui portent le nom de Roi, afin que nous fachions s'il font véritablement Rois ou non ; depeur que par ignorance nous ne rendions à celui qui n'eft pas Roi la vénération & l'obéïffance qui ne font dûës qu'à celui qui l'eft véritablement, & que nous ne refufions nos devoirs à ce-

à celui qui par une fucceffion, dont il n'eft
pas permis d'interrompre le cours, eft notre
Seigneur Naturel, & que de cette maniére
il ne nous arrivât de préférer le plus Scélérat
de tous les hommes & notre plus cruel ennemi, à celui que nous devons confidérer
comme notre véritable Pére ; & fi cèt éxamen devient préjudiciable à un de ces Rois
ou à plufieurs, ce ne fera pas ma faute, c'eft
à Filmer qu'on doit s'en prendre.

S'il n'y a point d'Ufurpateur au monde
notre Auteur eft le plus grand impofteur
qu'on ait jamais vû ; puis qu'il établit les raifons dont il fe fert pour prouver les chofes les
plus importantes, fur des Principes qu'il
connoît être évidemment faux : mais la vérité eft qu'il femble en tous fes difcours fe
déclarer contre l'humanité & le fens commun avec autant d'opiniâtreté, qu'il s'eft déclaré contre la vertu & toutes fortes de Loix ;
& fi l'on pouvoit dire d'un homme qui fe
contredit fi fouvent, qu'il veut dire telle ou
telle chofe, on pouroir juftement foutenir
que fon deffein eft d'autorifer le vol & le
meurtre, & de nous perfuader de confidérer
comme Rois légitimes, ceux qui par trahifon
& par d'autres moïens injuftes renverfent le
droit des Princes en interrompant le cours
de la fucceffion : cependant il veut que nous
foïons perfuadez qu'il croit ce droit facré,
auffi bien que les priviléges & libertez des
Nations qui, felon l'opinon des meilleurs
Juges que lui, le font effectivement, & il donne le nom odieux d'Ufurpateur à celui qui
eft élevé fur le Trône du confentement libre
du Peuple.   L 7   Mais

Mais fi Henri prémier a été un Ufurpateur, je voudrois bien qu'il nous dît fi on
doit donner le même nom a tous nos Rois,
& qui eft celui qui ne le mérite pas, afin
que nous puiffions connoître celui dont on
doit croire les Actes légitimes, & à l'origine duquel nous devons du refpect, ou fi
nous ne devons obéïr à aucun Roi : car je
ne voi pas qu'il foit poffible d'accufer d'U-
furpation Henri prémier fans en accufer en
même temps plufieurs de nos Rois, pour ne
pas dire tous,

S'il n'avoit point de droit à la Couronne,
par ce que fon Frére Robert étoit encore
en vie, par la même raifon Guillaume le
Roux n'en pouvoit pas avoir ; & Guillaume
leur Pére étant Bâtard, n'y avoit aucun Titre non plus qu'eux. On n'a pû corriger ce
defaut fondamental de droit dans la fuite;
car leurs Succeffeurs n'ont pû hériter autre
chofe que le droit de ces prémiers, qui n'é-
toit rien. Etienne ne pouvoit tirer aucun
droit ni des Saxons ni des Normands ; Henri Second ne pouvoit prétendre au Trône
qu'en qualité de Fils de Mathilde, & on
auroit pû préférer à cette Princeffe tout autre que lui, fi on l'avoit jugé à propos. Si elle
dérivoit fon droit des Princes Normans,
il étoit nul, car ils n'en avoient point, &
l'Hiftoire d Edgard Athelin eft fi ridicule
qu'elle ne mérite pas d'être raportée. Mais
quoiqu'il en foit, cette Princeffe n'en pouvoit retirer aucun avantage ; car David Roi
d'Ecoffe Frére de la Mére de Mathilde qui
étoit le feul dont elle pût réclamer fon droit,

étoit

étoit encore vivant auffi bien que fon Fils
Henri, qui mourant bien-tôt après, laiffa
trois Fils & trois Filles, dont la poftérité
étant entrée par mariage dans plufieurs familles Ecoffoifes fubfifte encore aujourd'hui;
& fi on doit avoir égard à la proximité du
Sang, cette poftérité auroit dû monter fur
le Trône préférablement à cette Princeffe
& à fes décendans, à moins qu'il n'y ait
quelque Loi qui donne la préférence aux
Filles à l'éxclufion des Mâles. Quelque légitime qu'eut pû être le droit de Henri Second, il s'éteignit néceffairement avec lui,
tous fes enfans étant n'ez en adultére manifefte, ce Prince s'étant marié avec Eleo-
nor de Guienne pendant la vie de Loüis
Roi de France fon prémier Mari : & on ne
peut rien alléguer pour juftifier cette action
criminelle, fi ce n'eft une difpenfe du Pape,
directement contraire à la Loi de Dieu, &
aux paroles de notre Sauveur qui dit, *que
nul ne peut délaiffer fa femme finon pour caufe
d'adultére, & que celui qui époufe la femme
délaiffée commet adultére.* Il eft impoffible
de purifier cette fource corrompuë; mais
quand même on ne prendroit pas garde à
cela, toûjours eft-il certain que depuis ce
tems-là le cours de la Succeffion s'eft fouvent trouvé interrompu. Jean fût préféré
à Arthur Fils de fon Frére aîné: Edoüard
troiziéme fut fait Roi par la dépofition de
fon Pére: Henri quatre par celle de Richard
Second. Si la Maifon de Mortimer ou celle d'York avoient droit à la Couronne,
Henri quatre, Henri cinq & Henri fix n'é-
tôient

toient pas Rois légitimes, ni tous ceux qui
font montez fur le Trône en vertu du droit
qu'ils n'ont hérité que d'eux. Quoiqu'il en foit,
Richard troifiéme ne pouvoit avoir aucun
Titre légitime ; car les enfans du Duc de
Clarence fon Frére aîné étoient encore en
vie. On pouvoit foupçonner que les enfans
d'Edoüard quatriéme étoient bâtards ; &
quoique ce foubçon pût être mal fondé,
toûjours eft-il certain, qu'on n'eft pas auffi
affûré qu'ils fuffent légitimes, qu'il feroit
à fouhaiter qu'on le fût dans une affaire de
cette importance, dont les conféquences
s'étendent fort loin. Mais quand même on
n'auroit aucun doute fur cèt article, il eft
conftant que Henri fept ne monta pas fur
le Trône en vertu du droit de fa femme
Elizabet, car il règna avant que de l'avoir
époufée & auffi après qu'elle fut morte ; &
à l'égard des autres Titres en vertu defquels
il pouvoit prétendre à la Couronne, nous
en pouvons croire Philippes de Commines,
Mem. de qui dit qu'*il n'avoit ni Croix ni Pile.* Si Hen-
Comm. ri huit avoit eu quelque droit perfonnel,
ou qu'il en eût hérité quelqu'un de fa Mére, il auroit monté fur le Trone immédiatement après la mort de cette Princeffe, ce
qu'il ne prétendit jamais, ni de lui fuccéder finon après la mort de fon Pére, recon-
noiffant par cela même qu'il n'avoit point
d'autre droit que celui qu'il héritoit de lui,
à moins que le Parlement & le Peuple ne
puiffent en donner à qui bon leur femble.
On peut dire la même chofe de fes enfans.
Marie ne pouvoit avoir aucun droit fi elle
étoit

étoit bâtarde, sortie d'un mariage incestueux; mais si le mariage de sa mére étoit valable, & elle légitime, Elizabet ne pouvoit avoir aucun droit à la Couronne.

Cependant toutes ces personnes ont été Rois & Reines légitimes; leurs Actes subsistent encore aujourd'hui, & ont conservé leur force à tous égards: Le Parlement & le Peuple les firent monter sur le Trône quoi qu'ils n'eussent aucun droit pour y prétendre: Les Parlemens & le Peuple ont donc le pouvoir de faire des Rois: ceux à qui ils donnent la Couronne ne sont donc point Usurpateurs: depuis plus de sept cens ans nous n'en avons point eû qui n'aïent été faits Rois de cette maniére. Disons donc qu'ils ont été Rois légitimes, ou que pendant tout ce tems-là nous n'en avons point eû qui l'aïent été; & si cette conclusion est du goût de notre Auteur, on pourra remonter aussi loin que nous conduit l'Histoire d'Angleterre, & il y verra plusieurs autres éxemples de l'interruption de l'ordre de la succession.

Ce que je vien de dire étant fondé sur le fondement inébranlable des Loix, confirmé par toutes les Histoires & apuïé par la raison, l'opinion particuliére d'un homme, quel qu'il soit, n'est pas capable de le détruire; sur tout si c'est le sentiment d'un homme qui se trouve dans les mêmes circonstances où se trouva le Chevalier Walter Raleigh les derniéres années de sa vie: Et il y a de la bassesse & de la mauvaise foi, à donner aux paroles d'une personne de mérite,

rite , environnée de circonstances très-fâ-
cheuses , un sens tout-à-fait opposé à ses actions précédentes , & aux Ouvrages qu'il a
publiez durant sa prospérité , sur tout lorfque ce sens ne tend pas moins à ternir la
réputation de cette personne qu'à jetter les
autres dans l'erreur. Filmer s'est rendu coupable de ces deux choses , en citant quelque passage du Chevalier Walter Raleigh
pour affoiblir la Grande Chartre qui contient nos priviléges & libertez , comme si
elle devoit son origine à l'Usurpation, & qu'el-
le n'eût été mise au jour que pour prévenir ou
éteindre la Rebellion ; au lieu que dans tous
les Ouvrages qui méritent de porter son
nom , on ne trouve ni principe ni conséquence qui aproche en aucune façon de ce
que Filmer lui fait dire. Le Dialogue dont
il s'agit ici & quelques autres petits Traitez
publiez après sa mort ne peuvent, sans injustice, être atribuez à ce Grand homme :
ou si le desir de conserver sa vie, lorsqu'il
se vit prêt de perdre la tête lui a fait tenir
quelques discours contraires à ce qu'il avoit
toûjours fait profession de croire , on doit
plûtôt les ensevelir dans un perpétuel oubli que de s'en servir pour deshonorer
sa Mémoire. Mais afin que sa faute ne
préjudicie point à la Cause Publique ; il est
bon qu'on sache que quoique ce fût un
homme de mérite , cependant sa Morale
n'étoit pas aussi pure qu'il auroit été à souhaiter , comme cela paroît par son procédé
à l'égard du brave Comte d'Essex. Et dans
la composition de son *Histoire du Monde*, il
eut

eut de fi bons fecours, qu'un homme du commun avec les mêmes aides auroit pû y réüffir auffi bien que lui. Quand même fa vie n'auroit pas dépendu de la volonté du Prince on ne devroit pas s'étonner, que ce qu'il écrivit de lui-même fans aucune affiftance étrangére, femble être la production d'un autre efprit ; s'il avoit été fecondé comme auparavant, il n'eût jamais dit, que *les liens* * *qui attachent les fujèts aux Rois devroient toûjours être de fer, & ceux qui attachent les Rois aux fujèts, de toile d'arâgnée.*

* *Voyez la Lettre du Chevalier Walter Raleigh au Roi Jacques I.*

SECTION XXXI.

Les Nations Libres ont droit de s'affembler quand & où elles veulent, à moins qu'elles ne fe foient volontairement dépouillées de ce droit.

LE difcernement faux fait qu'on s'égare toûjours, & qu'on fe perfuade que des chofes favorifent la caufe qu'on défent, quoi qu'effectivement elles la renverfent tout-à-fait. Pour preuve de cette vérité, on n'a qu'à éxaminer les paroles de notre Aûteur. *Dans les précedens Parlemens, dit-il, établis & continuez depuis le régne de Henri prémier, on ne trouve point qu'on y ait fait aucun ufage de la liberté naturelle du Peuple : Car fi la liberté étoit un don de la Nature, elle donneroit pouvoir au Peuple de s'affembler quand*

&

& où il lui plairoit, pour donner la Souverai-
neté, & pour en borner & diriger l'éxercice
par des Traitez qu'il feroit avec celui, à qui
il conféreroit cette Autorité Souveraine. Et moi
je soûtiens que toutes les Nations naturellement Libres peuvent s'assembler quand
& où elles veulent ; qu'elles peuvent dispo-
ser de la Souveraineté & en diriger & limiter l'éxercice, à moins que par un Acte
volontaire, elles ne se soient dépoüillées
de ce droit ; & qu'il n'y a point de Peuple
au Monde qui eût jamais pû tenir aucune
Assemblée légitime de toute la Société, si
les Nations n'avoient pas eu ce pouvoir
originairement en elles-mêmes. On a prouvé dans la Section précédente que tous nos
Rois n'aïant aucun Titre, n'ont pû être
que ce qu'il a plû à la Noblesse & au Peuple de les faire ; qu'ils n'ont pû avoir d'autre pouvoir que celui qui leur étoit conféré, ni conférer que ce qu'ils avoient reçû.
S'ils ont donc le pouvoir de convoquer les
Parlemens, il faut que le pouvoir de les
convoquer leur ait été donné, & il ne pouvoit leur être donné par ceux en qui il ne
résidoit pas originairement. Les Israëlites
s'assemblérent & choisirent pour leurs chefs
Ehud, Gédéon, Samsom, Jephté & plusieurs autres, qu'ils jugérent capables de les
délivrer de la main de leurs ennemis. En
vertu du même droit ils s'assemblérent à
Mitspa pour faire la Guerre à la Tribu de
Benjamin, lors qu'elle leur eût refusé de
faire Justice de ceux qui avoient violé la
Concubine du Levite. En vertu du même
droit

droit ils offrirent la Couronne a Gédéon,
mais il la refufa. Ils s'affemblérent au même lieu, & y choifirent Saül pout Roi. Ce
Prince étant mort, les hommes de Juda
s'affemblérent & oignirent David : peu de
tems après, toutes les Tribus s'affemblérent en Hébron, firent accord avec lui, &
le reconnurent pour leur Roi. Ce fut auffi de
cette maniére qu'ils élevérent Abfalon fur
le Trône, quoi qu'en cette occafion on ne
puiffe guéres juftifier leur conduite. Ils voulurent faire la même chofe en faveur de
Sçeba Fils de Bicri, quoi qu'ils euffent actuellement un Roi qu'eux-mêmes avoient
choifi. Lors qu'ils fe trouvérent trop chargez des Impôts que Salomon avoit mis fur
eux, ils s'affemblérent en Sichem, & mé-
contens de la réponce que Roboam avoit
faite à leurs plaintes, dix Tribus établirent
Jéroboam pour Roi. Jéhu & tous les autres
Rois d'Ifraël n'avoient point d'autre droit
que celui qui leur fut conféré par la plus
confidérable partie de la Nation ; qui ne
leur en auroit pû conférer aucun, à moins
que de fe trouver enfemble pour cèt effet;
ni s'affembler fans le confentement & contre la volonté de ceux qui règnoient, à
moins que ce pouvoir n'eût réfidé originairement en la perfonne des Peuples.

Dans les Etats où les Gouvernemens
font mieux règlez, on laiffe à un ou à plufieurs Magiftrats le foin d'affembler le Sénat ou le Peuple lors qu'ils jugent que cela eft néceffaire; à Rome c'étoit aux Confuls ou aux Tribuns à convoquer ces Af-
fem-

femblées, à Athènes c'étoit aux Archons, & à Thèbes aux Beotarques; mais aucun de ces Magiftrats n'auroit pû avoir cette Autorité, fi elle ne leur avoit été donnée par ceux qui les avoient élevez aux Emplois aufquels elle étoit annéxée; & cette Autorité n'auroit pû être annéxée à ces Charges, fi ceux qui les avoient créées n'avoient pas été en droit de le faire. Si ces Magiftrats étoient affez peu foigneux de s'aquiter de leur devoir pour négliger la convocation de ces Affemblées, lorfque les affaires publiques le requeroient, le Peuple s'affembloit de fa propre autorité & les puniffoit en leurs perfonnes, ou aboliffoit leurs Magiftratures; comme on le peut voir par ce qui arriva aux Décemvirs & par plufieurs autres éxemples qu'on pouroit alléguer s'il étoit befoin de prouver une vérité qui eft fi claire d'elle-même. La raifon de ceci eft que ceux qui établiffent une Magiftrature favent mieux que perfonne fi ceux à qui ils l'ont conférée tendent ou non au but qu'on s'eft propofé en l'établiffant; & toutes les Magiftratures légitimes étant effentiellement les mêmes, quoique différentes quant à la forme, il faut néceffairement que le même droit appartienne en tout tems à ceux qui mettent l'Autorité Souveraine entre les mains d'un feul, d'un petit nombre ou d'un plus grand nombre de perfonnes; c'eft ce que notre Auteur appelle le droit de difpofer de la Souveraineté. C'eft ainfi qu'agirent les Romains lors qu'ils créérent les Rois, les Confuls, les Tribuns Militaires, les

Dicta-

Dictateurs ou les Décemvirs : & ce feroit
la chofe du Monde la plus ridicule que de
dire que ces Magiftrats donnérent au Peuple le pouvoir de s'affembler & de les choifir; car ceux qui font élûs font les Créatures de ceux qui les élifent, & jufques à ce
qu'ils foient choifis ils ne font pas plus que
les autres. Le dernier Roi de Suéde Charles Guftave dit un jour à un Ambaffadeur
qui étoit à fa Cour, que les Suédois l'aïant
fait Roi, dans le tems qu'il étoit pauvre,
ou pour mieux dire qu'il n'avoit rien du tout,
la feule chofe à quoi il fe croïoit indifpenfablement obligé de s'apliquer, c'étoit de
règner d'une maniére qui ne leur donnât
jamais lieu de fe repentir de la bonne opinion qu'ils avoient conçûë de lui. Ces Peuples pouvoient donc, d'eux-mêmes, s'affembler & conférer la Roïauté à ce Prince, autrement il n'auroit pû y parvenir;
car quoique ce Roïaume foit héréditaire aux
Mâles auffi bien qu'aux Femelles, & que fa
Mére fût Sœur du Grand Guftave; cependant comme cette Princeffe s'étoit mariée à
un Etranger fans le confentement des Etats,
elle avoit contrevenu aux conditions aufquelles on admet les femelles à la Succeffion de la Couronne; & étant de cette maniére déchûë de fon droit, fon Fils ne prétendoit pas en avoir aucun. L'Acte de fon
élection déclare qu'il n'avoit aucun droit à
la Roïauté, & lui donne la Couronne à lui
& à fes héritiers iffus de fon corps, avec
cette claufe, que le Prince Adolphe fon
Frére ne peut prétendre pour foi aucun
avan-

avantage, ni aucun Titre en conféquence de cettè élection ; & toute la Nation Suédoife convient que fi le Roi qui règne aujourd'hui venoit à mourir fans enfans, on procéderoit à une nouvelle Election.

Notre Auteur a fort bien remarqué que fi le Peuple pouvoit s'affembler de fa propre Autorité , & difpofer du pouvoir Souverain , il pouroit auffi le limiter comme il jugeroit à propos,& prefcrire la maniére dont on doit l'éxercer ; il ne fe trompe point à cèt égard , car les Nations fe font affemblées en ce Païs ici auffi bien qu'en plufieurs autres , elles ont conféré l'Autorité Souveraine , elles lui ont donné des bornes , & ont prefcrit en même tems la maniére dont on dévoit l'éxercer ; & les Loix de chaque Peuple enfeignent comment on doit fe conduire à cèt egard. Cela eft auffi certain par rapport aux Rois que par rapport à aucun autre Magiftrat. L'Emploi des Dictateurs Romains étoit d'avoir foin *que la République ne reçût aucun dommage. On donnoit quelquefois la même commiffion aux Confuls : ce que difoit le Roi Offa qu'on lui avoit donné la Couronne † afin qu'il maintint la liberté publique , fait bien voir qu'il étoit perfuadé que ce n'étoit pas pour lui-même qu'on lui avoit conféré une Dignité fi éminente : & Charles Guftave qui avoüoit fans déguifement, que la feule chofe à quoi il devoit s'apliquer c'étoit de gouverner fes Peuples avec tant d'équité & de modération, que ceux qui l'avoient fait Roi n'euffent pas lieu de s'en repentir & de perdre

là

*Ne quid detrimenti Refpublica accipiat. T. Liv.

† In veftræ libertatis tuitionem. Mat. Par.

la bonne opinion qu'ils avoient conçûë de
lui, nous aprend qu'il étoit convaincu qu'il
y avoit une règle qu'il étoit obligé de ſuivre, & une fin qu'il devoit procurer, afin
que ſes ſujèts ne ſe repentiſſent pas de l'a-
voir élevé ſur le Trône. Ce pouvoir de conférer la Souveraineté fut éxercé en France
par ceux qui donnérent la Couronne à Mérové au préjudice des petits Fils de Pharamond, qui étoient enfans de Clodion; par
ceux qui exclurent ſa race pour élever Pépin ſur le Trône; par ceux qui dépoſérent
Loüis le Debonnaire & Charles le Gros;
par ceux qui donnérent la Couronne à cinq
Princes qui étoient étrangers ou Bâtards
avant que de la mettre ſur la tête de Charles le Simple; par ceux qui rejettérent la
Seconde race pour faire monter Hugues
Capet ſur le Trône; par ceux qui élevérent
à la Roïauté Henri prémier au préjudice de
Robert ſon Frére aîné, & qui voulurent en
laiſſer la joüiſſance aux Décendans de Henri juſques à la dixiéme Genération, pendant que la Poſtérité de Robert fût obligée
de ſe contenter du Duché de Bourgogne.
La même choſe eſt arrivée dans les Roïaumes de Caſtille & d'Arragon où l'on a ſouvent préféré le Cadet à l'aîné; les Décendans des Femelles à ceux de la ligne Maſ-
culine, en même degré; les plus éloignez
du Sang aux plus proches; & quelquefois
des Bâtards aux légitimes. On a pratiqué la
même choſe en Angleterre par rapport à
chaque Roi, depuis que les Normands y
ſont venus, comme je l'ai fait voir dans la

Tome III. M Section

Section précédente, auffi bien qu'en plufieurs autres endroits de cèt Ouvrage.

Les diférens réglemens faits par les Nations pour établir l'Ordre de la Succeffion
font bien voir que ceux qui conféroient
l'Autorité Souveraine, étoient en droit de
la limiter, & de prefcrire la maniére dont
on devoit l'éxercer. Il y a des Couronnes purement Electives, comme l'Empire d'Allemagne & le Roïaume de Pologne, qui le
font encore aujourd'hui, le Roïaume de
Dannemarc qui l'a été jufqu'en mil fix cens
foixante; celui de Suéde jufques au tems de
Guftave Ericfon, qui délivra cette Nation
de la Tirannie du cruel Roi de Dannemarc
Chrétien Second. En d'autres Etats, la couronne étoit auffi élective, mais elle étoit,
pour ainfi dire, affectée à une certaine Famille ou a plufieurs familles, comme celle
des Goths en Efpagne dont les Rois étoient
choifis d'entre les Halthei & les Amalthei.
Dans de certains Roïaumes on préféroit
l'aîné de la famille Régnante au plus proche
du Sang, comme cela fe pratiquoit en Ecoffe avant le tems de Kennethus. En d'autres
lieux on préfére le plus proche du Sang à
l'aîné, fi cèt aîné eft plus éloigné. En quelques uns on n'a aucun égard aux Femelles ou
à leurs Décendans, comme en France & en
Turquie. En d'autres, elles & leurs Décendans héritent *fimplement*, auffi bien que les
Mâles; ou à condition qu'elles ne fe marî-
ront point hors du Païs, ou fans le confentement des Etats, comme en Suéde. On ne
peut donner aucune autre raifon de cette va-
riété

riété de conſtitutions, qui eſt preſque infinie, ſinon que ceux qui ont fait ces réglemens
ont voulu que cela fût ainſi ; ce qui ne pouroit pas être ſi Dieu & la Nature avoient aſſi-
gné une règle générale à toutes les Nations
du Monde. Car en ce cas, il faudroit que
le Roïaume de France fût électif auſſi bien
que celui de Pologne, & l'Empire ; ou que
les Couronnes de la Pologne & de l'Empire
fuſſent héréditaires auſſi bien que celle de
France : les Filles devroient ſuccéder en
France auſſi bien qu'en Angleterre, ou être
excluës de la Succeſſion en Angleterre comme elles le ſont en France ; & il faut de toute néceſſité que celui qui veut qu'on croïe
qu'un de ces Réglemens eſt d'inſtitution divine & naturelle, renverſe abſolument tous
les autres.

Les diférentes maniéres dont les Peuples
ont limité le Pouvoir Souverain, ſont encore une preuve convaincante de l'uſage qu'ils
ont fait, à cèt égard, de leur liberté naturelle. Il y a des Rois, dit Grotius, qui ont
le *Summum Imperium ſummo modo* ; d'autres
qui l'ont *modo non ſummo* : & entre ceux qui
ne poſſédent la Couronne qu'avec de certaines reſtrictions, les dégrez du plus au moins
ſont prèſque infinis, comme je l'ai déja
prouvé du Roïaume d'Arragon, des anciens
Peuples d'Allemagne, des Rois Saxons,
des Rois Normands, de ceux de Caſtille,
de l'Empire d'aujourd'hui auſſi bien que de
pluſieurs autres Etats. Et je puis dire ſans
crainte de me tromper, que l'Ancien Gouvernement de France étoit de même Natu-

De Jur. bel.
& pac.

re,

re, & qu'on y a prefqu'à tous égards fuivi la même métode jnfqu'au tems de Charles VII. & de Louïs XI; mais ces Princes commencérent à s'émanciper, comme on dit, & leurs fucceffeurs dignes imitateurs d'un fi bon éxemple ont fi bien réüffi dans ce deffein qu'ils fe font élevez à un dégré de Grandeur, & de Puiffance fans bornes, & ont amaffé des Tréfors immenfes aux dépens du Peuple qui fe voit réduit dans une miſére qu'il n'eſt pas poffible d'exprimer.

Il faudroit être fou pour s'imaginer que cette diverfité de Limitations procéde de la libéralité des Rois, puifque Naturellement ils prénent tous plaifir à éxercer un Pouvoir abfolu, & qu'ils déteftent tout ce qui s'oppofe à leur volonté. Il y auroit plus de raifon à croire que les Confuls Romains qui avoient été élevez fous un Gouvernement Libre, qui avoient contracté un amour ardent pour la Patrie, & qui étoient contens de vivre dans une parfaite égalité avec leurs Concitoiens, furent d'avis qu'on ne leur laiffât l'éxercice de leur Magiftrature que pour un an; ou que les Doges de Venife voulurent bien, de leur pure grace, accorder au *Confeil des dix*, le pouvoir de les faire mourir s'ils violoient les Loix, que de s'imaginer que les Rois aïent confenti volontairement qu'on limitât leur Autorité, puifque c'eſt la chofe du monde qu'ils ont le plus en horreur; ou qu'ils vouluffe t porter fi long-tems ces chaînes, s'ils pouvoient les rompre fi facilement. Si quelqu'un de ces Princes avoit autant de modération que Trajan qui en
don-

donnant l'épée au Préfect des Gardes Préto-
riennes lui ordonna de l'emploier à la défence de fa perfonne s'il gouvernoit juftement,
& de s'en fervir contre lui s'il faifoit le contraire; le fuccefleur d'un Prince fi modéré
donneroit bien-tôt un autre ordre; une Loi
qui n'eft fondée que fur l'Acte d'un homme,
peut être annulée par un autre. Defforte que
rien ne prouve mieux que les Loix établies
en diférens Païs pour réprimer la puiffance
Roïale & pour difpofer diverfement de la
fucceffion ne procédent point de la volonté
des Rois que les éxemples fréquens qu'on a
eu de la fureur de ces Monarques qui fe
font éxpofez aux plus grans dangers, & ont
attiré fur leurs Peuples des malheurs fans
nombre, en voulant violer ces Loix & s'a-
franchir par ce moïen d'un joug qu'ils trouvoient infuportable. Concluons donc que
les Nations ont le pouvoir de s'affembler
quand & où il leur plaît, de conférer & limiter l'autorité Souveraine, auffi-bien que de
prefcrire la maniére dont on doit l'éxercer;
autrement il faudra dire que tous ces Actes
publics des peuples font fondez fur une injuftice manifefte, & qu'ils font coupables
de l'Ufurpation la plus criante.

Nul ne peut avoir de pouvoir fur une Na-
tion, s'il ne l'a *de jure* ou *de facto*. Il faut que
celui qui prétend avoir un Pouvoir *de jure*,
prouve que ce pouvoir eft originairement
attaché à fa perfonne, ou qu'il a réfidé en
celle de fon Prédécefleur dont il l'a hérité;
ou qu'il l'a légitimement aquis. Pour prouver qu'on ne peut prétendre à aucun droit

M 3　　　　naturel

naturel, à cèt égard, je ne croi pas qu'il foit befoin d'autres preuves que de celles dont je me fuis déja fervi, en faifant voir que les premiers Péres du Genre Humain n'avoient point ce droit; ou que s'ils l'avoient, il n'y a perfonne aujourd'hui qui pût en hériter, parce qu'il n'y a perfonne qui pût prouver par fa Généalogie que la fucceffion lui apartient de droit. Deplus la facilité avec laquelle nous pouvons prouver les commencemens de toutes les Familles qui régnent parmi nous, fufit pour nous faire voir qu'il feroit auffi ridicule à aucune de ces familles de prétendre à un droit perpétuel de Domination Univerfelle, qu'il le feroit à un Citoïen de Londres, dont nous connoiffons les parens & la naiffance, de dire qu'il eft le véritable Noë qui vivoit du tems du Déluge, & qu'il eft à préfent âgé de quatre ou cinq mille ans.

Si ce pouvoir a été conféré à lui ou à fes prédéceffeurs, nous n'en demandons pas davantage; car aucune Donation ne peut être valable, à moins qu'elle ne foit faite par ceux qui font en droit de la faire; & le droit originel venant à manquer, faute de connoître l'héritier, perfonne ne peut avoir ce droit fur un Peuple libre; ce Peuple feul l'a, ou bien ceux à qui il a bien voulu le donner.

Si l'on dit qu'on a ce pouvoir par vöie da quifition, c'eft toûjours la même chofe; car on ne peut avoir aucun droit à ce que l'on a aquis, à moins qu'on ne prouve que l'on a été en droit de s'en emparer; & cela

étant

étant, on ne peut aquerir que ce qui apartenoit à la personne sur qui on a fait l'aquisition, & cette aquisition n'apartient légitimement qu'à celui qui est en droit de la faire. Jamais il n'y a eu d'homme au monde qui ait pû conquerir, seul & par ses propres forces, toute une Nation; il n'y a donc jamais eu d'homme au monde qui ait pû aquerir un droit personnel sur aucun Peuple, & si quelque droit lui a été conféré par ceux qui ont fait la conquête avec lui, c'étoit le Peuple qui lui a aidé, & c'est par conséquent ce Peuple qui le lui a conféré. On ne peut pas dire, avec plus de justice, que ce droit réside originairement en sa personne & qu'il ne le tient que de lui, qu'on le pouvoit dire d'un Magistrat de Rome ou d'Athènes immédiatement après sa création; & n'aïant point d'autres droit au commencement, il n'en peut avoir aucun dans la suite; car la Nature de ce droit doit être conforme à son Origine, & le tems n'y peut faire aucun changement.

Il faut donc que tout ce qui ne procéde pas du consentement du Peuple soit seulement *de facto*, c'est-à-dire vuide de tout droit; & il n'est pas possible de s'imaginer qu'on n'est pas en droit de détruire ce qui n'est fondé sur aucun droit; & par la même règle qu'un homme jouit de ce qu'il a aquis par violence, un autre peut le lui ravir. Cirus renversa l'Empire des Assiriens & des Baboloniens, Aléxandre celui des Mèdes & des Perses; & s'ils n'étoient pas en droit de faire la guerre à ces Nations, il ne

M 4 se

se peut pas qu'elles n'aïent été en droit de reprendre par force ou autrement tout ce
qu'on leur avoit ôté avec tant d'injustice, &
de se venger des maux qu'on leur avoit fait
souffrir. Si ces Princes avoient la justice de
leur côté, que la guerre qu'ils leur firent fût
fondée sur des causes très-légitimes, & qu'ils
n'aïent point abusé de leur victoire, on demeurera, peut-être, d'accord que ces Peuples conquis étoient obligez de porter pa-
tiemmment le joug qu'on leur avoit imposé;
mais les armées Conquerantes qui avoient
donné à leurs Généraux ce qu'ils avoient
ôté à leurs ennemis, pouvoient avec autant
de justice éxiger, qu'on leur rendît compte
de ce qu'ils avoient donné, & qu'on l'em-
ploïât aux usages ausquels il avoit été destiné
par ceux qui l'avoient donné, que le Peuple
d'une Ville quelle qu'elle soit le pouroit éxiger des Magistrats qu'il auroit lui même établis; parce qu'il étoit aussi impossible à Cirus, à Aléxandre ou à César de soumettre
à leur puissance les armées qui étoient sous
leur conduite, sans qu'elles y voulussent
bien consentir, qu'il l'auroit été à Péricles,
à Valérius ou à quelque autre Citoïen desar-
mé d'aquerir dans leurs Villes respectives
plus de Povvoir qu'on ne leur en avoit donné volontairement. Et la seule diférence
qu'il y ait, selon moi, entre les Roïaumes
établis par des armées conquerantes, & ceux
qui sont établis de la maniére du monde la
plus réguliére, consiste en ce que les premiers sont ordinairement plus portez à la
guerre & à la violence; au lieu que les derniers

niers font plus pour la juſtice & pour la Paix.
Mais on a vû pluſieurs Goûvernemens de
cette prémiére ſorte, ſur tout ceux qui furent établis par les Nations ſorties du Nord,
qui n'avoient pas moins d'éxactitude à bien
régler tout ce qui pouvoit tendre au maintien de la liberté, & à prendre garde qu'on
éxécutât ponctuellement ces réglemens,
qu'en auroient pû avoir les Républiques les
mieux policées. Et il y auroit auſſi peu de
raiſon à dire que les Gôths reçurent leur priviléges d'Alan ou de Théodoric, les Francs
de Pharamond ou de Merové, & les Anglois d'Ina ou d'Ethelred, qu'il y en auroit
à ſoûtenir que la liberté d'Athènes étoit un
don de Thémiſtocles ou de Péricles, que
Rome tenoit l'Empire du Monde de la libéralité de Brutus ou de Valérius, & que la
République de Veniſe d'aujourd'hui ne ſubſiſte que par un effet de la bonté de Contarini
ou de Moroſini : ce qui nous remet dans la
queſtion de droit, puiſque celle de fait,
& vuide de droit, ne ſignifie rien.

M 5 SE-

SECTION XXXII.

*Les Pouvoirs des Rois sont si différens, se-
lon les Loix différentes des Peuples ausquels ils commandent, qu'on ne peut tirer aucune conséquence des uns aux autres, à leur préjudice ou à leur avantage, en ne consultant que le nom.*

POur détruire ce que nous avons dit ci-
dessus, quelques uns allèguent le nom
de Roi, comme s'il y avoit quelque charme dans ce mot; & il semble que Filmer
espère en retirer plus d'avantage que de
toutes les raisons dont il s'est servi pour défendre sa cause. Mais afin que nous puis-
sions voir que ce terme ne renferme aucune vertu en soi, & qu'il ne confére point
d'autre droit que celui que chaque Nation
y a bien voulu attacher, il nous faut considérer.

I. Que les Princes les plus absolus qui
vivent à présent ou qui aient jamais vêçu,
n'ont point porté le nom de Roi; au lieu
qu'on l'a souvent donné à des Princes dont
l'Autorité étoit fort bornée. Avant le sixié-
me Siécle du Christianisme on n'avoit jamais appellé les Césars, Rois: Les Caliphes, les Soldans d'Egipte & de Babilone,
le Grand Turc, le Cham de Tartarie ou
le Grand Mogol n'ont jamais pris ce nom,
ni aucun autre qui signifie la même chose.
Le

Le Czar de Moscovie ne le prend point, quoique ce Monarque soit aussi absolu qu'aucun Roi du Monde, & qu'il n'y ait pas de Peuple plus esclave ni plus misérable que ses sujèts. D'un autre côté on a donné, pendant quelque tems, le nom de Roi aux Principaux Magistrats de Rome & d'Athènes, à ceux de Lacédémone, d'Arragon, de Suéde de Dannemarc & d'Angleterre, *quoique ces Magistrats ne pussent rien faire que conformément aux Loix.* Je croi que cela sufit pour faire voir qu'un certain nom n'étant en aucune maniére essentiel, en fait de Gouvernement, quelque titre qu'on donne au Souverain Magistrat, il ne peut néanmoins avoir de Puissance, qu'autant que lui en donnent les Loix & les coutumes du Païs qu'il gouverne, ou que le Peuple a bien voulu lui en conférer.

II. On change souvent le nom des Magistrats, sans rien changer au pouvoir; & on change quelquefois le pouvoir quoiqu'on laisse toûjours le même nom aux Magistrats. Lors qu'Octave César avec le secours de ses Troupes mercénaires, corrompuës & furieuses eut renversé toutes les Loix de sa Patrie, il ne prît point d'autre Titre, par rapport aux affaires Militaires que celui d'Empereur, que les Armées donnoient souvent aux Préteurs & aux Consuls du tems même que la République joüissoit de toute sa liberté: A l'égard des affaires Civiles ce Prince voulût faire croire qu'il se contentoit de la Puissance des Tribuns son Successeur suivit la même métode,

Tribunitia Potestate, contentus. C. Tacit.

M 6   en

en donnant à fes nouvelles Ufurpations
des noms établis dès les commencemens
de la République , & qui par conféquent
ne choquoient point les oreilles. D'un autre côté, par une reftriction modérée, on
rend quelquefois Populaires des noms qui,
par un éxercice violent de l'Autorité abfoluë, étoient devenus odieux & éxécrables;
comme en Allemagne où quoiqu'il femble
que la Monarchie foit auffi bien tempérée
qu'en aucun endroit du Monde, les Princes y retiennent les mêmes noms d'Empereur, de Céfar & d'Augufte, que portoient
autrefois ceux qui par une rage & une fureur
exceffive avoient ravagé & défolé la meilleure partie de l'Univers.

Les Souverains ont quelquefois changé
de nom , quoi que leur pouvoir ait toûjours été le même a tous égards. Les Seigneurs de Caftille, pendant plufieurs Siécles, n'ont point eu d'autre Tître que celui de Comte; & lorfque la Nobleffe & le
Peuple le jugea à propos, ce nom fut changé en celui de Roi, fans rien ajoûter à la
Puiffance de ces Souverains.

En Pologne le Souverain Magiftrat s'appelloit Duc, n'y aïant qu'environ deux cens
ans qu'on donna le nom de Roi à un Prince de la Famille des Jagellons; nom qui a
refté à tous fes Succeffeurs, fans que cela
ait en rien changé la Nature du pouvoir de
ces prémiers Magiftrats. Et je ne croi pas
qu'un homme raifonnable puiffe s'imaginer
que fi les Vénitiens s'avifoient d'appeller
leur Doge Roi, ce Tître donnât à ce Magiftrat

giſtrat plus d'Autorité qu'il n'en a déja, à moins que le Grand Conſeil ne lui en donnât davantage.

III. Les mêmes noms qui en quelques endroits ſignifient la Magiſtrature Souveraine, marquent en d'autres lieux un emploi ſubordonné, & ne ſont ſouvent que des Titres ſans Pouvoir. En Angleterre, en France & en Eſpagne les Ducs & les Comtes ſont ſujèts : En Allemagne les Electeurs & les Princes qui portent ces Titres ſont peu différens des Souverains ; & les Ducs de Savoie, les Grands Ducs de Toſcane & ceux de Moſcovie auſſi bien que pluſieurs autres ne reconnoiſſent point de Supérieur en Terre, non plus que ceux de Pologne & de Caſtille qui n'en avoient point, avant qu'ils euſſent changé ce nom en celui de Roi. On peut dire la même choſe des Princes qui portent le Titre de Roi. Il y en a qui ſont ſujèts d'une Puiſſance étrangére. Il y avoit autrefois pluſieurs Rois qui étoient ſujèts aux Monarques de Babilon & de Perſe, c'eſt pourquoi on les appelloit Rois des Rois. Il y en a auſſi qui ſont tributaires ; en effet lors que les Eſpagnols abordérent en Amérique, les Grands Rois du Méxique & du Pérou en contoient pluſieurs entre leurs Vaſſaux. Septante Rois recueilloient du pain ſous la table d'Adonibézeck. Les Romains avoient pluſieurs Rois qui dépendoient d'eux. Hérode & ceux de ſa race étoient de ce nombre ; c'étoit à ces Maîtres du Monde à décider le différent qu'il y avoit entre lui & ſes Fils Ariſtobule &

M 7   Alé-

Aléxandre, & ce Prince n'ofa fe faire Jufti-
ce jufques à ce que le jugement de cette affaire lui eût été renvoïé par l'Empereur.
Mais il reftoit toûjours aux condamnez la
liberté d'appeller de la Sentence de ces
Princes, comme cela paroît par ce que fît
Saint Paul fous le règne d'Agrippa. Les
Rois de Mauritanie furent dans la même
dépendance depuis Mafiniffa: Jugurtha alla à Rome pour fe juftifier de la mort de
Micipfa dont on l'accufoit d'être l'Auteur.
Scipion, Petréïus & Afranius Magiftrats
Romains commandoient le Roi Juba: un
autre Juba fut fait Roi de ce Païs par Augufte, & Néron donna la Couronne d'Ar-
ménie à Tiridate; on pouroit alléguer un
nombre infini d'éxemples de même Nature. De plus, le pouvoir de ces Souverains
eft différent, felon la diverfité du tempérament des Peuples, & felon la différence
des tems. Il y a eu des Nations qui ont
prefcrit des bornes au pouvoir de leurs
Rois, lors qu'ils ont vû par expérience
qu'il étoit exceffif: D'autres leur ont donné plus d'autorité qu'ils n'en avoient auparavant: & les Loix qui ont rapport à l'éta-
bliffément, à l'abrogation, à l'accroiffement & à la diminution de la Puiffance
Roïale ne fignifieroient rien, fi on ne les
pouvoit pas mettre en éxécution. Il eft vrai
que ces Loix n'ont aucun effet, excepté
dans les Païs où elles font établies. La vie
des Lacédémoniens ne dépendoit pas de la
volonté d'Agéfilaus ou de Léonidas quoique Nabuchodonozor pût tuer ou fauver
qui

qui bon lui fembloit : & quoique le Roi de
Maroc puiffe poignarder fes fujèts, les faire dévorer par des Lions, ou les précipiter
fur des clous à crochet pour les y laiffer ex-
pirer de la maniére du Monde la plus cruelle ; il ne s'enfuit pas que le Roi de Pologne
en puiffe faire autant, & il ne faut pas douter qu'on ne lui fît rendre conte de fes actions, s'il lui arrivoit d'ôter injuftement la
vie à un de fes fujèts.

SECTION XXXIII.

*La liberté d'un Peuple eft un don de Dieu
& de la Nature.*

SI quelqu'un demande comment les Nations ont aquis le pouvoir de faire toutes ces chofes, je répons que la liberté étant
une éxemtion de la domination d'autrui, on
ne doit pas demander comment un Peuple
eft devenu libre, mais comment un homme l'a pû foumettre à fa domination ; car
jufques à ce que l'on ait prouvé que ce
droit de domination eft fondé fur la Juftice, la liberté fubfiftera toûjours comme
une propriété de la Nature & de l'effence
de l'homme. Tertulien, parlant des Empereurs, dit, *Ab eo imperium à quo fpiritus ;*
& nous, en confidérant l'homme dans fon
état originel, pouvons dire avec Juftice,
Ab eo libertas à quo fpiritus ; car nul ne peut
de-

devoir plus qu'il n'a reçû. La Créature
n'aïant rien, & n'étant que ce que le Créa-
teur l'a fait être, il s'enfuit néceffairement
qu'elle lui doit tout, & rien à celui dont
elle n'a rien reçû. Il faut donc que l'homme foit naturellement libre, à moins qu'il
n'ait été créé par une autre Puiffance que
celle à qui nous avons toûjours crû qu'il
devoit atribuer fon être. C'eft de là que
réfulte l'obéïffance que l'on doit aux Péres,
parce qu'ils font les inftrumens dont Dieu
s'eft fervi pour nous donner la vie; & les
lumiéres de la raifon nous aprénent que
nous devons témoigner beaucoup de recon-
noïffance à ceux de qui après Dieu nous
avons tout reçû. Lors qu'ils font morts
nous fommes leurs héritiers, nous joüiffons
fons des mêmes droits, & ils paffent à notre poftérité après nous. Dieu qui feul nous
a conféré ces droits, eft auffi le feul qui
puiffe nous les ôter; & nous ne pouvons
pas favoir qu'il nous les ait ôté, à moins
qu'il n'ait déclaré par une Révélation ex-
preffe que telle eft fa volonté, ou qu'il
n'ait établi parmi les hommes une certaine
marque à laquelle on puiffe connoître ceux
qui doivent commander & ceux qui doivent obéïr; ou bien à moins comme le
difoit derniérement une perfonne d'efprit,
qu'il ne faffe naître quelques uns avec une
Couronne fur la tête & tous les autres avec
une felle fur le dos. Il faut donc que les
hommes joüiffent de cette liberté jufques à
ce qu'ils l'aïent perduë par voïe de confifcation ou qu'ils s'en foient dépouillez vo-
lon-

lontairement. Il n'eft prefque pas poffible de
comprendre comment une multitude qui
n'eft point encore entrée en Société peut perdre fa liberté par cette voïe; car comme ils
font tous égaux, *& que ceux qui font égaux* ᴾᵃʳ ⁱⁿ ᵖᵃ-
ne peuvent avoir aucun droit les uns fur les au- ʳᵉᵐ ⁿᵒⁿ ʰᵃ-
tres, un homme à qui on ne doit rien ne peut ᵇᵉᵗ ⁱᵐᵖᵉ-
pas avec juftice s'aproprier par confifcation ʳⁱᵘᵐ.
ce que nous poffédons, à moins que nous ne
lui aïons fait quelque injure perfonnelle, &
ce n'eft pas de cela dont il eft ici queftion;
parce que où il n'y a point de Société un
homme n'eft pas refponfable des actions
d'un autre. Tous ne peuvent pas l'obliger
par le même Acte, parce qu'ils ne font en
aucune maniére unis enfemble; ou s'ils l'é-
toient, nul ne pouroit s'aproprier la confifcation, & encore moins la transmettre à un
autre; & n'étant pas transmife, il faut néceffairement qu'elle périffe comme fi elle
n'avoit jamais été, & perfonne ne peut prétendre aucun droit en vertu de cette confifcation.

La voïe de réfignation ne fera pas plus favorable au deffein de Filmer; car les hommes n'ont pû fe dépoüiller de leur liberté, à
moins qu'ils ne l'aïent euë naturellement. La
réfignation eft une déclaration publique
qu'ils font de confentir à être gouvernez par
la perfonne à qui ils réfignent leurs droits;
c'eft-à-dire que par cèt Acte ils le font leur
Gouverneur. Cela nous méne néceffairement à l'éxamen des raifons qui les ont portez à réfigner leur liberté, cela prouve auffi
que le Gouverneur eft leur Créature, & nous
en-

engage en même tems à nous enquerir de
quelle maniére ils ont voulu être gouvernez,
il s'enfuit auffi de la, que le droit de difpofer
du Gouvernement réfidoit en leurs perfonnes autrement, les Gouverneurs qu'ils ont
créez n'auroient aucun droit. Cela faute aux
yeux pour peu de fens commun qne l'on ait,
& il faudroit être fou pour demander qui a
donné la liberté aux Villes de Carthage,
d'Athènes, de Rome ou de Venife; ces Républiques n'ont point reçu leurs Chartres des
hommes, Dieu & la Nature les leur ont données. Lors qu'un certain nombre de Phéni-
ciens fut abordé fur les côtes de la Mer
Adriatique, peut-être s'accordérent ils avec
les Habitans du Païs pour quelque mor-
ceau de terre, mais ils y aportérent avec eux
leur liberté. Lors qu'une troupe de Latins,
de Sabins & de Tofcans fe furent rencontrez
fur les bords du Tibre, & qu'ils eurent réfo-
lu de bâtir une Ville, plûtôt que d'aller s'é-
tablir dans aucune de celles qui étoient aux
environs, ils portoient avec eux leur liberté
& avoient des bras & des armes pour la défendre. C'étoit-là leur Chartre; & Romulus
ne pouvoit pas leur donner plus que Didon
n'avoit donné aux Carthaginois. Lorfqu'u-
ne multitude de Nations barbares eut inondé l'Italie, & qu'on n'eut plus lieu d'attendre aucune protection d'un Empire corrompu & prêt à périr, ceux qui s'affociérent
volontairement enfemble pour aller chercher un Azile dans les Iles éparfes du Golphe
Adriatique, n'eurent pas befoin de l'autorité de qui que ce foit pour ratifier l'établiffement

ment de leur nouveau Gouvernement. Il ne se pouvoit pas que ceux qui avoient bâti cette Ville pour eux-mêmes ne fussent en droit de la gouverner comme bon leur sembloit, puisque s'ils faisoient mal, il n'y avoit qu'eux qui en dussent soufrir. Il y a assez d'aparence que quelques uns des Empereurs en qualité de Seigneurs des Terres auroient pû prétendre le droit de Souveraineté sur cette nouvelle Ville, s'ils avoient crû pouvoir colorer en quelque façon leurs prétentions; mais puisqu'on n'en a formé aucune de cette Nature en l'espace de treize cens ans, il n'y a guéres d'aparence qu'on chicane les Vénitiens sur cèt Article. Tout le monde demeure d'accord que la sujétion & la protection sont deux choses rélatives; & que c'est en vain que celui qui ne peut pas défendre ceux qui sont sous lui, prétend être en droit de dominer sur eux. Le seul but qu'on s'est proposé dans l'institution des Gouvernemens c'est d'obtenir justice & protection ; & ces Princes qui ne peuvent procurer ni l'un ni l'autre, mettent le peuple en droit de prendre telles mesures qu'il jugé à propos pour sa sûreté.

Cela est encore plus clair par raport à ceux qui n'ont jamais entré en aucune société, comme au commencement & au renouvellement du Monde après le Déluge ; ou par rapport à ceux qui après la dispersion des Sociétez dont ils étoient membres, ou par quelque autre accident ont été obligez de chercher de nouvelles demeures. Tels étoient ceux qui se rétirérent de Babilon

après

284 DISCOURS SUR LE

après la confusion des Langues, ceux qui se garantirent de l'embrasement de Troïe; & presque tous les Peuples de l'Europe aussi-bien que plusieurs de l'Asie & de l'Afrique après la ruïne de l'Empire Romain. A ceux-là on peut ajoûter une multitude de Nations du Nord qui étant tellement accrûës en nombre de personnes que leur païs ne pou-voit plus leur fournir de quoi se nourrir, ou qui, faute de savoir cultiver leurs Terres, fu-rent obligez de sortir de leurs païs pour aller s'établir ailleurs ; & qui érigérent ensuite plusieurs Roïaumes & Etats, pour eux-mê-mes en particulier, ou en se joignant aux an-ciens Habitans.

Il ne sert de rien de dire que dans tous les lieux où ils vinrent , la terre appartenoit à quelqu'un, & que ceux qui venoient pour s'y établir devoient être soumis aux Loix de ceux qui étoient Seigneurs de la Terre, car ce n'est pas toûjours une vérité de fait. Les uns viennent dans des Païs deserts qui n'ont point de Seigneur ; d'autres s'établissent dans des Lieux peu peup'ez & habitez par des gens qui n'aïant pas assez d'adresse pour améliorer leurs Terres, en accordent une partie aux nouveaux venus à des conditions avantageu-ses, ou s'unissent avec eux pour posséder le tout ensemble ; on trouve dans les Histoires un nombre infini d'éxemples de cette Natu-re.

Si nous voulons remonter jusqu'à notre propre origine sans nous arrêter aux contes fabuleux qu'on fait de Samothes, fils de Ja-phet & de ses Magiciens, ou des Géans en-gen-

gendrez du commerce qu'eurent de certains
Efprits avec les trente filles de Danaüs qui
vinrent de Phénicie dans un vaiffeau fans voi-
les, ni rames, ni Gouvernail, nous verrons que lorfque les Romains eurent abandonné notre Ile, les habitans reftérent dans
une entiére liberté de pourvoir à leurs affaires ; & foit que nous tirions notre origine de
ces anciens Infulaires, ou des Saxons, ou
des uns & des autres, nos Ancêtres étoient
parfaitement Libres ; & les Normands aïant
hérité du même droit lorfqu'ils fe furent tellement unis aux Naturels du Païs qu'ils ne
firent plus qu'une même Nation avec eux,
il ne fe peut pas que nous ne foïons encore
en poffeffion de cette liberté, à moins que
nous ne nous foïons volontairement rendus
efclaves.

Rien n'eft plus contraire à la raifon qu'une
pareille penfée. Lors qu'un Climat plus tem-
péré eut adouci la férocité des Saxons, les
Arts & la Religion qu'ils aprirent, leur enfei-
gnérent à réformer leurs Mœurs & les rendirent plus capables d'établir des Loix pour la
confervation de leur liberté, bien loin de diminuer l'amour qu'ils avoient pour un bien
fi précieux : Et quoique les Normands aïent
pû fouhaiter au commencement de fe mettre
en poffeffion des Terres de ceux qui avoient
fuivi le parti de Harold, & de quelques autres, cependant lors qu'ils fe furent établis
dans le païs, & unis par mariage avec les anciens habitans, ils devinrent véritables Anglois, & n'eurent pas moins d'amour pour
la liberté, ni moins de zèle pour la défendre

que

que les Saxons mêmes. On n'entendit plus
parler alors des Conquerans Normans ni des
Saxons vaincus, mais d'un grand & vaillant
peuple composé des uns & des autres, uni de
sang & d'intérêt pour la défence de leur
commun droit qu'ils ont toûjours si bien sû
maintenir que de tous les Princes qui depuis
ce tems-là ont voulu enfreindre ces priviléges avec trop de hauteur, il n'y en a pas un
qui pour récompense de sa folie n'ait vécu
misérablement & n'ait fini ses jours avec infamie.

Il me semble que cette conduite de nos
Ancêtres ne tient guéres de la soumission
avec laquelle des Esclaves qui tiennent leur
Patrimoine de la libéralité de leur Seigneur,
obéïssent à ses volontez. Au contraire, ils se
sont toûjours avantageusement servis du
pouvoir qu'ils avoient en eux-mêmes pour
défendre cette liberté qu'ils avoient aportée
avec eux en naissant. Tous leurs Rois furent
élevez sur le Trône aux mêmes conditions &
pour la même fin. Alfred reconnut qu'il les
avoit trouvé parfaitement libres à son avénement à la Couronne, & qu'il les laissoit
dans la même liberté ; & l'aveu d'Offa qui
reconnoissoit qu'ils ne l'avoient pas fait Roi
pour son mérite personnel mais pour le
maintien de leur liberté, est une confession
qui comprend celle de tous ses prédécesseurs
& de tous ceux qui sont venus aprés lui.
Nos Ancêtres savoient combien il y avoit
d'honneur à être fait Chef d'un grand Peuple, c'est pourquoi ils éxigeoient à la rigueur que celui à qui on faisoit un si grand
hon-

honneur s'aquitât exactement des devoirs
aufquels il étoit obligé ; & qu'il ten-
dît toûjours au but qu'on s'étoit propofé
en l'élevant fur le Trône ; ils puniffoient
févérement ceux qui abufoient lâchement
de l'autorité qu'on leur avoit confiée ou
qui trahiffoient méchamment ce précieux
dépôt, violant de cette maniére ce qu'il y
a de plus facré, parmi les hommes ; ce
qu'ils n'auroient pû faire s'ils n'avoient été
naturellement libres, car on ne peut défendre une liberté qui n'éxifte point.

SECTION XXXIV.

Le refpect que l'on rend à un Magiftrat lé-
gitime, l'honneur qu'on lui porte, les
Titres magnifiques qu'on lui donne, ne
dérogent point à la liberté d'un Peuple &
ne la diminuënt en rien.

IL y a des perfonnes qui ont crû que quoi
qu'un Peuple foit naturellement Libre,
& que ce foit lui qui établiffe fes Magiftrats,
cela n'empêche pas que par cèt établiffement il ne fe prive de cette liberté naturelle ;
& que les Titres de *Roi*, de *Souverain Seigneur*,
de *Monarque Augufte* étant incompatibles
avec la liberté, ceux qui donnent ces noms
à leurs Magiftrats renoncent entiérement à
leur liberté. Filmer porte cette objection
fort

fort loin , & infiste beaucoup fur les difcours
foumis que les Peuples tiennent à leur Souverain , lorfqu'ils *fupplient très humblement
qu'il plaife à fa Majefté de leur permettre de lui
parler avec la libérté ordinaire , & de leur accorder accès auprès de fa perfonne facrée* ; & il
donne le nom *de requêtes & de fuplications aux
adreffes qu'on lui préfente* ; dans le tems qu'il
reléve les termes fiers & hautains dont les
Souverains fe fervent , comme *le Roi le veut*,
le Roi s'avifera, & autres chofes femblables.
Mais ceux qui parlent de cette maniére font
bien voir qu'ils ne connoiffent pas la Nature
de la Magiftrature , & qu'ils ignorent ce qui
fe pratique chez les Nations. Celles qui ont
été les plus libres & qui ont maintenu leurs
droits avec le plus d'opiniâtreté ont crû
qu'ils ne pouvoient faire trop d'honneur aux
Magiftrats qui fignaloient leur zèle en défendant les libertez du Peuple , qui ne leur
avoit mis l'autorité en main que dans cette
vûë. On auroit pû donner avec juftice le
nom d'Augufte Souverain aux Confuls ou
aux Dictateurs Romains , car ils avoient
l'Autorité Souveraine en leurs mains , & autant de pouvoir qu'il leur en falloit pour la
mettre à éxécution. Tant qu'ils éxerçoient
leurs Magiftratures , ils étoient la terreur
des mêmes perfonnes dont les haches & les
faifceaux de verges leur imprimoient de la
crainte & du refpect un Mois ou un an auparavant , & qui l'année fuivante pouvoient
redevenir leurs Souverains. Les Romains
ne croïoient pas pouvoir jamais avoir trop de
vénération pour leurs Dictateurs , ni leur
don-

donner trop d'Autorité, & Tite Live nous dit *que leurs Edits étoient eſtimez ſacrez & inviolables.* J'ai déja fait voir que ce Peuple fier & ſuperbe qui auroit pû commander, voulut bien ſe joindre aux Tribuns, pour prier le Dictateur Papirius d'accorder la vie à Quintus Fabius qui avoit combatu en ſon abſence, & ſans ſes ordres ; car c'étoit-là tout ſon crime pour lequel ce Dictateur le vouloit faire mourir quoiqu'il eût remporté une grande & mémorable Victoire. Le même Fabius étant devenu Conſul dans la ſuite fut loüé par ſon Pére Quintus Fabius Maximus d'avoir commandé aux Licteurs de le faire décendre de cheval pour l'obliger à lui rendre le même reſpect que tous les autres devoient lui rendre. Les Tribuns du Peuple qui avoient été établis pour le maintien de la Liberté, étoient auſſi eſtimés ſacrez & inviolables ; comme cela paroît par cette phraſe ſi commune dans les anciens Auteurs, *Sacroſancta Tribunorum poteſtas.* Je ne croi pas que perſonne puiſſe s'imaginer qu'il y ait au monde de Monarchie plus bornée que celle des Empereurs d'Allemagne , cependant lors que l'on parle à ces Princes on ne ſe ſert point d'autre terme que de *Sacra Cœſarea Majeſtas.* Bien plus, les Hollandois appellent aujourd'hui leurs Bourguemaîtres *Nobles Seigneurs,* auſſi-tôt qu'ils ſont du nombre des trente-ſix, quarante-deux ou quarante-huit Magiſtrats qui compoſent la Régence d'une petite Ville, quoiqu'il y en ait parmi ces Magiſtrats qui ont été, ou qui ſont actuellement dans le Négoce. On ne doit donc pas

Edictum Dictatoris pro numine obſervatum.

s'étonner qu'un Grand Peuple croïe qu'il lui foit glorieux de donner des Titres magnifiques & de parler en des termes très-refpec- tueux & très-foumis à un feul homme qu'il a pris pour lui fervir de Chef ; fur tout fi nous confidérons que ce Peuple eft venu originairement d'un païs où ces titres & ce langage ont été inventez.

Nous ne lifons pas que parmi les Romains & les Grecs on ait jamais donné à une feule perfonne le titre de Majefté, d'Alteffe, de Sérénité & d'Excellence : ce font de fimples expreffions qui n'étoient point en ufage anciennement & que nous avons reçües des Allemans & des autres Peuples du Nord. Nous trouvons bien dans les meilleurs Auteurs Latins *Majeftas Populi Romani* & *Majeftas Imperij* ; mais jamais perfonne, en parlant à Jules Céfar ou à Augufte ni même aux plus orgueilleux d'entre leurs fucceffeurs, ne s'eft fervi de ces vains titres, ni ne s'eft dit leur ferviteur, comme cela fe pratique parmi nous en parlant au premier venu. Lors que ces maniéres de parler font une fois établies par l'ufage, on peut bien croire qu'on ne les épargne pas en parlant aux Princes, & qu'on leur donne au contraire les Titres les plus magnifiques & les plus relevez. La plûpart de ces Princes font naturellement vains, ils aiment ces Titres faftueux, & les Courtifans ne parlent jamais avec plus de vérité que lors qu'en élevant leurs Maîtres, ils fe donnent à eux-mêmes des noms très- propres à exprimer l'efclavage lâche & mé- prifable auquel ils font réduits. Ces expref- fions

fions étant une fois à la mode s'augmentent par l'ufage comme toutes les mauvaifes coutumes ; alors un homme ne peut éviter de s'en fervir à moins que de vouloir s'expofer à la haîne du Prince & à des dangers aufquels peu de perfonnes veulent s'éxpofer , finon pour des affaires de la derniére importance. Lors qu'il s'agit de formalitez & de Tîtres, on ne croit pas d'abord qu'il y ait aucun danger à en faire trop ; & comme cela paroît fort peu important au commencement , ces coutumes s'établiffent fi bien qu'il n'eft pas facile de les abolir dans la fuite. D'un ufage particulier ces expreffions paffent dans les Actes publics ; & ces flateurs qui les ont inventées, s'en fervant dans les Confeils publics où il ne fe trouve que trop de gens de ce caractére , ont plus de crédit qu'ils ne leur en faut pour les faire recevoir. L'Eglife Romaine fur tout a beaucoup contribué à cèt établiffement, fuivant fa coutume de donner dans tout ce qui tient de la vanité & de la corruption ; & les Papes auffi bien que fes Partifans ont toûjours été affez libéraux de ces fortes de Tîtres & en ont gratifié fans répugnance les Princes qui avoient rendu quelque fervice à l'Eglife , fans fe mettre en peine que cela fût préjudiciable au Peuple. Ces Plantes empoifonnées aïant pris racine fe font tellement élevées en peu de tems, que les Tîtres qu'on donnoit il y a cent ans aux Rois & aux Reines d'Angleterre, ont été donnez depuis peu à Monk & à la Ducheffe fa femme. On a inventé de nouvelles phrafes pour plaire aux Princes, ou bien on a

corrom-

corrompu le fens des vieilles, comme de celle-ci , *le Roi s'avifera*; d'où quelques-uns
prénent aujourd'hui occafion de foutenir
que le Roi, entant que Roi, eft en dròit de rejetter les Bills qui lui font préfentez par les
Lords & les Communes; quoique le ferment qu'il a prêté à fon avénement à la Couronne l'oblige de maintenir, garder & défendre les juftes Loix & les Loüables coutumes *quas vulgus elegerit*; au lieu que cette
expreffion fignifioit fimplement que le Roi
s'il le jugeoit à propos auroit la Liberté de
déliberer avec les Lords fur les Bills qui lui
feroient préfentez par les Communes. Et fi
on n'arrête pas cèt abus exceffif, il eft à craindre qu'on ne trouve moïen d'ôter des Actes
du Parlement les termes qui y reftent encore & qui font voir que ces Actes font nos
Loix.

Mais quand ce malheur arriveroit par la
négligence ou la lâcheté des Seigneurs & des
Communes , cela n'établiroit point de nouveau droit en la perfonne du Roi, & ne di-
minueroit en aucune façon celui du Peuple;
mais fe feroit fans doute le prétexte le plus
plaufible que pouroient fouhaiter ceux qui
font ennemis de leur Patrie; pour rendre le
pouvoir de la Couronne Arbitraire.

SECTION XXXV.

La Loi d'Angleterre qui autorise les Actes
faits par celui qui est actuellement en pos-
session de la Couronne, soit qu'il y ait un
légitime droit ou non, ne préjudicie point
au droit que les Peuples ont de la donner à
qui il leur plaît.

IL semble que ceux qui ont plus d'égard au
Pouvoir qu'au droit & qui s'appuïent beaucoup sur une Loi de Henri sept qui autorise
les Actes faits par un Roi *de facto*, ne considé-
rent pas que par là, ils détruisent tout le droit
qu'on pouroit avoir en qualité d'héritier ; que
celui-là seul est Roi *de facto* qui a été reçû par
toute la Nation ; & que cette réception ne
peut avoir de force en elle-méme, ni être ren-
duë valable par un Statut à moins que le Peuple & leurs Réprésentans qui ont fait le Statut, n'aïent eu originairement le pouvoir de
recevoir, d'autoriser, & d'élever sur le Trône qui bon leur semble. Car celui qui s'atribuë le tître de Roi n'est pas pour cela Roi *de*
facto, comme Perkin, ou Simnel, mais
bien celui qui du consentement de la Nation
est en possession de la Couronne. S'il étoit
vrai qu'il y eût un Seigneur naturel pour chaque Païs, & que ce droit de Souveraineté
naturelle ne pût être transmis qu'aux légitimes héritiers, nul autre ne pourroit l'aquerir, ni le Peuple le conférer à aucun, ni autoriser les Actes faits par un homme qui n'est,
ni ne peut être Roi, puisque la Roïauté ne

* *Les*
Anglois
entendent
par Roi de
facto celui
qui est actu-
ellement en
possession de
la Couronne,
soit qu'il y
ait un légiti-
me droit ou
non.

N 3   peut

peut appartenir qu'à celui en la personne de qui ce droit réside inséparablement. On ne peut pas non plus disconvenir que le même Pouvoir qui fait que les Actes d'un homme qui n'est pas Roi, sont aussi valables que ceux d'un Roi légitime, ne le puisse aussi facilement faire Roi ; car l'essence d'un Roi consiste dans la validité de ses Actes. Et il seroit aussi ridicule à un homme dont les Actes, en qualité de Roi, ne sont pas valables, de prétendre qu'il est véritablement Roi, que de s'imaginer que ses Actes puissent être valables si ceux d'un autre homme le sont en même tems ; car alors deux Puissances diférentes & opposées l'une à l'autre exerceroient un droit que Filmer & ceux qui reçoivent ses principes soûtiennent être inséparablement attaché à la personne.

Deplus, on peut remarquer que cette Loi ne fut faite qu'après de sanglantes & de fréquentes guerres qui s'allumérent entre diférens prétendans à la Couronne ; & soit que la cause fût bonne ou mauvaise, les vaincus non seulement étoient exposez à perdre la vie dans les Combats ; mais on les Poursuivoit aussi dans la suite comme Criminels de Léze Majesté. Celui qui remportoit la Victoire étoit toûjours élevé sur le Trône par ceux de son Parti, & il ne manquoit jamais de traiter comme des Rébelles ceux qui s'étoient opposez à lui. Cela produisit des malheurs horribles & sans nombre. La fortune des armes changeoit souvent ; & je croi qu'on peut dire sans crainte de se tromper qu'il y a eu peu de Familles

Illustres

Illuftres en Angleterre, fi même il y en a eu aucune, qui n'aïent été détruites, ou au moins fi fort ébranlées par ces violentes fe- couffes qu'elles en ont perdu leurs Chefs & plufieurs de leurs plus confiderables Branches: Et l'expérience aprit aux Anglois qu'au lieu de procurer quelque avantage au Public par rap- port au Gouvernement, fouvent celui pour qui ils avoient combatu étoit encore pire que fon concurrent. Ils prévirent que la même chofe pouroit encore arriver, quand même le tître du Roi actuellement régnant feroit fondé fur la Généalogie du monde la plus incontestable. Ainfi ils ne pouvoient qu'être dans une apréhenfion continuelle, & on ne doit pas trouver étrange que la Nobleffe & le Peuple énnuïez de fe voir expofez à de femblables malheurs, aïent tâché d'en ar- r'ter le cours. Il n'y avoit point de Loi qui fût capable de les garantir des dangers auf- quels l'on eft éxpofé dans un Combat; car celui qui avoit des Partifans, & qui vouloit bien rifquer le tout pour le tout, pouvoit les engager dans une affaire dont la décifion étoit entre les mains de Dieu feul. C'eft pourquoi, perfuadez que tout ce que l'on pouvoit éxiger raifonnablement d'eux, étoit qu'ils s'aquitaffent de leur devoir envers le Roi en s'éxpofant pour fes intérêts au hazard d'une bataille, & ne pouvant d'ailleurs ré- pondre du fuccès, ils ne voulurent pas fou- frir que leurs ennemis qui par le fort des ar- mes pouvoient devenir les interprètes de la Loi, fe ferviffent pour les détruire de cette même Loi, qu'ils tâchoient de maintenir

N 4   en

en ſon entier. Or comme ils ne pouvoient
ſe mettre à couvert de ce danger qu'en
faiſant une nouvelle Loi , pour autoriſer
les Actes d'un Roi ſans Tître , & pour ſe
juſtifier d'avoir obeï à ſes Ordres , il eſt manifeſte que c'étoit à eux qu'apartenoit le
droit de faire des Loix , & que les Actes
de celui qui portoit la Couronne n'étoient
point valables en eux-mêmes. Il auroit été
abſurde de faire une Loi pour les autoriſer,
s'ils avoient pû être valables ſans Loi ; &
l'intervention des Parlemens auroit été inutile , ſi les Rois *de facto* avoient pû par leur
propre autorité rendre valables les Actes
qu'ils faiſoient. Or s'il étoit au pouvoir des
Parlemens de donner force de Loi à ce qui
n'étoit point Loi ; d'éxemter des peines
porteés par la Loi ceux qui agiſſoient conformément à ces Actes , & de donner aux
Actes d'un homme qui n'eſt pas Roi , la
même force qu'auroient ceux d'un Roi légitime , on ne peut nier qu'il ne ſoit en leur
pouvoir de donner la Couronne à celui qui
ne l'a pas & qui n'y a aucun droit, c'eſt-à-
dire que tout dépend abſolument de leur autorité.

De plus, celui-là n'eſt pas Roi qui prend
de ſoi-même le tître de Roi, ou qui le reçoit d'une faction corrompuë ; mais bien
celui qui eſt élevé ſur le Trône conformément à ce qui s'eſt toûjours pratiqué , &
avec toutes les formalitez requiſes en pareil cas. Autrement il n'eſt ni Roi *de facto*
ni *de jure* , mais Tiran ſans tître *Tirannus
ſine titulo.* Néanmoins ſi ce même homme
vient

vient à être reconnu pour Roi par le peuple, il devient par cette reconnoiſſance Roi *de facto*. Ses Actes ſont valables ; on lui doit la même fidélité & le même ſervice qu'on devroit à tout autre : ceux qui le ſervent & qui lui obeïſſent ſont protégez par la loi ; c'eſt-à-dire qu'il eſt véritablement Roi. Si donc Filmer reconnoît que ces Rois *de facto* ſont véritablement Rois , il faut qu'il reconnoiſſe en même tems la validité du pouvoir qui les fait être de véritables Rois quoiqu'ils n'aïent originairement aucun droit à la Roïauté. S'il nie qu'ils ſoient Rois, il faut non-ſeulement qu'il ſoûtienne qu'il n'y a jamais eu au monde de Roi *de facto* , contre ce que nos Statuts nous enſeignent , mais il faut encore qu'il diſe que nous n'avons jamais eu de Roi en Angleterre ; car comme je l'ai fait voir ci-devant, nous n'en avons jamais eu d'autres que de ceux dont je vien de parler.

Par ce moïen il détruira ſi bien toutes les Loix que perſonne ne poura ſavoir ce qu'il doit faire ou éviter ; & il ne poura trouver aucun remède à ceci, à moins qu'il ne demeure d'accord que les Loix faites par des peuples qui n'ont point de Rois ſont auſſi bonnes & auſſi valables que celles qui ſont faites dans un Etat gouverné par des Monarques ; ce qui reviendra éxactement à ce que j'enſeigne ; car ceux qui ont le pouvoir de faire des Loix, peuvent par la loi faire un Roi auſſi facilement qu'aucun autre Magiſtrat. Et certainement lors qu'on a fait ce Statut on ne s'eſt propoſé pour but que

de

de mettre à couvert la vie & les biens des
fujèts , & de déclarer fi pofitivement que
c'eft aux Parlemens qu'appartient le droit
de donner & d'ôter la Couronne, qu'il ne
reftât plus aucun lieu de difputes en conféquence des Titres que les diférens compé-
titeurs pouroient avoir ; puifque ce Statut
porte que celui-là eft véritablement Roi qui
eft reconnu pour tel par les Parlemens.

SECTION XXXVI.

*Le Soulévement général de toute une Na-
tion ne mérite point le nom de Rébellion.*

COmme il arrive rarement qu'un impofteur puiffe faire recevoir fes fauffetez,
à moins qu'il n'ait trouvé le fecrèt de les déguifer fous de faux noms, ceux qui reffemblent à Filmer tâchent de perfuader aux
peuples qu'ils ne doivent pas défendre Leur
Liberté, en donnant le nom de rébellion
aux actions les plus juftes & les plus hono-
rables qu'on ait jamais faites pour s'affûrer
la poffeffion d'un bien fi précieux; & pour
nous en faire concevoir encore plus d'horreur ils ne craignent pas de nous dire que
la rébellion eft femblable au crime de Sor-
celerie. Mais ceux qui recherchent la vérité verront fans peine que le foulévement
de toute une Nation contre fes Magiftrats
ne peut pas avec juftice être appellé rébellion,

lion, & que la rébellion n'eſt pas toûjours
mauvaiſe.

Pour mettre cette vérité dans tout ſon
jour, il ſera bon d'éxaminer la véritable ſignification de ce mot, & de conſiderer attentivement ce que l'on entend par ce terme lors qu'on s'en ſert dans un mauvais
ſens.

Ce mot vient du Latin *Rebellare*, qui ſignifie ſimplement renouveller une guerre.
Lors que les Romains avoient ſubjugué &
mis ſous leur Domination une Ville ou une
Province, ſi elles violoient les conditions
qu'elles avoient promis d'obſerver en faiſant
la Paix, & qu'elles commiſſent quelque at-
tentat contre leurs Maîtres qui les avoient
épargnées, on donnoit à leur entrepriſe le
nom de rébellion. Mais il auroit été encore plus ridicule d'apliquer ce mot au ſoulévement des Romains contre les Décemvirs, contre leurs Rois ou contre leurs autres Magiſtrats, qu'aux guerres qu'ils avoient
avec les Parthes ou avec les autres peuples
qui n'étoient point ſoumis à leur Domination; car on ne trouvoit dans ces ſouléve-
mens aucunes des Circonſtances qui ac-
compagnent, ou plûtôt qui font l'eſſence de
la rébellion, ce mot impliquant une ſupériorité en ceux contre qui on ſe ſouléve,
auſſi bien que l'infraction d'une Paix établie. Mais quoiqu'un chacun des membres
de la Société, en particulier, ſoit obligé
d'obéïr aux Ordres du Magiſtrat, il ne s'enſuit pas que tout le Corps du peuple ſoit
dans la même obligation; car le Magiſtrat

eſt

eſt établi par le peuple & pour le peuple,
au lieu que le peuple ne ſubſiſte pas par lui,
ni pour lui. La loi générale eſt le fondement & la règle de l'obeïſſance que chaque
particulier doit lui rendre ; & cette loi ne
ſe propoſant que le bonheur du peuple, ne
peut pas préférer l'intérêt d'une perſonne
ou d'un petit nombre de perſonnes à celui
du public. Toute une Nation ne peut donc
être obligée d'obéïr qu'entant qu'elle juge
que ſon obéïſſance peut compatir avec le
bien public ; & n'aïant jamais été ſubjuguée
par les Magiſtrats, ni contrainte de faire la
paix avec eux à de certaines conditions, on
ne peut pas dire qu'elle ſe révolte contre
eux, puis qu'elle ne leur doit que ce qu'elle juge elle-même à propos de leur rendre,
& qu'originairement ces Magiſtrats ne ſont
pas plus que les autres membres de la Société.

De plus, ce que l'on entend par rébellion n'eſt pas toûjours mauvais ; car quoique toute Nation vaincuë ſoit obligée de
reconnoître quelque ſupériorité en ceux qui
l'ont ſoumiſe, & que le mot de rébellion
implique une infraction de paix, cependant
cette ſupériorité ne va pas à l'infini ; on peut
rompre la paix pour de juſtes cauſes, & on
peut le faire ſans crime & ſans infamie. Les
Privernates avoient été ſubjuguez plus d'u-
ne fois par les Romains & s'étoient révoltez auſſi ſouvent. Leur Ville fut enfin priſe par le Conſul Plautius, après que leur
Chef Vitruvius, une grande partie de leur
Sénat & du Peuple eut péri dans les Combats:

bats : réduits dans un fi trifte état ils envoïérent des Ambaffadeurs à Rome pour
demander la Paix ; un des Sénateurs leur
aïant demandé quelle punition ils croïoient
mériter, un d'entre eux lui répondit, *celle
que méritent ceux qui fe croient dignes de vivre
en Liberté.* Alors le Conful lui demanda,
*s'il y avoit lieu de fe promettre qu'ils obferve-
roient la Paix, en cas qu'on leur pardonnât
leur faute :* à quoi cèt * Ambaffadeur répondit, *la Paix fera perpétuelle & nous l'obfer-
verons fidélement fi les conditions que vous nous
impoferez font juftes & raifonnables ; mais fi
elles font fâcheufes & rudes, cette paix ne fera
pas de longue durée, & nous l'aurons bien-tôt
rompuë.* Quoique quelques-uns des Sénateurs fuffent fcandalizez de la fierté de cette réponce, cependant la plûpart d'entre
eux l'approuvérent difant *qu'elle étoit digne*
† *d'un homme & d'un homme Libre* ; & re-
connoiffant qu'il n'y a point d'homme ni
de Peuple qui veuïlle obferver des conditions fâcheufes, à moins que d'y être contraints par force, ils s'écriérent, *que ceux-
là feuls étoient* ‡ *dignes d'être faits Citoïens de
Rome qui n'eftimoient rien en comparaifon de la
Liberté.* Sur quoi ils furent tous faits Citoïens Romains & obtinrent tout ce qu'ils
demandoient.

Je ne croi pas qu'on puiffe pouffer la
chofe plus loin ; car s'il étoit vrai qu'un

N 7   peu-

* *Si bonam dederitis, fidam & perpetuam ; fi malam,
haud diuturnam.* Liv.

† *Viri & liberi vocem auditam,* Ibid.

‡ *Eos demum, qui nihil præterquam de Libertate cogitant,
dignos effe qui Romani fiant.* Ibid.

peuple qui réfifte à cèux qui veulent l'oprimer, & qui fait tous fes efforts pour recouvrer fa Liberté, ne le pût faire fans crime
& fans infamie, on ne peut nier que les
Privernates ne fuffent coupables & infames,
puis qu'aïant été vaincus plufieurs fois, ils
avoient autant de fois pris les armes contre leurs Maîtres; cependant au jugement
même de ces Conquerans qu'ils avoient
fouvent offencez, la proteftation qu'ils firent par leurs Ambaffadeurs de n'obferver
aucun Traité forcé, paffa pour un témoignage autentique d'une vertu qui les rendoit dignes de devenir compagnons de ceux
qui étoient alors les plus braves & les plus
vertueux peuples du Monde.

Or fi la patience d'un peuple conquis peut
avoir des bornes, & fi des gens qui n'ont pas
voulu fe laiffer opprimer par ceux qui leur
avoient donné la vie qu'ils pouvoient leur
ôter, ont mérité des Loüanges & des récompenfes de leurs Conquerans, il faudroit être fou pour s'imaginer qu'aucune
Nation foit obligée de foufrir tout ce qu'il
plaît à fes Magiftrats de lui faire foufrir.
Ceci paroîtra peut-être furprenant à ceux
qui parlent fi fouvent des Conquêtes que
les Rois ont faites; des immunitez, des
Libertez & des priviléges que ces Souverains ont felon eux accordé aux Nations;
des fermens de fidélité qu'on leur prête, &
des prérogatives extraordinaires qui leur ont
été conférées. Mais aïant déja affez parlé
de ce qui regarde les Conquêtes, & prouvé que le Magiftrat qui n'a rien que ce qui
lui

lui a été donné , ne peut difpofer que des franchifes & priviléges dont on lui a confié la difpofition pour récompenfer ceux qui ont rendu de bons fervices à l'Etat , & pour porter les autres à la vertu, je me contenterai pour le préfent de l'éxamen des deux derniers points.

Allégéance ne fignifie autre chofe , comme on le peut voir par ces mots *ad legem* , d'où il eft dérivé , qu'une obéïffance telle que la Loi éxige. Or comme la Loi ne peut rien éxiger de tout un peuple , qui eft le Maître de la Loi , ce mot ne peut avoir rapport qu'aux particuliers & non à tout le corps de la Nation. Il n'y a que ceux qui ont prêté un ferment, qui font obligez de l'obferver , en s'attachant uniquement à la véritable intention de ce ferment : or il n'y a que les particuliers qui prêtent ce ferment de fidélité , il n'y a donc que les particuliers qui foient obligez de l'obferver : Le Corps de la Nation ne fait, ni ne peut faire un pareil Acte : on a fait des accords & paffé des Contracts : la Tribu de Juda & enfuite toutes les autres firent alliance avec David, après quoi il fut élevé fur le trône d'Ifraël; mais il n'y a point de perfonne raifonnable qui croïe que par cèt accord ou alliance les Ifraëlites fe foient faits Créatures de leur Créature.

On doit auffi confidérer la véritable intention du ferment. Le ferment n'oblige qui que ce foit de rien faire au delà de ce à quoi il s'eft engagé par ce ferment , ni d'agir contre la véritable intention de cette promeffe
folen-

folennelle : les particuliers qui jurent obeïffance à la Loi, *ad legem*, ne promettent pas
d'obéïr au-delà des Loix ou contre les Loix
extra ou *contra legem* : quelque chofe qu'ils
puiffent promettre ou jurer, cela ne diminuë en rien la Liberté publique, dont la
confervation eft le principal but qu'on s'eft
propofé en faifant la Loi. Quoique plufieurs d'entre eux puiffent être obligez dans
les emplois dont ils font revêtus de rendre
de certains fervices au Prince, le peuple ne
laiffe pas de refter auffi Libre que les pen-
fées internes de l'Homme, & ne peut jamais perdre le droit qu'il a de maintenir fa
Liberté & de fe venger de ceux qui y ont
donné quelques atteintes.

Si l'on éxaminoit bien toutes chofes, on
trouveroit peut-être que plufieurs Magiftrats
ne peuvent pas former de grandes prétentions en conféquence de leur mérite perfonnel fur tout fi eux ou leurs Ancêtres ont
éxercé long-tems les emplois de la Magiftrature. On peut croire, fans crainte de fe
tromper, que les commoditez & les avantages annéxez à l'éxercice de la Puiffance
Souveraine fufifent pour païer tout ce que
l'on pouroit devoir, & que les meilleurs
Princes ont lieu d'en être contens ; & de la
maniére dont les affaires du Gouvernement
vont aujourd'hui, on auroit de la peine à
croire que tous les Princes foient en droit
de prétendre à une autorité, à laquelle il
ne foit pas permis de réfifter, en conféquence des biens & des avantages qu'ils
procurent à leurs Peuples. Lors que la famille

mille des Médicis s'empara de la Souveraineté de la Tofcane, ce païs étoit fans
contredit une des plus floriffantes Provinces
du monde, tant par le nombre de fes habitans que par celui de fes foldats, comme
on le peut voir par le détail qu'en fait Machiavel & par la Rélation de ce qui fe paffa
entre Charles huit & les Magiftrats de Florence, dont j'ai déja parlé en raportant ce
qu'en dit Guichardin. Or qui voudra confidérer les forces de cèt Etat, en ces tems-
là, & l'augmentation de puiffance qu'il auroit pû aquerir en l'efpace de cent quarante ans, qu'il a été éxemt de guerre, & de
toute autre pefte, n'aïant eu à foufrir que
les extorfions, la fraude, la rapine & la
cruauté de fes Princes, & qui voudra comparer ce floriffant état avec la condition trifte & méprifable où cette Province défolée
eft préfentement réduite, peut croire, s'il
lui plaît, qu'on doit avoir beaucoup de refpect pour les Princes qui la gouvernent,
mais il ne fera jamais croire à perfonne que
leur tître eft fondé fur les avantages qu'ils
ont procurez à leurs miférables fujèts, &
fur la tendreffe paternelle qu'ils ont euë
pour eux. On en peut dire autant du Duc
de Savoïe, qui prétendant, je ne fai par
quelle raifon, que chaque Païfan de fon
Duché doit lui païer deux écus toutes les
demi-années, découvrit fort fubtilement en
mil fix cens foixante & deux, qu'il y avoit
treife demi années en un an; de forte qu'un
pauvre homme qui n'avoit pour vivre que
ce qu'il gagnoit à la fueur de fon vifage fe
vit

vit obligé par un effet du foin paternel &
de la bonté de fon Maître de païer vint fix
écus par an à fon Alteffe Roïale pour les
emploïer aux plaifirs & aux divertiffemens
fages & vertueux qu'elle prend à Turin.

La condition des dix-fept Provinces des
Païs-bas, & d'Efpagne même, ne fut pas
plus heureufe lors que ces païs tombérent
entre les mains des Princes de la Maifon
d'Autriche : & je demeurerai d'accord de
tout ce que l'on voudra, fi l'on trouve qu'il
refte encore dans ces Provinces quelque
marque du Gouvernement de ces bons Souverains, qui ne foit une preuve manifefte
de leur orgueil de leur avarice, de leur luxe
& de leur cruauté.

Les François font en apparence plus heureux ; mais rien au monde ne furpaffe la
mifére où ce pauvre peuple eft réduit, à
l'abri du foin Paternel de fon triomphant
Monarque. Semblables aux Anes & aux Mâ-
tins, le plus grand bonheur dont ils jouïffent, c'eft de travailler & de combattre,
d'être opprimez & maffacrez pour le fervice ou pour le plaifir de leur bon Maître :
Ceux d'entre eux qui ont de l'efprit n'ignorent pas que leur adreffe, leur courage &
leurs bons fuccès ; non feulement ne leur
font d'aucune utilité, mais même que tout
cela conrribuë à leur ruïne ; & qu'en tra-
vaillant à l'accroiffement de la puiffance de
leur Maître, ils ne font qu'appefantir leurs
chaînes. Que fi l'on a vû quelques Princes
avoir plus de modération, faire un meilleur
ufage de leur autorité; & s'aquiter plus fi-
déle-

dèlement de l'importante charge qu'on leur avoit confiée, on doit principalement atribuer ce bonheur aux vertus perfonnelles de ces Princes , & on n'en peut tirer aucune conféquence par rapport aux autres Souverains.

Le droit des Rois n'eft donc pas fondé fur leurs conquêtes ; les libertez & priviléges des Nations ne procédent pas de la libéralité de leurs Princes , puifque leurs conceffions n'en font pas le fondement ; le ferment de fidélité n'oblige les particuliers qu'à obéïr aux commandemens qui font conformes à la Loi & n'a aucune influence fur tout le corps d'une Nation : plufieurs Princes ne font connus de leurs fujèts que par leur injuftices & par les pertes & les malheurs qu'ils ont attiré fur eux ; on doit récompenfer ceux qui font bons & juftes en confidération de leurs vertus perfonnelles , mais cela ne doit pas tirer à conféquence pour ceux qui ne leur reffemblent point, ni fervir à établir leur droit ; & quiconque prétend qu'on doit avoir pour lui les mêmes égards qu'on a eu pour un bon Prince, doit faire voir par fes actions qu'il n'a pas moins de mérite que lui ; le mot de Rébellion ne fignifiant autre chofe que le renouvellement d'une guerre, on ne peut pas s'en fervir en parlant du Soulévement général d'un Gouvernement qui n'a pas été établi par la guerre ; & cette rébellion en foi-même n'eft ni bonne ni mauvaife n'on plus que toutre autre guerre ; mais jufte ou injufte fuivant les raifons que l'on a euës de fe révolter , &

felon

felon les moïens dont on s'eft fervi dans
cette révolte. De plus, cette Rébellion que
Samüel compare au *pêché de devinement*,
n'eft pas la rébellion des particuliers ou de
toute une Nation contre le Souverain,
mais il parle en cèt endroit de l'action criminelle du Prince qui fe rébelle contre
Dieu : nous trouvons en plufieurs lieux de
l'Ecriture que les Ifraëlites fe font rébellez
contre la Loi, contre la parole ou contre
le commandement de Dieu ; mais quoiqu'ils fe foient fouvent oppofez aux entreprifes de leurs Rois, nous ne voïons pas
que les livres facrez defaprouvent ces actions & qu'ils fe foient fervis du terme de
rébellion pour marquer cette réfiftance des
Ifraëlites aux volontez de leurs Rois. Ces
mêmes livres font auffi mention de quelques Rois qui avoient été fubjuguez & qui
enfuite s'étoient révoltez contre Kedor Lao-
mer, & contre quelques autres Princes ; mais
ils ne nous difent point que leur caufe fût
mauvaife, au contraire nous avons lieu
de croire qu'elle étoit bonne, puis qu'A-
braham prît le parti de ces Rébelles. Quoiqu'il en foit, cela ne peut en rien préjudicier celle que je défens : car quand même
il feroit vrai que ces Rois vaincus n'auroient
pû fans injuftice prendre les armes contre
celui qui les avoit affujétis ; ou qu'en général un Roi qui a été une fois vaincu, ne
pût jamais être en droit de fe révolter contre celui qui l'a vaincu, cela ne pouroit
avoir aucun raport aux actions d'un Peuple
qui défend ou qui tâche de maintenir fes
Loix

Sam. l. 1.
15.23.

Loix & ſes libertez contre les Atentats d'un Prince qui veut les enfreindre; car on ne peut pas renouveller une guerre qui n'a jamais été auparavant. Et ſi l'on a jamais pû dire avec vérité que les mains & les armes ont été données aux hommes, afin qu'il n'y ait que les lâches qui ſoient eſclaves, cela eſt vrai ſans contredit lorſque la liberté eſt renverſée par ceux qui auroient dû la défendre avec le plus d'induſtrie & de vigueur.

Il eſt néceſſaire qu'on ſache ceci, non ſeulement pour la ſûreté des Nations, mais auſſi parce que cette connoiſſance eſt avantageuſe aux Rois qui ſont bons & ſages. Ceux qui connoiſſent la fragilité de la Nature Humaine ſe défient toûjours d'eux-mêmes, & ſouhaitant uniquement de s'aquiter de leur devoir, ils ſont bien-aiſe qu'on mette des bornes à leur autorité & qu'on les empêche par ce moïen de faire ce qu'ils ne doivent pas faire; inſtruits par les lumiéres de la raiſon, & par l'expérience que les Peuples aîment la Paix & l'équité d'un bon Gouvernement, ils ne craindront jamais un ſoulévement général tant qu'ils auront ſoin de gouverner équitablement & d'empêcher leurs Officiers de commettre des injuſtices; & de cette maniére ſe trouvant en ſûreté, ils verront ſans répugnance qu'on oblige leurs Enfans ou leurs Succeſſeurs à ſuivre le même chemin, & à imiter leur éxemple.

Si l'on me dit que cela peut quelquefois cauſer du deſordre, je ne puis le deſavoüer;

mais

mais n'y aïant point de condition dans la
vie où l'on puiſſe joüir d'un bonheur parfait, on doit toûjours choiſir celle dont on
peut plus facilement ſupporter les incom-
moditez : & comme il eſt beaucoup plus
avantageux de limiter l'autorité des Princes afin de les empêcher de tomber dans
des excès & dans des irrégularitez qui ſeroient funeſtes au public, ou de les réprimer s'ils abuſent de leur pouvoir, que de
ſoufrir que toute une Nation périſſe par
leur mauvaiſe conduite, ces Gouvernemens
ſont les plus loüables & les meilleurs, qui
ont ſû ſagement pourvoir aux maux les plus
preſſants & qui ſont le plus à craindre. Si
les Gouvernemens avoient été établis pour
l'avantage & le plaiſir d'un ſeul, ceux-là ne
ſeroient pas de bons Gouvernemens qui ont
fait des Loix pour tenir les Princes en bride ; mais tout ce qu'il y a de perſonnes rai-
ſonnables demeurant d'accord qu'ils ont été
établis pour le bien des Peuples , ceux-là
ſeuls méritent des loüanges, qui ſur toutes
choſes tâchent de le procurer par toutes ſortes de moïens conformes à cette fin. La
grande diverſité de Gouvernemens que
nous voïons dans le Monde , n'eſt autre
choſe qu'un effet de ce ſoin ; & tous les
Peuples ont été & ſont plus ou moins heureux ſelon qu'eux ou leurs Ancêtres ont
fait paroître plus ou moins de ſageſſe, de
prudence & d'intégrité dans les Loix qu'ils
ont faites pour procurer ce bien qu'ils re-
cherchoient tous. Mais comme il n'y a
point de règle quelque éxacte qu'elle ſoit,
qui

qui puiffe pourvoir à toutes les conteftations qui peuvent naître ; & que tous les
différens qui s'élévent touchant le droit, fe
terminent naturellement par la force, lors
qu'on ne peut obtenir juftice, les méchans
ne fe foumettant pas volontiers à aucune
décifion qui eft contraire à leur intérêt &
à leurs paffions, les meilleures Loix deviennent inutiles s'il n'y a point de puiffance établie pour les maintenir & les faire obferver. Cette puiffance fe manifefte d'abord
en faifant adminiftrer la juftice par les Officiers ordinaires : mais n'y aïant jamais eu
de Nation affez heureufe, pour n'avoir pas
quelquefois produit des Princes du caractére d'Edoüard Second & de Richard Second, & des Miniftres femblables à Ga-
vefton, à Spencer & à Tréfilian, fouvent
les Officiers ordinaires ne veulent pas réprimer leur infolence, & ils n'en ont jamais
le pouvoir. Ainfi il faut de toute néceffité
que les droits & les Priviléges d'une Nation
foient entiérement renverfez & abolis, fi on
ne peut fe fervir du pouvoir de toute la
Société pour les maintenir ou pour punir
les Ufurpateurs. Or comme le droit fondamental & originaire de chaque Nation
confifte en ce qu'elle fe gouverne par fes
propres Loix, de la maniére qu'elle juge
la plus convenable, & par le Miniftére de
ceux qu'elle croit les plus propres à procurer le bien public, elle ne doit rendre conte qu'à elle même de tout ce qu'elle fait
dans cette importante affaire.

S E C-

SECTION XXXVII.

La Conſtitution du Gouvernement d'Angle-
terre n'étoit pas mauvaiſe en elle-même,
les defauts qu'on a obſervez depuis peu
dans ſes Loix procédant uniquement du
changement de mœurs & de la corruption
des tems.

JE ſai qu'il y a d'honnêtes gens parmi
nous qui demeurant d'accord de ces
droits du Peuple & du ſoin que nos
Ancêtres ont pris pour en aſſûrer la joüiſſance à leur poſtérité, ne laiſſent pas de
croire qu'ils n'ont pas eu toute la prudence & les lumiéres qu'il auroit falu avoir
pour proportionner les moïens à la fin. Il
ne ſufit pas diſent-ils, qu'un Général d'Armée ſouhaite de remporter la victoire; celui-là ſeul mérite d'être loüé qui a aſſez de
capacité, d'adreſſe & de courage pour ſavoir ſi bien prendre ſes meſures, qu'elle ne
puiſſe lui échapper. Ce n'eſt pas non plus
aſſez à un ſage Légiſlateur de conſerver la
liberté & d'établir un Gouvernement qui
peut ſubſiſter pendant quelque tems; mais
il faut encore que les Loix qu'il fait, ſoient
ſi claires & ſi diſtinctes qu'elles puiſſent ſervir de règle infaillible à ceux qui éxercent
l'Autorité Souveraine, afin qu'un chacun
puiſſe voir ſans peine s'il viole ces Loix
ou non, & qu'il preſcrive, pour les réprimer,

mer, des moïens prompts, fûrs, éficaces, &
qui n'expofent point le public à aucun péril.
Le Gouvernement de Lacédémone étant
établi fur ce modéle, nous ne voïons pas
qu'en l'efpace de plus de huit cens ans aucun
de leurs Rois ait entrepris de paffer les bornes prefcrites par la Loi. Dans la République Romaine, fi un Conful abufoit de fon
Autorité, il étoit facile de le mettre à la raifon, fans répandre de fang & fans que le
public fût expofé à aucun danger; & jamais
Dictateur n'attenta à la liberté de Rome jufques au tems de Sylla, que toutes chofes
étoient tellement changées dans cette Capitale du Monde, que fes fondemens anciens
ne pouvoient plus porter ce vafte Edifice. A
Venife la puiffance du Doge eft fi bornée
qu'en l'efpace de mil trois cens ans., aucun de ces Magiftrats, excepté Falério &
Tiépoti, n'a ofé entreprendre aucune chofe
qui fût contraire aux Loix; & on prévint les
mauvais deffeins de ces deux Doges, fans
qu'il fe fît aucune émotion confidérable dans
cette République. D'un autre côté, ajoû-
tent ces mêmes perfonnes, nos Loix font fi
embroüillées, défectueufes en divers points &
fi obfcures qu'on ne fait fouvent de quel côté fe déterminer pour les fuivre. Dans toutes
les guerres qui fe font allumées entre les diférens prétendans à la Couronne il s'eft trouvé de part & d'autre des perfonnes éclairées,
fages & intégres qui croïoient toutes fuivre
le bon parti & combatre pour une caufe très-
jufte. On a trouvé des moïens fi faciles pour
enfreindre les Libertez de la Nation, &

Tome III.   O   pour

pour engager un ſi grand nombre de perſonnes à emploïer la force, lors qu'il s'agiſſoit
de maintenir les Uſurpations les plus ma-
nifeſtes des droits du Peuple, que de tous les
Princes qui ont entrepris de violer les Libertez de leurs ſûjets, il n'y en a pas eu un qui
n'ait trouvé ſans peine un grand nombre
de Partiſans, & qui n'ait fait des maux infinis avant qu'on ait pû le dépoſer. La Nation s'eſt vûë obligée de combatre contre des
Princes qu'elle-même avoit faits ce qu'ils
étoient ; & c'étoit proprement haſarder tout
contre rien. Si les Peuples remportoient la
victoire, ils ne gagnoient rien qu'ils n'euſſent eu auparavant, & dont la Loi auroit dû
leur aſſûrer la poſſeſſion : au lieu que s'ils
avoient échoüé dans la juſte défence de leurs
priviléges, on ne peut douter qu'ils n'euſſent été réduits dans un cruel eſclavage ; &
on n'a jamais remporté de victoire, qu'il
n'en ait coûté la vie à un grand nombre d'innocens & que la Nobleſſe n'y ait répandu la
meilleure partie de ſon ſang.

A ceci je répons qu'on ne peut juger ſainement des choſes humaines ; à moins que
de conſidérer attentivement le tems auquel
elles ſe ſont paſſées. Nous diſons qu'Hannibal, Scipion, Pirrhus, Alexandre, Epa-
minondas & Céſar ont été de très-Grands
Capitaines, parce qu'ils poſſédoient dans un
dégré très-éminent toutes les qualitez requiſes & néceſſaires à un excellent Général, &
qu'il n'y en avoit point alors qui ſût ſe ſervir
auſſi bien qu'eux des armes & de la diſcipline
de ce tems-là ; & cependant perſonne ne doute

te que si on pouvoit faire sortir du Tombeau
le plus expérimenté de ces anciens Héros,
qu'il en sortît avec toute la vigueur de corps
& d'esprit qu'il ait jamais euë, qu'on le mît
à la tête des meilleures armées dont il ait jamais eu la conduite, & qu'il se trouvât sur
les Frontiéres de France où de Flandres, il
ne sauroit pas comment s'y prendre pour
avancer ou reculer, ni de quels moïens il
faudroit se servir pour prendre quelqu'une
de ces places de la maniére dont elles sont
fortifiées & défenduës à présent ; tout le
Monde est persuadé au contraire qu'il seroit
aisément défait par le plus chétif commandant suivi d'un petit nombre de Soldats qui
se serviroient des armes dont on se sert aujourd'hui, & qui suivroient la méthode qui
est présentement en usage. Bien plus, la
maniére de faire marcher & camper une armée, d'assiéger, d'attaquer & de défendre
une place, aussi bien que de combatre est si
diférente de ce qui se pratiquoit il n'y a pas
plus de soixante ans, qu'un homme qui observeroit la discipline qu'on croïoit alors la
meilleure, ne pourroit pas se défendre contre celle qu'on a inventée du de puis, quoique
les termes soient toûjours les mêmes. Or si
l'on fait réflèxion que les affaires politiques
sont sujettes aux mêmes changemens comme c'est une chose très-certaine, on n'aura
pas de peine à excuser nos Ancêtres qui ré-
glant leur Gouvernement conformément
aux tems ausquels ils vivoient, n'ont pû
prévoir de certaines choses qui sont arrivées
dans la suite, ni remédier à ces inconvéniens
qu'ils ne prévoïoient pas.　　O 2　　Ils

Ils favoient que les Rois de plufieurs Nations avoient été retenus dans les bornes que la Loi prefcrivoit, par la vertu & la Puiffance d'une Nobleffe confidérable & vaillante; & qu'on n'avoit jamais pû trouver d'autre moïen de maintenir un Gouvernement mixte, qu'en mettant la Balance entre les mains de ceux qui avoient le plus de crédit parmi la Nation, & qui par leur naiffance auffi bien que par leurs Terres poffédoient des avantages beaucoup plus confidérables que ceux que le Roi pouvoit leur ofrir pour les engager à trahir leur Patrie. Ils n'ignoroient pas que lorfque la Nobleffe étoit en fi grand nombre, le peu de biens qui reftoit en la difpofition du Roi, n'étoit pas fufifant pour corrompre plufieurs de ces Nobles; & que s'il arrivoit par hazard que quelques uns d'entre eux fuccombaffent à la tentation, ceux qui conservoient leur intégrité, pouroient fans peine les punir de la lâcheté qu'ils auroient euë d'abandonner la caufe publique, & détourneroient par ce moïen les Rois du deffein d'en féduire d'autres. Tant que les affaires demeurérent fur ce pié-là, on pouvoit, fans aucun rifque, laiffer aux Rois la difpofition des Charges Militaires, pour conférer, de l'avis de leur Confeil, le commandemenr de la Milice, dans les Villes, & dans les Provinces aux plus Illuftres des Habitans; & tant que ces Rois étoient prefque toûjours occupez en de perpetuelles guerres, & faifoient confifter toute leur gloire dans les grandes actions dont ils venoient à bout par la puiffance & la valeur

leur de leurs peuples, il étoit de leur intérêt
de choisir pour remplir ces importans emplois, les personnes qui leur sembloient être
les plus dignes de cèt honneur. On n'avoit
garde de s'imaginer que par la foiblesse des
uns & la malice des autres, ces dignitez dé-
généreroient peu à peu en de vains Titres,
& deviendroient la récompense des plus
grands crimes aussi bien que des services les
plus bas; ou que les plus Nobles Décendans de ces grands hommes ne remplissans
plus ces emplois, seroient pour cela-même
mis au rang des Communes & privez de tous
priviléges, sans en avoir aucun qui ne leur
soit commun avec leurs Palfreniers. Un
changement si surprenant étant arrivé insen-
siblement dans la suite du tems, on a ôté les
fondemens du Gouvernement qu'ils
avoient établis & tout l'édifice a été renversé. La Balance par le moïen de laquelle il
subsistoit a été rompuë : & il est aussi impossible de la rétablir qu' il est impossible à la
plûpart de ceux qui portent aujourd'hui le
Titre de Nobles, de remplir les devoirs
qu'on éxigeoit autrefois de l'ancienne Noblesse d'Angleterre. Quand même il y auroit quelque Charme dans ce nom, ensorte
que ceux qui le portent fussent incontinent
saisis du même esprit qui animoit nos Ancêtres, & qu'ils fissent tous leurs efforts pour
se rendre dignes des honneurs qu'on leur a
conférez, en rendant à la Patrie les services
qu'ils auroient dû lui rendre avant qu'on les
leur conférât, il leur seroit impossible d'en
venir à bout. Ils n'ont ni assez de crédit ni

affez de bien pour réüffir dans ce deffein.
Ceux qui ont leurs biens en rente, n'ont
point de Créatures, qui dépendent d'eux.
Lorsque leurs Fermiers leur ont païé de
leurs Terres le prix dont ils font convenus,
ils ne leur doivent plus rien : & fachant
qu'on leur ôtera leurs Fermes, auffi-tôt
qu'il fe préfentera quelqu'un qui fera d'humeur à en donner quelque peu davantage,
ils confidérent leurs Seigneurs comme des
perfonnes qui reçoivent plus de bien d'eux,
qu'ils ne leur en font. De cette maniére, perfonne ne dépendant de ces Seigneurs, tout
ce qui leur refte, c'eft qu'ils ont plus d'argent
à dépenfer ou à amaffer que les autres, mais
pour de commandement fur les autres ils
n'en ont aucun ; & ne peuvent par conféquent protéger les foibles, ni réprimer les
infolens. De cette façon tout eft venu entre
les mains du Roi & des Communes, & il ne
refte plus rien pour cimenter & maintenir
l'union qui doit être dans un Etat. Les con-
tinuelles difputes qui arrivent tous les jours
parmi nous, les diférentes factions qui dé-
chirent la Nation d'une maniére qui la menace d'une ruïne totale, & tous les defor-
dres que nous voïons arriver ou que nous
apréhendons pour l'avenir, font les funeftes
effets de cette rupture. On ne doit pas atribuer tous ces malheurs à nos Loix, telles
qu'elles étoient dans leur Origine, mais
à ceux qui les ont renverfées ; & fi ceux qui
en corrompant, en changeant, en affoi-
bliffant, & en détruifant le Corps de la Nobleffe, qui étoit le principal apui de la Mo-
nar-

narchie ancienne, ont mis au rang des Communes & dans les mêmes intérêts les véritables Nobles & ont par ce moïen fortifié con-
fidérablement un Parti qui n'a jamais été &
qui, à ce que je croi, ne poura jamais être
uni avec la Cour, c'eſt à eux à répondre des
funeſtes ſuites de cette déſunion, & s'ils périſſent, ils ne doivent s'en prendre qu'à eux-
mêmes.

Ces inconvéniens ne procédent donc pas
de nos Loix conſidérées par raport à leur
origine, mais des innovations qu'on y a faites. Ces Loix étoient très claires, mais on
les a embroüillées & obſcurcies à deſſein :
ceux qui auroient dû les maintenir les ont
renverſées. Ce que l'on auroit pû faire ſans
peine lorſque le Peuple étoit armé & qu'il
avoit pour Chefs un grand nombre de Nobles forts, puiſſans & vertueux, eſt très
dificile, pour ne pas dire impoſſible, à préſent qu'il eſt deſarmé, & que l'ancienne
Nobleſſe eſt anéantie. Il eſt donc évident
que le deſſein de nos Ancêtres étoit non ſeulement bon, mais encore qu'ils avoient pris
de juſtes meſures pour éxécuter ce qu'ils
avoient réſolu. Ceci produiſit ſon effet auſſi
long-tems que la cauſe ſubſiſta ; & le ſeul défaut qu'on peut réprendre dans le Gouvernement qu'ils établirent, c'eſt qu'il n'a pas
toûjours continüé tel qu'ils l'avoient établi ;
mais c'eſt un défaut qui ſe rencontre dans
tous les établiſſemens humains ſans aucune
exception. Si nous voulons rendre juſtice à
nos Ancêtres, il eſt de notre devoir de ſuivre
le deſſein que nous ſavons qu'ils avoient, &

de

de réparer par de nouvelles Loix les brèches & les infractions que l'on a faites aux anciennes ; cela vaudra beaucoup mieux que de les acufer avec injuftice d'un defaut qui eft inféparable de tous les Actes humains. En quelque mauvais état que foient nos affaires, nous verrons fans peine que pourvû que nous foïons animez du même efprit dont ils étoient animez, il ne nous fera pas dificile de recouvrer les anciennes libertez, droits, priviléges & dignitez de la Nation ; & de la rendre auffi heureufe qu'elle l'ait jamais été, que fi nous ne le faifons pas, nous ne devons nous en prendre qu'à nous, fans en accufer le peu de prévoïance, de fageffe & de vertu de nos Ancêtres.

SECTION XXXVIII.

Le Pouvoir qu'ont les Rois d'Angleterre de convoquer ou de diffoudre les Parlemens n'eft pas fi abfolu qu'ils ne puiffent s'affembler d'eux - mêmes dans des cas importans, fi le Roi néglige de les convoquer : ou qu'étant affemblez ils ne puiffent continuer leurs Séances, fi les affaires pour lefquelles ils ont été convoquez ne font pas achevées, quand même le Roi voudroit qu'ils fe féparaffent. La différence qu'il y a dans la maniére d'élire les Membres du Parlement, & les fautes que les Peuples peuvent commettre dans ces Elections, ne prouvent pas qu'un Roi d'Angleterre foit, ou doive être abfolu & indépendant.

CE que nous avons dit fuffit, à ce que je croi, pour faire connoître l'origine du Pouvoir des Magiftrats : quelle a été l'intention de nos Ancêtres en les établiffant ; & les moïens qu'ils nous ont préfcrit pour limiter cette Autorité & en régler l'éxercice. Mais parce que notre Auteur, s'accrochant par tout où il peut, prétend que *les Rois peuvent affembler & diffoudre les Parlemens quand bon leur femble*, & que de là il infére qu'*en leur perfonne réfide toute l'Autorité Souveraine*, en

O 5 *u*

un mot qu'ils ont un pouvoir absolu; je croi qu'il
est à propos de lui répondre quelque chose,
sur tout puisqu'il allégue que *les différentes*
coutumes qui se pratiquent pour l'élection des
Membres du Parlement en plusieurs endroits
du Roiaume, procédent de la volonté du Roi;
& que de ce qu'un peuple peut commettre quel-
que faute en cette occasion, il en conclut qu'on
doit mettre toute la puissance entre les mains
du Roi.

Je répons prémiérement que le pouvoir
d'assembler & de dissoudre les Parlemens
n'apartient pas absolument aux Rois. Ils
peuvent convoquer un Parlement, s'il en
est besoin, dans un tems auquel la Loi ne
les oblige pas de le faire; ils font, pour
ainsi dire, en sentinelle; ils doivent observer avec beaucoup de vigilance les mouvemens de l'ennemi, & avertir de ses apro-
ches: mais si la sentinelle s'endort, qu'elle néglige son devoir, ou qu'elle tâche malicieusement de trahir la Ville, ceux qui
sont intéressez dans sa conservation peuvent, & sont en droit de se servir de tout
autre moïen pour découvrir le danger qui
les menace, & pour s'en garentir. L'ignorance, l'incapacité, la négligence ou la débauche du Roi est un grand malheur pour la
Nation, & lors qu'il est méchant, c'est encore pis; mais ce mal n'est pas sans reméde.
On en peut trouver, & souvent on en a
trouvé d'éficaces pour les plus grands vices.
Les derniers Rois de France de la Race de
Mérové & de Pépin attirérent plusieurs malheurs sur le Roïaume, mais on trouva
moïen

moïen d'en prévenir la ruïne. Edoüard &
Richard Second Rois d'Angleterre ne reffembloient pas mal à ces Rois fainéans, &
nous favons ce que l'on fut obligé de faire
pour préferver la Nation d'une ruïne qui
fembloit inévitable. Il ne s'agiffoit pas alors
de favoir, qui étoit en droit d'affembler le
Parlement, mais d'empêcher l'Etat de périr. Il eft certain que c'étoit aux Confuls,
ou aux autres principaux Magiftrats de Rome d'affembler & de congédier le Sénat:
mais lorfqu'Hannibal étoit aux portes de la
Ville, ou que les Romains fe trouvoient
dans quelque autre danger preffant qui ne
les menaçoit pas moins que d'une entiére
deftruction; fi ces Magiftrats avoient été
yvres, infenfez, ou qu'ils euffent été gagnez
par l'ennemi, il n'y a point de perfonne raifonnable qui puiffe s'imaginer, qu'on eût
dû alors s'arrêter à des formalitez. Dans ces
occafions, chaque particulier eft Magiftrat;
& celui qui s'aperçoit le premier du danger,
& qui fait le moïen de le prévenir, eft en
droit de convoquer l'affemblée du Sénat ou
du Peuple. Le Peuple feroit toûjours difpofé à fuivre cèt homme & le fuivroit infailliblement, tout de même que les Romains
fuivirent Brutus & Valérius contre Tarquin, ou Horatius & Valérius contre les
Décemvirs; & quiconque agiroit autrement,
feroit fans contredit auffi fou que les Courtifans des deux derniers Rois d'Efpagne. Le
prémier de ces Rois Philippe III. étant indif-
pofé un jour qu'il faifoit fort froid, on apor-

324 DISCOURS SUR LE

ta dans fa Chambre un Brafier de Charbon,
qu'on mît fi proche de lui qu'il en fut cruellement brûlé. Un des Grands qui étoit préfent dît à celui qui étoit proche de lui, *le Roi
fe brûle*, celui-là lui répondit que cela étoit
vrai, mais que le Page qui avoit la charge
d'aporter & d'ôter ce Brafier n'y étoit pas;
& avant qu'on le pût trouver, les jambes &
le vifage de Sa Majefté furent tellement brû-
lez que cela lui caufa une Eréfipéle dont il
mourut. Peu s'en falut que Philippe IV.
n'eût le même fort; ce Prince étant à la
Chaffe fut furpris d'une violente tempête
mêlée de pluïe & de grêle, & aucun de ces
Courtifans n'ofant prendre la liberté de lui
prêter fon manteau, ce Monarque fut fi
mouïllé, avant qu'on pût trouver l'Officier
qui portoit le fien, qu'il fe vit attaqué d'un
rhûme qui lui caufa une fiévre très-dange-
reufe. Si les Rois prénent plaifir aux fuites
de cette régularité, ils peuvent la faire obferver dans leur famille; mais les Nations;
dont le principal foin doit être de fe mettre
en fûreté, agiroient en ftupides & en bêtes,
fi elles aimoient mieux fe laiffer ruïner que
de s'écarter de ces formalitez.

Ce que je dis ici, n'eft qu'en fuppofant
pour un moment que le Pouvoir d'affembler & de diffoudre les Parlemens réfidoit en
la perfonne du Roi, à qui on veut que la Loi
l'ait donné; mais je nie abfolument que cela foit; & pour prouver que cela n'eft pas,
je me fervirai des raifons fuivantes.

1. Que le Roi ne peut avoir ce Pouvoir, à
moins qu'il ne lui foit donné, car originairement

ment tout homme est libre ; & la même Puissance qui a élevé le Roi sur le Trône lui
donne tout ce qui appartient à la dignité de
Roi. Ce n'est donc pas un Pouvoir qui soit
attaché à la personne, mais qui lui est donné par commission ; & quiconque reçoit ce
Pouvoir en doit rendre compte à ceux qui le
lui ont donné ; car comme Filmer lui-même est contraint de l'avoüer, *ceux qui don-*
nent l'Autorité s'en réservent toûjours plus qu'ils
n'en donnent.

2. La Loi qui ordonne que le Parlement
tiendra ses Séances tous les ans, déclare expressément qu'il ne dépend pas du Roi de le
convoquer quand bon lui semble, & par
conséquent de mettre fin à leurs Séances.
Car c'est en vain qu'ils s'assemblent, s'il ne
leur est pas permis de continuër leurs Séances jusques à ce qu'ils aïent achevé les affaires pour lesquelles ils se sont assemblez, &
il seroit ridicule de leur donner pouvoir de
s'assembler, s'il ne leur étoit pas permis de
demeurer assemblez jusqu'à l'entiére expé-
dition des affaires. Car, comme dit Grotius, *Qui dat finem, dat media ad finem ne-*
cessaria. La seule raison pour laquelle les
Parlemens s'assemblent, c'est pour travailler à l'avancement du bien public ; & c'est
en vertu de la Loi qu'ils s'assemblent pour
cette fin. On ne doit donc pas les dissoudre
avant qu'ils aïent fait ce pourquoi ils sont
assemblez. Ce fut pour cela même que le
prémier & principal chef d'accusation de
crime d'Etat qu'on allégua contre Trésilian
fut qu'il avoit déclaré, que les Rois pou-
O 7

voient

voient diſſoudre les Parlemens ſelon leur
bon-plaiſir.

3. Nous avons déja prouvé que les Saxons, les Danois, &c. qui n'avoient aucun
droit à la Couronne furent élevez ſur le
Trône par les Micklegemots, Wittenagemots & Parlemens ; c'eſt-à-dire par le peuple ou par leurs répréſentans : la même Autorité à réprimé, mis à la raiſon ou dépoſé
pluſieurs Rois. Or comme il eſt impoſſible
que ceux qui n'étoient pas Rois, & qui n'a-
voient aucun droit à la Roïauté, puſſent
convoquer les Parlemens en vertu d'une autorité Roïale qu'ils n'avoient pas ; & qu'il y
auroit de la folie à croire que ceux qui
étoient ſur le Trône, qui n'avoient pas gouverné conformément aux Loix, euſſent
voulu ſouffrir d'être réprimez, empriſonnez
& dépoſez par des Parlemens qu'ils auroient
eux-mêmes aſſemblez & qu'il auroit dépendu abſolument d'eux de diſſoudre ; auſſi
eſt-il certain que les Parlemens ont originairement le Pouvoir de s'aſſembler, de tenir
leurs Séances & d'agir pour l'avantage du
public.

4. A l'égard de la ſeconde raiſon, la différence qu'il y a dans la maniére d'élire les
Membres du Parlement ne fait rien à ce
dont il eſt ici queſtion. Dans les Comtez qui
compoſent le Corps de la Nation, tous ceux
qui ont des Francs-Fiefs ont droit de ſufrage:
ceux-ci ſont proprement *Cives*, Membres
de l'Etat, & jouiſſent de ce droit à l'exclu-
ſion de ceux qui ſont ſeulement *Incolæ*, ou
Habitans & Païſans, ou ceux qui étant encore
ſous

fous la puiffance Paternelle , ne font pas encore *fui Juris.* Au commencement de la domination des Saxons en Angleterre, ceuxlà compofoient les Micklegemots ; & lors que leur nombre fut devenu fi grand qu'il n'y avoit point de place affez grande pour les pouvoir contenir, ou qu'ils furent tellement difperfez qu'ils ne purent plus fans péril & fans peine quitter les lieux de leurs demeures , ils députérent des perfonnes pour les repréfenter. Lors que la Nation fut devenuë plus polie, qu'elle fe fut habituée dans des Villes & Citez , & qu'elle commença à faire profeffion de plufieurs Arts & Métiers ; on crut que ceux qui en faifoient profeffion n'étoient pas moins utiles à l'Etat que ceux qui poffédoient des Francs-Fiefs à la Campagne, & qu'ils méritoient bien qu'on leur accordât les mêmes priviléges. Mais parce qu'il n'étoit pas raifonnable qu'un chacun fit en cette occafion tout ce que bon lui fembleroit, on trouva à propos de laiffer au Roi & à fon Confeil, qui étoit toûjours compofé des *Procéres* & *Magnates regni*, le jugement du nombre de perfonnes & des Lieux qui méritoient d'être érigez en Communautez ou Corps Politiques & de joüir de ces priviléges. En leur conférant ces priviléges il ne leur donnoit rien qui lui apartint en propre , mais il leur donnoit du Tréfor public dont on lui avoit confié la difpofition, quelque partie de ce qu'il avoit reçû lui-même de toute la Nation : & foit que tous les habitans en duffent joüir , comme ceux d'Weftminfter ;

ou

ou feulement les Marchands qui font reçûs à la Hale de la Ville comme à Londres ; ou bien le Maire, les Echevins, les
Jurats & Communautez, comme en d'autres Villes, c'eft toûjours la même chofe :
car dans tous ces cas différens, le Roi ne
donne pas, il ne fait que diftribuer, & ce
pouvoir diftributif lui eft donné aux mêmes
conditions qu'on lui a donné celui de convoquer les Parlemens, c'eft-à-dire, afin
de procurer le bien public. A la vérité
cela augmente l'honneur de celui à qui on
a confié cette autorité, & cela doit l'engager d'autant plus à s'aquiter de fon devoir ; mais cela ne peut pas changer la nature de la chofe, jufques à faire qu'un
pouvoir qui ne lui eft donné, pour ainfi
dire, que par commiffion devienne un pouvoir attaché à fa perfonne. Et comme on
a vû des Parlemens qui fe font affemblez,
lors qu'il en a été befoin, qui ont refufé de
fe féparer jufques à ce qu'ils euffent achevé
les affaires pour lefquelles ils s'étoient affemblez, qui ont févérement puni ceux
qui vouloient perfuader aux Rois que ces
chofes dépendoient abfolument de leur bon-
plaifir, & qui ont fait des Loix contraires
à cette Maxime de Cour : il ne faut pas douter que ces Parlemens n'euffent auffi inter-
pofé leur Autorité en ce qui regarde les
Chartres, s'ils avoient remarqué que le
Roi eût abufé d'une maniére tout-à-fait
notoire du précieux dépôt qui lui avoit été
confié, & qu'il eût fait fervir à l'avancement
de fes intérêts particuliers, la puiffance qui
lui

lui avoit été mife en main pour procurer le bien public.

Ce qui fait qu'on ne rifque rien à cèt égard, c'eft que des perfonnes ainfi choifies pour être Membres du Parlement, n'agiffent point par eux-mêmes, mais conjoinctement avec d'autres à qui on a prefcrit ce qu'ils doivent faire; non pas en vertù d'un pouvoir procédant de l'Autorité Roïale, mais de ceux qui les ont choifis. S'il eft donc vrai que ceux qui donnent pouvoir à leurs Deputez, s'en réfervent toûjours plus qu'ils ne leur en donnent, ceux qui envoïent ces Perfonnes au Parlement, ne leur donnent pas un pouvoir abfolu de faire tout ce que bon leur femble, mais ils s'en réfervent toûjours plus qu'ils n'en donnent à ces Répréfentans : Ils font donc obligez de rendre compte de leur conduite à leurs Principaux nonobftant ce qu'en dit Filmer qui foûtient le contraire. Cela ne laiffe pas d'être véritable quoiqu'il protefte qu'il n'a jamais entendu parler, *que ceux qui avoient envoïé des Chevaliers ou Bourgeois au Parlement, en aient obligé aucun à leur rendre conte de fes actions :* car de ce que l'on ne leur a pas fait rendre conte on ne peut pas conclure qu'on ne puiffe le faire & qu'ils n'y foient pas obligez. Mais il eft même certain qn'on recherche fouvent ces Députez : Le Peuple ne manque jamais de juger de leur conduite. Si quelqu'un d'entre eux a eu le malheur de ne s'être pas comporté dans le Parlement d'une maniére qui ait été agréable au plus

grand

grand nombre de ceux qui l'avoient choisi, il doit s'attendre d'en être honteusement exclus, & d'en voir élire d'autres à sa place lors qu'il souhaitera le plus d'être Membre de cette Auguste Assemblée. Ce châtiment est, ce me semble, assez grand pour punir les fautes qu'un de ces Membres peut commettre, puisque cette Assemblée étant composée de cinq cens personnes, les fautes d'un particulier qui n'a qu'une voix ne peuvent pas être très-dommageables au public ; je puis dire même qu'en devenant l'objèt de la haine & du mépris du peuple qui dans l'Assemblée d'un Nouveau Parlement les exclut de l'honneur d'en être les membres, ils sont aussi rigoureusement punis que l'étoient autrefois les Généraux des Nations les plus Libres, lors que par leur mauvaise conduite, ils étoient cause qu'elles avoient souffert des pertes très-considérables. Appius Claudius, Pomponius & Terentius Varron ne périrent pas dans les batailles qu'ils perdirent ; & quoique par leur méchanceté & leur imprudence ils eussent mis Rome à deux doits de sa perte, ils n'en furent pourtant punis que par le chagrin qu'ils eurent de voir élire d'autres Commandans à leur place. Cependant je ne croi pas que personne doute que les Romains n'eussent autant de pouvoir sur leurs Généraux, que les Athéniens & les Cartaginois qui faisoient souvent mourir leurs Chefs, lors qu'ils l'avoient mérité. Ces Républicains sages, & prudens étoient persuadez qu'un Général auroit l'esprit trop dif-

diftrait, fi dans le temps qu'il avoit les ennemis en tête, il étoit encore occupé de la
crainte que fes Citoïens pouroient le rendre
refponfable de l'événement : Et comme ils
tâchoient toûjours de mettre le Commandement entre les mains des plus honnêtes
gens, ils croïoient que pour les obliger à
s'aquiter de leur devoir, il falloit les laiffer agir felon ce que leur vertu & l'amour
de la Patrie leur fugéreroit. On ne doit
donc pas s'étonner fi la Nation Angloife a
fuivi l'exemple qui lui a paru le plus généreux, & qu'elle a crû le plus digne d'être
imité vû les avantages confidérables que
remportérent les Romains en fuivant cette
Maxime. De plus, s'il eft arrivé que le
peuple fe foit quelquefois trompé dans le
choix de quelqu'un de fes Députez, la modération & la prudence des plus fages d'entre ceux qui avoient été choifis à fupléé à
ce défaut. On a vû, dans tous les fiécles,
plufieurs de ces Députez, & quelquefois
même toutes les Communes en Corps, refufer de dire leur opinion fur de certaines
affaires, jufques à ce qu'ils en euffent con-
fulté ceux qui les avoient envoïez : On a
fouvent ajourné les Chambres pour leur
donner le tems qu'il leur faloit pour cela ;
& fi on l'avoit fait plus fouvent, & que les
Villes, Citez & Comtez, euffent donné des
inftructions à leurs Députez en de certaines occafions, il y a apparence que les affaires auroient été mieux réglées qu'elles
ne l'ont été fouvent dans les Parlemens.

3. Il ne s'agit pas de favoir fi le Parlement

ment eſt infaillible, mais bien de ſavoir ſi
une Aſſemblée de la Nobleſſe avec une
Chambre des Communes compoſée de perſonnes qui ſont les plus eſtimées dans toutes les Comtez & Villes d'Angleterre, ſont
plus ou moins ſujettes à ſe laiſſer corrompre qu'un homme, une femme ou un enfant qui apartient de plus près au dernier
Roi. Ordinairement pluſieurs perſonnes
voïent mieux qu'une ſeule, & ſi nous en
voulons croire le plus ſage des Rois, *en la*
multitude des gens de Conſeil giſt la délivran-
Prov. 11. *ce.* Les Princes d'un âge mûr, d'une ex-
14. périence conſommée, & qui ont donné des
preuves de leur vertu & de leur ſageſſe, gou-
verneront ſans doute mieux que des enfans
ou des fous. On a toûjours crû que les hommes étoient plus propres pour la guerre que
les femmes; & que ceux qui ſont bien diſ-
ciplinez y réuſſiſſent beaucoup mieux que
ceux qui n'ont jamais ſû ce que c'eſt que
de diſcipline. Si quelques Comtez ou Ville ſe trompent dans le choix de leurs Députez, & qu'ils n'éliſent pas toûjours des
perſonnes qui ſoient tout-à-fait capables de
cèt Emploi, il n'y a pas d'apparence que
toutes les autres ſe trompent pareillement;
& qu'elles choiſiſſent des Députez qui
n'aïent pas plus de ſageſſe & de vertu qu'on
n'en voit ordinairement en de certaines familles auſquelles on nous voudroit faire
croire que la Nature a donné de certaines
Prérogatives qu'elle a refuſées à toutes les
autres. Mais Filmer admire à tout haſard
la profonde ſageſſe d'un Roi; quoique outre

tre ceux que nous connoiſſons nous-mêmes, l'Hiſtoire ne nous fourniſſe que trop
de preuves pour nous perſuader que tous
ceux qui ont porté la Couronne, n'ont pas
été les plus habiles ni les plus prudens. Il
parle des Rois en général & ne fait aucune
diférence entre Salomon & ſon fils dont la
folie eſt aſſez connuë ; entre Edouard troiziéme & Richard ſecond ; entre Henri cinq
& Henri ſix. Et parce que tous ceux-là ont
été Rois, il faut, ſi nous en voulons croire notre Auteur, qu'ils aïent été tous doüez
d'une profonde ſageſſe. David étoit ſage
comme un Ange de Dieu ; il s'enſuit donc
que les Rois qui régnent à préſent en France, en Eſpagne & en Suéde, l'ont été
dès l'âge de cinq ans : par la même raiſon,
il ne ſe peut pas que Jeanne de Caſtille ait
été folle, ni que les Deux Jeannes Reines
de Naples aïent été d'infames P. . . ., car
ſi cela eſt vrai, ſon argument & toutes ſes
raiſons ne lui ſerviront de rien. En effet,
quand même la Sageſſe de Salomon auroit ſurpaſſé celle de toute la Nation, cependant on n'auroit pû ſe repoſer également ſur la Sageſſe de Roboam à moins
qu'il n'en eût eû autant que ſon Pére. Et
ſi tous les Princes ſont égaux en ſageſſe auſſi-tôt qu'ils ont la Couronne ſur la tête ;
rien n'empêche que Perſée Roi de Macédoine n'ait été auſſi grand Capitaine que
Philippe ou Aléxandre ; à ce conte-là Commode & Héliogabale étoient auſſi ſages &
auſſi vertueux que Marc Auréle & Antonin le Pieux : & il ne faut pas douter que
Chriſ-

Chriſtine Reine de Sùéde ne fût dès ſes plus
tendres années auſſi capable de commander
ſes armées que ſon brave Pére. Si tout ceci eſt faux & abſurde, il faut être fou &
extravagant pour propoſer, comme fait
Filmer, qu'on mette toute l'Autorité entre les mains du Roi, parce que le Parlement n'eſt pas infaillible. *C'eſt à la tête,*
dit-il, *de corriger, & non pas d'attendre le
conſentement des Membres ou Parties qui ont
péché, puis qu'il n'eſt pas juſte qu'ils ſoient
juges en leur propre cauſe; & il n'eſt pas non
plus néceſſaire de reſtraindre l'Autorité du Roi.*
Outre que ceci eſt directement oppoſé à la
Maxime fondamentale, que nul ne doit
être juge en ſa propre cauſe, puis que ce
ſeroit mettre l'Autorité entre les mains du
Roi pour décider les diférens qui pouroient
ſurvenir entre le peuple & lui, ce qui ſeroit d'autant plus dangereux, que conduit
par ſes paſſions, par ſon intérêt particulier
& par les mauvais conſeils de Miniſtres corrompus il ne manqueroit jamais de ſortir
du véritable chemin de la juſtice; outre
tout cela, dis je, les inconvéniens qui pouroient arriver, de ce que l'on croit que le
Parlement ou le peuple n'eſt pas infaillible, ſe changeroient en maux très-réels &
tres-dangereux; comme cela ſeroit infailliblement arrivé en Eſpagne, ſi ſur une ſuppoſition que les Etats de Caſtille pouvoient
errer, on avoit laiſſé la correction de ces
erreurs au jugement ſolide & à la profonde Sageſſe de leur Reine Jeanne qui étoit
auſſi folle qu'on puiſſe jamais l'être. On
peut

peut dire la même chofe de plufieurs autres Princes qui à caufe de quelque infirmité Naturelle ou accidentelle , de leur
trop grande jeuneffe ou de leur exceffive
vieilleffe ont été tout-à-fait incapables de
juger d'aucune affaire.

On me dira peut-être que je parle ici de
Princes imbécilles & fous & par conféquent
incapables de bien gouverner, je l'avoüe,
mais quand même fans parler de ceux-ci je
pafferois à d'autres qui favent bien fe nourrir, fe vêtir & s'aquiter des autres fonctions
ordinaires de la vie, je ne croi pas qu'on
en pût tirer un grand avantage; car combien en a-t-on vû de ces derniers qui n'é-
toient pas plus capables de raifonner fainement des affaires importantes du Gouvernement, que les enfans les plus foibles ou
les fous les plus furieux. L'honnêteté me défend de raporter ici tous les éxemples des
Princes de ce caractére qui ont règné en Europe, même dans ce fiécle-ici : Mais je ferois tout-à-fait condannable fi je paffois
fous filence l'éxtravagance de ces Souverains, qui aïant très-peu d'efprit, & étant
très-déréglez & diffolus ont témoigné le
plus de chagrin, lors qu'on a voulu s'oppofer à leurs volontez. Le brave Guftave
Adolphe & fon Neveu Charles Guftave
qui ne lui étoit point inférieur en valeur,
en fageffe & qui n'avoit pas moins de tendreffe pour fes Peuples, fe contentoient de
la Puiffance que les Loix de leur Patrie
leur avoient donnée ; Mais Frédéric qua-
trieme, Roi de Danemarc, ne fe tint point
en

en repos jufques à ce qu'il eût dépoüillé cette Nation de fa liberté. Cafimir aïant entrepris la même chofe en Pologne, perdit prefque la moitié de fon Roïaume ; & par fa fuite abandonna l'autre moitié à la difcrétion des Suédois, des Tartares & des Cofaques qui la ravagérent cruellement. L'Empereur d'aujourd'hui qui s'amufoit avec un miférable Eunuque Italien, à compofer des Airs dans le tems qu'il auroit dû être à la tête d'une belle Armée qu'on leva pour s'oppofer aux Turcs en mil fix cens foixante & quatre, & qui étant fous la conduite d'un habile Commandant auroit pû renverfer l'Empire Ottoman , traita fes fujèts avec tant de cruauté, auffi-tôt qu'il fut délivré de la terreur de ce terrible Ennemi, qu'ils fûrent contraints d'implorer la protection des Turcs ; fur tout les Proteftans qui trouvent plus de douceur fous la domination de l'ennemi déclaré du Chriftianifme, qu'ils n'en trouvoient lors qu'ils étoient expofez à l'orgueil, à l'avarice, à la perfidie & à la violence des Jéfuites qui gouvernent cèt Empereur. On fait fi bien quel étoit le caractére de D. Alphonfe Roi de Portugal , & en quel état il auroit réduit ce Roïaume, fi on ne l'avoit rélégué dans les Iles Tercéres, qu'il n'eft pas befoin que je m'arrête à le faire connoître.

Si donc les Rois, en vertu de leur Office, font établis juges de tout le Corps de la Nation, parce que le Peuple & les Parlemens qui le réprefentent, ne font pas infaillibles ; ces Rois qui font encore enfans,

qui

qui font encore enfans, fous, ou qui à caufe
de leur extrême vieilleffe ne favent plus ce
qu'ils font, ne font pas non plus infaillibles;
les femmes ont même droit que les hommes
dans les Etats où elles font admifes à la Succeffion; & ces hommes qui quoique d'un âge
mûr & encore éloignez de la vieilleffe, qui
ne font ni fous ni furieux & qui cependant
font abfolument incapables de juger d'aucune affaire importante, ou qui fe laiffant
gouverner par leurs paffions, par leur intérêt, par leurs vices, par leurs Domeftiques & par leurs Favoris, opriment & ruï-
nent leurs Peuples, doivent joüir des mêmes priviléges, fi nous en croïons Filmer
& être juges en leur propre caufe. Qu'on
me dife s'il y a rien au monde de plus abfurde & de plus abominable que cette doctrine, ni qui tende plus directement à la
corruption & à l'entiére deftruction des Peuples qui vivent fous la domination de ces
Souverains, qui de l'aveu même de notre
Auteur ont été élevez fur le Trône pour
procurer le bonheur & travailler à la fûreté
de leurs fujèts.

SECTION XXXIX.

Il n'y a que les Princes qui sont bons & sa-
ges, & qui travaillent uniquement à
procurer le bien de leurs sujèts & non le
leur particulier, qui soient les véritables
Chefs du Peuple.

IL arrive rarement que les plus Scélérats
soient assez impudens, pour oser pro-
poser ouvertement les pensées les plus ab-
surdes & les plus criminelles. Ceux qui
sont ennemis de la vertu & qui n'ont point
la crainte de Dieu devant les ïeux, craignent les hommes, & n'osent pas ensei-
gner au monde une doctrine contre laquelle il se récrieroient, de peur que par ce
moïen ils ne missent eux-mêmes un obsta-
cle à leurs pernicieux desseins. Il faut dé-
guiser le poison, car il seroit impossible de
persuader à un homme de manger de l'Ar-
cenic à moins qu'on ne le couvre auparavant de quelque chose qui paroisse ne pouvoir nuire en aucune façon. Créüse bien
loin de recevoir le funeste présent de Mé-
dée l'auroit eu en horreur, si le venin n'a-
voit pas été caché sous l'éclat extérieur de
l'Or & des Pierres précieuses. La Robe qui
donna la mort à Hercule paroissoit belle ;
& Eve n'auroit jamais mangé du fruit défendu ni n'en auroit pas fait manger à son
Mari, si ce fruit ne lui avoit semblé *bon à*
manger

manger & plaifant aux yeux, & fans cela elle ne fe feroit pas laiffé perfuader qu'en le mangeant Adam & elle deviendroient comme Dieux. Les Miniftres du Démon ont toûjours fuivi la même métode ; ils viennent à bout de leurs mauvais deffeins par le moïen de la fraude, & rarement ils ont détruit quelqu'un qu'ils ne l'aïent auparavant trompé. La vérité ne conduit jamais au mal, & paroît d'autant mieux que les paroles dont on fe fert pour l'exprimer font fimples & naïves; mais rien n'eft plus ordinaire aux méchans que de couvrir leurs pernicieux deffeins fous des fimilitudes ou Métaphores. Ce feroit une chofe trop ridicule que de dire ouvertement que tous les Rois, fans exception ni diftinction, font plus capables de juger de toutes fortes d'affaires qu'aucun de leurs fujèts; il faut donc les appeller la *Tête* ou le *Chef*, afin de leur atribüer par ce moïen toutes les prééminences & prérogatives qui dans un corps naturel appartiennent à cette partie ; & il faut faire croire au monde qu'il y a une Analogie parfaite entre le Corps naturel & le Corps politique. Mais il faut éxaminer la chofe de plus près, avant que de fe réfoudre à avaller ce poifon mortel.

Les Livres facrez auffi-bien que les Auteurs prophanes fe fervent figurément du mot de *Tête* en plufieurs fens, par rapport aux Lieux ou aux perfonnes, & il fignifie toûjours quelque prééminence rèelle ou aparente, en fait d'honneur ou de juridiction. C'eft dans ce fens qu'il eft dit que

Da-

Damas eſt la tête de la Sirie ; Samarie celle
d'Ephraïm & Ephraïm celle des dix Tribus ; c'eſt-à-dire qu'Ephraïm étoit la principale Tribu ; Samarie la Capitale de la
Tribu d'Ephraïm , & Damas la Capitale
de la Sirie ; quoiqu'il ſoit certain qu'E-
phraïm n'avoit aucune juridiction ſur les
autres Tribus , ni Samarie ſur les autres
Villes d'Ephraïm puiſque chacune conformément aux préceptes de la Loi avoit une
Puiſſance égale dans les terres de ſon reſſort ; & qu'aucune de ces Villes n'avoit
aucun privilége au-deſſus des autres ex-
cépté Jéruſalem , par rapport à la Religion,
parce que le Temple y étoit.

Il ſemble auſſi que ces mots Tête, Prince, Chef ou Capitaine , ſont équivoques ;
& on appelle en ce ſens les mêmes perſonnes Chefs des Tribus, Princes de la Maiſon de leurs Péres : & il eſt dit que deux
cens Chefs de la Tribu de Ruben furent
menez en captivité par Tiglath Pilezer, &
des autres Tribus à proportion ; ce qui ſeroit quelque choſe de ſurprenant, pour ne
pas dire incompréhenſible , ſi à ce terme on
devoit attacher l'idée de ce pouvoir abſolu,
infini & Souverain que notre Auteur lui
atribuë ; & il faut avoir autant d'eſprit qu'il
en a pour pouvoir comprendre comme il eſt
poſſible qu'il y eût dans une ſeule Tribu
deux cens perſonnes ; ou plus , revêtuës
d'un pouvoir Souverain & illimité , d'autant plus qu'on ſait poſitivement qu'u-
ne ſucceſſion de Rois avoit régné ſur cette
Tribu & ſur neuf autres pendant pluſieurs
ſié-

1. Cro. 5.

fiécles ; & que chacune de ces Tribus auſſi
bien que chaque Ville en particulier, depuis que les Iſraëlites furent entrez dans la
Terre de Canaan, s'étoit toûjours gouvernée par elle-même ſans être ſous la juridiction d'aucune autre. Lors que ceux de
Galaad vinrent vers Jephté pour lui ofrir
le Commandement ſur eux, il ne crut pas
qu'ils agiſſent ſincĕrement, & leur deman-
da s'ils avoient effectivement deſſein de le *Juges. 10.*
prendre pour leur Chef? Ils lui répondi-
rent qu'il ſeroit leur Chef s'il vouloit les
conduire contre les Ammonites. C'eſt auſſi
dans le même ſens qu'il eſt dit que lors
que Jules Céſar, au deſeſpoir, voulut ſe
tuer, un de ſes ſoldats le détourna de ce
deſſein en lui diſant, * *que le ſalut de tant
de Nations qui l'avoient pris pour leur Chef,
dépendant abſolument de la conſervation de ſa
vie, il y auroit de la cruauté à lui, d'éxécuter une ſemblable réſolution.* Mais nonobſtant tout cela lors que cette Tête fut à bas,
le Corps ne laiſſa pas de ſubſiſter : ſur quoi
je remarque pluſieurs diférences fondamen-
tales entre le rapport que la Tête, priſe dans
un ſens figuré, lors même qu'on ſe ſert de
ce terme avec le plus de raiſon, a avec le
Corps dont elle fait partie, & le rapport que
la tête naturelle a avec le Corps naturel.

Le Corps Politique peut avoir pluſieurs
têtes, le Corps Naturel n'en peut avoir
qu'une.

P 3   Le

* *Cum tot ab hac anima populorum vita ſaluſque
Pendeat, & tantus caput hoc ſibi fecerit orbis,
Sævitia eſt voluiſſe mori.* Lucan.

Le peuple crée ou fait ſes têtes ou Chefs, la tête naturelle vit par elle-même, ou pour mieux dire naît avec le Corps Naturel.

Le Corps Naturel ne peut changer ou ſubſiſter ſans la tête naturelle ; mais le peuple peut fort bien changer & ſubſiſter ſans la tête artificielle. Bien plus quand même il ſeroit vrai que le Monde eût choiſi Céſar pour ſon Chef, ce qui eſt très-faux, car il ne fut choiſi que par une Armée mercénaire & ſéditieuſe, & la plus ſaine & la meilleure partie de l'Univers s'oppoſa avec tant d'opiniâtreté à ſon Election, que cela lui fît venir la penſée de ſe tuer, quand même, dis-je, il ſeroit vrai que tout le Monde auroit choiſi Céſar pour ſon Chef, il ne pouroit y avoir rien de véritable dans ce que Lucain fait dire à ce Soldat, pour le détourner de ce deſſein, *que le Salut de tout l'Univers dépendoit de celui de Céſar* ; car non ſeulement l'Univers pouvoit ſubſiſter ſans lui, mais encore ſans aucun Chef ſemblable à lui, comme il avoit ſubſiſté avant qu'il eût uſurpé la puiſſance Souveraine avec le ſecours des Soldats qu'il avoit corrompus ; ce qui ſert à faire voir que pour la commodité, il eſt quelquefois bon d'avoir de ces têtes civiles, mais qu'elles ne ſont pas abſolument néceſſaires. Pluſieurs Nations n'en ont jamais eu, & ſi on veut que cette éxpreſſion s'étende ſi loin qu'on puiſſe l'apliquer aux Magiſtrats à tems, ou annuels, qui gouvernoient autrefois les Athéniens, les Cartaginois, les Romains, & pluſieurs autres Républiques de ces tems-là, là, ou aux Magiſtrats qui gouvernent aujourd'hui la République de Veniſe, celle de Hollande ou des Suiſſes, il faudra avouër que le peuple qui a fait, dépoſé, abrogé ou aboli tant les Magiſtrats que leurs Magiſtratures, a eu le pouvoir de faire, d'ériger, & détruire ſes Têtes, ce qui ſemblera très-abſurde à Filmer. Cependant ces peuples l'ont fait, ſans en recevoir aucun préjudice, & ſouvent même cela leur a été avantageux.

En faiſant ici mention de ces vaſtes & eſſentielles diférences qu'il y a entre la tête naturelle & la tête politique, je ne prétens pas exclure en aucune façon toutes les autres diférences dont je n'ai point parlé, & qui ne ſont peut-être pas moins conſidérables; Mais comme toutes les éxpreſſions figurées n'ont de force qu'autant que leur en donne la reſſemblance qu'il y a entre elles & les choſes qu'elles veulent nous répréſenter, celle-ci n'a guéres de force, ou pour mieux dire n'en a point du tout, vû la grande diférence qu'on y trouve en pluſieurs points très-importans, & par conſéquent elle ne peut avoir aucun effet.

Quoiqu'il en ſoit, le droit procéde de l'identité & non pas de la ſimilitude. Le droit qu'un homme a ſur moi eſt fondé ſur ce qu'il eſt mon Pére & non pas ſur ce qu'il reſſemble à mon Pére. Si j'avois un Frére qui me reſſemblât ſi parfaitement que nos Péres & Méres ne puſſent nous diſtinguer l'un de l'autre, comme cela eſt arrivé quelquefois à des Jumeaux, cette parfaite reſſem-

P 4 blan-

blance ne pouroit lui donner aucun droit
à ce qui m'appartient. Si donc le pouvoir
de corriger les parties qui ont péché, que
notre Auteur atribuë aux Rois, est fondé
sur le nom de Tête qu'on leur donne, &
sur la ressemblance qu'il y a entre les Têtes du Corps Politique & celles du Corps
Naturel; si on trouve que cette ressemblance est tout-à-fait imparfaite, incertaine ou
que peut-être elle n'ait aucun rapport avec
ce dont il s'agit ici; ou si, quand même
elle seroit parfaite, elle ne pouvoit conférer aucun droit; il seroit ridicule & impertinent de l'alléguer ici.

Ce point étant éclairci, il est tems d'éxaminer, quelle est la fonction de la tête dans
le Corps Naturel, afin que cela puisse servir à nous faire connoître pourquoi on donne quelquefois ce nom à ceux qui se dis-
tinguent dans le Corps Politique, & qui
sont ceux à qui ce nom appartient véritablement.

Il y a des personnes qui croïent que la
tête est si absolument le siége des sens,
qu'elles ne font point dificulté de dire que
le toucher même tire son origine du cer-
veau, quoi que ses opérations s'étendent
sur toutes les parties du Corps: Quoiqu'il
en soit, je ne croi pas que personne doute
que tous les autres n'aïent leur siége & n'é-
xercent leurs fonctions dans la tête, & ce
font eux qui réprésentent à l'*Intellect* tout ce
qui est utile ou nuisible à l'homme; comme, dit Aristote, *Nihil est in intellectu quod*
non fit prius in sensu. C'est la proprement

le

le devoir & la fonction de chaque Magiſtrat : il eſt la ſentinelle du public & doit avertir de tout ce qu'il découvre qui peut-être profitable ou dommageable à la Société ; devoir dont ſe doivent aquiter non ſeulement les Souverains Magiſtrats , mais auſſi ceux qui leur ſont ſubordonnez , à proportion. C'eſt en ce ſens qu'on appelloit les Principaux d'entre les Iſraëlites , *Chefs de la Maiſon de leurs Péres, gens d'élite , hommes vaillans , Chefs des Princes.* Et dans le Chapitre ſuivant il eſt fait mention *de neuf cens cinquante Benjamites , Chefs de la Maiſon de leurs Péres.* Ceux-là avoient charitablement ſoin de ceux qui leur étoient inférieurs en puiſſance & en courage, ſans qu'on pût découvrir dans ce ſoin aucun ombre de Souveraineté ; car il étoit impoſſible qu'il y eût en même tems un ſi grand nombre de Souverains : & ceux dont ils avoient ſoin ſont appellez leurs fréres ; ce qui n'eſt pas un terme de Majeſté ni de ſupériorité , mais de tendreſſe & d'égalité. On peut donc donner le nom de Chef à un Souverain, ſans que cela lui donne aucun droit de Souveraineté ; il faut que le Chef éxerce ſon pouvoir avec charité, ce qui tend toûjours à procurer le bien de ceux qui ſont ſoûmis à ſa conduite. La tête ne peut corriger ou châtier , la véritable fonction de cette partie du Corps eſt ſeulement d'indiquer ce qu'il faudroit faire ; auſſi quiconque préſume d'en faire davantage n'eſt pas le Chef du corps politique. Un Corps Naturel eſt Homogène, & ne pouroit ſubſiſter

I. Cron. 7.
40.

P. 5   ſans

fans cela. Nous ne pouvons pas prendre
une partie d'un Cheval, une autre partie
d'un Ours & mettre deſſus la Tête d'un
Lion; car ce feroit un Monſtre qui n'auroit ni mouvement ni vie. Il faut que la
Tête ſoit de même Nature que les autres
Membres, autrement elle ne peut pas ſubſiſter. Or le Seigneur ou Maître eſt diférent de ſes ſerviteurs ou eſclaves *in ſpecie*,
il n'eſt donc pas proprement leur Chef.

De plus, la Tête ne peut ſubſiſter
ſans le Corps, & ne peut avoir d'intérêt
contraire à celui du Corps; & il eſt impoſſible que ce qui eſt nuiſible au Corps
ſoit bon pour la tête. Il s'enſuit donc qu'un
Prince ou un Magiſtrat qui ſe propoſe un
intérêt différent de celui du Peuple ou qui
y répugne, renonce au Tître ou à la qualité de Chef de ce Peuple. A la vérité
Moïſe étoit Chef des Iſraëlites, car lorſque
Dieu menaça de détruire ce Peuple, & lui
promit de lui donner une Nation plus
nombreuſe & plus conſidérable à gouverner, il renonça aux avantages particuliers
qui lui étoient offerts, il intercéda pour
eux, & obtint leur pardon par ſes priéres.
Cependant il n'étoit pas capable de porter
ſeul tout le poids du Gouvernement; car
il demanda qu'on lui donnât quelqu'un
pour l'aſſiſter & le ſoulager. Gédéon fut
Chef de cette Nation mais il ne voulut pas
règner ſur elle, ni ſouffrir que ſes enfans
règnaſſent. Samüel étoit auſſi Chef de ce
même Peuple, *il ne prit rien de perſonne, il
ne frauda perſonne, il ne reçut de préſens de*
qui

qui que ce soit, & n'oprima aucun des Israëlites : Dieu & le Peuple lui en rendirent témoignage : il blâma les Israëlites de ce qu'ils
s'étoient révoltez contre Dieu en demandant un Roi, mais il ne se plaignit point
qu'ils lui fissent aucun tort ou à sa Famille,
ce n'étoit point son intérêt particulier ou
celui de ses enfans qui lui faisoit de la peine. On peut dire sans craindre de se tromper que David pouvoit légitimement prétendre à ce Titre ; car il pria Dieu d'épargner le Peuple, & de tourner toute sa colére sur lui & sur la Maison de son Pére.
Mais Roboam n'étoit pas le véritable Chef
des Israëlites ; car quoiqu'il reconnût que
son Pére avoit mis sur eux un pésant joug,
cependant il leur dit *qu'il le rendroit encore
plus pésant, & que si son Pére les avoit châ-
tiez de verges, il les châtiroit d'escourgées.* La
tête n'est point un fardeau au Corps, & ne
peut lui en imposer aucun ; la tête ne peut
châtier aucun membre ; & celui qui s'atribuë cette Autorité, plus ou moins, ne peut
être un véritable Chef. Jéroboam n'étoit pas
la tête des dix Tribus qui se révoltérent ;
car la tête prend soin des membres & pourvoit à la sûreté de tout le Corps ; mais lui
craignant que *si le Peuple alloit en Jérusalem
pour y adorer, il ne retournât à la Maison de
David*, il lui fit des Idoles, & par cette
prévoïance criminelle mettant ses intérêts
personnels en sûreté, il attira sur cette Nation toutes sortes de malheurs & enfin une
ruïne totale qui fut la récompence de l'I-
dolatrie qu'il lui avoit fait commettre.

P 6   Quand

Quand même on demeureroit d'accord qu'Augufte, en ufant de fa Puiffance avec beaucoup de modération, auroit en quelque maniére expié les crimes énormes qu'il commît pour s'en emparer; & qu'il auroit juftement mérité d'être appellé le Chef des Romains; au moins n'en pouroit-on pas conclure que ce Tître dût appartenir à Caligula, à Claudius, à Néron ou à Vitellius, qui n'avoient ni les qualitez requifes & néceffaires à un Chef, ni l'efprit ni la volonté de s'aquiter des fonctions d'un Emploi fi important. Si j'allois encore plus avant & que je reconnuffe que Brutus, Cincinnatus, Fabius, Camillus & plufieurs autres, qui pendant l'éxercice de leurs Magiftratures qu'ils n'éxercérent qu'une année, ou encore moins, avoient par leur Vigilance & vertu pris foin du Salut de Rome, s'étoient aquitez des devoirs de véritables Chefs & pouvoient légitimement mériter ce Tître; je le pourois néanmoins refufer avec Juftice aux plus grans Princes qui aïent jamais vécu, puis qu'aïant eu leur Puiffance à vie, & l'aïant laiffée à leurs enfans après eux, ils ont été dénuez des vertus requifes pour fe bien aquiter de leur devoir; & je craindrois moins de paffer pour ridicule en difant qu'il vaudroit mieux qu'une Nation changeât de Chef tous les ans, que fi je difois que celui-là peut être le Chef qui ne fe foucie point de fes membres; & qui ne connoît point ce qui leur eft bon & avantageux; encore moins peut-on lui donner ce Tître, s'il fe propofe un intérêt différent de celui

de

de ces membres & incompatible avec leur bien. On ne peut pas dire que ce font ici des cas fuppofez, & qu'il n'y a point de Prince qui faffe ces fortes de chofes; car il n'eft que trop facile de le prouver, & nous n'en avons qu'un trop grand nombre d'éxemples. Caligula n'auroit pas fouhaité que le Peuple Romain n'eût qu'une tête, afin de la pouvoir abatre d'un feul coup, s'il avoit été lui même, cette tête, & qu'il ne fe fût point propofé d'intérêt oppofé à celui des membres. Néron n'auroit pas mis la Ville de Rome en feu, fi fon intérêt particulier avoit été inféparable de celui du Peuple. Celui qui fît cruellement maffacrer trois cens mille de fes fujèts innocens & defarmez, & qui mit tout le Roïaume à feu & à fang, fe propofoit un intérêt perfonnel incompatible avec celui de la Nation; & pour montrer que ce fut lui qui fît éxercer toutes ces cruautez barbares, il n'en faut pas d'autre preuve qu'une lettre écrite par fon Fils, pour difculper un des principaux Miniftres de ces cruautez, car ce Prince y dit en propres termes que ce que ce Miniftre avoit fait en cette occafion, *étoit par ordre du Roi fon Pére & pour le bien de fon fervice.* Le Roi Jean ne fe propofoit pas pour but le bien & l'avantage de fes Peuples, lorsqu'il vouloit les affujètir au Pape ou aux Maures. Tout Prince quel qu'il puiffe être, qui demande le fecours des Princes étrangers, ou qui fait des Alliances avec un Étranger ou un Ennemi, dans la vûë d'en retirer quelque avantage particulier aux dé-

pens

pens de ſes ſujèts fait voir manifeſtement qu'il n'eſt pas leur Chef mais leur ennemi, quelque ſecrèt que ſoit le Traité qu'il a fait. La tête ne peut pas avoir beſoin d'un ſecours étranger contre le Corps dont elle fait Partie, & elle ne peut ſubſiſter lors qu'elle en eſt ſéparée. Tout Prince donc qui recherche une pareille aſſiſtance, ſe diviſe du Corps, & s'il ſubſiſte après cette ſéparation il faut qne ce ſoit par le moïen d'une vie qu'il a en lui-même, différente de celle du Corps, que la tête ne peut avoir.

Mais outre ces crimes énormes qui ſont autant de témoignages autentiques de la rage & de la fureur la plus exceſſive, il y a une autre choſe qui ſe pratique communément parmi les Princes, comme tous ceux qui connoiſſent le monde en demeureront d'accord, & qui eſt incompatible avec la Nature de la Tête. En effet la Tête ne peut pas ſouhaiter d'attirer à ſoi toute la nouriture du Corps, elle doit ſe contenter d'en recevoir à proportion. Si toutes les autres parties ſont malades, foibles ou froides, la Tête ſoufre également avec elles, & ſi ces parties périſſent il faut auſſi que cette Tête périſſe. Qu'on compare ceci avec les actions de pluſieurs Princes que nous connoiſſons, & nous n'aurons pas de peine à connoître qui ſont ceux qui ſont véritablement Chefs de leurs Peuples. Si l'Or que l'on a aporté des Indes a été également partagé par les Rois d'Eſpagne à tout le Corps de la Nation, je conſens qu'on les appelle les Têtes du Peuple. Si les Rois
de

de France ne prennent des richeſſes de ce grand Roïaume qu'autant qu'on a crû qu'ils en devoient avoir pour leur part, qu'on leur donne auſſi ce tître honorable. Mais ſi la nudité, la faim & la miſére que ſouffrent leurs miſérables ſujèts, prouvent clairement le contraire, je ne voi pas que ce nom leur puiſſe appartenir en aucune façon. Si ces Nations ſi conſidérables autrefois ſont à préſent dans un état de décadence & de langueur ; ſi on voit règner dans leurs meilleures Provinces la miſére, la famine, & tous les funeſtes effets de l'oppreſſion la plus cruelle, pendant que ces Princes & leurs favoris poſſédent des Tréſors ſi immenſes, que la prodigalité la plus exceſſive ne peut pas les épuiſer ; ſi on arrache de la bouche de leurs femmes & de leurs enfans qui meurent de faim, ce que tant de millions d'hommes ont aquis à la ſueur de leur viſage, & qu'on l'emploïe à fomenter les vices de ces Cours débauchées, ou à récompencer les Miniſtres des voluptez les plus impures, on ne peut pas dire que ce ſoit-là donner également la nourriture à toutes les parties du Corps ; l'économie du Tout eſt renverſée, & ceux qui ſont ces ſortes de choſes ne peuvent pas être les têtes, ni membres du Corps, mais au contraire ils ſont quelque choſe différente de ce Corps & incompatible avec lui. Celui-là n'eſt donc pas véritablement le Chef qui occupe actuellement la place du Chef, ou à qui on la donnée. Ce n'eſt pas celui qui doit faire les fonctions du Chef, mais bien

celui

celui qui les fait actuellement, qui mérite
de joüir du Titre & des priviléges qui apar-
tiennent au Chef. Si donc Filmer veut nous
perſuader que quelque Roi eſt véritablement
Chef de ſon Peuple, il faut qu'il le prouve
par des raiſons qui ſe raportent en particulier à ce Roi, puiſque je viens de démontrer que tous les argumens généraux dont
il ſe ſert à cèt égard, ſont abſolument faux.
S'il dit que le Roi, entant que Roi peut
enſeigner au Peuple la maniére dont il doit
ſe conduire, que c'eſt au Prince qu'apartient de le corriger s'il manque en quelque
choſe, & de décider de tous les différens
qui arrivent dans la Société, parce que les
Peuples peuvent ſe tromper dans ces ſortes
de jugemens, il faut qu'il prouve que le Roi
eſt infaillible; car à moins qu'il ne le faſſe,
je ne voi pas de raiſon qui puiſſe nous engager à laiſſer à ces Souverains la déciſion
de toutes les affaires. Il ne lui ſervira de
rien non plus de dire que le jugement des
différens leur apartient en qualité de Chefs;
car cette Autorité de juger n'eſt point attâ-
chée à l'Office du Chef, & nous ſavons aſſez que tous les Rois ne méritent pas ce nom:
pluſieurs d'entre eux n'ont ni la capacité ni
la volonté de faire les fonctions d'un véritable Chef; & on en voit pluſieurs qui tiennent une conduite toute oppoſée dans tout
le cours de leur Gouvernement. Si donc
aucuns d'entre eux ont mérité le glorieux
nom de Chefs des Nations, il faut qu'ils
l'aïent aquis par leurs vertus perſonnelles,
par le ſoin qu'ils ont pris de procurer le
bien

bien de leurs Peuples, par une union inféparable de leur intérêt avec celui de leurs
fujèts, par un amour ardent pour tous les
membres de la Société, par une modération d'efprit qui les a empêché d'afpirer à
une Supériorité illégitime, ou de s'atribuer
quelque avantage particulier qu'ils ne veulent pas communiquer à chaque partie du
corps Politique. Un Prince de ce caractére
auroit honte d'accepter aucun de ces avantages dont il faudroit qu'il fût redevable à
un nom mal apliqué : celui qui fait que cèt
honneur lui appartient en particulier, parce qu'il eft le meilleur Roi du Monde, ne
fe glorifira jamais d'une chofe qui lui feroit
commune avec le plus Scélérat. Quiconque
prétend, par des raifons auffi générales que
celles dont fe fert notre Auteur, faire beaucoup pour l'intérêt particulier de quelque
Roi, connoît fans doute que ce Roi n'a
aucun mérite perfonnel, & qu'on ne peut
rien dire en fa faveur qu'on ne puiffe auffi
bien dire du plus Scélérat qu'il y ait au
Monde; ou bien il faut qu'il ne fe mette
pas en peine de ce qu'il dit pourvû qu'il faffe du mal, ou qu'il foit bien aife que le
Prince qui en fuivant ces Maximes devient
la pefte & le fieau du public, tombe dans
le précipice auquel il a expofé fes Peuples.

SEC-

SECTION X L.

Dans les Gouvernemens bien règlez , les Loix prescrivent des remédes faciles & sûrs contre les maux qui procédent de la foiblesse ou de la malice des Magistrats; & si ces remédes sont devenus inéficaces, on peut y en aporter de nouveaux.

CEux qui voudroient mettre le pouvoir du Magistrat au dessus des Loix, font tout leur possible pour nous persuader que les dangers & les dificultez qu'il y a à éxaminer ses actions, ou à s'opposer à sa volonté, lorsqu'il gouverne avec violence & injustice, sont si grandes, que le reméde est toûjours pire que le mal, & qu'il vaut toûjours mieux soufrir patiemment tous les maux qu'il fait, que de s'exposer au danger de lui déplaire, qui ne pouroit qu'avoir de très-funestes suites pour ceux qui auroient eu ce malheur. Mais au Contraire, je croi, & espére bien prouver.

I. Que dans les Gouvernemens bien règlez, il y a des remédes faciles & sûrs contre les mauvais Magistrats.

II. Qu'il est utile tant pour le bien du Magistrat, que pour celui du Peuple, qu'il y ait de tels remédes.

III. Que quelque danger ou dificulté qu'il y ait à mettre ces remédes en usage, à cause du changement des circonstances ou pour quel-

quelque autre raiſon, cela ne doit pourtant pas empécher qu'on ne s'en ſerve pour voir s'ils ſeront de quelque utilité.

Quant au premier point; il eſt très-évident que dans les Gouvernemens bien règlez, on a trouvé que ces remédes étoient très-faciles & très-ſûrs. On ne ſoufroit point que les Rois de Lacédémone s'écartaſſent le moins du *Plutar.* monde des ordonnances de la Loi : & Théopompus un de ces Rois, ſous le règne duquel les Ephores furent créez, pour reſtreindre l'Autorité Roïale, ne fît point dificulté de dire, que par ce moïen on avoit affermi cette autorité en la rendant moins enviée, plus ſûre & par conſéquent plus durable. Pauſanias n'avoit pas le Tître de Roi, mais il commanda dans la guerre contre Xerxes avec une Autorité plus grande que celle que les Rois éxerçoient ; néanmoins s'étant enorgueilli, on le bannit & en ſuite on le fît mourir, ſans qu'il en arrivât aucun mal à cèt État. Leontidas Pére de Cléomenes fut auſſi banni de la même maniére. Les Ephores firent mourir très injuſtement Agis II. car c'étoit un bon & vaillant Prince, néanmoins cette éxécution ſe fît ſans peine & ſans danger. Il ſemble que pluſieurs d'entre les Magiſtrats Romains, après le banniſſement des Rois, aïent eu deſſein de porter leur puiſſance au delà des bornes que la Loi avoit preſcrites. peut être même qu'il y en a eu d'autres, outre les Décemvirs, dont l'intention étoit de s'ériger en Tirans abſolus; mais on réprima les prémiers, & on n'eut pas beaucoup de peine à faire avorter les pernicieux deſſeins

des

des derniers. Bien plus, on avoit ſi bien ſû mettre les Rois mêmes à la raiſon, qu'il ne s'eſt jamais trouvé perſonne parmi ces premiers Romains qui ait oſé prétendre à la Couronne, à moins qu'il ne fût élû Roi, ni ſe ſervir de ſon autorité contre l'intention de la Loi, excepté Tarquin le Superbe qui par ſon inſolence, ſon avarice & ſa cruauté attira ſur lui & ſur toute ſa famille une ruïne inévitable. J'ai déja fait mention, d'un ou de deux Ducs de Veniſe qui n'étoient pas moins ambitieux que ce dernier Roi de Rome, mais leurs entrepriſes criminelles retombérent ſur leur propre tête, & ils périrent ſans que l'Etat fût expoſé à aucun danger, auſſi-tôt que leur trahiſon fut découverte. On pourroit raporter, s'il en étoit beſoin, un nombre preſque infini d'éxemples de cette Nature ; & ſi ces affaires n'ont pas toûjours réüſſi de la même maniére en tout tems & en tous lieux, c'eſt qu'on n'a pas ſuivi par tout la même métode ; car toutes les choſes du monde ſuivent ſi naturellement leurs cauſes, qu'étant conduites & réglées de la même maniére, elles ne manquent jamais de produire les mêmes effets.

A l'égard du ſecond point ; un bon Magiſtrat n'eſt jamais fâché qu'on mette des bornes à ſon Autorité. Celui qui ne veut faire que ce qu'il doit faire, n'a garde de ſouhaiter une puiſſance qui le mette en état de faire ce qu'il ne doit pas faire, & n'eſt jamais fâché de voir qu'il ne peut pas faire ce qu'il ne voudroit pas faire, quand même il en auroit le pouvoir. Cette impuiſſance eſt auſſi

avant

avantageufe aux Magiftrats qui ne font ni fages ni bons; c'eft un bonheur pour eux,
puifqu'ils ne favent pas fe gouverner eux-
mêmes, qu'on puiffe leur impofer une Loi
à la quelle ils foient obligez d'obéïr; en effet
cela les empêche de fuivre leur volonté dé-
règlée., & d'atirer fur eux-mêmes, fur leurs
familles & fur leurs Peuples une ruïne certaine, comme plufieurs ont fait. Si l'Apol-
lon de la Fable n'avoit pas été fi indulgent
envers Phaëton, que de lui accorder ce qu'il
lui demanda avec tant d'imprudence, ce téméraire jeune homme n'auroit pas mis Jupi-
ter dans la néceffité de le faire périr ou de
fouffrir qu'il fît périr tout l'Univers.

Deplus, les perfonnes bonnes & fages
connoiffent le poids de la puiffance Souveraine, & fe défient toûjours de leurs propres
forces. L'Hiftoire Sacrée & Profane nous
fourniffent un grand nombre d'éxemples de
perfonnes qui ont apréhendé l'éclat d'une
Couronne. Ceux qui ne prénent point plaifir
à faire du mal, ne favent point s'ils ne changeroient pas d'humeur & de fentimens, lors
qu'ils fe verroient dans une trop grande élé-
vation. On en a vû qui aïant fuporté les ad-
verfitez avec beaucoup de force & de courage, ont fuccombé au milieu de leurs prof-
péritez. Lors que le Prophète prédit à Hazaël
les crimes énormes qu'il commettroit, cèt
homme lui répondit, *Ton Serviteur eft-il un
Chien pour faire ces chofes?* Cependant il les
fit. Je ne fai pas où nous pourions trouver un
homme orné d'un plus grand nombre de
belles qualitez qu'Aléxandre de Macédoine;
mais

mais sa fortune ne servit qu'à en tenir l'éclat,
il succomba au milieu de ses plus grands succès, & il surpassa par ses vices ceux-mêmes
qu'il avoit vaincus par sa vertu. Rarement la
Nature humaine peut souffrir des changemens si violens & si subits, sans que cela la
mette en désordre ; & un chacun doit avec
justice se défier de soi-même, & craindre de
succomber aux tentations, qui ont été la
ruïne de tant d'autres. Si un homme a eu le
bonheur de naître avec des dispositions si heu-
reuses, d'avoir été élevé avec tant de soin,
& d'être si affermi dans la pratique de la vertu, qu'aucune tempête ne soit capable de
l'ébranler, ni aucun poison de le corrompre, cela ne l'empêchera pas de faire réflé-
xion qu'il est mortel ; & non plus que Salomon, ne sachant pas si son fils sera sage ou
fou, il appréhendera toûjours d'accepter un
pouvoir, qui ne peut qu'être très-préjudiciable, tant à celui qui l'exerce, qu'à ceux qui
y sont soûmis, lors qu'il tombe entre les
mains d'un homme qui ne sait pas s'en servir,
ou que l'on peut facilement porter à en faire
un mauvais usage. Les Souverains Magistrats marchent toûjours dans des lieux ob-
scurs & glissants : mais lors qu'ils sont élevez
si haut, que personne ne peut les aprocher
d'assez près pour pouvoir les soûtenir, leur
donner des conseils, ou restreindre leur autorité, alors leur chute est inévitable & mortelle. Et les Nations qui n'ont pas eu assez
de prudence pour tenir dans un juste équilibre la puissance de leurs Magistrats, ont été
souvent obligées d'avoir recours aux remédes

des les plus violens, & de punir avec beaucoup de peine & de danger des crimes qu'elles auroient pû prévenir. D'un autre côté les
peuples qui se sont conduits avec plus de sagesse dans l'établissement de leurs Gouvernemens, ont toûjours eu égard à la fragilité
de la Nature humaine, & à la corruption
qui régne dans le cœur de l'homme; c'est
pourquoi ne voulant pas mettre leurs biens
& leurs vies à la discrétion de leurs Magistrats, ils se sont toûjours reservé autant de
puissance qu'il leur en falloit pour obliger ces
Magistrats à ne point passer les bornes que la
Loi leur prescrivoit, & à accomplir ce que
l'on s'étoit proposé en leur mettant l'Autorité en main. Or comme la Loi qui ordonne
qu'on punisse sévérement les crimes, est dou-
ce & pitoïable même envers les méchans,
puisqu'en les menaçant d'une punition sé-
vére, elle les empêche d'en commettre; &
qu'elle n'est pas moins avantageuse aux
bons, qui sans cela couroient risque de périr: aussi ces Nations qui se sont reservé assez
d'autorité pour réprimer leurs Princes, ont
pourvû par le même Acte à la sûreté de ces
Princes aussi-bien qu'à la leur. Ceux qui
savent que la Loi est bien défenduë, entre-
prennent rarement de la renverser; ils ne se
portent pas facilement à commettre des excès & à abuser de leur puissance, lors qu'ils
voïent qu'on leur a prescrit des bornes qu'ils
ne peuvent outrepasser sans un péril évident;
& ainsi étant obligez d'éxercer leur autorité
avec modération, le peuple ne se trouve
point réduit à la fâcheuse nécessité de souffrir

toute

toute forte d'indignitez & de miféres de leurs
Magiftrats, ou de les prévenir, ou bien de
s'en vanger en les exterminant.

Quant au troiziéme point : fi on n'a pas
bien obfervé ces régles dès le commencement, ou qu'elles foient devenuës inéficaces
par le changement des circonftances, par la
corruption des mœurs, par l'adreffe que les
Princes ont eu de les enfreindre d'une maniére qui n'a point fait d'éclat, ou par leurs
Ufurpations manifeftes, & que le peuple ait
été expofé aux malheurs qui font des fuites
infaillibles de la foibleffe, des vices & de la
malice du Prince ou de ceux qui Gouvernent, j'avouë que ces remédes font plus difficiles & plus dangereux; mais cela ne doit
pas empêcher qu'on ne s'en ferve même dans
ces occafions. On ne peut rien craindre qui
foit pire que ce que l'on fouffre déja, ou que
ce que fouffriroient infailliblement en peu de
tems ceux qui ont le malheur d'être gouvernez par de femblables Magiftrats. Ceux qui
font réduits dans l'état du monde le plus
miférable & le plus infame n'ont pas lieu
de rien apréhender qui foit pire. Lors qu'u-
ne fois les affaires font dans cette fâcheufe
fituation, · les entreprifes les plus hardies
font les plus fûres; & fi ceux *qui fouffrent
patiemment fans remuër ne peuvent éviter
leur ruïne, & que tout le pis qui puiffe arriver aux plus remuans, foit de périr avec eux,
je ·

* *Moriendum victis, moriendum deditis: id folum intereft
an inter cruciatus & ludibria, an pro virtute expiremus.* C.
Tacit.

*Quod fi nocentes innocentefque idem exitus maneat, acrioris
viri eft merito perire.* ibid.

je ne voi pas qu'on ait sujèt de déliberer long-
tems sur le parti qu'on doit prendre. Quelque grand que soit le danger on peut toûjours
espérer de s'en garantir, tant qu'on est en
vie, qu'on a des mains, des armes, & assez
de courage pour s'en servir; mais il faut nécessairement qu'un Peuple périsse, lorsque
sans rien dire, il se laisse oprimer par l'injustice, la cruauté ou la malice d'un mauvais
Magistrat, ou par ceux qui gouvernent les
Princes foibles & vicieux. Il ne sert de rien de
dire que si l'on avoit recours à ces remédes,
cela exciteroit peut-être des Troubles & des
Guerres Civiles; car quoique ces troubles &
guerres soient des maux, cependant ce ne
sont pas les plus grands & les plus funestes
dont un Etat puisse être afligé. Selon Machiavel les Guerres Civiles sont des maladies,
mais la Tirannie est la mort du Gouvernement. On doit d'abord se servir des voïes de
la douceur, & c'est tant mieux, si elles sufisent pour ce grand ouvrage; mais si ces
voïes de douceur sont inéficaces, il faut trouver d'autres moïens. Il est bon d'essaïer d'a-
bord les suplications, les conseils & les re-
montrances; mais il faut réprimer par force
les Princes qui n'ont aucun égard pour la justice, & qui ne veulent point écouter les conseils qu'on leur donne. Ce seroit être fou que
d'agir autrement avec un homme qui ne
veut point se laisser conduire à la raison, &
avec un Magistrat qui méprise la Loi; ou
plûtôt pouroit on croire sans folie que celui-
là est homme, qui renonce au Principe essentiel de l'humanité; & que celui-là est vé-

Tome III.   Q   ritable-

ritablement Magiſtrat qui renverſe les Loix
qui ſeules l'ont fait Magiſtrat. C'eſt-là la derniére reſſource des Peuples oprimez ; mais
il faut néceſſairement qu'ils en viennent là,
lorſqu'ils n'ont point d'autre moïen de ſe délivrer des maux qui les accablent. Il n'y avoit
que la mort de Néron qui fût capable d'arrêter le cours de ſa rage, tout autre reméde
auroit été inéficace. Celui qui auroit épar-
gné un pareil monſtre, lorſqu'il étoit en ſon
pouvoir de le faire périr, ſe feroit rendu
coupable de la ruïne de tout l'Empire ; &
par une Clémence hors de ſaiſon, il feroit
devenu le complice ou plûtôt l'auteur de
tous les crimes énormes que cèt infame Prince auroit commis dans la ſuite. Cette bonté
indiſcrette auroit été encore plus condam-
nable, ſi le Monde avoit été alors dans une
ſituation à pouvoir s'accommoder d'une entiére Liberté. Mais les choſes étant diſpoſées
d'une maniére qu'il étoit impoſſible de rétablir une Liberté univerſelle, tout ce qu'on
pouvoit faire de meilleur, étoit d'oppoſer
quelque digue qui pût en quelque façon réſiſter à ce torrent d'iniquité qui avoit inondé la
plus conſidérable Partie de l'Univers, &
donner au Genre Humain le tems de reſpi-
rer ſous un Maître moins Barbare. Cependant tous les plus honnêtes gens de l'Empire
s'unirent enſemble pour travailler à cèt Ouvrage, quoiqu'ils fuſſent perſuadez qu'il
feroit toûjours imparfait. L'Hiſtoire ſacrée
nous fournit pluſieurs éxemples de cette nature : Lors qu'Achab eut renverſé les Loix,
lorſqu'il eut apoſté des faux témoins & cor-
rom-

rompu des Juges pour faire mourir l'innocent, lorſqu'il eut maſſacré les Prophétes &
établi l'Idolâtrie, alors il fallut que *ſa maiſon fût retranchée, & ſon ſang léché par les
Chiens*. Lorſqu'une fois les affaires ſont dans
cette facheuſe ſituation, il n'eſt pas dificile
de ſe déterminer ſur ce que l'on doit faire. Il
s'agit ſeulement de ſavoir ſi le châtiment des
Crimes doit tomber ſur un ſeul ou ſur un petit nombre de perſonnes qui en ſont coupables, ou bien ſur toute la Nation qui eſt in-
nocente. Si le Pére ne doit pas mourir pour
le Fils ni le Fils pour le Pére, mais ſi chacun
doit porter la peine de ſon propre péché, ce
ſeroit la choſe du monde la plus déraiſonna-
ble que de punir les Peuples pour les fautes
de leurs Princes. Lorſque les Etats d'Ecoſſe
envoïérent le Comte de Morton en Ambaſ-
ſade à la Reine Elizabet, pour juſtifier leur
Conduite à l'égard de leur Reine, qu'ils
avoient obligée de renoncer à l'adminiſtra-
tion du Gouvernement; il allégua entre autres choſes le meurtre de ſon mari dont elle
étoit manifeſtement convaincuë; il ſoutint
que c'étoit un droit qui apartenoit aux Ecoſ-
ſois, & une coutume très-ancienne parmi
eux, d'éxaminer * les Actions de leurs Souverains ; que ſuivant cette coutume pluſi-
ſieurs de ces Souverains avoient été mis à
mort, empriſonnez † ou éxilez; enſuite il
confirma ce que les Etats de ce Roïaume

Q 2　　　　　　avoient

* *Animadvertendi in reges.*
† *Morte, vinculis & exilio puniti.* Buchan. hiſt. Sect. l.
20. *Qui tot reges regno exuerunt, exilio damnarunt, carceri-
bus coercuerunt, ſupplicio denique affecerunt, nec unquam ta-
men*

avoient fait, par l'éxemple des autres Nations ; & enfin il conclut fon difcours en difant que fi on avoit laiffé la vie à cette Reine,
ce n'étoit pas en confidération de fon innocence, ou qu'elle fût éxemte des peines
aufquelles la Loi condamne les coupables,
mais parce que le Peuple content de la réfignation qu'elle avoit faite de la Couronne
entre les mains de fon Fils, avoit bien voulu
ufer de Clémence & de Miféricorde envers
elle. Ce difcours que l'on trouve tout au
long dans l'Hiftorien que je cite à la marge,
étant fi fort & fi convaincant en lui-même
qu'on n'y a jamais répondu que par des in-
vectives, & n'aïant été en aucune façon dé-
faprouvé ni par la Reine Elizabet ni par fon
Confeil à qui il étoit adreffé, cette Princeffe
ni fes Miniftres ne s'étant point fervis pour le
réfuter de raifons fondées fur le droit Général en vertu duquel les Princes prétendént
être éxemts des peines portées par la Loi ;
ou du prétexte que les Ecoffois avoient fait
un mauvais ufage de ces Loix par rapport à
leur Reine en particulier, je crois pouvoir
dire avec juftice que lorfque les Nations ont
le malheur de tomber fous la domination de
Princes qui font entiérement incapables de
faire un bon ufage de leur Autorité, ou qui
abufent malicieufement de cette Autorité
qu'on leur a confiée, ces Nations font obligées

men de acerbitate Legis minuenda mentio eft facta &c. Ibid.
Facile apparet regnum nihil aliud effe, quam mutuam inter regem & populum ftipulationem. Non de illarum fanctionum ge-
nere, quæ mutationibus temporum funt obnoxiæ, fed in primo
generis humani exortu, & mutuo prope omnium gentium con-
fenfu comprobatæ, & una cum rerum natura infragiles & fem-
piternæ perennent. Ibid.

gées par ce qu'elles se doivent à elles-mêmes
& à leur postérité de faire tout leur possible
pour déraciner le mal, nonobstant tous les
dangers & toutes les dificultez qu'elles peuvent rencontrer dans l'éxécution d'un projèt
si utile & si glorieux. Pontius le Samnite dît
avec autant de vérité que de bravoure à ses
Compatriotes * *Que c'étoit suivre les règles de
la piété & de la justice, que de prendre les armes
lorsqu'il étoit nécessaire, & que cela étoit absolument nécessaire, lorsqu'on ne pouvoit espérer
de se mettre en sûreté par aucun autre moien.*
C'est là la voix de tout le Genre Humain,
c'est un discours que personne ne desaprou-
ve, excepté ces Princes, qui se reconnoîs-
sant coupables de plusieurs crimes, apré-
hendent les châtimens qu'ils ont si justement
méritez; ou leurs Serviteurs & Flateurs,
qui étant pour la plû-part auteurs de ces crimes, craignent d'être envelopez dans leur
ruïne.

* *Justa
piaque sunt
arma, qui-
bus necessa-
ria, & ne-
cessaria,
quibus nulla
sine armis
spes est salu-
tis.* T. liv.
l. 8.

Q 3

SEC-

SECTION XLI.

Le Peuple pour qui & par qui le Magistrat est créé, peut seul juger si ce Magistrat remplit dignement les fonctions de sa charge.

ON dit ordinairement que personne ne doit être juge en sa propre cause; & notre Auteur insiste beaucoup là dessus, comme sur une Maxime fondamentale, quoique suivant son inconstance ordinaire, il la renverse entiérement, en établissant les Rois juges en leur propre cause; cependant si jamais on doit suivre cette Maxime à la rigueur, c'est en cette occasion; puisqu'il arrive souvent qne peu de personnes sont moins capables que ces Souverains de juger sainement des choses. Leurs passions & leur intérêt personnel n'ont que trop de pouvoir pour leur troubler l'esprit ou pour les pervertir. Ils sont plus exposez que personne à être détournez du chemin de la justice par les flateries de serviteurs corrompus. Ils n'agissent jamais enRois,que lors qu'ils agissent au nom du public,& que toutes leurs Actions tendent au bien de ceux pour qui & par qui ils ont été élevez sur le Trône; que s'ils agissent pour d'autres, il ne dépend pas d'eux de faire ce qui leur plaît, sans être obligez de rendre compte de leurs actions. Néanmoins je ne craindrai pas de dire que proprement & na-

tu-

turellement un chacun eft en droit de juger,
de fes propres affaires. Aucun n'eft ni ne
peut être privé de ce Privilége, à moins que
ce ne foit de fon confentement & pour le
bien de la Société dans laquelle il eft entré.
Ce droit apartient donc néceffairement à un
chacun en toutes fortes de Cas, excepté lorfqu'il s'agit du bien de la Communauté, en
faveur de qui il s'en eft dépouïllé. Si je me
trouve attaqué de la faim, de la foif, de laf-
titude, de chaleur, de froid, ou de maladie, ce feroit une folie de me dire que je ne
dois pas manger, boire, me repofer me
mettre à l'ombre pour me rafraichir, ou à
l'abri des injures du tems pour m'échaufer,
ni prendre de médecine, parce que je ne
dois pas être juge en ma propre caufe. On en
peut dire autant par rapport à ma maifon ou
à mon bien; j'en puis faire ce qu'il me plaît
pourvû que je ne faffe point de Préjudice aux
autres. Mais il ne m'eft pas permis de mettre le feu à ma maifon, fi ce feu peut en-
dommager celle de mon voifin. Je ne puis
pas bâtir des Forts fur mes terres, ou les mettre entre les mains d'un Ennemi étranger qui
pouroit s'en fervir pour ravager ma Patrie.
Je ne puis pas couper les digues de la Mer
ou de la Riviére, depeur que cela n'inonde
les champs de mon voifin, parce qu'en ce
cas la Société dont je fuis un des Membres
en recevroit du préjudice. Ma terre ne m'a-
partient pas fimplement & purement, mais
à condition, que je ne m'en fervirai pas pour
faire du dommage au Public, fous la protection dequi je jouïs paifiblement de tout

ce

ce que je possède. Mais cette Société me
permet de prendre des serviteurs & de les
congédier quand bon me semble. Personne
n'est en droit de me prescrire quel nombre
de Domestiques je dois avoir ni de quelle
qualité il faut qu'ils soient; & nul ne peut
me dire si j'en suis bien ou mal servi; c'est à
moi seul qu'apartient d'en juger. Bien plus
l'Etat ne prend aucune connoissance de ce
qui se passe entre eux & moi, qu'entant qu'il
s'agit de m'obliger à observer l'accord que
j'ai fait avec eux, & à ne leur pas faire ce que
la Loi me défend : c'est-à-dire que la puissance à laquelle je me suis soumis, éxerce
sur moi cette juridiction qui a été établie de
mon consentement, & sous la protection de
laquelle je jouïs de tous les biens & de tous
les agrémens de la vie, qui me sont plus
avantageux, que ma liberté ne me l'auroit
été, si je me l'étois réservée toute entiére.
On doit aussi juger de la nature de cette soumission & de l'étenduë qu'elle doit avoir, par
les raisons qui m'ont porté à me soumettre
ainsi. La Société dans laquelle je vis ne peut
subsister sans réglemens; l'Egalité avec laquelle tous les hommes sont nez est si parfaite, qu'aucun ne voudra consentir à la diminution de sa Liberté, à moins que les autres
n'en fassent autant de leur côté; je ne puis
pas raisonnablement prétendre qu'on me
garantisse du mal qu'on peut me faire, à
moins que je ne m'oblige à n'en faire à personne; ou que je ne me soumette à toutes les
peines prescrites par la Loi; si je ne m'aquite pas des engagemens dans lesquels je suis
entré.

entré. Mais fans faire aucun préjudice à la Société dans laquelle j'entre, je puis me réferver la Liberté de faire tout ce qui me plaît, par rapport à tout ce qui me regarde en particulier, & en quoi il s'agit de ma commodité.

Or fi un particulier n'eft pas fujèt au jugement de qui que ce foit, finon à celui de la Société à laquelle il s'eft foumis, pour fa propre fûreté & commodité ; & que nonobftant cette foumiffion il garde pourtant toûjours le droit de règler comme bon lui femble toutes les affaires qui le regardent purement & fimplement, & de faire tout ce qu'il lui plaît lorfqu'il ne s'agit que de fon intérêt perfonnel, ou de fes commoditez, il ne fe peut pas que ce droit n'apartienne néceffairement à des Nations entiéres. Lorfqu'il arrive un diférent entre Caïus & Seïus en matiére de droit, ni l'un ni l'autre n'en peut décider ; il faut qu'ils s'en raportent à un Juge fupérieur à l'un & à l'autre ; non pas parce qu'il n'eft pas à propos qu'un homme foit juge en fa propre caufe, mais parce qu'ils ont tous deux un droit égal, & que l'un n'eft point fujét à l'autre. Mais fi j'ai quelque diférent avec mon valet, touchant la maniére dont il me fert, c'eft à moi à le décider ; il faut qu'il me ferve à ma mode, & même qu'il forte de ma maifon fi je le juge à propos, quelque bien qu'il me ferve ; & en lui donnant fon congé je ne lui fais point de tort, foit que j'aïe deffein de me paffer de valet, ou que je croïe qu'un autre fera mieux mon affaire. Je n'ai donc pas befoin de juge, à moins que je ne fois en diférent avec mon égal. Perfonne

ne

ne peut être mon juge, à moins que d'être mon fupérieur ; & celui-là ne peut être mon fupérieur, qui ne l'eft pas de mon confentement, & même ce ne peut être que dans les chofes qui m'ont porté à confentir à cette fupériorité. Ce ne peut être là le cas d'une Nation qui n'a point d'égal en elle-même. Elle peut avoir des diférens avec d'autres Nations, & on en peut remettre la décifion entre les mains de Juges qu'on choifit d'un commun confentement : mais ce n'eft pas de quoi il s'agit ici. Une Nation & fur tout une Nation puiffante ne peut-pas fe réfoudre de renoncer à fes droits auffi facilement qu'un particulier qui convaincu de fa foibleffe connoît qu'il n'eft pas en état de fe défendre lui-même, & pour cette raifon n'a pas de peine à fe réfoudre de fe mettre fous la protection d'une puiffance plus grande que la fienne. La force de la Nation ne réfide pas en la perfonne du Magiftrat, mais la force du Magiftrat réfide dans celle de la Nation. La Sageffe, l'induftrie & la valeur du Prince peut contribuer quelque chofe à l'accroiffement de la gloire & de la grandeur de la Nation, mais elle a en elle même le fondement & la fubftance de cette grandeur. Si le Magiftrat & le Peuple étoient égaux à tous égards, comme Caïus & Seïus, & qu'ils fuffent également & réciproquement utiles l'un à l'autre, perfonne ne pouroit être juge de leurs diférens, excepté ceux qu'ils conviendroient de prendre pour Arbitres. C'eft ce que plufieurs Nations ont pratiqué. Les anciens Germains laiffoient à leurs Prêtres

la

la décifion des affaires les plus difficiles ; les
Gaulois & les Bretons fe foumettoient au
jugement des Druides : pendant quelques
fiécles les Caliphes ont fait la même chofe
parmi les Mahométans : & lorfque les Saxons eurent embraffé le Chriftianifme, ils
laifférent au Clergé le jugement des diférens
qui s'élevoient parmi eux. Lorfque toute
l'Europe étoit plongée dans les fuperftitions
du Papifme, le Pape s'atribuoit fouvent la décifion de ces fortes d'afaires ; fouvent on fe
foumettoit à fon jugement, & la plû-part
des Princes qui ofoient lui réfifter étoient ex-
communiez, dépofez & quelque fois cruellement mis à mort. Tout cela fe faifoit pour
les mêmes raifons. Ces Prêtres, ces Druides, ces Caliphes, ces Ecclefiaftiques & le Pape paffoient pour des Saints, on les regardoit
comme des perfonnes infpirées, & ordinairement on recevoit leur Sentence avec refpect comme fi c'eût été un jugement émané
de Dieu même, parce qu'on croïoit qu'il
leur fervoit de guide & de confeiller dans
tout ce qu'ils faifoient ; & on avoit en horreur tous ceux qui refufoient de fe foumettre
à la fentence qu'ils avoient prononcée. Mais
je ne croi pas qu'aucun homme, ou aucun
nombre d'hommes, en établiffant un Magiftrat, lui aïent jamais dit, s'il arrive quelque
diférent entre vous, ou vos fucceffeurs &
nous, ce fera vous ou vos fucceffeurs qui le
décideront, foit que ces fucceffeurs foient
hommes ou femmes, foit qu'ils foient encore enfans, fou ou vicieux. Bien plus, je
ne crain point de dire que fi on avoit jamais

Q 6 fait

fait un pareil accord avec un Magiſtrat, la lâcheté, l'infamie & la folie de cèt accord ſufiroit pour le rendre nul. Mais ſi on n'a jamais entendu parler d'un ſemblable Traité, ou que ſupoſé qu'il y en eût jamais eu, il n'auroit cependant eu aucun effet, il faut avoüer que c'eſt la choſe du monde la plus abſurde que de vouloir faire acroire à tous les Peuples du monde qu'ils ont fait cèt accord & qu'ils doivent l'obſerver. On ne peut donc pas dépouiller un Peuple de ces Droits Naturels, ſur des prétentions chimériques, qui n'ont jamais eu de fondement, qui n'en ont point & qui n'en peuvent jamais avoir, à moins qu'on ne les établiſſe ſur quelque choſes de plus réel que ce Traité imaginaire des Peuples avec leurs Magiſtrats. Ceux qui établiſſent des Magiſtratures, & qui leur donnent tel nom, telle forme & tel pouvoir qu'il leur plaît, ſont ſeuls capables de juger ſi l'on en recueille le fruit que l'on s'étoit promis en les établiſſant. Il n'apartient qu'à ceux qui donnent l'être à une Puiſſance qui ne ſubſiſtoit point auparavant, de juger ſi on l'emploie pour les rendre heureux ou malheureux. Ils n'élévent pas aux honneurs & aux dignitez un homme ou un petit nombre d'hommes afin qu'eux & leur poſtérité puiſſent vivre dans l'éclat & la grandeur, mais afin que la juſtice ſoit dûëment adminiſtrée, la pratique de la vertu afermie de plus en plus, & que rien ne ſoit capable de troubler le repos public. Tout homme raiſonnable ne croira pas qu'on puiſſe venir à bout de toutes ces choſes qui ſont ſi néceſſaires à la So-
cié-

ciété, si ceux qui renversent eux-mêmes les
Loix ont le privilége d'être juges en leur propre cause, & qu'ils ne soient obligez de se
soumettre au jugement de personne. Si Caligula, Néron, Vitellius, Domitien ou
Héliogabale n'avoient pas été sujèts au jugement de personne, ils auroient achevé de
ruïner tout l'Empire. Si on avoit laissé à
Durstus, à Evenus troisiéme, à Dardannus
& à quelques autres Rois d'Ecosse le jugement des diférens qu'ils eurent avec la Noblesse & le Peuple, ils auroient sans doute
évité les Châtimens qu'ils soufrirent, & auroient ruïné la Nation, comme c'étoit bien
leur dessein. On suivit une autre métode;
la fureur de ces Princes fut cause de leur perte; on en mit de meilleurs à leur place, &
leurs successeurs profitant de leurs éxemples
pouvoient éviter l'écueil où ils avoient fait
Naufrage. Si on avoit permis à Edoüard Second Roi d'Angleterre; à Gaveston & aux
Spencers, ses favoris, à Richard Second, & à
Trésilian & Vére, d'être juges en leur propre cause eux qui avoient déja massacré les
plus Illustres d'entre les Nobles, n'auroient
pas manqué de persister & de réüssir dans le
pernicieux dessein qu'ils avoient d'exterminer le reste de la Noblesse, d'asservir la Nation, de changer la forme du Gouvernement, & d'établir la Tirannie à la place
de la Monarchie mixte. Mais nos Ancêtres
prirent de meilleures mesures : comme ils
avoient éprouvé à leurs dépens à combien de
malheurs les vices & la folie des Princes exposent les Peuples, ils savoient mieux

qué perfonne quels remédes il falloit y
aporter , & quel étoit le tems le plus convenable pour les mettre en ufage : ils favoient
que lors que le Gouvernement étoit tout-à-
fait corrompu , cette corruption produifoit
de fi funeftes effets , qu'il falloit néceffairement que la Nation périt , à moins qu'on
ne réformât les abus éxceffifs , qu'on ne ra-
menât le Gouvernement à fon premier principe , ou que l'on n'en changeât la forme.
Telle étant la fituation où ils fe trouvoient,
il leur étoit auffi aifé de juger fi on devoit faire rentrer dans le devoir le Gouverneur qui
avoit introduit cette corruption , fi on devoit le dépofer , en cas qu'il ne voulût pas
fe ranger à la raifon , ou foufrir qu'il les
ruïnât eux & leur poftérité , qu'il m'eft aifé
de juger fi je dois congédier mon valet,
lors que je fai qu'il a envie de m'empoi-
fonner ou de me maffacrer , & qu'il ne lui
fera pas dificile de venir à bout de fon deffein , ou le retenir à mon fervice jufques à
ce qu'il ait éxécuté fon pernicieux projèt.
Cela eft d'autant plus certain par rapport à
toute une Nation , qu'il y a beaucoup plus
de difproportion entre tout un peuple & un
homme ou un petit nombre d'hommes à
qui ce peuple a confié l'adminiftration du
Gouvernement , qu'il n'y en a entre un particulier & fon valet. Le confentement général de tout le Genre Humain confirme fi
bien cette vérité , que nous ne connoiffons
point de Gouvernement , dont on n'ait fouvent changé la forme , ou qu'on n'ait ra-
mené à la pureté de fa premiére inftitution,

en

en rejettant les familles ou les perſonnes qui
ont abuſé de l'Autorité qu'on leur a confiée.
Les peuples qui n'ont pas eu aſſez de ſageſſe & de vertu pour faire ceci, lors qu'il étoit
néceſſaire, ont été bientôt détruits, témoins
les Goths en Eſpagne, qui aïant négligé de
réprimer la fureur d'Witza & de Rodrigo, *Mariana.*
lors qu'il en étoit encore tems, devinrent
la proïe des Mores. Leur Roïaume aïant
été ainſi détruit n'a jamais pû ſe rétablir,
& le reſte de cette Nation ſe joignant avec
les Eſpagnols qui lui avoient été aſſujètis
pendant trois ou quatre cens ans a été huit
ſiécles entiers avant que de pouvoir chaſſer
entiérement ces ennemis qu'elle auroit pu
empêcher d'envahir ſon païs, en dépoſant
ſeulement deux Rois vicieux & lâches. Les
Nations parmi leſquelles la Corruption étoit
ſi fort enracinée, que lors qu'elles ont voulu remédier aux maux que leur faiſoient ſoufrir de méchans Magiſtrats, elles n'ont pu
trouver de remédes proportionnez au mal,
ſe ſont contentées de décharger leur colére
ſur ceux qui étoient les inſtrumens de leur
opreſſion, ou d'éloigner leur ruïne de quelque tems. Mais la racine du mal reſtant
toûjours, elle produiſit bientôt le même
fruit, ces peuples furent entiérement détruits, ou ils ne firent que languir dans une
miſére perpétuelle. L'Empire Romain nous
fournit un très-illuſtre éxemple de ce que
je vien de dire en premier lieu. Les Romains firent mourir pluſieurs de ces Mon-
ſtres qui les avoient ſi cruellement tiranni-
ſez; mais tout l'avantage qu'on retiroit de
leur

leur mort c'eſt qu'elle donnoit quelque re-
lâche ; & le Gouvernement qui auroit dû
être établi par de bonnes Loix , n'étant ſoutenu que par les vértus perſonnelles d'un
homme ; la vie de cèt homme ne pouvoit
être regardée que comme un bon interval-
le , & après ſa mort ces pauvres peuples
retomboient dans le même abîme de malheurs d'infamie & de miſére ; & ils continuérent dans ce triſte état juſques à l'entiére
deſtruction de l'Empire.

Tous les Roïaumes des Arabes , des Médes , des Perſes , des Mores auſſi-bien que
pluſieurs autres Monarchies de l'Orient ſont
de la ſeconde eſpèce. Le ſens commun
aprend à ces peuples qu'un orgueil barbare , une cruauté & une fureur exceſſive ſont
inſuportables ; mais ils ne ſavent point d'autre reméde , ſi ce n'eſt de tuer le Tiran , &
d'en faire autant à ſon ſucceſſeur , s'il ſe
rendoit coupable des mêmes crimes. N'aiant
pas aſſez de ſageſſe & de valeur pour établir
un bon Gouvernement , ils languiſſent dans
un eſclavage perpetuel , & le plus grand
bonheur qu'ils ſe propoſent , c'eſt de pouvoir vivre ſous la domination d'un Maître
qui les traite avec douceur , ce qui propré-
ment n'eſt pas vivre , puiſque leur vie dépend du caprice de ce Maître ; & je puis
dire avec vérité que tous ceux qui ont du
courage eſtiment fort peu cette eſpèce de
vie empruntée. Mais les Nations qui ſont
plus généreuſes , qui font plus de cas de la
Liberté , & qui connoiſſent mieux les moïens
dont il faut ſe ſervir pour ſe conſerver un
bien

bien si précieux, croïent que c'est fort peu
de chose que de détruire le Tiran, à moins
qu'on ne détruise aussi la Tirannie. Elles
font tous leurs efforts pour faire que l'Ouvrage soit parfait, soit en changeant entiérement la forme du Gouvernement, ou en
le ramenant à son premier principe après
avoir réformé les abus qui s'y étoient glis-
sez, & en établissant de si bonnes Loix, qu'elles puissent en affermir l'intégrité, lors qu'on
l'a réformé. On a si souvent suivi cette
métode chez toutes les Nations, tant anciennes que modernes, des actions desquelles nous sommes informez, comme cela
paroît par les éxemples précédens & par plusieurs autres qu'on pouroit alléguer, si cette
vérité n'étoit pas claire d'elle-même, qu'il
n'y a aucune de ces Nations dont l'Histoire ne puisse nous en fournir plusieurs preuves; & qu'il n'y a point aujourd'hui de Magistrature qui ne soit redevable de son institution à un Jugement de cette nature. Deforte qu'il faut nécessairement que tous les
Rois, Princes ou Magistrats avouënt que
leur droit est fondé sur ces Actes du peuple, ou qu'ils demeurent d'accord qu'ils
n'ent ont aucun, & cela étant il faudra qu'ils
laissent les peuples dans la jouïssance de la
Liberté originaire qu'ils ont d'établir telles
Magistratures qui leur plaît, sans être obligez de choisir pour Magistrats une certaine personne, ou famille plûtôt qu'une autre.

S E C-

SECTION XLII.

La personne qui porte la Couronne ne peut pas décider les affaires dont la Loi renvoïe le jugement au Roi.

IL semble que le formulaire des Ordres, par lesquels on enjoint aux personnes de comparoître devant le Roi, ait fait tomber Filmer, aussi-bien que le reste du commun peuple, dans des erreurs si grossiéres. Le stile ordinaire dont l'on se sert en faisant le procès aux Coupables; le nom de témoins du Roi qu'on donne à ceux qui les accusent; le raport que les Jurez font *Coram domino rege*, & la pourfuite que l'on fait au nom du Roi, ont aparemment donné occasion à ces erreurs. Ceux qui n'entendent pas le véritable sens de ces phrases, font de la Loi un amas des absurditez les plus grosiéres, & du Roi l'ennemi d'un chacun de ses sujèts, au lieu qu'il doit leur servir de Pére à tous; puisque sans aucune considération particuliére, ni aucun éxamen de ce que le témoin dépose dans la Cour de justice, tendant à la mort, à la confiscation des biens de quelqu'un, ou à quelque autre punition, il est apellé témoin du Roi, soit qu'il dise la vérité ou non; & est pour ce sujèt favorisé de la Cour. Il n'est pas besoin de raporter plusieurs éxemples pour prouver une chose qui est si claire d'elle-même; mais je croi qu'il sera bon de me servir ici de deux ou trois des plus importantantes raifons pour confirmer ce que j'avance.

1. Si l'intention de la Loi avoit été que celui ou celle qui porte la Couronne, jugeat toutes les caufes en perfonne, & décidât des matiéres les plus dificiles, il faudroit qu'elle eût fuppofé comme le fait notre Auteur, que tous les Souverains feront toûjours ornez d'une fageffe fi profonde, qu'ils comprendront fans peine les chofes les plus dificiles, il faudroit encore qu'elle eût fuppofé, comme lui, que ces Souverains auront tant d'intégrité, qu'ils agiront toûjours conformément à la pureté de leurs lumiéres. C'eft-là, pofer les fondemens du Gouvernement fur une chofe purement accidentelle & cafuelle, qui n'a jamais été, ou qui manque bien fouvent, comme l'expérience & l'Hiftoire de toutes les Nations n'en fourniffent que trop de preuves convaincantes; ou bien c'eft renvoïer la décifion de toutes les affaires à des perfonnes qui par la foibleffe & les infirmitez de l'âge, du Séxe, ou par quelque autre defaut perfonnel, font fouvent incapables de juger des chofes les moins importantes; ou qui font fujètes à des paffions & à des vices qui ne manquent prefque jamais de les détourner du chemin de la juftice, quoiqu'ils la connoiffent bien.

2. Il faut auffi que la Loi fuppofe que le Prince eft toûjours préfent dans tous les Lieux où l'on rend la juftice en fon nom. Dans les procédures civiles & criminelles, le Roi eft toûjours dit en France *être affis fur*

fon

son Lit de justice, dans tous les Parlemens &
Cours Souveraines du Roïaume : Or si par
cette phrase, on devoit entendre qu'il y est
présent corporellement & en personne, il
faudroit qu'il fût en même tems dans tous
ces diférens Lieux qui sont si éloignez les
uns des autres ; pensée qui seroit aussi absurde que le dogme de la *Transsubstantiation*
parmi les Papistes. Mais bien loin de se
trouver dans toutes ces diférentes Cours de
Justice en même tems, il ne peut seulement pas assister en personne à aucun Jugement ; & on ne peut juger personne si le Roi
est présent. C'est ce que dit le Président de
Belliévre à Louis XIII. qui vouloit assister au
Jugement du Duc de Candale ; Ce Magistrat osa bien lui dire que comme Sa Majesté ne pouvoit juger personne elle-même,
aussi ne pouvoient-ils juger tant qu'elle seroit présente : sur quoi ce Prince se retira.

3. Les Loix de la plûpart des Roïaumes
donnant aux Rois la confiscation des biens
des coupables, s'il leur étoit permis de juger en ces occasions, ils seroient juges &
parties ; ce qui outre les defauts personnels,
dont j'ai déja parlé, ausquels les Rois sont
aussi sujèts que les autres hommes, ne seroit que trop sufisant pour les porter à commettre toutes sortes d'injustices, dans la vûë
d'en retirer quelque avantage pour eux-mêmes.

Or puisque ce n'est pas-là l'intention de la
Loi ni des Législateurs, c'est à nous d'éxaminer quel a été le but qu'ils se sont proposé & la chose est si claire d'elle-même que
nous

nous ne pouvons nous y méprendre, à moins que nous ne foïons d'humeur à vouloir nous aveugler nous-mêmes. Il faut bien fe fervir de quelque nom dans tous les Actes & dans toutes les affaires du public, & il n'y a rien de plus convenable que de fe fervir de celui du premier Magiftrat. C'eft ainfi qu'on traite Alliance non feulement avec les Empereurs & les Rois, mais auffi avec les Doges de Venife & de Génes, avec l'Avoïé & le Sénat de quelque Canton de Suiffe, avec le Bourguemaître d'une Ville Impériale d'Allemagne & enfin avec les Etats Généraux des Provinces-Unies. Je ne croi pas qu'il y ait perfonne au Monde qui s'imagine que ces Alliances fuffent valables, fi elles obligeoient feulement les perfonnes du nom defquelles on s'eft fervi, cela étant il eft évident que ces perfonnes ne traitent pas uniquement pour elles-mêmes ; & que leurs Traitez ne feroient d'aucune valeur s'ils étoient purement perfonnels. Et la preuve la plus convaincante que ces Traitez ne font pas purement perfonnels, c'eft que nous favons que ces Doges, ces Avoyez & ces Bourguemaîtres ne peuvent rien faire d'eux-mêmes. Le Pouvoir des Etats Généraux des Provinces-Unies eft limité de la maniére que nous le voïons dans l'Acte d'Union fait à Utrecht. L'Empire d'Allemagne ne peut être obligé à l'obfervation des Traitez que l'Empereur fait, à moins qu'il ne les ait faits du confentement des différens membres de cèt Empire. Lors qu'un Roi fait Al- *Grotius de Jure bel. l. 3.*

Alliance avec un autre Roi, on ſtipule ordinairement que le Traité ſera confirmé &
ratifié par les Parlemens, par les Diètes ou
Etats Généraux; parce que, dit Grotius,
un Prince ne traite pas pour lui ſeul, mais
pour le Peuple qu'il gouverne; & un Roi
dépoüillé de ſon Roïaume perd le droit
d'envoïer des Ambaſſadeurs. Les Puiſſances de l'Europe firent bien connoître qu'elles étoient de ce ſentiment dans l'affaire de
Portugal. Lors que Philippe Second Roi
d'Eſpagne ſe fut mis en poſſeſſion de ce
prémier Roïaume, elles traitérent avec lui
des affaires qui concernoient cèt Etat: il y
en eût peu qui euſſent aucun égard pour
Don Antonio; & perſonne ne fît attention
aux droits des Ducs de Savoïe & de Bragance, qui étoient peut-être les mieux fondez: mais auſſi-tôt que Philippe Quatriéme
petit Fils de Philippe Second eut perdu ce
Roïaume, & que les Peuples eurent élevé
le Duc de Bragance ſur le Trône , toutes
ces Puiſſances reconnurent ce Prince pour
Roi & traitérent avec lui en cette qualité.
Et la Cour d'Angleterre, quoi qu'en bonne intelligence avec celle de Madrit dont
la faction avoit alors beaucoup de crédit
parmi nous , donna le branle aux autres
Puiſſances de l'Europe, & les porta par ſon
éxemple, à traiter avec ce Prince & non pas
avec le Roi d'Eſpagne, des affaires qui concernoient cèt Etat. J'ai même appris de perſonnes qui étoient fort bien inſtruites de
tout ce qui ſe paſſa alors, que le Lord Cot-
tington Conſeillant au Roi de ne point re-
ce-

cevoir en qualité d'Ambaſſadeurs ceux qui
lui ſeroient envoïez par le Duc de Bragance, qui s'étoit révolté contre le Roi d'Eſpagne ſon Allié, Sa Majeſté lui répondit
qu'on devoit reconnoître pour Roi de Portugal celui que la Nation avoit élevé ſur le
Trône. Et je ſuis bien trompé ſi Sa Majeſté n'a pas trouvé tous les Princes & Etats
du Monde imbus des mêmes ſentimens,
lorsqu'étant hors de ſon Roïaume, tous ſes
Traitez ne pouvoient obliger qu'elle même & un petit nombre de perſonnes qui
l'avoient ſuivi dans ſa mauvaiſe fortune.

C'eſt pour cette même raiſon qu'on ſe ſert
du nom des Rois dans les Traitez qu'on
fait, quoique ces Souverains ſoient encore
enfans, ou incapables par quelque autre
defaut de juger s'il eſt avantageux de faire
ces Traitez ou non; & néanmoins ils ſont
obligez de les obſerver, eux, leurs Succeſſeurs & leur Peuple, comme s'ils avoient
été dans un âge mûr, où capables de Gouverner lors qu'on les a faits. On ne doit donc
pas être ſurpris ſi on ſe ſert du nom du Roi
dans les affaires Domeſtiques, dont il n'a ni
ne doit prendre aucune connoiſſſance. En
ces cas il eſt toûjours Mineur: il faut qu'il
ſouffre que la Loi ait ſon cours: & les Juges
quoique nommez par lui, ſont obligez par
ſerment de n'avoir aucun égard aux Ordres
qu'ils pouroient leur envoïer, ou leur donner de bouche. Si l'on pourſuit un homme
en Juſtice il faut qu'il comparoiſſe; & on doit
juger le coupable *coram rege*, en préſence
du Roi, mais on ne peut le juger que con-
for-

formément aux lois du Roïaume, *secundum legem terræ*, & non pas selon la volonté ou le sentiment du Roi. Et il faut que la Sentence soit mise en éxécution, soit qu'il le veüille ou non, car on supose toûjours qu'il ne peut parler autrement que la Loi ne parle, & que sa présence s'étend aussi loin que cette Loi le requiert. Ce fut pour cela même qu'un Seigneur d'une qualité distinguée, qu'on avoit retenu en prison contre les formes de la Justice en 1681. aïant été, en vertu de l'Acte *Habeas Corpus*, amené à la Barre au Banc du Roi, où il demanda d'être élargi sous Caution; répondit à un juge ignorant qui lui disoit qu'il falloit qu'il s'adressât au Roi, que c'étoit dans ce dessein qu'il comparoissoit devant la Cour; ,, que ,, le Roi pouvoit manger, boire & coucher ,, ou bon lui sembloit, mais que lors qu'il ,, rendoit Justice, il étoit toûjours dans l'As- ,, semblée des Juges. Effectivement le Roi qui rend la Justice est toûjours-là: il ne dort jamais: il n'est sujèt à aucune infirmité; il ne meurt jamais à moins que la Nation ne soit entiérement éteinte, ou si dispersée qu'il n'y aît plus de Gouvernement. Une Nation qui a en elle même la Puissance Soüveraine n'est jamais sans un Roi tel que celui dont je vien de faire le portrait. Ce Roi régnoit à Athènes & à Rome aussi bien que dans Babilone & dans Suse: & on peut dire avec vérité qu'il Gouverne à Venise en Suisse ou en Hollande aussi bien qu'en France, à Maroc ou en Turquie. C'est celui-là à qui nous devons tous une obéissance
pure

pure, fimple & fans condition. C'eft-là le
Souverain *qui ne fait jamais d'injuftice :* c'eft
devant lui que nous comparoiffons, lors
que nous demandons Juftice, ou que l'on
nous oblige à rendre comte de nos actions.
Tous les Jurez font leur rapport en fa préfence : c'eft aux Ordres de ce Roi que les
Juges s'obligent par ferment d'obéïr, lors
qu'on leur fait promettre de n'avoir aucun
égard à ceux de la perfonne qui porte la
Couronne. C'étoit pour Crime de Léze-
Majefté commis contre ce Souverain que
Tréfilian & plufieurs autres juges auffi corrompus que lui ont été pendus, en différens
fiécles. Ils flatérent la paffion des Puiffances vifibles, mais le Roi invifible les punit
du mépris qu'ils avoient eû pour lui. Il
éxerça fa Juftice fur Empfon & Dudley.
C'a été un atentat terrible contre l'autorité
de ce Monarque invifible, lorfque l'on a
foufert que les Scélérats qui avoient prononcé cette maudite Sentence au fujèt de
l'impôt pour la conftruction des Navires,
évitaffent un pareil châtiment par le moïen
des troubles qui fuivirent bien-tôt après, &
dont ces malheureux fûrent les principaux
inftrumens. Je laiffe à ceux qui y font intéreffez, à éxaminer combien il y en a
aujourd'hui parmi nous, qui doivent apréhender la vengeance de ce Roi pour de femblables crimes.

Je n'en dirois pas davantage fur cèt article fi ce n'eft que de ce que le Roi peut
faire grace à un Criminèl, ou fufpendre le
jugement d'une affaire, on prétend en con-

Tome III. R clure

clure que toutes les procédures de la Loi
dépendent de fa volonté. Mais quiconque voudroit tirer de cela une conclufion
générale, devroit, ce me femble, prouver
auparavant que fa propofition eft Univerfelle & vraïe à tous égards. Si elle eft entiérement fauffe, on n'en peut rien conclure qui foit véritable; & fi elle n'eft véritable qu'en de certains cas, c'eft une chofe ridicule d'en tirer une conclufion générale; & il eft impoffible de bâtir un vafte
Edifice fur des fondemens étroits. Le Roi
ne peut arrêter le cours d'un procès que j'in-
tente en mon propre & privé nom, ni caffer la Sentence que j'ai obtenuë ou en empêcher l'éxécution: il ne peut remettre à
mon créancier dix Shillings qu'il me doit,
ni empêcher l'éxécution d'une Sentence qui
condanne à une amende de pareille fomme pour une querelle où il y a eu des coups
donnez, pour quelque autre action criminelle, pour quelque defordre public, ou
chofe femblable. Il ne peut faire grace à
un homme condanné fur un Appel, ni empêcher la perfonne qui fe croit lezée d'en
appeller. Son pouvoir n'eft donc pas Univerfel: S'il n'eft pas Univerfel ce ne peut
pas être un pouvoir qui foit néceffairement
attaché à fa perfonne, mais il lui a été conféré ou confié par une puiffance Supérieure qui l'a limité comme elle l'a jugé à propos.

Ces Limites font prefcrites par la Loi,
la Loi eft donc au deffus de lui. La Loi
doit être la règle de fes actions, & fa volonté

Le Shilling eft une piece d'argent qui vaut douze fous d'An-gleterre.

lonté ne doit pas servir de règle à la Loi. De plus, nous ne pouvons connoître l'étendue de ces limites qu'en connoissant l'intention de la Loi qui les a prescrites; ces Limites sont si visibles qu'on ne peut s'empêcher de les voir à moins qu'on ne veille bien s'aveugler soi-même. Il n'est pas possible de s'imaginer que la Loi qui ne donne pas au Roi le pouvoir de pardonner à un homme qui rompt ma Haïe, aît pû avoir l'intention de lui donner le pouvoir de faire grace à celui qui tuë mon Pére; qui force ma Maison, qui me vole mon bien, qui maltraite mes enfans & mes Domestiques, qui me blesse, & qui me fait courre fortune de la vie. Quel que soit son pouvoir dans ces occasions, il n'est fondé que sur une supposition, que celui qui a juré de rendre justice sans aucun retardement, ne violera pas son serment en arrêtant le cours des procédures. De plus, comme il ne fait rien qu'il ne puisse fort bien faire, *cum Magnatum & Sapientum consilio*; c'est qu'on suppose, qu'ils ne lui conseilleront jamais de faire que ce qui est juste, & que ce qu'il doit effectivement faire, pour arriver au but que la Loi s'est proposé, savoir l'administration de la Justice & le maintien de la sûreté publique; néanmoins depeur que cela ne fût pas encore suffisant pour tenir toutes choses dans l'ordre, ou que le Roi ne vint à oublier son serment, & à aporter des Delais dans l'éxécution de la Justice, les Légiflateurs ont condamné aux Châtimens les plus sévéres, ses Conseillers, s'ils lui conseillent de violer son serment,

R 2 &

& d'agir contre les Ordonnances de la Loi qui en fait le fondement. De forte que tout l'avantage que le Roi peut prétendre en ce cas, n'eſt pas plus conſidérable que celui de ce Normand qui dît qu'il avoit gagné ſa cauſe, parce qu'elle dépendoit d'un article qui devoit être décidé par ſon ſerment ; c'eſt-à-dire, que s'il veut abuſer de l'Autorité qu'on lui a confiée & ſe parjurer, il peut quelquefois garantir un Scélérat des châtimens qu'il a mérité, mais il ne le peut faire ſans ſe rendre lui même criminel. Je dis quelquefois ; car on peut en appeller en de certains cas, & le Batelier qui avoit obtenu ſa grace du Roi en mil ſix cens quatre-vingt, pour un meurtre qu'il avoit commis, fut condamné aux Aſſiſes & éxécuté, par appel de la grace qu'il avoit obtenuë de Sa Majeſté. Bien plus, lors qu'il s'agit de crimes de Haute Trahiſon, que quelques uns croient regarder principalement la perſonne du Roi, il ne peut pas toûjours faire grace au coupable. Gaveſton, les deux Spencers, Tréſilien, Empſon, Dudley & pluſieurs autres ont été éxécutez pour des choſes qu'ils avoient faites par ordre du Roi ; & on ne doute point qu'ils ne ſe fuſſent ſouſtraits au châtiment que leurs Crimes méritoient, s'il eût dépendu du Roi de les ſauver. J'en pourois dire autant des Comtes de Strafford & Danby ; car quoique le Roi eût ſigné l'Ordre pour l'éxécution du prémier, perſonne ne doute qu'il ne lui eût ſauvé la vie, ſi cela avoit été en ſon pouvoir. L'autre eſt toûjours priſonnier, nonobſtant la grace qu'il a obtenuë de Sa Ma-

On acuſe les Normands de n'être pas fort ſcrupuleux en fait de faux ſermens.

Majefté ; & il fe pouroit bien faire qu'il reſtera là où il eſt, ou qu'il en ſortira d'une maniére qui ne lui ſera pas fort agréable, à moins qu'on ne le trouve innocent, ou qu'il n'arrive quelque choſe en ſa faveur qui lui ſoit plus avantageux que l'aprobation que Sa Majefté à bien voulu donner à tout ce qu'il a fait. Si donc le Roi ne peut pas interpoſer ſon autorité pour ſuſpendre le jugement d'une affaire entre d'eux particuliers, ni remettre à mon Débiteur le païement d'une ſomme qu'il me doit, & que l'on a jugé m'être dûë, ni les dépens qu'on m'a ajugez, tout ce qu'il peut dans des affaires de cette Nature c'eſt de tempérer la Loi, & d'adoucir en quelque façon la Sentence ; & encore ne le peut-il faire que de la maniére preſcrite par les Statuts. Mais dans ces cas même où il agit par un pouvoir qu'on a bien voulu lui donner, il doit agir conformément aux fins pour leſquelles on lui a confié ce pouvoir, comme le porte la même Loi, *cum Magnatum & Sapientum conſilio*, & non pas ſelon ſa volonté, ou ſelon ce qui lui eſt plus avantageux à lui même. Si ſon ferment l'oblige à tenir cette conduite : ſi l'on peut punir ſes Miniſtres, lors qu'ils lui conſeillent d'agir autrement : Si dans les affaires dont on a appellé ; il n'a aucun pouvoir ; & ſi l'on a vû des Criminels éxécutez à mort par appel de la grace qu'ils avoient obtenuë de lui, lorſque par une violation manifeſte de ſon ferment, il a abuſé du pouvoir qu'on lui avoit confié, en protégeant les Crimes, & en faiſant grace à des criminels, auſquels on

ne

ne pouvoit pardonner, fans préjudice du public, je puis conclure avec beaucoup de raifon que le Roi devant qui un chacun eft obligé de comparoître, qui adminiftre continuellement & impartialement la Juftice au
Peuple, n'eft point cèt homme ou cette femme qui porte la Couronne; & que cèt homme ou cette femme ne peut décider des affaires dont la Loi renvoïe la décifion au Roi.
Soit donc que ces affaires foient des cas ordinaires ou extraordinaires, on en laiffe & on
en doit effectivement laiffer le jugement à
ceux qui ont le plus de fageffe & de fermeté,
& qui moins fujèts à leurs paffions & moins
attachez à leurs intérêts particuliers, font
plus en état de fuivre le chemin de la Juftice.
C'eft-là le feul moïen de prévenir la confufion & les malheurs dont notre Auteur nous
menace. En Angleterre les Juges & les Jurez
décident des cas ordinaires : à l'égard des
affaires extraordinaires le jugement en apartient au Parlement, qui réprésentant tout
le Corps de la Nation & étant compofé des
plus fages perfonnes de toutes les Provinces
& Villes, eft moins fujèt à l'erreur, plus
éxemt de paffion, & plus difficile à corrompre, parce que le bien public auffi bien
que l'intérêt particulier des Membres de cette Augufte Affemblée dépend de la droiture des Loix qu'elle établit. Ces membres ne
peuvent rien faire de mal, qui ne foit préjudiciable à eux & à leur poftérité. Cèt éxpé-
dient étant le meilleur que l'efprit humain
aît pû découvrir, nos Loix font dépendre de
cèt Augufte corps nos vies, nos biens & nos
libertez.   S E C-

SECTION XLIII.

Les Proclamations publiées par l'Ordre d'un Roi d'Angleterre ne font pas des Loix & n'en ont point la force.

Filmer, fuivant fa métode & fon intégrité ordinaire, éxagére beaucoup l'autorité des Proclamations publiées par ordre du Roi, difant que ce font de véritables explications de fes volontez, qui, felon cèt Auteur, font les feules Loix de la Nation Angloife. Mais ni la Loi, ni la raifon ne nous enfeignant point directement, ni indirectement qu'on doive mettre un femblable pouvoir en des mains fufpectes ou peu fûres, nous pouvons dire hardiment que ces Proclamations ne font point des Loix ; & qu'elle n'en ont point la force. Elles ne font pas même l'éxplication de fes volontez, puifqu'en qualité de Roi, il ne peut vouloir que ce que veut la Loi. S'il ne s'y conforme point, il n'eft point Roi par cela même, & nous ne devons tenir aucun compte de fes Ordres. Les Proclamations ne font tout au plus que des Ordres à tems, donnez de l'avis du Confeil pour l'éxécution de la Loi. Si elles n'ont pas cette condition, le fujèt n'eft point tenu de lui obéïr, & les confeillers peuvent en être recherchez & punis. Ces Loix font ou des coûtumes obfervées de tems immémorial & approuvées par le confentement général de toute la Na-

R 4 tion,

tion, ou des Statuts qui reçoivent leur autorité & leur vertu du Parlement, comme
cela est souvent exprimé dans leur préface.
Après Dieu, ce sont ces Loix qui défendent
nos vies, nos libertez & nos biens ; elles ne
tirent pas leur origine de l'humeur chance-
lante & corompuë d'un homme qui souvent
ne fait lui-même ce qu'il fait, mais elles
n'ont été faites qu'après une mûre délibéra-
tion de personnes choisies entre les plus
éclairées de toute la Nation. Nos Ancêtres, n'ont jamais eu d'autre appui que ces
Loix, il les ont considérées comme la Base
& le Fondement de tout ce qu'ils possédoient
de plus précieux au monde, & il faut espérer que Dieu ne nous abandonnera pas à
nous-mêmes, & que nous ne serons pas dé-
pourvûs de raison & de courage, jusques au
point de nous laisser dépoüiller d'un héritage, qu'ils ont si souvent défendu avec tant
de bravoure & de constance. Quoique nous
ne sachions que trop par expérience que les
Parlemens peuvent avoir leurs defauts, &
que les vices dont on répand la semence
avec adresse dans ces Assemblées, n'ont que
trop d'influence sur les affaires publiques,
cependant ce sont nos plus sûrs Protecteurs,
& nous pouvons avec beaucoup plus de Justice faire fonds sur eux, que sur les personnes, qui répandent dans ces assemblées, les
semences de la corruption, qui seule peut
nous rendre ces Parlemens suspects. Nous
espérons qu'ils auront soin de nos intérêts,
puis qu'ils ne sont pas plus que les autres
sujèts à la fin de chaque séance, & qu'ils ne
peu-

peuvent rien faire qui foit préjudiciable,
qui ne le foit également à eux & à leur Poftérité; outre la honte qu'ils attirent fur leurs
perfonnes en trahiffant leur Patrie, Crime
fi noir qu'il ne leur eft pas poffible de jamais
s'en laver. Si quelques uns de ces Membres trahiffoient le précieux Dépôt qu'on leur
a confié, il y a aparence, qu'il y en aura
toûjours qui conferveront leur intégrité. Ou
s'il arrivoit que les artifices lâches & infames
dont fe fervent ceux qui tâchent de tromper,
corrompre, affujétir, & ruïner les Peuples:
prévaluffent fur l'efprit des plus jeunes &
des plus foibles, on peut efpérer avec raifon que les plus fages découvriront les Piéges qu'on leur tend, & avertiront leurs
Compagnons du chemin qu'il faut prendre
pour les éviter. Mais fi on mettoit toute la
Puiffance entre les mains d'un feul homme;
fi fes Proclamations devoient avoir force de
Loi, la ruïne de la Nation feroit inévitable, fi elle avoit le malheur de tomber en
de méchantes mains. Il ne fert de rien de
dire que nous avons un bon Roi, qui ne fera pas un mauvais ufage de fon pouvoir;
car les meilleures perfonnes du Monde fe
laiffent furprendre quelquefois aux difcours
artificieux des flateurs: & les têtes Couron-
nées font prefque toûjours environnées de
cette efpèce de Vermine. La Principale étude d'un Courtifan, c'eft de découvrir quelles font les paffions dominantes de fon Maître, & en fuite de l'attaquer par fon foible.
Il feroit fort difficile de trouver un homme
dont le cœur foit tellement fortifié, que

R 5   l'en-

l'entrée en foit tout-à-fait inacceffible ; & fi
cela eft, il eft impoffible qu'un Prince puiffe
réfifter à toutes les attaques des fcélérats qui
font autour de fa perfonne. S'il fe laiffe prévenir, lui & tous ceux qui dépendent de lui
font perdus fans reffource. Alors il n'eft pas
fûr de lui contredire quelque raifon que l'on
ait, & perfonne n'ofe l'entreprendre, excepté celui qui a affez de hardieffe pour fe fa-
crifier pour le public. La Nature humaine
eft fragile & a befoin de fecours. On doit fa-
ciliter autant qu'il eft poffible, & récompenfer les actions vertueufes, qui font utiles à
l'Etat ; & c'eft une imprudence très-criminel-
le que de faire fervir de récompenfe aux
plus déteftables actions, les Dignitez & les
honneurs, puifque c'eft-là le véritable moïen
de porter les hommes à fe déclarer ennemis
de la Société ; fur tout s'ils voïent qu'on ne
peut fervir fa Patrie, fans expofer fa perfonne & fa famille à une ruïne certaine.

Quoiqu'il en foit, il ne s'agit pas ici de la
perfonne qui porte la Couronne : on doit
fuivre les mêmes Maximes, lorfque Moïfe,
ou Samuël eft fur le Trône, qu'il faudroit
fuivre fi Caligula s'en étoit emparé. En établiffant les Loix on doit fe propofer de les
rendre perpétuelles, mais les vertus & les
bonnes qualitez d'un homme meurent avec
lui, & finiffent fouvent avant lui. Ceux qui
par leur fageffe & leur intégrité ont mérité le
plus de loüanges, ont fouvent laiffé les Emplois dont ils étoient revêtus, à des enfans
fous & vicienx. Si l'on peut dire, à quelque
égard, que la vertu furvit à la perfonne qui en
étoit

étoit ornée, c'eſt ſeulement lorſque les gens
de bien font des Loix & des conſtitutions qui
en favoriſant la vertu ſe conſervent elles-mêmes. Le ſeul expédient que l'on ait jamais
trouvé pour les rendre durables, c'eſt de tenir les pouvoirs dans un ſi juſte équilibre, que
la corruption où un homme, ou un petit nombre d'hommes pouroit tomber, ne puiſſe pas
devenir contagieuſe aux autres membres de la
Société, ni les ruïner. On doit attribuer à cette
ſage diſpenſation du Pouvoir, la longue durée des Loix de Licurgue. Ils preſcrivirent
des bornes aux paſſions de leurs Rois ; & ſu-
rent bien faire rentrer dans le devoir ceux qui
entreprirent de paſſer ces limites : Au lieu
qu'infailliblement tout l'Edifice ſeroit bien-
tôt tombé en ruïne, ſi le premier qui auroit
eu envie de ſe rendre abſolu, avoit pû venir
à bout de ſon deſſein. C'a été-là la deſtinée de
tous les Gouvernemens qui étoient conſti-
tuez d'une maniére que tout leur bonheur ou
malheur dépendoit des qualitez perſonnelles
de celui qui portoit la Couronne ; or comme la vertu ne continuë jamais long-tems
dans une même famille, lorſque cette vertu
venoit à manquer, tout étoit perdu ſans reſſource. Les Nations qui ſont ſi heureuſes que
d'avoir de bons Rois, doivent donc faire un
bon uſage de ce bonheur, en établiſſant parmi elles, ſous la domination de ces bons
Rois, un bien qui ne finiſſe pas avec eux. Ces
bons Princes ſe joindront volontiers avec le
Peuple pour travailler à cette bonne œuvre,
& feront en ſorte qu'on oblige leurs ſuccſ-
ſeurs à faire la même choſe, afin que par ce
moïen ils puiſſent également procurer le bien

R 6   de

de leurs Familles & celui des Peuples qu'ils
gouvernent. Si on limite l'Autorité de ceux
qui gouvernent, non feulement le Peuple eft
à couvert par ce moïen des malheurs qui font
des fuites inévitables des vices & de la folie
des Princes, mais cela eft même très-avantageux à ces Princes, puis qu'étant moins expofez à la tentation, ils évitent la terrible vengeance qu'éxercent fouvent les Peuples fur
les Princes qui aïant une Autorité abfoluë,
en abufent avec excès. On pouroit juftement
comparer un Monarque abfolu à un Vaiffeau
foible, expofé à une tempête violente, avec
une grande Voile, & fans Gouvernail. Nous
avons dans le livre d'Efter un éxemple qui ne
confirme que trop la jufteffe de cette comparaifon. Un infame fcélérat aïant fait de faux
raports de la Nation des Juifs à un Roi im-
prudent, ce Monarque prévenu, ordonna
par un Edit qu'on exterminât ce Peuple innocent; & peu de tems après étant informé de
la vérité, il permit à ce même Peuple par un
autre Edit de mettre à mort qui bon leur
fembleroit, ce qui coûta la vie à foixante &
dix mille perfonnes que ce Peuple fît fervir de
victimes à fa vengeance. Il ne faut que lire
les livres d'Efdras, de Néhémie & de Daniel
pour voir que la même irréfolution régnoit
dans tous les deffeins de Nabuchodonozor,
de Cirus, de Darius & d'Artaxerxes. Lorfque les gens de bien furent en crédit auprès de
ces Princes, ils favoriférent les Ifraëlites;
leur permirent de retourner en leur Patrie;
leur rendirent les vaiffeaux facrez qu'on avoit
enlévez du Temple de Jérufalem, leur donnérent tout ce dont ils avoient befoin pour
re-

rebâtir cette Ville, & avancérent les principaux d'entre eux aux premiers Emplois de la
Cour. Mais auffi-tôt que ces Princes fe laifférent gouverner par des fcélérats, il falut
jetter trois perfonnes dans une fournaife ar-
dente, quoiqu'elles n'euffent point d'autre
crime que d'avoir refufé d'adorer une Idole;
il falut que Daniel fût jetté dans la foffe des
Lions; & ces miférables flateurs perfuadé-
rent à leurs Maîtres que Jérufalem étoit une
Ville rébelle, & que ceux qui tâchoient de la
rebâtir étoient ennemis des Rois. Telle étoit
la fituation des affaires, lorfque les proclamations des Rois avoient force de Loi, &
que ces Princes avoient à leur fuite un grand
nombre de flateurs efclaves qui étoient toûjours prêts à éxécuter leurs Ordres, fans éxaminer s'ils étoient juftes ou injuftes, bons ou
mauvais. La vie & la mort des plus honnêtes
gens, & même le falut des Nations entiéres
dependoient alors du pur hafard, & les uns
& les autres étoient confervez ou détruits fuivant l'humeur du dernier qui parloit au Roi,
ou qui avoit du crédit auprès de lui. Si une
fantaifie furieufe s'empare de l'efprit d'une
P...yvre, il faut fans retardement que Per-
fépolis foit réduite en Cendres; & la main
d'Aléxandre eft toûjours prête à faire la volonté de cette infame Courtifane. Si une
Danceufe plaît à Hérode, il faut que la plus
vénérable de toutes les têtes humaines lui foit
aportee dans un plat pour être oferte en facri-
fice à fa Mére, qui indignée de ce que Jean-
Batifte avoit ofé condamner fes débauches
infâmes, voulut affouvir fa rage parce cruël

R 7   fpec-

ſpectacle. La Nature humaine eſt ſi fragile
que toutes les fois que les commandemens
d'une ſeule perſonne ont eu force de Loi,
les maux & les extravagances que cela a pro-
duits ont été en ſi grand nombre & ſi mani-
feſtes, que toutes les Nations qui n'ont pas
été tout-à-fait ſtupides, ſerviles & brutales,
ont toûjours eu ce Pouvoir abſolu en horreur,
& ſe ſont apliquées principalement à trouver
des remédes éficaces pour prévénir ces malheurs, en diviſant & mettant dans un ſi juſte
équilibre les diférens Emplois du Gouvernement, qu'un homme ou un petit nombre
d'hommes, ne puſſent pas ſe trouver en état
d'òprimer & détruire ceux qu'ils doivent
conſerver & défendre. Cette ſage précaution
n'a pas été moins agréable aux bons Princes,
que néceſſaire aux plus foibles & aux plus vicieux comme je l'ai déja prouvé par l'éxemple de Théopompus, de Moïſe & de pluſieurs autres. C'eſt-là véritablement ce qui a
donné occaſion à l'établiſſement de tous ces
Gouvernemens mixtes; ils doivent à ces con-
ſidérations leur accroiſſement & leur conti-
nuation; & j'oſe bien dire qu'il n'y en a jamais eu de bon dans le monde, à moins qu'il
n'ait été Mixte. S'il étoit beſoin d'alléguer
d'autres preuves de la bonté de ces Gouvernemens, il ſufiroit de voir combien ils ſont
odieux à Filmer pour nous perſuader qu'ils
ſont excellens. Il a une haine ſi mortelle
pour tout le Genre Humain, que rien ne
lui déplaît, excepté tout ce qui tend au bien
de la Société, & ſon jugement eſt ſi dépravé
qu'il ſufit qu'il ait une choſe en horreur,
pour-

pourque nous foïons obligez de croire qu'elle eft très bonne. On croiroit à l'entendre parler, qu'il a pris le modéle du Gouvernement qu'il nous propofe, fur la Tirannie monftreufe de Ceylan qui eft une Ile dans les Indes Orientales, dont le Roi ne connoît point d'autre Loi que fon bon plaifir ; Il tuë, met en piéces, fait empaler ou déchirer par les Eléphans qui bon lui femble : dans ce Roïaume perfonne ne poffède rien qu'il puiffe dire être à foi : rarement ceux qui ont été fes Domeftiques ou emploïez dans les afaires publiques échappent à fa fureur ; & c'eft une grace toute particuliére, lorfqu'il en fait mourir & jetter aux chiens quelques-uns, fans leur avoir fait foufrir auparavant les tourmens les plus cruels. Ses fujèts ne l'aprochent & ne lui parlent qu'à genoux en léchant la pouffiére, & n'ofent prendre d'autre nom que celui de Chiens ou de membres de Chiens. C'eft-là le véritable portrait du Monarque Patriarchal dont Filmer fait fon Idole. J'efpére que la Majefté de ce Monarque eft affez haut élevée, car il fait tout ce qu'il lui plaît. Il éxerce fon Autorité avec autant de bonté & de modération, qu'on le peut raifonnablement attendre d'un homme qui poffède tout ce qu'il a en vertu du droit incontcftable que confére l'Ufurpation ; & qui fait que les Peuples ne le foufriront lui & les Miniftres de fes cruautez, qu'auffi long-tems qu'on les tiendra dans une ignorance fi groffiére, dans une foibleffe & une baffeffe fi grande, qu'ils ne puiffent découvrir de remédes à leur maux, ni ofer feulement entreprendre de lui réfifter.

Nous

Nous aurions lieu de nous éſtimer heureux, ſi on pouvoit établir un ſemblable Gouvernement parmi nous; & nous avons beaucoup d'obligation à notre Auteur de la bonté qu'il a euë de nous propoſer un ſi bon expédient pour terminer tous nos diférens. Que les Proclamations aïent force de Loi, & l'afaire ſera faite. On les poura concerter & dreſſer avec tant d'art & de ſubtilité, que les anciennes Loix, pour leſquelles nous & nos Péres avons eu tant de vénération, ſeront abolies, ou deviendront autant de piéges qui cauſeront infailliblement la perte de tous ceux qui oſeront ſe ſouvenir qu'ils ſont Anglois, & qui ſe trouveront coupables du crime irrémiſſible d'aîmer leur Patrie; ou qui auront le courage, la conduite & la réputation dont on a beſoin pour la défendre. C'eſt là en abrégé toute la Philoſophie de Filmer; c'eſt-là le Legs qu'il nous a laiſſé après lui, comme un témoignage autentique de l'amour qu'il portoit à la Nation. Cèt admirable Ouvrage qu'on avoit laiſſé pendant un aſſez long-tems dans l'obſcurité, a été depuis peu remis au jour, pour préparer les eſprits à recevoir ſans murmurer un ſucceſſeur Papiſte, qui doit être établi, comme nous le devons croire, pour la ſûreté de la Religion Proteſtante & pour le maintien de nos Libertez. Cette Religion & ces Libertez ne manqueront pas de s'afermir ſous la domination d'un Prince à qui l'on fait croire que le Roïaume eſt ſon Patrimoine, que ſa volonté doit tenir lieu de Loi, & qu'il a un Pouvoir à qui perſonne n'eſt en droit de réſiſter. Si quelqu'un doute

qu'il

qu'il n'en faſſe un bon uſage, on n'a qu'à éxaminer les Hiſtoires pour ſavoir ce que les autres Princes qui ſe ſont trouvez dans les mêmes circonſtances ont fait dans tous les lieux
où ils ont eu la puiſſance en main. Les Principes de cette Religion inſpirent tant de douceur & de charité:les Papes ont toûjours traité
avec tant de douceur ceux qui n'ont pas voulu ſe ſoumettre à leur autorité : les Jéſuites
qu'on peut regarder comme l'âme qui anime
tout le corps de ce Puiſſant Parti , ſont d'un ſi
bon naturel, ſi fidelles, d'une morale ſi pûre
& ſi rigide; ils ſont ſi réguliers dans leurs
mœurs; ſi équitables & ſi ſincéres, qu'on auroit tort d'apréhender aucune violence de la
part des Princes qui ſe laiſſent gouverner par
ces bonnes âmes. Le ſoin paternel que les
cinq derniers Rois de la Maiſon de Valois *François I.*
prirent des Proteſtans de France ; la compaſ- *Henri II.*
ſion que Philippe II. Roi d'Eſpagne témoigna *François II.*
pour ſes pauvres ſujèts Païens de l'Amérique *Charles IX.*
Henri III.
& pour les Proteſtans des Païs-bas qui lui
étoient encore plus odieux ; la modération
que les Ducs de Savoïe ont fait paroître à l'é-
gard des Vaudois du Marquiſat de Saluces &
des Vallées de Piémont. La bonté & la bonne foi de Marie Reine d'Angleterre & de Marie Reine d'Ecoſſe : l'aſection que les Papiſ-
tes témoignérent aux Proteſtans d'Irlande
en mil ſix cens quarante & un ; le bon traitement qu'ils leur auroient apparamment fait &
qu'ils ont encore deſſein de leur faire, s'ils
peuvent venir à bout du Complot qu'ils ont
tramé ; en un mot la douceur & la debonnai-
reté Apoſtolique des Inquiſiteurs ſuffiſent pour

NOUS

nous convaincre que nous n'avons rien à craindre des personnes imbuës des Principes de cette Religion. Nous pourons soufrir, sans rien risquer que les Commandemens d'un Prince élevé dans une si bonne Ecole, tiennent lieu de Loi; & on doit faire croire au Peuple que cela doit être ainsi, afin qu'il ne s'avise pas de lui résister lorsqu'il sera sur le Trône. Quand même nous rejetterions ce *Bild'exclusion*, & que non-contens d'admettre ce Prince à la succession, nous lui remettrions encore entre les mains toute l'Autorité de la Nation, le Roi son Frére n'auroit rien à craindre & cela ne lui feroit aucun tort. Cèt Héritier présomptif est d'humeur à attendre avec patience que la Nature ait son cours, & ne voudroit pas retrancher un seul jour de la vie de son Frére pour se mettre en possession du Trône. Quand même les Papistes seroient persuadez que s'il étoit une fois Roi, il ne manqueroit pas, comme un véritable fils de l'Eglise de faire céder toute autre considération à l'avancement de leur Religion, & qu'un coup de Poignard ou quelque prise de poison, sufiroit pour le rendre Maître absolu de tout le Roïaume, il ne s'en trouveroit cependant pas un parmi eux qui voulût avoir recours à un expédient si facile. Tous les Assasins qu'on a vûs jusques ici étoient Mahometans, ils ne sont point sortis de l'Ecole des bons Péres Jésuïtes, & ces honnêtes gens n'ont jamais emploïé ces détestables scélérats. Ces choses étant très-certaines, nous ne manquerions pas d'être en sûreté, si au lieu de nos ridicules Statuts & de nos coututumes furannées, dont nous & nos Ancêtres avons été charmez fort mal à propos, nous étions affez heureux pour n'avoir point d'autre Loi que le bon plaifir du Prince, puifqu'une de fes Proclamations fufiroit pour nous faire connoître clairement qu'elle eft fa volonté; ce qui nous épargneroit bien de la peine & de l'embarras. Par ce moïen nous nous verrions délivrez de cette *Liberté pernicieufe*, dont il femble que notre Nation abufée faffe toutes fes délices. Cette éxpreffion eft fi nouvelle & fi particuliére à notre Auteur qu'elle mérite d'être mife en gros caracteres fur fon tombeau. Nous avions bien entendu parler d'une *Tirannie pernicieufe*, *d'un efclavage miférable*; & ce font les Jugemens les plus févéres dont Dieu a menacé les Nations méchantes & pervérfes, parce qu'effectivement cette Tirannie & cèt efclavage font de tous les maux ce qu'il y a de plus abominable & de plus terrible dans le monde. Mais Filmer nous apprend que la liberté que toutes les perfonnes bonnes & fages qui ont jamais vêçû, ont toûjours regardée comme le plus glorieux privilége du Genre-Humain, eft *un grand mal*. S'il mérite qu'on l'en croïe fur fa parole, il faut que Moïfe, Jofüé, Gédéon Samfon, Samuël & plufieurs autres qui leur ont reffemblé, aïent été ennemis déclarez de leur Patrie, puifqu'ils ont privé le Peuple d'Ifraël des avantages dont ils jouïffoient fous le Gouvernement Paternel de Pharaon, d'Adonibezek, d'Eglon, de Jabin & de plufieurs autres Rois des Nations voifines, en le rétabliffant dans la jouïffance de cette *Liber-*

té

té pernicieuse que Dieu leur avoit promiſe.
Les Iſraëlites étoient heureux ſous la Domination des Tirans, dont les Proclamations
avoient force de Loi; & ils auroient dû rendre graces à Dieu de les avoir mis dans cèt
heureux état, & nón pas des glorieuſes dé-
livrances qu'il leur avoit accordées par le
miniſtére de ſes ſerviteurs. C'eſt un très-
grand bonheur que de dépendre abſolument
de la volonté d'un homme, mais c'eſt un
grand malheur que d'*être en liberté*. Ce diſ-
cours eſt ſi abominable, ſi criminel & ſi déteſtable qu'il ne mérite pas qu'on s'arrête à
y répondre.

SECTION XLIV.

Une Nation qui n'eſt pas libre ne peut don-
ner aucun pouvoir à ſes Députez.

Quelque grand que puiſſe être le pouvoir d'une perſonne ou d'un Peuple,
cette perſonne & ce Peuple ne ſont
pas néanmoins obligez d'en donner à leurs
Députez, plus qu'ils ne le jugent à propos,
ou plus qu'il n'eſt néceſſaire pour mettre ces
Députez en état de venir à bout des affaires
dont ils ſont chargez; mais le Député ne
peut avoir d'autre pouvoir que celui qui lui
eſt conféré par ſes Principaux. Il s'enſuit
donc que ſi les Chevaliers, Citoïens & Bourgeois que le Peuple d'Angleterre envoïe au
Parlement, ont quelque pouvoir, il faut
que

que ce pouvoir réfide plus parfaitement &
plus pleinement en la perfonne de ceux qui
les ont envoïé. Mais, comme nous l'avons
prouvé dans la derniére Section, les Proclamations & autres déclarations du bon plaifir
du Roi n'ont point force de Loi parmi nous.
La Loi doit leur fervir de règle, & elles ne
doivent pas faire la règle de la Loi. On ne
doit leur obéïr qu'entant qu'elles font conformes à la Loi dont elles empruntent toute
leur force, & à qui elle n'en donnent point.
Nous ne reconnoiffons point d'autres Loix
que nos propres Statuts & ces coûtumes obfervées de tems immémorial, & approuvées
par le confentement genéral de la Nation,
qu'il nous éft permis de changer & que nous
changeons fouvent. Ce ne font donc point
les Lettres Circulaires par lefquelles le Roi
convoque le Parlement, qui confére à cette
Affemblée le pouvoir Légiflatif qu'elle éxerce, mais il faut néceffairement que ce pouvoir réfide effentiellement & originairemens
en la perfonne du Peuple, & c'eft de ce
Peuple que les Députez ou Répréfentant
tiennent toute l'Autorité qu'ils ont. *Mais*, dit
Filmer, *il faut feulement que le Peuple choififfe les Députez, & qu'après cela il leur donnent pouvoir de faire tout ce que bon leur femble, & c'eft encore là autant de liberté que plufieurs d'entre nous en méritent, pour les irregu-
lariiez qui fe commettent dans l'élection des
Bourgeois.* Voila une conclufion fort Spirituelle: je prens à mon fervice qui bon me
femble, & lorfque j'ai pris un ferviteur, il
faut que je foufre qu'il faffe tout ce qui lui
plaît

plaît. Mais par quelle raiſon ſerois-je néceſſairement obligé à cela? Pourquoi ne pou-
rois-je pas prendre un de mes ſerviteurs pour
être mon Palefrenier, un autre pour mon
Cuiſinier, & les garder l'un & l'autre pour
les Emplois auſquels je les ai deſtinez en les
prenant à mon ſervice? Où eſt la Loi qui
reſtraint mon droit à cèt égard. Or ſi entant que particulier, il m'eſt permis de règler mes affaires particuliéres comme je le
juge à propos, & de donner à mes Domeſtiques l'Emploi qui leur convient & auquel
ils ſont le plus propre, pourquoi moi & mes
Aſſociez, j'entens les Perſonnes Libres
d'Angleterre, n'aurions nous pas la même
liberté, lors qu'il s'agit de dreſſer & limiter
le pouvoir que nous donnons aux Serviteurs
que nous voulons bien emploïer dans nos
affaires publiques. Notre Auteur nous en donne une raiſon proportionnée à la ſolidité de
ſon jugement: *Cette liberté*, dit-il, *nous ſeroit pernicieuſe, & celle que nous avons de choiſir les Membres du Parlement, eſt autant que
pluſieurs d'entre nous méritent.* J'ai déja prouvé qu'auſſi loin que remonte notre Hiſtoire,
nous n'avons point eu de Princes ni de Magiſtrats que nous n'aïons nous-mêmes établis, & qu'ils n'ont point eu d'autre Puiſſance que celle que nous leur avons conférée.
Ceux-là ne peuvent point être Juges de notre mérite, qui n'ont de pouvoir qu'autant
que nous avons bien voulu leur en donner,
croïant qu'ils le méritoient, ou qu'ils pouroient le mériter dans la ſuite. Ils peuvent
partager en détail ce qu'on leur a confié en
gros.

gros. Mais il n'est pas possible que le public
dépende absolument de ceux qui originairement ne sont pas plus que le reste du Peuple, & qui par leurs emplois ne sont que ce
que ce Peuple a bien voulu les faire pour
son propre avantage. Il faut donc que ce
soit le Peuple lui même qui ait restreint sa
liberté, ou bien elle ne peut en aucune façon être restreinte.

Cependant je croi que les pouvoirs de chaque Comté, Ville & Bourg d'Angleterre
sont règlez & déterminez par la Loi Générale, qui a été établie du consentement unanime de tous, & par laquelle ils ont tous
été faits membres d'un même Corps Politique. Cela les oblige d'agir avec leurs Députez d'une manière différente de celle dont
les Habitans des Provinces-Unies & les Suis-
ses agissent avec les leurs. Chez ces Peuples,
chaque Province, Cité, ou Canton faisant
un Corps à part indépendent de l'autre, &
éxerçant l'Autorité Souveraine dans les Terres de sa dépendance, regarde les autres
comme Alliez, à qui ils ne sont unis & en-
gagez que par de certains Actes qu'eux-mêmes ont faits; & lors qu'il arrive quelque
nouvel incident qu'on n'avoit pas prévû en
faisant ces Actes, ils ordonnent à leur Députez de leur en rendre comte, se réservant
à eux-mêmes le pouvoir de régler ces sortes
d'affaires. Ce n'est pas la même chose parmi
nous: Chaque Comté ne fait pas un Corps
séparé, & n'a pas en soi le pouvoir Souverain, mais est membre de ce grand Corps
qui comprend toute la Nation. Ce n'est donc
pas

pas pour Kent , pour Suffex , Lewis oü
Maidftone, mais pour le fervice de toute la
Nation , qu'on envoïe au Parlement les
Membres choifis dans ces Lieux-là; & quoiqu'il foit bon, autant que cela fe peut, que
comme amis & voifins ils foient inftruits
du fentiment de ceux qui les ont élûs & qu'ils
le fuivent, afin que ce qu'ils diront ait plus
de poids & foit mieux écouté, lors qu'on
verra que chacun de fes Membres ne propofe pas feulement fon fentiment particu-
tier, mais celui d'un grand nombre de perfonnes; cependant on ne peut pas dire proprement qu'ils foient abfolument obligez de
rendre compte de leurs actions à qui que ce
foit , à moins que tout le Corps de la Nation pour le fervice de laquelle ils ont été
élûs & qui eft également intéreffée dans
leurs réfolutions, ne s'affemblât en quelque
lieu. Cela étant impoffible, le feul châtiment auquel ils font éxpofez lors qu'ils trahiffent la caufe commune pour des intérêts
particuliers , c'eft qu'ils deviennent l'objèt
de la haïne & du mépris du public, & que
dans l'Affemblée du Parlement fuivant, ils
font honteufement exclus de l'honneur d'en
être les membres & ont le chagrin d'en voir
élire d'autres à leur place. Cela paroîtra
peut-être une punition fort légére à ceux qui
ne s'abftiennent de faire du mal qu'à caufe
de la grandeur des peines qu'on inflige aux
coupables; mais cela paroîtra terrible à des
gens d'efprit & d'honneur, tels qu'on fupofe
que font ceux qu'on juge dignes d'un Emploi fi important. Mais pourquoi *la liberté*
                                      feroit-

feroit-elle pernicieufe fi la chofe étoit autrement ou comment fe pouroit-il faire que la
Liberté des Sociétez particuliéres fût plus
grande, fi elles pouvoient faire ce qui leur
plaît, que lorfqu'elles envoïent des Députez
pour agir en leur nom ? c'eft à des gens auffi
fages que Filmer à nous réfoudre cette dificulté; il n'y a qu'eux qui en foient capables.
Car comme il n'y a point d'homme, ni aucun nombre d'hommes qui puiffe donner un
Pouvoir qu'ils n'auroient pas eux-mêmes,
auffi les Achéens les Etoliens, les Latins,
les Samnites & les Tofcans qui régloient,
par le moïen de leurs Députez toutes les affaires qui concernoient leur union; & les
Athéniens, les Cartaginois & les Romains
qui s'étoient réfervé la Souveraineté entre
leurs mains, étoient également libres. Et
aujourd'hui Les Provinces-Unies, les Suif-
fes & les Grifons qui font des Gouvernemens
de cette premiére efpèce, font auffi libres
que les Vénitiens, les Génois & les habitans
de Lucques qui fe gouvernent à peu près
comme on fe gouvernoit autre fois à Athènes
à Rome & à Cartage. Pour peu de fens commun que l'on ait, on voit clairement que la
liberté de ceux qui agiffent en perfonne, &
la liberté de ceux qui agiffent par leurs Députez eft éxactement la même, & qu'on ne peut
faire aucun changement dans la maniére
d'éxercer l'Autorité fouveraine que de leur
con entement.

Mais il ne s'agit pas ici de favoir qu'elles
font les Loix ou les coutumes d'Angleterre
à cèt égard. Un éxemple particulier ne fufit

pas pour prouver la propofition générale.
S'il y a par tout un Pouvoir général qui défen-
de aux Peuples de donner des Inftructions à
leurs Députez, on ne le peut faire en aucun
lieu du monde. Au contraire, s'il n'y a rien
de tel dans la nature, toutes les Nations de
la Terre le peuvent faire, à moins qu'elles
ne fe foient elles-mêmes dépouillées de leur
droit, puifqu'originairement l'une n'a pas plus
de Privilége que l'autre. Il ne ferviroit de rien
de dire que les Peuples dont nous avons parlé ci-deffus n'avoient point de Roi & qu'ainfi
ils pouvoient agir de la maniére dont ils ont
agi. Car fi la propofition Générale eft véritable, ils ont été obligez d'avoir des Rois; &
fi elles ne l'eft pas, aucun Peuple n'eft obligé
d'en avoir, à moins qu'il ne le juge à propos,
& les Rois que ces Peuples élevent fur le
Trône font leurs Créatures. Mais il eft certain que plufieurs d'entre ces Nations étoient
gouvernées par des Rois ou par d'autres Ma-
giftrâts qui avoient même puiffance que ces
Rois. Les Provinces-Unies des Païs-bas
étoient autrefois gouvernées par des Ducs,
des Comtes ou des Marquis; Génes & Venife ont des Doges. Si quelques Etats n'ont
pas donné à leur Souverain Magiftrat le Titre de Roi à caufe du peu d'étenduë de leur
Territoire, cela ne change point l'état de la
queftion; car nous ne difputons pas du nom
mais du droit. Si celui qui eft le premier Magiftrat de chaque Nation doit être confidéré
comme le Pére de ce Peuple, s'il a un Pouvoir fans bornes & fi aucune Loi ne peut lui
en prefcrire, il n'importe pas quel nom il
por-

porte. Mais fi dans les Etats peu confidérables par l'étenduë de leurs Territoires on peut limiter l'autorité de ce Magiftrat par le moïen des Loix, on le peut auffi faire dans les plus grands Gouvernemens du Monde. Le plus petit de tous les hommes eft homme auffi bien que le plus grand de tous les Géans ; & ces Rois de l'Amérique qui n'ont pas plus de vint ou trente fujèts capables de porter les armes font auffi bien Rois que Xerxes. Chaque Nation peut fe divifer en petites parties comme plufieurs ont fait, par la même Loi en vertu de laquelle ils ont limité l'autorité de leurs Rois ou aboli le Gouvernement Monarchique, fe font unies les unes aux autres, ou ont mieux aimé fubfifter par elles-mêmes & féparément ; ont agi par leurs Députez ou fe font réfervé la puiffance Souveraine ; ont donné à ces Députez des pouvoirs limitez ou illimitez ; & enfin fe font réfervé le pouvoir de punir ceux qui s'écarteroient de leur devoir ou en ont renvoïé le jugement à leurs Affemblées Générales. Et elles jouïffent toutes également de cette Liberté que nous défendons & que nous regardons comme un préfent de Dieu & de la Nature.

Si des Gens qui aiment à chicaner s'avifoient de nous dire que les petits Gouvernemens ne doivent pas être pris pour modéles des grands Roïaumes, je leur demanderois en quel tems Dieu a ordonné que les grands Peuples feroient efclaves & privez du droit de régler comme bon leur femble les affaires de leur Gouvernement, pendant qu'il a laiffé aux Peuples qui s'étoient divifez en plu-

fieurs

fieurs petites Sociétez, ou qui s'y diviſeroient dans la ſuite, le droit de faire & d'établir telles Loix qu'ils jugeroient à propos. Lorſqu'on nous aura ſatisfait là-deſſus, il faudra qu'on ait la bonté de nous dire de quelle étenduë il faut qu'un Païs ſoit, pour qn'on puiſſe l'appeller avec juſtice un grand Roïaume. L'Eſpagne & la France paſſent pour de grands Roïaumes, & cependant les Députez ou *Procuradores* des diférentes parties de Caſtille, dans leur Aſſemblée, ou Cortez, qui ſe tint à Madrit au commencement du régne de Charles V. s'excuſérent, de donner à ce Prince les Subſides qu'il leur demandoit, diſans que les Villes dont ils étoient Députez ne leur avoient donné aucun ordre ſur cèt article; & enſuite aïant reçû ordre exprès de n'en rien faire, ils les reſuſérent à ſa Majeſté, ſans aucun détour. La même choſe eſt ſouvent arrivée ſous le régne de ce Grand Prince & ſous celui de ſon Fils Philippe II. Et ces *Procuradores* n'accordoient jamais aucune choſe importante à ces Princes, à moins qu'ils n'en euſſent ordre exprès de leurs Principaux. Tant qu'il y a eu des Aſſemblées Générales des Etats en France, on y a ſuivi la même méthode; & ſi on ne l'y ſuit plus, c'eſt parceque ces Aſſemblées y ſont tout-à-fait abolies. Car de tous ceux qui ont quelque connoiſſance des afaires de cette Monarchie, il n'y en a pas un qui puiſſe nier que les Députez qu'on envoïoit aux Etats étoient obligez de ſuivre les inſtructions & les Ordres de ceux qui les envoïoient. Et peut-être que ſi l'on éxaminoit bien de quels moïens on s'eſt

ſervi

fervi pour abolir ces Affemblées, on trouveroit que les Cardinaux de Richelieu & Ma-
zarin & quelques autres Miniftres qui font venus à bout de ce bel Ouvrage, ont été portez
à cela par un autre Principe que par celui de
la juftice, & qu'ils fe propofoient toute autre chofe que l'établiffement des Loix Divines & Naturelles. Dans l'Affemblée Générale des Etats qui fe tint à Blois fous le régne
de Henri trois, Bodin qui étoit alors Député *Hiftoire de*
du Tiers Etat pour la Province de Verman- *M. de Thou.*
dois, fit tant de Propofitions par ordre de fes
Principaux, que cela emporta une bonne
partie de leur tems. D'autres Députez aïant
dit & fait plufieurs chofes très-defagréables au
Roi, & tout-à fait contraires à fa volonté,
dirent pour toute raifon que leurs Supérieurs
leur avoient ordonné d'agir de cette maniére.
Depuis que ces Affemblées Générales ont
été abolies, on fuit encore la même méthode dans les Etats de Bretagne & de Langue-
doc. Si les Députez de ces Petites Affemblées s'écartent des Ordres qu'ils ont reçûs
de leurs Principaux, outre qu'ils atirent fur
eux la haine & le mépris que méritent ceux
qui trahiffent la Caufe Commune, ils s'éxpo-
fent encore à la rigueur des châtimens les plus
fevéres; & néanmoins on ne voit pas que
cette Liberté pernicieufe régne beaucoup plus
en France qu'en Angleterre. La même chofe fe pratique tous les jours dans les Diétes
d'Allemagne. Les Princes & Grands Seigneurs qui ont droit de féance dans ces Affemblées & qui y afiftent en perfonne peuvent faire ce qui leur plaît; mais les Dépu-

S 3

tez

tez des Villes font obligez de fuivre les Ordres qu'ils reçoivent. Les Hiftoires de Danemarc, de Suéde de Pologne & de Bohème
témoignent la même chofe ; & fi on ne jouït
pas entiérement de *cette Liberté pernicieufe*
dans tous ces Païs-là, c'eft qu'on a trouvé le
fecrèt de la diminuër par des moïens qui font
plus conformes aux actions d'un Corfaire
qu'aux Loix de Dieu & de la Nature. Si donc
nous ne jouïffons plus de cette Liberté en
Angleterre, il faut qu'on nous l'ait ravie par
des moïens auffi illégitimes que ceux-là, ou
que nous nous en foïons dépouïllez volontairement. Mais graces à Dieu ; il n'y a point
de Peuple au Monde dont la Liberté foit
fondée fur un meilleur droit ni qui l'ait mieux
défenduë que notre Nation. Et fi nous ne dé-
générons point de la vertu de nos Ancêtres,
nous pouvons efpérer de la tranfmettre toute
entiére à notre Poftérité. Il dépend toûjours
de nous de donner des inftructions à nos Députez, & nous leur en donnons fouvent ;
mais tant moins la Nation leur lie les mains,
tant plus manifeftement fait-elle voir quelle
eft fa puïffance ; car il faut que ceux qui
n'ont qu'un Pouvoir limité, limitent celui
qu'ils donnent à leurs Agens ; mais il faut
que celui là ait une Autorité illimitée qui
peut la conférer à ceux qui agiffent en fon
nom. Le Grand Tréforier Burleigh avoit
coutume de dire qu'il n'y avoit rien que le
Parlement ne pût faire, excepté de faire
changer de Séxe à un homme. Lorfque Rich
Avocat du Roi Henri huit demanda au Chevalier Thomas Moor, s'il n'étoit pas au
Pou-

Pouvoir du Parlement de donner la Couronne à R. Rich. Ce Chancelier lui répondit, que c'étoit là *casus levis*, supofant que tout le monde devoit demeurer d'accord qu'il étoit au Pouvoir de cette Augufte Affemblée de faire Roi qui bon lui fembloit & de dépofer ceux qu'elle jugeoit à propos. La prémiére partie de cette réponce qui renferme cette fupofition, eft confirmée par le Statut de l'an 13. de la Reine Elizabet, qui ordonne les châtimens les plus févéres contre ceux qui oferoient révoquer en doute ce Pouvoir des Parlemens. Or fi le Parlement a ce Pouvoir, il faut que ceux qui donnent aux membres de cette Affemblée le Pouvoir en vertu duquel ils agiffent, l'aïent auffi; car avant leur élection ces perfonnes n'avoient pas ce Pouvoir, & elles n'en peuvent jamais avoir aucun, fi ceux qui les envoïent n'en ont pas eux mêmes. Ces Députez ne peuvent recevoir cette Autorité du Magiftrat, car celle que ce Magiftrat éxerce, procède de la même fource. Il n'a pas de lui-même le Pouvoir de fe faire Magiftrat & de fe dépofer; car celui qui n'éxifte pas, ne peut rien faire, & lorfqu'on lui a donné l'être, il ne peut avoir d'autre Autorité que celle qui lui a été conférée par ceux qui l'ont fait ce qu'il eft. Celui qui s'écarte de fon devoir fouhaite d'éviter le châtiment. Ce n'eft donc pas originairement en la perfonne du Magiftrat que réfide le Pouvoir de punir. De la maniére que la Chambre des Pairs eft aujourd'hui compofée, ce ne peut pas être d'eux qu'on tient ce Pouvoir, car ils agiffent pour eux féparément,

S 4 & font

& font choifis par les Rois : & on ne pouroit
fans folie s'imaginer que les Rois qui déteftent en général tout ce qui tend à limiter leur
Autorité, aient voulu donner ce Pouvoir à
d'autres qui pouroient s'en fervir pour les dépofer. Si quelques Princes s'affûrant fur leur
vertu & fur la ferme réfolution où ils étoient
de faire du bien à tout le monde, avoient
donné à quelqu'un le même Pouvoir que
Trajan donna au Prefect du Prétoire, lorfqu'il lui commanda de le défendre avec l'é-
pée qu'il mettoit entre fes mains, s'il gouvernoit bien, & de s'en fervir contre lui s'il
gouvernoit mal, leurs fuccefleurs auroient
bien-tôt révoqué le don d'un pareil Pouvoir.
Si Edoüard prémier Roi d'Angleterre avoit
fait une femblable Loi, fon Fils adonné à
toutes fortes de débauches l'auroit abolie
plû-tôt que de foufrir qu'on fe fervît de cette
Loi pour l'emprifonner & le dépofer. Il
n'auroit jamais reconnu qu'il étoit indigne
de régner, s'il n'avoit point reconnu d'autre
Loi que fa volonté, car il ne pouvoit pas violer celle-là ; ce Prince n'auroit jamais dit que
le Parlement lui avoit fait grace en lui donnant la vie, fi cette Affemblée n'avoit agi
qu'en vertu du Pouvoir que lui-même lui
avoit donné. Il faut donc que ce Pouvoir
réfide originairement en la perfonne de ceux
qui agiffent par des Députez, & il n y a que
ceux en qui il réfide originairement qui puiffent le donner à leurs Députez. La preuve
la plus autentique qu'on puiffe apporter du
Pouvoir illimité de la Nation, c'eft qu'elle
fe repofe fur la fageffe & la fidélité de fes Députez

putez, & qu'elle ne limite en aucune façon
l'autorité qu'elle leur donne ; ils peuvent faire tout ce qui leur plaît, pourvû qu'ils aïent
foin *que la République ne foufre aucun domma-*
ge, ne quid détrimenti Respublica accipiat. Il
n'est pas furprenant que de bonnes & fages
perfonnes donnent une femblable commiffi-
fion à ceux qu'ils choififfent, puifque elles
ne les choififfent que parce qu'elles croïent
qu'ils font fages & bons, & qu'ils ne peuvent
rien faire qui foit préjudiciable à l'Etat qui
ne le foit auffi à eux & à leur poftérité. C'est
auffi une commiffion que doivent recevoir
ceux qui ne fe propofant rien qui ne foit jufte
en foi-même, & avantageux à leur Patrie,
ne peuvent pas prévoir ce que l'on propofera
lorfqu'ils feront tous enfemble ; & qui peuvent encore moins fe réfoudre fur le parti
qu'ils devront prendre jufques à ce qu'ils
aïent entendu les raifons de part & d'autre.
Il ne fe peut pas que ceux qui les choififfent
ne foient dans la même ignorance, & fi quelque Loi les obligeoit de donner des Ordres
particuliers à leurs Chevaliers & Bourgeois,
par rapport à chaque afaire fur laquelle il
faudroit qu'ils donnaffent leur fufrage, cette
Loi feroit dépendre la décifion des affaires
les plus importantes, du Jugement de perfonnes qui ne favent point dequoi il s'agit ;
ce qui jetteroit la Nation dans un Labirinte
épouvantable de confufion & de defordre.
Ce ne peut être là l'intention de la Loi qui est
Sanctio recta, & qui ne fe propofe que le bien
de ceux qui lui font foumis. La prévoïance
que l'on a euë d'un pareil malheur, ne doit

donc

donc pas préjudicier aux Libertez de la Nation, mais bien plû-tôt les affermir.

SECTION XLV.

Le Pouvoir Législatif doit toûjours nécessairement être Arbitraire, mais on ne doit pointle confier à des personnes qui ne soient pas obligées d'obeïr elles-mémes aux Loix qu'elles font.

SI l'on m'objecte que je défens ici le Pouvoir Arbitraire, j'avoüerai de bonne foi que je ne compren pas comment aucune Société pouroit être établie ou subsister sans lui; car l'établissement d'un Gouvernement est un Acte Arbitraire, qui dépend entiérement de la volonté des hommes. La forme & les constitutions particuliéres de ces Gouvernemens, les Oficiers de la Magistrature subordonnez les uns aux autres, l'autorité qu'un chacun d'eux doit avoir, & la maniére dont ils doivent éxercer leurs Emplois, tout cela est aussi Arbitraire. La Grande Chartre qui comprend toutes nos Loix anciennes, & tous les autres Statuts qui ont été faits dans la suite ne nous font pas venus immédiatement du Ciel, mais tirent leur origine de la volonté humaine. Si aucun homme n'avoit le Pouvoir de faire des Loix, on n'en auroit jamais pû faire aucune; car toutes celles qui se font ou qui ont jamais été faites, excepté
celles

celles que Dieu donna aux Ifraëlites, ont
été faites par des hommes, c’eſt-à-dire qu’ils
ont éxercé un Pouvoir Arbitraire en faiſant
que ce qui n’étoit point Loi le devint, ou en
caſſant & annulant ce qui juſques alors avoit
été Loi. Les diférentes Loix & Gouvernemens qu’on voit dans le Monde & qu’on y a
vûs en diférens tems & en diférens lieux doivent leur Origine à la diverſité de ſentimens
qui s’eſt rencontrée dans ceux qui avoient
le Pouvoir de les établir. Il faut bien néceſſairement que cela ſoit, à moins qu’il n’y ait
une règle générale pour tous les Peuples de la
Terre, car tant que les hommes ſeront en
Liberté de ſe conduire, comme ils le juge-
ront à propos, on ne verra jamais qu’ils choiſiſſent tous la même choſe; & la diverſité
qu’on remarque dans tout ce qu’ils font,
prouve aſſez clairement qu’ils ne ſont point
obligés de ſuivre d’autres règle que celle de
leur raiſon qui leur fait connoître ce qu’ils
doivent faire ou éviter, ſuivant les diférentes
circonſtances où ils ſe trouvent. L’Autorité
qui juge de ces circonſtances eſt arbitraire, &
les legiſlateurs montrent qu’ils ſont plus ou
moins ſages & bons ſelon qu’ils éxercent ce
Pouvoir bien ou mal. La diférence qu’il y a
entre les bons & les mauvais Gouvernemens
ne conſiſte donc pas en ce que ceux d’une certaine eſpèce n’ont point de Pouvoir Arbitraire & que les autres l’ont, car il n’y en a point
qui ne l’aïent; mais en ce que ceux qui ſont
bien règlez, placent ce Pouvoir ſi bien qu’il
devient très avantageux au Peuple; & qu’ils
preſcrivent aux Magiſtrats des bornes qu’il

S 6 leur

leur eſt très-dificile de paſſer ; au lieu que les
autres Gouvernemens manquent en l'un de
ces deux points & peut être en l'un & en l'autre. Il ſe peut faire auſſi qu'il y a eu des Peuples qui faute de courage, de fortune ou de
force, ont été opprimez par la violence des
Etrangers, ou qui ont ſouffert qu'un parti
corrompu s'élevât au milieu d'eux , & U-
ſurpât par violence ou par fraude le Pouvoir de leur impoſer telles Loix que bon
lui ſembloit. D'autres Peuples imprudens,
lâches & efféminez ont pris de ſi fauſſes meſures en jettant les fondemens de leur Gouvernement, qu'ils n'ont point fait dificulté
de ſe ſoumettre aux volontez d'un ſeul homme ou d'un petit nombre de perſonnes, qui
rapportant tout à leur plaiſir ou à leur avantage particulier, n'ont point donné d'autre
preuve de leur équité, qu'en ce qu'ils ont
traité ces lâches Peuples comme des Bêtes.
Il y a eu d'autres Nations, qui n'ayant pas eu
aſſez de précaution pour preſcrire à leurs
Principaux Magiſtrats des bornes qu'ils ne
puſſent outrepaſſer ne leur ont laiſſé que trop
de moïens de s'atribuer plus d'Autorié que
la Loi ne leur en donnoit. Dans tous les lieux
où l'on commet quelqu'une de ces erreurs,
ont jouït d'aſſez de douceur pendant quelque
tems, ou au moins le Gouvernement y eſt
tolérable, tant que la corruption ne s'y gliſſe
point, mais il ne peut pas être de longue durée. On entreprendra toûjours de renverſer
ces Loix, lorſqu'on le poura faire ſans peine
& ſans danger. Quelques vertueux que
ſoient les prémiers Magiſtrats, ils ne ſeront
pas

pas long-tems fans fe corrompre ; & leurs
fucceffeurs fe détournant de leur intégrité,
fe faifiront du Tréfor mal gardé. Alors ils
voudront non feulement gouverner à leur
volonté, mais ce qui eft bien pis, ils voudront
fuivre les mouvemens de cette volonté dérè-
glée, qui fait fervir la Loi qu'on a établie
pour l'avantage du public, à l'avancement
de l'intérêt particulier d'un homme ou d'un
petit nombre d'hommes. Ce n'eft pas mon
deffein de parler ici de tous les diférens
moïens dont on s'eft fervi pour réüffir dans
ce digne projèt ; je ne préten pas non plus
faire voir qui font les Gouvernemens qui fe
font détournez du véritable chemin de la juftice, ni de dire jufqu'à quel point ils s'en
font écartez. Mais je crois pouvoir dire,
fans craindre de me tromper, qu'on ne fe
trouveroit jamais bien de confier ce Pouvoir
Arbirraire à des Magiftrats & à leurs fucef-
feurs qui ne feroient pas obligez d'obeïr eux-
mêmes aux Loix qu'ils feroient. C'eft une
vérité dont les Saxons nos Ancêtres étoient
bien perfuadez : ils faifoient des Loix dans
les Affemblées ou Grands Confeils de la
Nation, mais tous ceux qui mettoient ces
Lois en avant ou qui confentoient à leur établiffement, étoient cenfez foumis à ces
Loix, auffi bien que tous les autres membres
de la Société, auffi-tôt que ces Affemblées
étoient rompuës. Ils ne pouvoient rien faire
au préjudice de la Nation, qui ne fût autant
dommageable à ceux qui étoient préfens,
& à leur poftérité, qu'à ceux qui par plufieurs
raifons pouvoient être abfens. Les Normands étant venus en Angleterre fuivirent la
même

même méthode. Nos Parlemens sont encore aujourd'hui sur le même pié. Ils peuvent
faire des Guerres préjudiciables à l'Etat, des
Traitez honteux & des Loix injustes : mais
lorsque les Séances sont finies, il faut qu'ils
portent leur part du fardeau également avec
le reste du Peuple, & après leur mort *les dens
de leurs enfans seront agacées des Grapes aigres
que leurs Péres auront mangées.* Mais il est dificile de surprendre ou de tromper un si grand
nombre de personnes : il n'est pas ordinaire
aux hommes de succomber à de légéres tentations, lorsqu'il s'agit d'affaires de la derniére importance. Il n'y a point d'homme
qui voulût servir le Diable pour rien : une
petite récompense n'est pas capable de contenter des personnes qui s'éxposent à devenir
pour toûjours l'objèt de la haïne & du mépris des Nations, en trahissant leur Patrie.
Il n'y a pas encore plus de vingt cinq ans que
nos Rois n'étoient pas assez riches pour corrompre un grand nombre de personnes, &
un petit nombre ne sufisoit pas pour faire passer quelque chose en Loi. Il n'étoit pas facile
de former une parfaite union entre plusieurs
membres pour les porter à trahir les intérêts
du Peuple, & on n'avoit point d'avantage
assez considérable à leur ofrir pour les tenter
de commettre un crime si noir ; car ils ne
pouvoient pas faire un profit considérable
pendant les Séances du Parlement, & aussi-
tôt que les Séances étoient finies ils se trouvoient confondus dans la foule du Peuple,
& alors les Loix qu'ils avoient faites ne leur
étoient pas moins préjudiciables qu'au moindre

dre de la Nation. Ils ne pouvoient pas en si
peu de tems réünir si bien leur diférens intérêts, & se défaire de leur passions, qu'ils
fussent en état de conspirer ensemble contre
le public : & nos Rois des siécles passez ne
formoient pas des projèts si détestables. C'est
à Hide, Clifford & Danby que nous sommes
redevables de toutes les belles choses qui se
font faites en suivant ces belles Maximes.
Ils trouvérent un Parlement rempli de jeunes gens Libertins & débauchez, qui avoient
été élus par un Peuple furieux pour chagri-
ner les Puritains, dont la sévérité n'étoit pas
de leur goût. Le moins éclairé de tous les
Ministres avoit assez d'esprit pour voir qu'il
seroit facile de surprendre, de corrompre
ou de gagner à force de présens des gens de
ce caractére. Il y en avoit parmi ces membres
qui ne se possédoient pas de joïe d'avoir Séance au Parlement, & qui souhaitoient ar-
demment d'y rester long-tems afin d'avoir le
plaisir de dominer sur leurs voisins : il y en
avoit d'autres qui préféroient les caresses &
les cajoleries de la Cour à l'honneur de s'acquiter de ce qu'ils devoient à leur Patrie.
D'autres cherchoient à rétablir leurs affaires
qui étoient en fort mauvais état, & témoignoient beaucoup d'empressement à faire
donner au Roi un revenu très-considérable,
afin de mettre ce Monarque en état de leur
donner de grosses Pensions pour récompense
du service qu'ils lui auroient rendu au préjudice de la Nation : D'autres étoient bien aises de rester membres du Parlement afin de
diférer le païement de leurs Dettes. Plusieurs
d'entre

d'entre eux ne favoient pas ce qu'ils faifoient lorfqu'ils abolirent l'Acte du Parlement Triennal , lorfqu'ils ordonnérent que la Milice feroit entre les mains du Roi, lorf-qu'ils lui accordérent l'Accife , les Doüanes & l'Impôt fur les cheminées , lorfqu'ils paffé-rent l'Acte pour les Communautez, qui mît la plus confidérable partie de la Nation fous la puiffance des plus fcélérats ; Cela fît pen-fer la Cour à fe fervir , pour nous mettre en efclavage, des Parlemens qui dans les fiécles précédens avoient été le plus ferme appui de notre Liberté. Peut-être auroit-on pû préve-nir ce malheur , lorfqu'on établit notre Gou-vernement. Mais nos généreux Ancêtres étoient bien éloignez de croire que leurs Dé-cendans feroient un jour affez lâches pour fe vendre eux & leur Patrie : Mais quelque grand que puiffe être ce danger , il eft encore beaucoup moindre que fi l'on mettoit toute l'Autorité entre les mains d'un feul homme & de fes Miniftres : il y a bien moins à craindre d'être ruïné par ceux qui ne peuvent éviter de périr avec nous , que par une per-fonne qui s'enrichit & fe fortifie en nous dé-truifant. Il vaut encore mieux dépendre de gens qui peuvent encore une fois fe laiffer corrompre , que de celui qui s'aplique uni-quement à les corrompre , par ce que fans leur fecours il ne peut venir à bout de fes def-feins. Il feroit à fouhaiter que notre fûreté fût mieux afermie ; mais les Parlemens étant après Dieu le plus fûr appui que nous aïons , nous devons aporter tous nos foins pour nous conferver ce rampart jufques à ce que

que du confentement unanime de la Nation
on ait trouvé quelque plus fûre défence.

SECTION XLVI.

*Le pouvoir Coercitif, ou l'Autorité d'obli-
ger d'obeïr à la Loi procéde de l'Autorité
du Parlement.*

A ïant fait voir que les Proclamations n'ont
pas force de Loi, & qu'on ne confie le
Pouvoir Légiflatif, qui eft Arbitraire qu'à des
perfonnes qui font obligées d'obéïr aux Loix
qui font faites, il n'eft pas dificile de favoir ce
que c'eft qui donne le pouvoir de Loix aux
ordonnances fous lefquelles nous vivons.
Filmer nous dit que *c'eft proprement le Roi
feul qui fait tous les Statuts & toutes les Loix,
à la demande du Peuple, comme fa Majefté
le Roi Jaques de glorieufe mémoire l'afirme dans
fa véritable Loi d'une Monarchie Libre ; & comme Hooker nous enfeigne que les Loix ne reçoivent pas leur Pouvoir coercitif de la qualité de
ceux qui ont inventé ces réglemens mais du Pouvoir qui les a fait paffer en Loix, & leur a donné
force de Loi.* Mais fi la demande du Peuple eft
néceffaire en cette occafion, ce règlement ne
peut pas être une Loi, lorfque ce Peuple ne
l'a pas demandé : le Pouvoir de faire des Loix
ne réfide donc pas uniquement en la perfonne du Roi : car on demeure d'accord
que le Peuple y a beaucoup de part. Et comme les Peuples n'auroient aucune part au
pouvoir Légiflatif fi la propofition de notre
Auteur ou les principes qui en font le fonde-

ment étoient véritables, l'aveu qu'il fait de la part que le Peuple a à ce Pouvoir Légiſlatif, eſt une preuve inconteſtable que cette propoſition & ſes Prncipes ſont faux. Car ſi le Roi avoit tout le pouvoir, perſonne n'y pourroit avoir part : ſi quelqu'un y a part, le Roi ne l'a pas tout ; & c'eſt cette Loi en vertu de laquelle les peuples y participent, qui doit nous aprendre quelle eſt la part qu'on a laiſſée au Roi. Les Préfaces de la plûpart des Actes du Parlement nous le font connoître en ces termes, *Soit paſſé en Loi par les Seigneurs Spirituels & Temporels, & par les Communes aſſemblées en Parlement, & par l'Autorité des dits Seigneurs & Communes.* Mais le Roi Jaques, dit Filmer, *affirme le contraire dans ſa Loi de la Monarchie Libre,* cela peut être, & c'eſt ce qui nous importe fort peu. Perſonne ne doute que ce bon Roi n'ait ſouhaité que cette Maxime pût être reçûë. La Loi d'une Monarchie Libre ne nous regarde point ; car cette Monarchie n'eſt point Libre, dont le Pouvoir du Monarque eſt règlé par une Loi qu'on ne peut violer ſans ſe rendre coupable de parjure, comme ce Prince le reconnut luimême par rapport à la nôtre. Pour ce qui eſt des paroles de Hooker que Filmer cite, je n'y trouve aucun mal. Pour dreſſer le formulaire d'une bonne Loi, il ne faut qu'avoir l'eſprit inventif & le jugement bon, mais il n'y a que le Pouvoir qui le paſſe en Loi qui puiſſe lui donner force de Loi. Si l'on nous demandoit pourquoi nous païons au Roi l'Acciſe & les droits de la Doüane, nous ne pourions pas en donner d'autre raiſon, ſinon que le

Dans la Harangue qu'il prononça dans la Chambre étoiléc en 1616.

Par-

Parlement a accordé ces Revenus au Roi
pour survenir aux dépenses publiques. Nonobstant tout ce qu'il a plû au Roi Jaques de
dire dans ses Ouvrages, ou dans ceux qui ont
été écrits pour lui, nous ne saurions pas que ce
soit un crime d'Etat, & punissable de mort que
de tuer un Roi , si les Parlemens ne l'avoient
pas expressément déclaré en faisant une Loi sur
ce sujèt ; & cela n'a pas toûjours été ainsi : car
sous le régne d'Ethelstan le Parlement régla ce
que l'on devoit païer pour un meurtre par *Leg. Æt-*
rapport à la qualité de la personne mise à *helstana §*
mort, & ordonna que celui qui auroit tué un *71.*
Roi seroit obligé de païer trente mille Thrym-
sæ. Et si le Parlement n'avoit pas changé cette
Loi, elle seroit encore en vigueur aujourd'hui.
En vain le Roi auroit dit qu'il vouloit que
cela fût autrement ; car on ne le fait pas Roi
pour faire des Loix, mais pour gouverner conformément à celles qui sont établies , & on le
fait jurer de consentir à *celles que le Peuple juge-* *Quas Vul-*
ra à propos de faire dans la suite. Celui qui croit *gus elegerit.*
que la Couronne ne mérite pas qu'on l'ac-
cepte à ces conditions, peut la refuser. Ces
mots *le Roi le veut* ne sont qu'un modéle de la
mode Françoise, dont quelques Rois ont
voulu faire un point essentiel ; & il ne faut pas
douter qu'ils n'eussent été bien aises de pouvoir aussi introduire parmi nous, *car tel est notre*
bon plaisir, mais il y a apparence qu'on aura
de la peine à en venir à bout. En France même où l'on se sert de ce stile, & où les expres-
sions les plus extravagantes & les plus capables de plaire aux personnes les plus vaines,
sont à la mode, aucun Edit n'a force de Loi

jus-

jufques à ce qu'il ait été enregiftré au Parlement. Cèt enregiftrement n'eft pas une fimple formalité comme quelques-uns fe l'i-
maginent, mais cela eft abfolument effen-
tiel à ces Edits pour les faire paffer en
Loi. Lorfque Jean Chaftel, à l'inftigation
des Jéfuites, eut bleffé Henri quatre à la bouche, & qu'on eut découvert que ce Saint Ordre avoit eu deffein de commettre & avoit effectivement commis plufieurs autres crimes
éxécrables, ces Péres furent bannis du Roïaume par Arrêt du Parlement de Paris. Quelques autres Parlemens enregiftrérent cèt Arrêt, mais ceux de Thouloufe & de Bourdeaux
refuférent abfolument de le faire, & malgré
tout ce que le Roi put faire, les Jéfuites demeurérent à Tournon & en plufieurs autres
lieux dans l'étenduë de leur juridiction, jufques à ce que cèt Arrêt fut révoqué. Ces procédures font fi defagréables à la Cour qu'elle
a fouvent emploïé les voïes les plus violentes
pour les abolir. Environ l'an 1650. on envoïa
Seguïer, qui étoit alors Chancelier de France, accompagné d'un grand nombre de Soldats pour obliger le Parlement de Paris à paffer quelques Edits, fur lefquels cette Affemblée avoit formé quelques dificultez; mais tant
s'en falut qu'il vint à bout de fon deffein, qu'au
contraire il fe fit un fi grand foulévement du
Peuple, que ce Magiftrat fe crut trop heureux de pouvoir mettre fa vie en fûreté. Si
dans toutes les Provinces du Royaume les
Parlemens n'ont plus la liberté d'aprouver ou
de rejetter tous les Edits, il ne s'enfuit pas
qu'il foit arrivé aucun changement dans la
Loi,

Loi, mais bien que la Loi eft oprimée fous
la puiffance des armes: Et je ne doute pas que
le Prince de Condé qui fut le Principal inftru-
ment dont on fe fervit pour faire ce bel Ouvrage, n'ait eu le tems de réfléchir fur fes
actions à cèt égard, & qu'il n'ait eu lieu de
conclure qu'on a emploié fa prodigieufe valeur & fon excellente conduite à faire un ex-
ploit bien glorieux, & autant avantageux à
fa Patrie qu'à lui même. Cependant ceux qui
connoiffent les Loix de cette Nation difent
encore aujourd'hui que tous les Actes publics
qui ne font pas duement éxaminez & enregi-
ftrez font nuls en eux-mêmes, & qu'ils n'ont
de force qu'auffi long-tems que ce miférable
Peuple gémit fous la violence de ceux qui
l'opriment; & c'eft-là tout ce qu'on pouroit
dire fi un Corfaire avoit le même pouvoir fur
eux. Au refte, que les François aïent librement confenti à porter le joug, ou qu'on fe
foit fervi de la violence pour les réduire dans
le trifte efclavage où ils font aujourd'hui, cela ne nous regarde en rien. Nos Libertez ne
dépendent pas de leur vouloir, de leur vertu
ou de leur bonne ou mauvaife fortune: quelque miférable & honteux que foit leur efclavage, il n'y a qu'eux qui en foufrent. Nous
ne devons point obéir à d'autres loix qu'aux
nôtres; & fi nous fommes animez du même
efprit qui animoit nos Ancêtres, nous défen-
drons ces Loix de toutes nos forces & mou-
rons auffi Libres qu'ils nous ont laiffé. *Le
Roi le veut* quoiqu'écrit en gros caractére, ou
prononcé de la maniére du monde la plus tra-
gique, ne peut fignifier autre chofe, finon

T 3   que

que le Roi pour accomplir le ferment de fon
Sacre, confent aux Loix que les Seigneurs
& les Communes ont trouvé bon de faire.
Un peuple peut fans préjudice à fes Loix ou à
fes priviléges, foufrir que le Roi délibére avec
fon Confeil fur ce que fes fujèts lui propofent.
Deux yeux voïent mieux qu'un, & l'efprit humain eft fujèt à fe tromper. Quoique le Parlement foit compofé des perfonnes les plus
éminentes de la Nation, cependant, aiant
deffein de faire bien, elles peuvent fe méprendre & faire du mal. Ainfi ces perfonnes
ont bien fait de vouloir qu'on pût quelquefois
les réprimer afin de leur faire éxaminer plus
foigneufement les afaires d'importance, &
corriger les erreurs qu'elles peuvent avoir
commifes, fi le Confeil du Roi les découvre;
mais le Roi ne peut parler que de l'avis de fon
Confeil; & un chacun des Membres qui le
compofent eft refponfable fur fa tête des avis
qu'il donne. On a fouvent vû que lorfque le
Parlement n'étoit pas fatisfait des raifons
qu'on lui donnoit pour le porter à rejetter les
Loix mifes en avant, elles ne laiffoient pas
d'être reçûës & établies, & fi cette Augufte
affemblée trouvoit les raifons valables c'étoit
elle qui rejettoit ces Loix & non pas le Roi.
Quiconque eft d'un autre fentiment, n'a qu'à
effaïer, fi un *le Roi le veut* peut donner force
de Loi à aucune chofe conçûë par le Roi,
par fon Confeil, ou par quelque aütre Puiffance, excepté celle du Parlement. Or s'il
n'y a point d'homme raifonnable qui foutienne que le Roi ait ce Pouvoir, ou qui puiffe
nier que par fon ferment il ne foit obligé de
con-

confentir à toutes les Loix que le Parlement jugera à propos d'établir, il s'enfuit que le Pouvoir Légiſlatif ne réſide pas en ſa perſonne, & qu'il n'y a de part qu'autant qu'il eſt néceſſaire & de la maniére que la Loi le preſcrit.

Je ne ſai pas ce que veut dire notre Auteur, lorſqu'il ſoutient que, *le Roi le veut, eſt la phraſe que l'on prononce toutes les fois qu'on paſſe quelque Acte en Parlement, comme pour interpréter ce qu'il pouroit y avoir d'obſcur dans ces Actes :* car s'il s'y rencontre quelque dificulté, je ne voi pas que ces termes puiſſent en aucune façon la réſoudre. Mais la ſuite du Paragrafe eſt encore plus remarquable ; *c'étoit* dit-il, *une ancienne coutume qu'on a long-tems pratiquée & qui a été en uſage juſques au regne de Henri V. que lorſqu'on apportoit aux Rois un Bill qui avoit paſſé dans les deux Chambres, ils en retranchoient ce qui n'étoit pas de leur goût ; & ce qu'ils approuvoient de ce Bill étoit paſſé en Loi : mais nos derniers Rois ont eu tant de bonté qu'ils ont bien voulu recevoir le Bill tout entier & tel qu'il étoit paſſé dans les deux Chambres.* Filmer remarque fort ſpirituellement que, cette derniére coutume commença lorſque nos Rois commencérent à avoir de la bonté & nous à être libres. Ce Roi gouverna avec beaucoup d'équité & de modération, ſi l'on excepte la perſécution, en matiére de Réligion, qui s'aluma ſous ſon régne, & qu'on doit plû-tôt atribuer à l'ignorance de ce tems-là, qu'à aucune mauvaiſe qualité qui fût en ce Prince ; & comme tous les Princes vertueux & vaillans ſe ſont toûjours apliqué avec ardeur à affermir la Liberté de leurs ſujèts, qu'ils ſavoient être, pour

T 4 ainſi

ainſi dire, la Mére & la nourice de leur Valeur, qui les mettoit en état d'entreprendre
de grands & nobles exploits, le ſoin de Henri V. fut de ſe rendre agréable à ſes Peuples, &
de leur élever le coutage. Mais environ le
même tems on commença à mettre en uſage
ces artifices & ces maximes déteſtables qui
ont terriblement ébranlé les Monarchies
mixtes dans cette partie du monde, & qui en
ont même entiérement renverſé quelques
unes. Charles VII. Roi de France, ſous prétexte de faire la guerre à ce Prince & à ſon fils,
entreprit de lever des Deniers de ſa propre autorité; & tout le monde ſait avec combien de
ſuccès ceux qui ſont venus après lui ont ſuivi
cette métode. Louis onſe ſon fils n'emploïa
ſes ſubtilitez pernicieuſes, qu'on a depuis ap-
pellées *Ruſes de Roi*, qu'à renverſer les Loix
de France & à ruïner la Nobleſſe qui en étoit
le plus ferme appui. Ses ſucceſſeurs, ſi l'on
en excepte Loüis XII, ſuivirent ſon éxemple;
& parmi les autres Nations Ferdinand d'Arragon, Jaques troiſiême Roi d'Ecoſſe & Henri
VII. Roi d'Angleterre ont été ceux qui l'ont le
mieux imité. Quoique nous ne puiſſions pas
dire beaucoup de bien de tous les Princes
qui ont précédé Henri V; je croi cependant
qu'on doit commencer à conter la décadence
de notre ancien Gouvernement depuis la mort
de ce Roi & de ſes braves Fréres. Son fils qui
étoit la foibleſſe même ſe livra en proïe à une
Françoiſe furieuſe, qui apporta chez nous
les Maximes de ſa Patrie, & qui éleva aux
honneurs & aux dignitez les plus Scélérats de
la Nation, croïant qu'ils ſeroient plus diſpo-
ſez

fez à fuivre ces pernicieufes Maximes.
Edoüard III. fuivit le même chemin ; ce Prince réduit dans l'indigence par fa prodigalité &
fes débauches, ne put fupléer à fes befoins
preffans que par la rapine & la fraude. L'Am-
bition, la cruauté & la perfidie de Richard III.
l'avarice & les rufes malicieufes de Henri
fept ; l'exceffive débauche, la fureur & l'orgueil de Henri V I I I, & la rage de la Bigote
Reine Marie animée par les artifices pernicieux des Efpagnols, tout cela, dis-je, me
fait croire que les Anglois ne font pas redevables de l'origine ou de l'accroiffement de
leurs Libertez à la bonté de ces Souverains.
Mais peut-être fuis-je dans l'erreur ; Henri
fix étoit fage, vaillant & ne fe laiffoit point
gouverner par fa femme ; Edoüard IV. fut
un Prince chafte, fobre & fe contenta de ce
que la Nation voulut bien lui donner ; Richard III. étoit doux, modéré & fidelle ob-
fervateur de fa parole ; Henri VII. étoit un
Roi fincére, & fe contentoit de ce qui lui appartenoit fans vouloir avoir le bien d'autrui.
Henri huit étoit l'humilité même, c'étoit un
Prince chafte modéré & équitable ; & la Reine Marie brûloit d'amour pour notre Religion & pour notre Patrie. Nous ne devons
pas de moindres loüanges à ces bons Princes
qui ont bien voulu renoncer au droit qu'ils
avoient de retrancher des Bills ce qui n'étoit
pas de leur goût, & d'y donner leur aprobation en les fignant tels qu'ils ont paffé dans les
deux Chambres; c'eft à Filmer que nous fommes redevables de la découverte de ces Mi-
ftéres ; mais quoiqu'il femble que cèt excel-

T 5 lent

lent Auteur ait prêté le même serment que

prêtent les Bohémiennes lorſqu'elles ſont reçûës dans cette vertueuſe Société, de ne dire jamais un mot de vérité, il n'a pas aſſez de ſubtilité pour cacher ſes menſonges. On a confié à tous les Rois le pouvoir de publier les Loix, mais tous les Rois ne les ont pas falſifiiées. Les Princes qui n'ont été ni méchans ni vicieux, ni aſſez foibles pour le laiſſer gouverner par de mauvais Miniſtres ou par des flateurs, n'ont eu garde de ſe rendre coupables d'une fauſſeté ſi infame & ſi directement oppoſée au ſerment de leur Sacre. Ils jurent à leur avénement à la Couronne de

conſentir *aux Loix que le Peuple propoſera*; mais ſi nous en croïons notre Auteur, ces Princes pouvoient en retrancher ce que bon leur ſembloit, & impoſer à la Nation, comme une Loi faite par les Seigneurs & les Communes, ce qu'ils auroient eux-mêmes fabriqué ſelon leur bon plaiſir, & qui ſans doute auroit été bien diférent, & peut-être même tout contraire à l'intention du Parlement. Quoique Filmer faſſe ſonner bien haut ce prétendu droit du Roi, cependant ce Roi n'auroit rien fait en cette occaſion que l'Orateur ou ſes Sécretaires ne puiſſent auſſi faire. Ils pouroient falſifier un Acte auſſi bien que le Roi, quoiqu'il ne leur ſoit pas auſſi facile de ſe garentir du châtiment que mériteroit un crime ſi noir. Il n'eſt pas ſurprenant qu'on ait été long-tems ſans penſer à arrêter le cours d'une coûtume ſi abominable. On auroit crû faire injuſtice à un Roi, de s'imaginer qu'il pût ſe rendre coupable d'une fauſſe-

té

té qui paroîtroit infame dans un Efclave : mais lorfque l'on vit que les Rois fe laiffoient gouverner par les plus fcélérats d'entre les Efclaves, il fut tems d'y remédier. Cependant il y a de l'apparence que les premiers Souverains qui firent quelque changement dans le Gouvernement agirent avec beaucoup de précaution : les premiers changemens furent peut-être innocens, ou pour le mieux. Mais lorfque ces Princes furent une fois en train, rien ne fut plus capable de les arrêter ; ils entreprirent tout ce qu'ils crûrent pouvoir contribuer à les faire arriver au but qu'ils fe propofoient. C'étoit une efpéce de Lèpre qui ne fe pouvoit guerir ; il faloit démolir la Maifon qui en étoit infectée ; on ne pouvoit pas fe difpenfer d'arracher la plante empoifonnée ; il faloit ôter ce précieux dépôt à des perfonnes qui en avoient fait un fi mauvais ufage & profiter de cèt avertiffement pour l'avenir ; il ne faloit pas fouffrir que ceux qui avoient falfifié les Loix y fiffent encore d'autres changemens, quelque peu confidérables qu'ils fuffent ; & ce brave Prince concourut volontiers avec fon Peuple pour réformer les pernicieux abus que quelques-uns de fes indignes prédéceffeurs avoient introduit dans l'Etat. Les plus méchans de fes prédéceffeurs étoient continuellement aux prifes avec leurs Parlemens, & s'imaginoient qu'en retranchant des Libertez du peuple, ils travailloient à l'accroiffement de la prérogative Roïale. Ils faifoient confifter tout leur plaifir à manquer de foi, & ils ne vouloient pour Miniftres que des perfonnes qui fuffent

T 6

toû-

toûjours prêtes à uſer de ſupercherie & de
fraude. Voïant qu'ils ne pouvoient pas donner force de Loi à leurs commandemens, ils
firent tous leurs efforts pour faire reçevoir
aux Peuples, comme des Actes du Parlem-
ment ce qui n'étoit qu'une pure invention
d'eux ou de leurs Miniſtres ; mettant toutes
ſortes d'artifices en uſage pour parvenir à leurs
fins pernicieuſes. Si cela avoit continué, il
n'en auroit pas fallu d'avantage pour renverſer tous nos droits & priviléges , &
pour nous priver de tout ce que l'on regarde comme un bien ici-bas. Mais Dieu par
ſa Providence fît trouver à nos Ancêtres
une occaſion favorable de pourvoir à un
mal ſi grand & ſi Univerſel. Il leur donna un Prince ſage & vaillant qui n'étoit pas
d'un caractére à vouloir rien retrancher des
priviléges de ſes ſujèts, aïant en horreur les
artifices déteſtables dont on s'étoit ſervi pour
les enfreindre. Ce Prince croïoit que le courage la force & l'amour de ſes Peuples devoit
faire ſa gloire, ſes richeſſes & ſon plus grand
bonheur. Il avoit en vûë la Conquête de la
France, & il n'en pouvoit venir à bout que
par la bravoure d'un Peuple libre & bien intentionné pour ſa perſonne. Des Nations eſclaves ſont toûjours lâches & ennemies de
leurs Maîtres. S'il avoit réduit ſes ſujèts dans
ce déplorable état, il auroit infailliblement
échoüé dans ſes nobles projets, & par ſa propre faute ils ſeroient devenus incapables de
combatre pour lui & pour eux-mêmes. Il
ſouhaitoit non ſeulement que ſes Peuples fuſſent libres pendant ſa vie, mais il vouloit encore

core leur affûrer fi fortement la jouïffance de cette liberté, que fes fucceffeurs ne fuffent jamais en état de la leur ravir de vive force ou par fraude. Si l'on peut en quelque façon nous reprocher comme une chofe honteufe que nous nous foïons laiffé gouverner par des femmes, on peut avec beaucoup plus de juftice reprocher, comme la chofe du monde la plus honteufe, aux Princes qui ont fuccédé à notre Henri, qu'aucun d'eux ne l'a fi bien imité dans l'art de règner avec juftice & modération que la Reine Elizabet. Cette Princeffe n'entreprit jamais de tronquer les Actes du Parlement, & de n'y laiffer que ce qu'elle croïoit lui être avantageux en fon particulier, bien loin de cela, elle en a fouvent paffé quarante ou cinquante en une feule Séance, fans en lire aucun. Elle favôit qu'elle ne règnoit pas pour elle-même; mais pour fon Peuple, que ce qui étoit bon pour fes fujèts étoit bon pour elle, ou que fon utilité particuliére ne devoit pas entrer en concurrence avec l'intérêt de la Nation; & qu'elle étoit obligée par le ferment de fon facre de paffer toutes les Loix qui lui feroient préfentées de leur part & en leur faveur. Cela fait voir non feulement que les Loix de Dieu & de la Nature n'ont pas mis le Pouvoir Légiflatif entre les mains des Rois, mais encore que les Nations l'ont originairement en elles-mêmes. Ce n'étoit pas en vertu de la Loi ni par droit, mais par Ufurpation, par fraude & en fe parjurant que quelques Rois ont été affez téméraires pour ofer retrancher des Actes publics ce qui n'étoit pas de leur goût. Henri cinq ne

nous

nous accorda pas le droit de faire nos propres Loix ; mais avec ſon aprobation & de ſon conſentement nous abolîmes un abus qui nous feroit peut-être devenu funeſte. Et ſi nous parcourons notre Hiſtoire , nous y verrons que tous les bons & généreux Princes que nous avons eu , ſe ſont apliquez avec autant d'ardeur à affermir nos Libertez , que les Princes lâches & méchans en ont fait paroître pour les enfreindre.

FIN.

www.ingramcontent.com/pod-product-compliance
Lightning Source LLC
Chambersburg PA
CBHW071950270326
41928CB00009B/1396